Excel 2002 für Dummies – Schummelseite

Mit der Standard-Symbolleiste neue Standards setzen

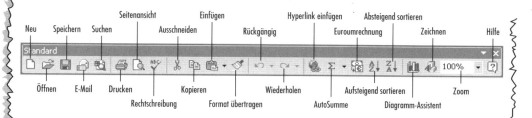

Die grundlegendsten Grundlagen im Schnellverfahren

Excel 2002 über die Taskleiste von Windows starten:

1. Klicken Sie auf die Schaltfläche START, um das Startmenü zu öffnen, und wählen Sie dort den Befehl PROGRAMME.
2. Wählen Sie im daraufhin angezeigten Untermenü den Befehl MICROSOFT EXCEL.

Excel 2002 über die Taskleiste von Windows starten und gleichzeitig eine vorhandene Arbeitsmappe öffnen:

1. Klicken Sie auf die Schaltfläche START, um das Startmenü zu öffnen.
2. Wählen Sie ganz oben im Startmenü den Befehl OFFICE-DOKUMENT ÖFFNEN.
3. Wählen Sie im Dialogfeld OFFICE-DOKUMENT ÖFFNEN im Dropdown-Listenfeld DATEITYP den Eintrag ARBEITSMAPPEN.
4. Blättern Sie mithilfe der Schaltfläche ÜBERGEORDNETER ORDNER und dem Dropdown-Listenfeld SUCHEN IN zu dem Ordner, der die Arbeitsmappe(n) enthält, die Sie öffnen möchten.
5. Klicken Sie auf die gewünschte Arbeitsmappe, um sie zu markieren (Strg+Klicken, um mehrere Arbeitsmappen zu markieren).
6. Klicken Sie auf OK oder drücken Sie ←.

Eine Arbeitsmappe zum ersten Mal speichern:

1. Wählen Sie im Menü DATEI den Befehl SPEICHERN (Strg+S) oder klicken Sie in der Standard-Symbolleiste auf die Schaltfläche SPEICHERN. Damit wird das Dialogfeld SPEICHERN UNTER geöffnet.
2. Geben Sie im Textfeld DATEINAME einen Namen für die Datei ein (bis zu 223 Zeichen inklusive Pfadangabe sind erlaubt – sogar Leerzeichen).
3. Blättern Sie bei Bedarf im Dropdown-Listenfeld SPEICHERN IN zu dem Ordner, in dem die neue Arbeitsmappe gespeichert werden soll.
4. Klicken Sie auf die Schaltfläche SPEICHERN oder drücken Sie ←.

Wenn Sie eine Arbeitsmappe einmal gespeichert haben, können Sie alle weiteren Änderungen unter demselben Namen speichern, indem Sie Strg+S drücken oder in der Standard-Symbolleiste auf die Schaltfläche SPEICHERN klicken.

Excel 2002 beenden und zu Windows zurückschalten:

✔ Wählen Sie im Menü DATEI den Befehl BEENDEN oder ...
✔ Klicken Sie in der Titelleiste von Excel auf die Schaltfläche SCHLIESSEN (das X ganz rechts) oder ...
✔ Drücken Sie Strg+F4 oder ...
✔ Doppelklicken Sie auf das Systemmenüfeld von Excel (das XL ganz links in der Titelleiste).

Beenden Sie Excel stets auf eine der gerade vorgeschlagenen Weisen. Und bitte denken Sie daran: Bevor Sie den Rechner ausschalten, sollten Sie unbedingt im Startmenü den Befehl BEENDEN wählen. Ansonsten wird Ihr Rechner irgendwann sauer.

Excel 2002 für Dummies – Schummelseite

Mit der Format-Symbolleiste Format zeigen

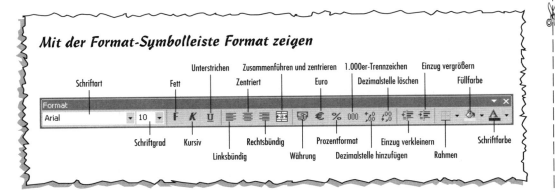

Die Tastatur-Shortcuts, die man immer brauchen kann

Tasten	Aufgabe
Strg + #	Formeldarstellung aktivieren bzw. deaktivieren
Strg + + (Plus)	Dialogfeld ZELLEN EINFÜGEN öffnen
Strg + - (Minus)	Dialogfeld LÖSCHEN öffnen
Strg + 0	Spaltenbreite der aktuellen Spalte auf 0 setzen
Strg + 1	Dialogfeld ZELLEN FORMATIEREN öffnen
Strg + 2	**Fett** aktivieren bzw. deaktivieren
Strg + 3	*Kursiv* aktivieren bzw. deaktivieren
Strg + 4	Unterstreichen aktivieren bzw. deaktivieren
Strg + 5	~~Durchstreichen~~ aktivieren bzw. deaktivieren
Strg + 6	Diagrammobjekt ein- bzw. ausblenden
Strg + 7	Gliederungsmodus aktivieren bzw. deaktivieren
Strg + 8	Standard-Symbolleiste ein- bzw. ausblenden
Strg + 9	Markierte Zeilen verbergen
Strg + ⇧ + 9	Verborgene Zeilen wieder anzeigen
Strg + ⇧ + 1	Tausendertrennzeichen und zwei Dezimalstellen (11.555,40)
Strg + ⇧ + 2	Exponentialdarstellung (1,16E+04)
Strg + ⇧ + 4	Währungsformat (11.555,40 DM)
Strg + ⇧ + 5	Prozentformat (115554%)
Strg + ⇧ + 6	Standardzahlenformat (11555,4)
Strg + ⇧ + ☐	Rahmen einfügen
Strg + ⇧ + 3	Datumsformat (05. Jan 61)
Strg + ^	Uhrzeitformat (14:30)

Excel 2002
für Dummies

Greg Harvey

Excel 2002 für Dummies

Übersetzung aus dem Amerikanischen
von Martina Hesse-Hujber
und Sabine Lambrich

Die Deutsche Bibliothek –
CIP-Einheitsaufnahme

Ein Titeldatensatz für diese Publikation ist
bei Der Deutschen Bibliothek erhältlich

ISBN 3-8266-2963-9
1. Auflage 2001

Alle Rechte, auch die der Übersetzung, vorbehalten. Kein Teil des Werkes darf in irgendeiner Form (Druck, Fotokopie, Mikrofilm oder einem anderen Verfahren) ohne schriftliche Genehmigung des Verlages reproduziert oder unter Verwendung elektronischer Systeme verarbeitet, vervielfältigt oder verbreitet werden. Der Verlag übernimmt keine Gewähr für die Funktion einzelner Programme oder von Teilen derselben. Insbesondere übernimmt er keinerlei Haftung für eventuelle aus dem Gebrauch resultierende Folgeschäden.

Die Wiedergabe von Gebrauchsnamen, Handelsnamen, Warenbezeichnungen usw. in diesem Werk berechtigt auch ohne besondere Kennzeichnung nicht zu der Annahme, dass solche Namen im Sinne der Warenzeichen- und Markenschutz-Gesetzgebung als frei zu betrachten wären und daher von jedermann benutzt werden dürften.

Übersetzung der amerikanischen Originalausgabe:
Greg Harvey: Excel 2002 For Dummies

© Copyright 2001 by mitp-Verlag/Bonn,
ein Geschäftsbereich der verlag moderne industrie Buch AG & Co.KG/Landsberg
Original English language edition text and art copyright © 2001 by IDG Books Worldwide, Inc.
All rights reserved including the right of reproduction in whole part or in part in any form.
This edition published by arrangement with the original publisher, IDG Books Worldwide, Inc.,
Foster City, California, USA.

Printed in Germany

Lektorat: Anita Kucznierz
Korrektorat: Frauke Wilkens
Satz und Layout: Lieselotte und Conrad Neumann, München
Umschlaggestaltung: Sylvia Eifinger, Bornheim
Druck: Media-Print, Paderborn

Cartoons im Überblick

Seite 211

Seite 109

Seite 23

Seite 261

Seite 337

Inhaltsverzeichnis

Einführung — 17
- Zu diesem Meisterwerk — 17
- Wie Sie dieses Buch benutzen — 18
- Was Sie ruhigen Gewissens ignorieren können — 18
- Mutmaßungen — 18
- Was erwartet Sie in diesem Buch? — 19
  - Teil I: Für den Anfang: Das absolute Minimum — 19
  - Teil II: Ändern nach Lust und Laune — 19
  - Teil III: Den Daten auf der Spur — 20
  - Teil IV: Ein Leben nach den Arbeitsblättern — 20
  - Teil V: Der Top-Ten-Teil — 20
- Regeln gibt es überall – auch für das Arbeiten mit diesem Buch — 20
  - Tastatur und Maus — 20
  - Besondere Symbole — 21
- Wie geht's nun weiter? — 22

Teil I
Für den Anfang: Das absolute Minimum — 23

Kapitel 1
Worauf haben Sie sich da bloß eingelassen? — 25
- Was zum Teufel fängt man mit Excel an? — 26
  - Jede Menge kleiner Rechtecke — 26
  - Bitte alles an meine Zelladresse — 26
  - Also, wie groß ist die Arbeitsmappe nun wirklich? — 29
  - Kommt eigentlich nach Z auch noch was? — 29
  - Was Sie bis jetzt über Excel wissen sollten — 30
  - Was Sie noch über Excel wissen sollten — 31
- Meine Damen, meine Herren, starten Sie Ihre Tabellen! — 31
  - Excel 2002 über die Microsoft Office Shortcut-Leiste starten — 31
  - Excel 2002 über das Windows-Startmenü starten — 32
- Keine Angst vor Mäusen! — 33
  - Was man mit der Maus so alles machen kann — 33
  - Die vielen Gesichter des Mauszeigers — 34
- Und was passiert, wenn ich diesen Knopf drücke? — 35
  - Die Titelleiste — 35
  - Die Menüleiste — 37

Die Symbolleisten für Standards und Formate	38
Die Bearbeitungsleiste	42
Das Arbeitsmappenfenster	43
Die Statusleiste	46
Die neuen Aufgabenbereiche	48
Nichts wie raus aus dieser Zelle!	49
Einfach laufen lassen	50
Tastenkombinationen zum Verschieben des Zellcursors	51
Von Bereich zu Bereich	52
Lieber Zellcursor, bitte gehe zu Zelle A105	53
Lieber Zellcursor, bitte bleib, wo du bist	54
Die Qual der Wahl: Menüleiste oder Kontextmenü?	54
Darf ich die Bestellung aufnehmen?	54
Das Menü-Versteckspiel	56
Arbeitsverkürzung mit Kontextmenüs	57
Wie man eine intelligente Unterhaltung mit einem Dialogfeld führt	59
Hilfe ist schon unterwegs	62
Fragen Sie den Antwort-Assistenten	62
Sprechen Sie mit Karl Klammer	64
Wie wär's mit direkter Hilfe?	64
Schluss, aus und vorbei	65

Kapitel 2
Die erste Arbeitsmappe — 67

Die Arbeit beginnt	67
Das Wichtigste zur Dateneingabe	68
Vergissmeinnicht	68
Das ABC der Dateneingabe	69
Welche Daten sind denn Ihr Typ?	71
Text (weder Fisch noch Fleisch)	71
Jede Menge Zahlen	73
Formeln, die der Aufgabe gewachsen sind	79
Würden Sie mir das bitte mal markieren?	82
Vorfahrt achten!	82
Wenn Formeln spinnen	83
Fehlersuche und -bekämpfung	84
Einmal AutoKorrektur, bitte	84
Die Regeln der Zellbearbeitung	85
Keine Angst vor der Dateneingabe	87
Ohne AutoVervollständigen bin ich ein Nichts	87
Abrakadabra – AutoAusfüllen!	88
Das große Zellcursorspringen	95
Do it again, Excel!	96

Funktionieren die Funktionen?	96
Viel Spaß beim Einfügen von Funktionen	97
So werden Formeln bearbeitet	100
Ich lasse addieren!	100
Jetzt wird gespeichert	103
AutoWiederherstellen – die Rettung nach dem Crash	105

Teil II
Ändern nach Lust und Laune — *109*

Kapitel 3
Ein bisschen Glanz für nüchterne Zahlen — *111*

Sie haben die Wahl!	111
Zellauswahl à la Maus	112
Zellauswahl nach Art der Tastatur	116
AutoFormatieren – wirklich ein Kinderspiel	119
Formate mit Klick	122
Symbolleisten ohne Heimat	122
Symbolleisten mit festem Wohnsitz	124
Auch ein Dialogfeld zeigt Format	125
Für jede Zahl das richtige Format	125
Nicht immer ist es so, wie es scheint	131
Maßgeschneiderte Zahlenformate	132
Wem die Spaltenbreite nicht passt ...	133
Das ist doch die Zeilenhöhe	135
Das Tabellenblattversteckspiel	135
Das ist aber schriftartig!	137
Alles in Reih und Glied bringen	139
Die Sache mit dem Einzug	141
Ausrichten in der Vertikalen	141
Alles im Umbruch!	141
Richtungsänderungen	144
Raum ist in der kleinsten Zelle	145
Auf den äußeren Rahmen kommt es an	146
Mustern Sie mal Ihre Zelle!	149
Hiermit übertrage ich dir mein Format!	150

Kapitel 4
Wie Sie Änderungen durchführen, ohne ein Chaos zu veranstalten — 153

Arbeitsmappen, wo seid ihr?	154
Mehr als eine Arbeitsmappe gleichzeitig öffnen	154
Zuletzt bearbeitete Arbeitsmappen öffnen	155
Wo habe ich diese Arbeitsmappe bloß abgelegt?	156
Was gibt es noch im Dialogfeld Öffnen?	165
Bitte rückgängig machen!	166
Das Rückgängigmachen rückgängig machen	166
Wenn mit Rückgängig nichts mehr vorwärts geht	167
Ziehen, bis zum Ablegen	168
Kopieren mit Ziehen und Ablegen	170
Darf ich mal eben dazwischen?	170
Die Formel und das AutoAusfüllen	171
Alles relativ	173
Absolut richtig	173
Man muss auch einfügen können	176
Kopieren wird erst beim zweiten Mal schön	177
Und noch mehr Optionen fürs Einfügen	177
Auch beim Einfügen sollte man wählerisch sein	178
Einfügen mit dem Aufgabenbereich Zwischenablage	180
Inhalt oder Zelle löschen, das ist hier die Frage	182
Inhalte löschen	182
Das absolute Ende für einen Zellbereich	182
Vorsicht, Bauarbeiten!	183
Letzte Rettung – die Rechtschreibprüfung	184

Kapitel 5
Und jetzt alles aufs Papier gebracht (oder Druckversuch – der 101.) — 187

Eile mit Weile	188
Wo hört die Seite auf, wo fängt die nächste an?	191
Drucken, wie es euch gefällt	191
Variationen zum Thema »Drucken«	192
Auf der Jagd nach der perfekten Seite	194
Wie wär's im Querformat?	196
Man quetsche alles auf eine Seite	196
Marginales Denken ist angesagt	197
Wenn der Kopf nicht weiß, was der Fuß macht	199
Der Tabelle zeigen, wo's langgeht	204
Jeder hat Anspruch auf einen Titel	206
Alles an seinem Platz	208
Auch Formeln wollen gedruckt werden	210

Teil III
Den Daten auf der Spur — 211

Kapitel 6
Wie Sie Ihre Daten in den Griff kriegen — 213

Zoom, zoom, zoom, Fenster zoom herum	214
Wer klopft da an mein Unterfenster?	216
Festgemauert in meinem Fenster sitzt die Überschrift	219
Elektronische Kommentare	221
So bekommt die Zelle ihren Kommentar	222
Kommentare in Überarbeitung	223
Was man mit Kommentaren so alles machen kann	224
Der Kommentar im Ausdruck	225
Wie heißt denn die Zelle?	225
Das Kind beim Namen nennen	225
Auch Formeln haben einen Namen	227
Wie heißt denn die Konstante?	228
Wer suchet, der findet	229
Passen Sie auf bei Zellersatzteilen!	232
Berechnen oder nicht berechnen	234
Schützen Sie sich!	235

Kapitel 7
Mit mehreren Tabellenblättern jonglieren — 239

Was ich an Tabellenblättern so liebe	240
Blatt für Blatt aneinander gereiht	240
Gruppenarbeit (oder alle für einen)	243
Mal mehr, mal weniger	244
Jedem Register seinen Namen	245
Jedem Register seine Farbe	246
Tabellenblätter nach Belieben anordnen	247
In Tabellenblättern »fensterln«	249
Von Arbeitsmappe zu Arbeitsmappe	253
Fassen wir zusammen!	256

Teil IV
Ein Leben nach den Tabellenblättern — 261

Kapitel 8
Ein Bild sagt mehr als tausend Worte — 263

Diagramme aus dem Nichts zaubern	264
Mal größer, mal kleiner, mal hier, mal dort	268
Die Diagramm-Symbolleiste auf das Diagramm hetzen	270
Das Diagramm direkt im Tabellenblatt bearbeiten	272
Diagrammoptionen wie Sand am Meer	273
Frei wie ein Vogel (nicht zugeordneter Text)	274
x- und y-Achsen aufpeppen	276
Diagrammwerte im Tabellenblatt ändern	277
Ein Tabellenblatt ohne grafische Objekte ist wie ein ...	278
ClipArts in Hülle und Fülle	278
Grafiken aus anderen Anwendungen mopsen	280
Selbst ist die Frau/der Mann	280
WordArt vom Feinsten	281
Organisieren Sie sich in Organigrammen	283
Eins vor dem anderen	284
Mal sichtbar, mal unsichtbar	285
Nur die Grafik schwarz auf weiß	286

Kapitel 9
Zahlen und Fakten griffbereit — 287

Was genau ist eigentlich eine Datenbank?	287
Die Maske, hinter der sich Ihre Daten verbergen	288
Je mehr, desto besser: Neue Datensätze einfügen	289
So kommen E-Mail- und Webadressen in die Datenbank	292
Datensätze suchen, bearbeiten und löschen	293
Scroll me up, Scotty	294
Heureka! Ich hab's gefunden!	295
Daten von A bis Z (oder wie bringe ich Ordnung in das Chaos)	298
AutoFilter – alles funktioniert automatisch	302
Nur die Top 10 bitte	303
Selbst geschnitzte AutoFilter	304

Kapitel 10
Von Hyperlinks und Webseiten — 307

- Tabellenblätter mit Hyperlinks schmücken — 308
  - Den Hyperlinks auf der Spur — 311
  - Hyperlinks der Variante »Text« bearbeiten und formatieren — 315
  - Hyperlinks der Variante »grafisches Objekt« bearbeiten und formatieren — 316
- Tabellenblätter weltweit — 316
  - Rühr-mich-nicht-an-Webseiten speichern — 319
  - Rühr-mich-an-Webseiten speichern — 321
  - Eine Tabelle in eine bereits vorhandene Webseite unterbringen — 329
  - Webseiten in Word bearbeiten — 330
  - Webseiten in Excel bearbeiten — 332
  - Interaktive Webseiten zurück nach Excel — 333
- Und ab geht die (elektronische) Post — 334

Teil V
Der Top-Ten-Teil — 337

Kapitel 11
Die Top Ten der neuen Funktionen von Excel 2002 — 339

Kapitel 12
Die Top Ten für Anfänger — 343

Kapitel 13
Die Top Ten für alle — 345

Stichwortverzeichnis — 347

Einführung

Willkommen bei *Excel 2002 für Dummies,* dem Buch zu Excel 2002 für alle, die sich nicht länger als unbedingt nötig mit Tabellenkalkulation befassen wollen. In diesem Buch finden Sie alle erforderlichen Informationen, um sich bei den Alltagsaufgaben, die »normale« Menschen mit Excel ausführen, über Wasser halten zu können. Der Autor hofft, dass es ihm in diesem Buch gelungen ist, die Dinge einfach darzustellen und Sie nicht mit unnötigen technischen Details zu langweilen, die Sie weder brauchen noch interessieren. So weit dies möglich ist, wird in diesem Buch versucht, nur das Wesentliche zu zeigen und in verständlicher Weise lediglich die Dinge zu beschreiben, die nötig sind, um eine bestimmte Aufgabe mit Excel auszuführen.

Excel 2002 für Dummies enthält alle grundlegenden Techniken, die Sie kennen müssen, um eigene Tabellenblätter zu erstellen, zu bearbeiten, zu formatieren und zu drucken. Aber Sie lernen nicht nur, wie man mit einem Tabellenblatt arbeitet, Sie werden auch mit Grundlagenwissen zum Erstellen von Diagrammen, Datenbanken und Webseiten konfrontiert; allerdings beschränke ich mich darauf, Ihnen nur die einfachsten Funktionen zu erklären. Das vorliegende Buch konzentriert sich in erster Linie auf das Arbeiten mit *Tabellenblättern*, da dies sicherlich der Teil des Programms ist, mit dem Sie am häufigsten zu tun haben werden.

Zu diesem Meisterwerk

Dieses Buch ist kein Buch, das man von Anfang bis Ende durchliest. Auch wenn die Kapitel in einer logischen Reihenfolge aufeinander aufbauen (in etwa so, als ob Sie Excel in einem Fortbildungsseminar erlernen), so ist doch jedes in einem Kapitel behandelte Thema von den anderen vollkommen unabhängig. (Sie haben es also mit emanzipierten Kapiteln zu tun!)

Zu Beginn eines Themas wird erst einmal die Frage beantwortet, wofür eine bestimmte Funktion überhaupt gut ist. Danach können Sie sich entscheiden, ob Sie lernen möchten, wie Sie diese Funktion einsetzen. Manchmal ist die graue Theorie ja schon mehr als abschreckend. In Excel, wie auch in anderen anspruchsvollen Programmen, gibt es in der Regel mehr als einen Weg, eine bestimmte Aufgabe auszuführen. Um Sie nicht zu sehr zu strapazieren, habe ich absichtlich die Auswahlmöglichkeiten gering gehalten und Ihnen nur den effektivsten Weg zur Ausführung einer Aufgabe aufgezeigt. Später, falls es Sie reizen sollte, können Sie mit den verschiedenen Möglichkeiten experimentieren. Fürs Erste sollten Sie sich lediglich darauf konzentrieren, die Aufgabe wie beschrieben auszuführen.

So weit dies möglich war, habe ich mich bemüht, das Buch so aufzubauen, dass Sie für die Aufgabe, die Sie gerade ausführen, keine Informationen aus vorangegangenen Kapiteln brauchen. Wenn es sich aber manchmal eben doch nicht vermeiden ließ, werden Sie auf einen Querverweis auf einen anderen Abschnitt oder ein anderes Kapitel in diesem Buch stoßen.

Falls Sie Lust haben, machen Sie schnell einen Abstecher in das entsprechende Kapitel. Wenn es Sie jedoch nicht interessiert, ist das auch nicht weiter tragisch. Ignorieren Sie die Querverweise, so als ob sie gar nicht vorhanden wären.

Wie Sie dieses Buch benutzen

Ich habe dieses Buch wie ein Nachschlagewerk aufgebaut, bei dem Sie zuerst entweder im Inhaltsverzeichnis oder im Index das Thema nachschlagen, zu dem Sie Informationen benötigen, und dann direkt im betreffenden Abschnitt nachlesen. Die meisten Themen werden ganz locker erklärt (als ob Sie in der hinteren Reihe eines Klassenzimmers säßen, wo Sie ungestört vor sich hin dösen können). Manchmal bricht allerdings meine Erinnerung an die Zeit beim Militär wieder hervor und ich liste exakt die Schritte auf, die Sie zur Ausführung einer bestimmten Aufgabe in einem bestimmten Abschnitt benötigen.

Was Sie ruhigen Gewissens ignorieren können

Wenn Sie auf einen Abschnitt stoßen, in dem die Schritte für eine bestimmte Aufgabe erklärt werden, haben Sie die Wahl zwischen der Lang- und der Kurzversion. Die, die's eilig haben, lesen nur das fett Gedruckte, die anderen auch das Drumherum.

Wo immer es möglich war, habe ich versucht, Hintergrundwissen oder sonstige Zusatzinformationen von den eigentlichen Fakten zu trennen, indem ich diese Informationen in eigenständige Rubriken gepackt habe. Diese Abschnitte sind meistens mit Symbolen gekennzeichnet, die Ihnen gleichzeitig Aufschluss über den Inhalt geben. Sie können Text, der so gekennzeichnet ist, (in den meisten Fällen) ruhigen Gewissens überlesen. (Welche Symbole in diesem Buch verwendet werden, erfahren Sie gegen Ende dieses Kapitels.)

Mutmaßungen

Also, ich nehme mal Folgendes an (mal sehen, ob ich richtig liege): Sie haben die Möglichkeit, an einem PC zu arbeiten (zumindest gelegentlich), auf dem Windows 98/Me (Millennium Edition), Windows NT oder Windows 2000 und Excel 2002 installiert sind. (Auf Ihrer Festplatte ist jetzt kaum noch Platz für irgendetwas anderes.) Ich bin mir allerdings nicht so sicher, ob Sie Excel überhaupt schon mal gestartet, geschweige denn damit gearbeitet haben.

Dieses Buch wendet sich in erster Linie an die, die zum ersten Mal mit Excel 2002 arbeiten. Wenn Sie eine ältere Vorgängerversion von Excel für Windows besitzen (z. B. Excel 97, das unter Windows 95 läuft), dann sollten Sie dieses Buch lieber wieder zurück ins Regal stellen und stattdessen zu *Excel 97 für Dummies* greifen. Falls Sie mit Excel für den Macintosh arbeiten, sollten Sie dieses Buch auch aus der Hand legen und sich in der Macintosh-Ecke des Buchladens umsehen.

Einführung

 Sollten Sie jedoch mit Excel 2000 arbeiten (weil Sie entweder noch keinen Grund dafür sehen umzusteigen oder zu geizig sind, sich das Update zu kaufen, oder aber, und das ist gar nicht mal so unwahrscheinlich, weil Ihrer Festplatte nach der Installation von Windows 98 oder Me ganz einfach die Luft bzw. der Platz ausgegangen ist), dann können Sie mit diesem Buch etwas über Excel 2000 lernen, vorausgesetzt, Sie achten ganz genau auf die »Neu in Excel 2002«-Symbole am Seitenrand. Immer wenn Sie dieses Symbol sehen, behandle ich Funktionen, die ganz neu in Excel 2002 sind (d. h., in Ihrer alten Version gibt es diese Dinge noch gar nicht). Schicken Sie mir also keine bösen Briefe, dass ich in diesem Buch über eine bestimmte Funktion schreibe, die es in Ihrem Programm gar nicht gibt. Ich schicke Ihnen nämlich sonst einen noch böseren Brief, dass Sie nicht auf das Symbol geachtet haben, das Ihnen signalisiert, dass eine in Excel 2002 brandneue Funktion behandelt wird. Der schwarze Peter bleibt also im Ernstfall bei Ihnen!

Was erwartet Sie in diesem Buch?

Dieses Buch ist in fünf Teile aufgeteilt. (Sie werden also mindestens fünf dieser großartigen Cartoons von Rich Tennant sehen.) Jeder Teil enthält mindestens zwei Kapitel, die mehr oder weniger zusammengehören. Jedes Kapitel ist unterteilt in locker miteinander verknüpfte Abschnitte, die das Grundwissen zu dem entsprechenden Thema vermitteln. Sie sollten sich jedoch nicht zu sehr darauf konzentrieren, dem Aufbau des Buchs zu folgen, denn letztendlich ist es vollkommen egal, ob Sie erst lernen, wie man eine Tabelle bearbeitet, und dann, wie man sie formatiert. Oder ob Sie lernen, wie man eine Tabelle ausdruckt, bevor Sie wissen, wie man sie bearbeitet. Wichtig ist nur, dass Sie diese Information sofort finden, wenn Sie eine bestimmte Aufgabe durchführen wollen – und diese auch verstehen, wenn Sie sie gefunden haben.

Falls es Sie interessiert, hier eine kurze Zusammenfassung der Inhalte der einzelnen Teile:

Teil I: Für den Anfang: Das absolute Minimum

Wie der Name bereits verrät, vermittelt Teil I das erforderliche Grundwissen, wie das Starten des Programms, die Bezeichnung der einzelnen Bildschirmelemente, die Eingabe der Daten in das Tabellenblatt, das Speichern des Dokuments etc. Wenn Sie absolut gar nichts über den Umgang mit Tabellenkalkulationsprogrammen wissen, so werden Sie sicherlich einen Blick in Kapitel 1 werfen wollen, um zu erfahren, zu was Excel überhaupt zu gebrauchen ist, bevor Sie in Kapitel 2 mit dem Erstellen neuer Tabellenblätter weitermachen.

Teil II: Ändern nach Lust und Laune

Teil II vermittelt Ihnen das nötige Grundwissen, um Tabellenblätter gut aussehen zu lassen und so zu bearbeiten, dass das Ganze nicht in einer Katastrophe endet. Lesen Sie in Kapitel 3 weiter, wenn Sie wissen wollen, wie man die eingegebenen Daten im Tabellenblatt anders darstellen kann. Schlagen Sie in Kapitel 4 nach, wenn Sie im Tabellenblatt Daten anders anordnen, löschen oder neu eingeben wollen. In Kapitel 5 finden Sie dann alles Wissenswerte, um Ihr fertiges Produkt zu drucken.

Teil III: Den Daten auf der Spur

In Teil III erfahren Sie, was Sie mit den Daten eines Tabellenblatts alles anstellen können, nachdem Sie sie eingegeben haben. Das Kapitel 6 ist voller guter Ideen, wie Sie Ihre Daten in einem Tabellenblatt fest in den Griff kriegen. Kapitel 7 zeigt Ihnen, wie Sie mit den Daten der verschiedenen Tabellenblätter in einer Arbeitsmappe jonglieren und wie die Daten zwischen den Tabellenblättern der verschiedenen Arbeitsmappen verschoben werden können.

Teil IV: Ein Leben nach den Arbeitsblättern

Teil IV beleuchtet, was Excel außer der Tabellenfunktion noch beherrscht. In Kapitel 8 erfahren Sie, wie ungeheuer einfach es ist, mit den Daten Ihres Tabellenblatts ein Diagramm zu erstellen. Kapitel 9 erklärt, wie nützlich die Excel-Datenbankfunktion sein kann, wenn Sie den Überblick über sehr viele Daten behalten und diese verwalten müssen. In Kapitel 10 steht, wie Sie Hyperlinks erstellen, um in einem Tabellenblatt hin und her zu springen, zu anderen Dokumenten oder zu einer Webseite zu gelangen. Als kleines Highlight erfahren Sie dort auch noch, wie Sie aus Ihren Tabellen statische (Rühr-mich-nicht-an-) bzw. interaktive (Rühr-mich-an-) Webseiten für eine Website im Intranet Ihrer Firma oder im Internet fabrizieren.

Teil V: Der Top-Ten-Teil

Es ist Tradition in diesen ... *für Dummies*-Büchern, dass der letzte Teil aus Listen mit den zehn (zumeist) nützlichsten Fakten, Tipps und Ratschlägen besteht. Bleiben Sie gelassen, Sie müssen keine weiteren zehn Kapitel lesen, wenn Sie erst einmal so weit gekommen sind.

Regeln gibt es überall – auch für das Arbeiten mit diesem Buch

Im Folgenden will ich Sie noch auf die in diesem Buch verwendeten Konventionen aufmerksam machen, die Sie brauchen werden, um sich darin zurechtzufinden und effektiv damit arbeiten zu können.

Tastatur und Maus

Excel 2002 ist ein vielseitiges Programm mit einer ganzen Reihe beeindruckender Dialogfelder, vielen Symbolleisten und mehr Menüs, als Sie zählen können. In Kapitel 1 erkläre ich alle diese Elemente und ihre Verwendung. Schlagen Sie immer mal wieder in Kapitel 1 nach, wenn Sie Fragen zum Programm haben.

Auch wenn Sie die Maus und die Abkürzungstasten verwenden, um sich in und um die Excel-Tabelle herum zu bewegen, müssen Sie sich Zeit nehmen, um die Daten einzugeben, damit Sie sie hinterher mit der Maus hin und her schieben können. Daher möchte Sie dieses Buch ab und zu dazu ermuntern, bestimmte Dinge in eine bestimmte Zelle im Tabellenblatt einzugeben. Sie können natürlich stets beschließen, die Anweisungen nicht zu befolgen; aber Sie sollten zumindest wissen, wie diese Anweisungen aussehen. Wenn Sie z. B. aufgefordert werden, eine bestimmte Zeichenfolge einzugeben, wird das entweder so dargestellt:

```
=SUMME(A2:B2)
```

Also, in einer separaten Zeile und in einer anderen Schriftart als der Rest des Textes. Oder ich bringe das, was Sie eingeben sollen, im Fließtext unter, verwende aber dabei auch diese andere Schriftart. In beiden Fällen will ich Ihnen damit sagen, dass Sie genau das eingeben sollen, was Sie sehen: ein Gleichheitszeichen, das Wort SUMME, eine öffnende runde Klammer, den Text A2:B2 (vollständig mit dem Doppelpunkt zwischen den beiden Buchstaben-Zahlen-Kombinationen) und eine schließende runde Klammer. Sie müssen dann natürlich noch ↵ drücken, um die Eingabe auf die Datenreise in das Computerhirn zu schicken.

Manchmal möchte ich etwas besonders hervorheben oder einen neuen Begriff einführen. Um Ihnen dies zu signalisieren, habe ich den *Kursivdruck* gewählt.

Gelegentlich werde ich Sie auch auffordern, einmal eine *Tastenkombination* zu drücken, um eine bestimmte Aufgabe auszuführen. Eine Tastenkombination ist z. B. Strg + S . Das Pluszeichen zwischen den beiden Tasten bedeutet, dass Sie gleichzeitig sowohl Strg als auch S drücken müssen. Diese Art der Fingerakrobatik mag am Anfang etwas schwierig sein, aber mit ein bisschen Training wird auch dies zu meistern sein.

Sehr häufig werden Sie im Text auf KAPITÄLCHEN stoßen. Sie sollen Ihnen anzeigen, dass ich von Menüs, Befehlen oder Bestandteilen von Dialogfeldern spreche. Na ja, das kriegen wir schon!

Besondere Symbole

Die folgenden Symbole finden Sie am Rand neben dem Text. Sie sind strategisch günstig platziert, damit Sie auf einen Blick sehen können, welche Informationen Sie lesen sollten oder nicht unbedingt lesen müssen. (Die Texte mit der Bombe sollten Sie immer lesen.)

 Dieses Symbol weist Sie auf langatmige und langweilige Diskussionen hin, die Sie genauso gut auslassen können (oder lesen können, wenn Sie mal ganz viel Zeit haben)

Dieses Symbol weist Sie auf Abkürzungstasten hin oder gibt wertvolle Tipps, wie Sie sich das Leben leichter machen können.

 Dieses Symbol weist Sie auf Informationen hin, die Sie sich merken sollten, wenn Sie gegen etwas Erfolg nichts einzuwenden haben.

 Dieses Symbol weist Sie auf Informationen hin, die Sie sich unbedingt merken sollten, wenn Sie die absolute Katastrophe verhindern wollen.

 Dieses Symbol weist Sie auf alle Funktionen hin, die in Excel 2002 brandneu sind.

Wie geht's nun weiter?

Wenn Sie noch nie mit einem elektronischen Tabellenblatt gearbeitet haben, schlage ich vor, dass Sie sich zuerst Kapitel 1 vornehmen und herausfinden, um was es sich hier überhaupt handelt. Wenn Sie sich bereits mit elektronischer Tabellenkalkulation auskennen, aber nichts über das Erstellen von Tabellenblättern mit Excel wissen, beginnen Sie mit Kapitel 2, in dem erklärt wird, wie Sie mit der Eingabe von Daten und Formeln anfangen. Später, wenn Sie bestimmte Aufgaben durchführen wollen (z.B. Formeln kopieren oder bestimmte Bereiche des Tabellenblatts drucken), konsultieren Sie das Inhaltsverzeichnis oder den Index, um den gewünschten Abschnitt zu finden und dort direkt nach den entsprechenden Informationen zu suchen. Also, auf geht's und viel Spaß!

Teil I

Für den Anfang: Das absolute Minimum

In diesem Teil ...

Beim ersten Blick auf den neuen Excel 2002-Bildschirm (mit all diesen neuen Feldern, Schaltflächen und Registerkarten) sehen Sie bereits, dass es hier einiges zu tun gibt. Aber verzweifeln Sie nicht: Kapitel 1 widmet sich ausschließlich den verschiedenen Elementen des neuen Excel 2002-Bildschirms und versucht, Licht ins Dunkel der unzähligen Symbole, Schaltflächen und Felder zu bringen, die Sie von jetzt an Tag für Tag umgeben werden.

Nicht dass Sie aber nun glauben, Sie könnten sich lässig zurücklehnen und mich hier alles machen lassen. So nun auch nicht. Wenn Sie mit Excel vernünftig arbeiten wollen, dann werden Sie wohl oder übel lernen müssen, wozu man diese ganzen Symbole, Felder etc. braucht. Zu diesem Zweck habe ich das zweite Kapitel verfasst, in dem ich Ihnen alles Wissenswerte über den Gebrauch der wichtigsten Schaltflächen und Felder verrate, mit denen Sie Ihre Daten in die Arbeitsmappe eingeben und dort auch dauerhaft speichern. »Aller Anfang ist schwer«, doch schon bald werden Sie es sein, der Excel beherrscht (und nicht umgekehrt)!

Worauf haben Sie sich da bloß eingelassen?

In diesem Kapitel

- Excel 2002 für Ihre Zwecke einsetzen
- Den Zellen auf den Grund gehen
- Excel 2002 aus dem Startmenü oder der Office Shortcut-Leiste starten
- Mit dem Bildschirm von Excel 2002 klarkommen
- Die Symbolleisten von Excel 2002 in den Griff kriegen
- In den Arbeitsmappen von Excel 2002 herumsurfen
- Befehle in den Menüs der Menüleiste wählen
- Die Kontextmenüs einsetzen
- Den Antwort-Assistenten mit Fragen löchern
- Excel 2002 schleunigst wieder beenden

Obwohl quasi auf jedem Rechner neben einer Textverarbeitung und jeder Menge Spiele auch eine elektronische Tabellenkalkulation wie Excel 2002 zu finden ist, bedeutet dies noch lange nicht, dass die stolzen ComputerbesitzerInnen die Tabellenkalkulation kennen, geschweige denn benutzen. Ich persönlich kenne jede Menge Leute, die zwar ganz ordentlich mit Microsoft Word umgehen können, aber nicht den blassesten Schimmer davon haben, was man mit Excel tun kann bzw. soll.

Das ist wirklich eine Schande! Vor allem, wenn man bedenkt, dass Microsoft Office XP oft die einzige Software ist, die auf vielen Rechnern zu finden ist. (Dies wiederum liegt wahrscheinlich daran, dass Windows 98/Me oder 2000 und Microsoft Office XP zusammen so viel Speicher brauchen, dass an eine andere Software gar nicht mehr zu denken ist.)

Wenn Sie also zu den Leuten gehören, die Microsoft Office XP auf dem Rechner installiert haben, aber eine Arbeitsmappe nicht von einem Arbeitsessen unterscheiden können, dann belegt Excel 2002 lediglich jede Menge Festplattenspeicher – und dafür ist Speicher doch wirklich zu schade. Höchste Zeit, das zu ändern.

Was zum Teufel fängt man mit Excel an?

Excel ist zunächst mal ein echt guter Organisator von allen möglichen Datentypen (Zahlen, Text etc.). Da es jede Menge Berechnungsfunktionen enthält, greifen die meisten auf Excel zurück, wenn es darum geht, irgendwelche Finanzblätter zu erstellen. Diese Blätter werden dann bis an die Zähne mit Formeln bewaffnet, mit deren Hilfe so Zeugs wie Umsatz, Gewinne und Verluste oder Wachstumsraten in Prozent berechnet werden sollen.

Berühmt ist Excel unter anderem auch für seine Fähigkeiten, Zahlen grafisch darzustellen. Das heißt, dass Sie Ihre nüchternen Zahlen im Handumdrehen in ein Diagramm oder eine Grafik Ihrer Wahl umsetzen können. Aus langweiligen Zahlenkolonnen werden auf einmal farbenfrohe Linien, Balken etc. Verschönern Sie beispielsweise langweilige Sitzungsberichte (mit Microsoft Word erstellt) mit ein paar geschmackvollen Pizzas (gemeint sind Kreisdiagramme) oder peppen Sie hochoffizielle Folien steifer Business-Präsentationen (vielleicht mit Microsoft PowerPoint fabriziert) etwas auf.

Selbst wenn Sie nicht allzu oft schicke und wichtige Finanzberechnungen erstellen oder Schnickschnack-Diagramme erzeugen müssen, gibt es bestimmt noch jede Menge Aufgaben, die Sie mit Excel erledigen könnten oder sollten. Es kann sich dabei um ganz simple Datenlisten handeln, sei es für den privaten Gebrauch oder im Job. Excel ist ein ausgezeichneter Listenverwalter (ExpertInnen bezeichnen diese Listen in Excel als *Datenbanken*) und ein noch größerer Aus-Listen-Tabellen-Macher. Also, wenn es darum geht, Produkte, die Sie verkaufen, Kunden, die Sie beliefern, Angestellte, für die Sie zuständig sind, oder sonstiges übersichtlich zu verwalten, dann nichts wie ran an Excel.

Jede Menge kleiner Rechtecke

Warum kann Excel so gut Berechnungen durchführen und Daten in Listen und Tabellen organisieren? Ganz einfach! Betrachten Sie einmal eine leere Excel-Arbeitsmappe (die in Abbildung 1.1 eignet sich hierzu hervorragend). Was sehen Sie? Jede Menge kleiner Rechtecke. Diese Rechtecke – es gibt in jeder Arbeitsmappe Millionen davon – werden im Tabellenkalkulationsjargon als *Zellen* bezeichnet. Jede einzelne Information (z.B. ein Name, eine Straße, eine Zahl, ja sogar der Geburtstag von Tante Marta) wird in einer Zelle der Arbeitsmappe untergebracht, die Sie gerade erstellen.

Bitte alles an meine Zelladresse

Wie Sie in Abbildung 1.1 sehen können, wird eine Excel-Arbeitsmappe von einer Art Rahmen umgeben, in dem die Spalten und Zeilen benannt werden. Spalten werden mit Buchstaben, Zeilen mit Zahlen bezeichnet. Warum ist das notwendig? Excel-Arbeitsmappen sind riesengroß. (In Abbildung 1.1 sehen Sie nur einen Bruchteil der gesamten Mappe.) Also brauchen alle Zellen einen eindeutigen Namen – eine Zelladresse. Stellen Sie sich diese Namen wie die Bezeichnungen auf einem Schachbrett vor: »Ziehe den Turm von A1 nach A4« – allerdings in ganz anderen Dimensionen.

1 ➤ Worauf haben Sie sich da bloß eingelassen?

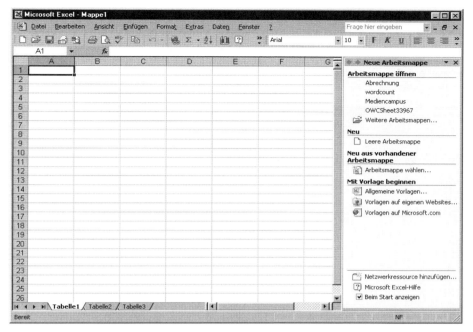

Abbildung 1.1: Jede Menge Rechtecke – und alle sehen gleich aus!

In Abbildung 1.2 zeigt Excel die aktuelle Position in der Arbeitsmappe gleich auf drei verschiedene Weisen an:

✔ Oberhalb der Arbeitsmappe auf der linken Seite der so genannten *Bearbeitungsleiste* zeigt Excel die aktuelle Zelladresse im Namenfeld an. Ist beispielsweise diejenige Zelle die aktuelle Zelle, deren Schnittpunkt durch die Spalte C und die Zeile 10 definiert wird, dann steht dort C10. (Dieses System wird auch als *A1-Bezugsart* bezeichnet.)

✔ Im Tabellenblatt selbst wird der *Zellcursor* (Abbildung 1.2 zeigt, welcher das ist) – ein dicker Rahmen um die Zelle – in der aktuell markierten Zelle positioniert.

✔ Im Tabellenblattrahmen sind die Spalten- und Zellenbezeichnungen der Zelle, in denen sich der Zellcursor gerade befindet, grau hinterlegt, (auf Ihrem Bildschirm jedoch blau).

Warum um alles in der Welt wird um die aktuelle Zelle so viel Wind gemacht? Eine gute Frage, auf die es eine gute Antwort gibt:

 Sie können in einem Tabellenblatt nur in die aktuelle Zelle Daten eingeben und nur in der aktuellen Zelle Daten bearbeiten.

Die Aussage dieses scheinbar eher banalen Satzes ist ungemein wichtig und ihre Nichtbeachtung kann ungeahnte Folgen haben. Es ist nämlich nicht nur wichtig, was Sie eingeben, sondern auch, wo sie es eingeben. Wie schnell werden bereits vorhandene Daten durch neue überschrieben (d.h. gelöscht). Oder versuchen Sie mal, Daten zu bearbeiten, ohne vorher die entsprechende Zelle zu markieren. Weit kommen Sie mit diesem System bestimmt nicht.

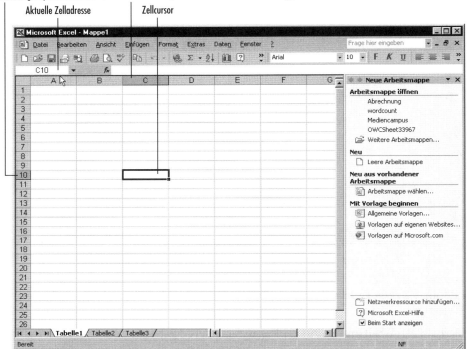

Abbildung 1.2: Excel kennzeichnet die aktuelle Position mit dem Zellcursor, der aktuellen Zelladresse sowie der grauen (auf Ihrem Bildschirm blauen) Hinterlegung der Spaltenbezeichnung und der Zeilenbezeichnung im Tabellenblattrahmen.

Warum Tabellenkalkulationsprogramme Arbeitsmappen produzieren

In Tabellenkalkulationsprogrammen wie Excel 2002 werden die elektronischen Blätter, die so genannten *Tabellenblätter*, in *Arbeitsmappen* abgelegt. Dies ist auch ganz okay so. Sie sollten sich aber niemals dazu hinreißen lassen, Excel deswegen als ein Arbeitsmappenprogramm zu bezeichnen. Also: Stellen Sie sich Excel als ein Tabellenkalkulationsprogramm vor, das Arbeitsmappen produziert, nicht aber als Arbeitsmappenprogramm, das Tabellenblätter zaubert. Und noch eins drauf: Jede Arbeitsmappe enthält natürlich Tabellenblätter – wir wären also wieder beim Tabellenkalkulationsprogramm.

Zellen – die Bausteine aller Arbeitsmappen

Alle Zellen werden durch die Schnittpunkte des Spalten- und Zeilengitters definiert. Der Terminus technicus für ein solches Raster lautet *Array*. Die Position von Daten werden in einem Array zunächst durch ihre Zeilen- und anschließend durch ihre Spaltenposition bestimmt. (Keine Panik! Spätestens im Abschnitt *A1 alias Z1S1* weiter unten in diesem Kapitel wird das Ganze etwas klarer werden.)

Also, wie groß ist die Arbeitsmappe nun wirklich?

Es ist wirklich keine Übertreibung, wenn ich behaupte, dass es in einer Arbeitsmappe Millionen von Zellen gibt. In jeder Arbeitsmappe gibt es sage und schreibe drei Tabellenblätter. Jedes Tabellenblatt besteht aus 256 Spalten (in der Regel sehen Sie, je nach Größe Ihres Bildschirms, nur die ersten sieben Spalten – A bis G) und 65.536 Zeilen (lächerliche 26 werden auf dem Bildschirm angezeigt). Das macht insgesamt 16.777.216 leere Zellen. (Bah! Mehr als 16 Millionen von diesen Dingern!)

Wohlgemerkt: Wir sprechen von lediglich einem Tabellenblatt. Es gibt nun aber drei Tabellenblätter pro Arbeitsmappe. Jedes Blatt bringt seine 16.777.216 leeren Zellen mit. Wenn Sie also eine Excel-Datei öffnen, stehen Ihnen auf einen Schlag 50.331.648 Zellen zur Verfügung. Und sollten Ihnen diese Zellen einmal doch nicht ausreichen, dann können Sie jederzeit ein neues Tabellenblatt in die Arbeitsmappe einfügen – mit 16.777.216 neuen Zellen.

A1 alias Z1S1

Die A1-Bezugsart ist ein Relikt aus VisiCalc-Tagen (der Urgroßmutter der heutigen Tabellenkalkulationsprogramme für PCs). Excel bietet zusätzlich noch eine weitere Bezugsart an: die *Z1S1-Bezugsart*. Hier werden sowohl die Spalten als auch die Zeilen des Tabellenblatts nummeriert, wobei die Zeilenbezeichnung der Spaltenbezeichnung vorangestellt wird. Bei diesem System wird z.B. die Zelle A1 als Z1S1 (Zeile 1, Spalte 1), die Zelle A2 als Z2S1 (Zeile 2, Spalte 1) und die Zelle B1 als Z1S2 (Zeile 1, Spalte 2) bezeichnet.

Kommt eigentlich nach Z auch noch was?

Unser Alphabet mit seinen 26 Buchstaben reicht natürlich nicht aus, um die 256 fortlaufenden Spalten des Excel-Tabellenblatts zu bezeichnen. Deshalb verdoppelt Excel die Zellenbuchstaben in der Spaltenbezeichnung, sodass die Spalte AA direkt nach der Spalte Z kommt. Dieser folgen dann die Spalten AB, AC usw. bis AZ. Nach der Spalte AZ geht es weiter mit BA, BB, BC etc. Wenn Sie das System kapiert haben, dann wissen Sie nun, dass die 256. und damit letzte Spalte des Tabellenblatts IV heißt, was wiederum bedeutet, dass die allerletzte Zelle des Tabellenblatts die Bezeichnung IV65536 trägt!

Was Sie bis jetzt über Excel wissen sollten

So viel wissen Sie bis jetzt über Excel (bzw. sollten Sie wissen):

- ✔ Jede Excel-Datei wird als *Arbeitsmappe* bezeichnet.
- ✔ Jede neue Arbeitsmappe, die Sie öffnen, enthält drei riesengroße leere Tabellenblätter.
  - Jedes dieser drei Tabellenblätter enthält unzählig viele Zellen, in die Sie Daten eingeben können.
  - Jede Zelle in jedem dieser drei Tabellenblätter hat ihre eigene Zelladresse, die sich aus dem/den Buchstaben der Spalte und der Zeilennummer zusammensetzt.

Noch ein paar Arbeitsmappen-Banalitäten

Wollten Sie also ein ganzes Tabellenblatt auf Papier bringen, so bräuchten Sie ein Blatt, das etwa sechs Meter breit und 416 Meter lang ist.

Auf einem 19-Zoll-Bildschirm werden in der Regel nicht mehr als sieben vollständige Spalten und 26 vollständige Zeilen des ganzen Tabellenblatts angezeigt, wenn Sie Excel gerade neu gestartet haben. Geht man davon aus, dass eine Spalte etwa 4 Zentimeter breit und eine Zeile etwa 0,6 Zentimeter hoch ist, dann stellen sieben Spalten gerade drei Prozent der gesamten Breite des Tabellenblatts dar, während 26 Zeilen nur etwa ein Tausendstel der gesamten Länge ausmachen. Dieser Exkurs sollte dazu dienen, Ihnen eine Vorstellung davon zu geben, wie klein der Ausschnitt des Tabellenblatts ist, der auf dem Bildschirm angezeigt wird, und wie viel Platz überhaupt verfügbar ist.

- ✔ Die Daten werden in den einzelnen Zellen eines Tabellenblatts gespeichert. Sie können aber Daten immer nur in die aktuelle Zelle eingeben, d.h. in die, die mit dem Zellcursor markiert ist.
- ✔ Excel ist so hilfsbereit und zeigt Ihnen, in welcher der über 16 Millionen Zellen Sie (bzw. der Cursor) sich gerade befinden, indem es die Zelladresse in der Bearbeitungsleiste und den Zellcursor im Tabellenblatt anzeigt (Abbildung 1.2).
- ✔ Das System, mit dem sich Excel auf die einzelnen Zellen in einem Tabellenblatt bezieht – die so genannte A1-Bezugsart –, beruht auf einer Kombination aus Spaltenbuchstabe und Zeilennummer.

Was Sie noch über Excel wissen sollten

Sie könnten nun vielleicht den Eindruck gewinnen, dass ein Tabellenkalkulationsprogramm wie Excel nicht viel mehr als ein etwas seltsames Textverarbeitungsprogramm mit Gitternetzlinien ist, das Sie zwingt, Ihre Daten in kleine, einzelne Zellen einzugeben, anstatt Ihnen die Weite einer ganzen Seite zu bieten.

Nun, ich möchte Ihnen hier nur sagen, dass Bill Gates (das ist der Big Boss von Microsoft, dem Hersteller von Excel) keinesfalls Multimillionär mit dem Verkauf eines seltsamen Textverarbeitungsprogramms geworden ist. Der große Unterschied zwischen den Zellen eines Tabellenblatts und den Seiten eines Textverarbeitungsprogramms besteht darin, dass jede Zelle Möglichkeiten für Berechnungen, Textverarbeitung und Gestaltung bietet. Die Rechenleistung basiert auf den Formeln, die Sie in verschiedenen Zellen des Tabellenblatts erstellen.

Ganz im Gegensatz zu einer Tabelle auf Papier, die nur Werte enthält, die an anderer Stelle errechnet wurden, kann ein elektronisches Tabellenblatt sowohl Formeln als auch die mittels dieser Formeln errechneten Werte speichern. Außerdem können Ihre Formeln die in anderen Zellen des Tabellenblatts gespeicherten Werte verwenden; wie Sie in Kapitel 2 lesen können, aktualisiert Excel die errechnete Antwort aus einer solchen Formel jedes Mal automatisch, wenn Sie die betreffenden Werte im Tabellenblatt ändern.

Excels Rechenfähigkeiten – kombiniert mit den Bearbeitungs- und Gestaltungsmöglichkeiten – machen es zu einem perfekten Programm zum Erstellen von Dokumenten, die sowohl Text- als auch Zahleneingaben enthalten, mit denen Sie Berechnungen durchführen können. Da Sie Ihre Formeln dynamisch gestalten können – d.h., Ihre Berechnungen werden automatisch aktualisiert, wenn Sie Referenzwerte ändern, die in anderen Zellen des Tabellenblatts gespeichert sind –, ist es kinderleicht, die errechneten Werte in einem Tabellenblatt stets auf dem neuesten, korrekten Stand zu halten.

Meine Damen, meine Herren, starten Sie Ihre Tabellen!

Wenn Sie sich bereits etwas mit Windows 98, der Millennium Edition (Me) oder mit Windows 2000 auseinander gesetzt haben, wird es kein allzu großer Schock für Sie sein zu erfahren, dass es unzählige Möglichkeiten gibt, Excel zu starten. (In Wahrheit gibt es ein halbes Dutzend davon und ich werde aber nur zwei in diesem Buch behandeln.) Aber ohne Windows läuft nichts. Dieses Betriebssystem muss bereits auf Ihrem Rechner installiert sein. Also, wenn Windows und Excel installiert sind, brauchen Sie bloß Ihren Rechner einzuschalten und eine der folgenden Methoden zum Starten von Excel auszuführen. Viel Glück und viel Spaß!

Excel 2002 über die Microsoft Office Shortcut-Leiste starten

Excel über die Office Shortcut-Leiste zu starten, ist wohl der einfachste Weg, dieses Prögrämmchen zum Laufen zu bringen. Der einzige Haken bei der Sache ist jedoch, dass die Shortcut-Leiste von Office XP auf Ihrem PC installiert sein muss (was standardmäßig leider nicht der

Fall ist). Außerdem benötigen Sie in der Shortcut-Leiste entweder die Desktop- oder Office-Symbolleiste. (Denn nur die beiden enthalten nämlich die *Microsoft Excel*-Schaltfläche.)

Um die Office Shortcut-Leiste anzuzeigen, führen Sie die folgenden Schritte aus:

1. **Klicken Sie in der Taskleiste von Windows auf die Schaltfläche** START**, um das Startmenü zu öffnen.**
2. **Wählen Sie im Startmenü den Befehl** PROGRAMME.
3. **Wählen Sie im Menü** PROGRAMME **den Befehl** MICROSOFT OFFICE TOOLS.
4. **Klicken Sie im angezeigten Untermenü auf den Befehl** MICROSOFT OFFICE SHORTCUT-LEISTE.

    (Wenn diese Option nicht angezeigt wird, dann bedeutet das, dass die Shortcut-Leiste nicht installiert ist. Dann müssen Sie jemanden finden, der sie für Sie nachinstallieren kann. Viel Glück bei der Suche.)

Sie können in der Shortcut-Leiste zwischen verschiedenen Symbolleisten wählen. Klicken Sie in der Office Shortcut-Leiste einfach mit der rechten Maustaste auf den Namen der aktuell angezeigten Symbolleiste und wählen Sie dann die Option DESKTOP oder OFFICE.

Wenn also eine dieser beiden Symbolleisten auf Ihrem Bildschirm angezeigt wird, dann brauchen Sie nur auf die Schaltfläche *Microsoft Excel* zu klicken und schon steht Excel 2002 zu Ihren Diensten. (Werfen Sie sicherheitshalber auch mal einen Blick auf Abbildung 1.3. Vielleicht müssen Sie über den Befehl ANPASSEN des Kontextmenüs der Symbolleiste die *Excel*-Schaltfläche noch aktivieren.)

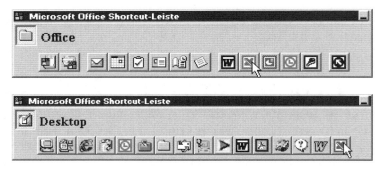

Abbildung 1.3: Excel 2002 lässt sich schnell und einfach über seine Schaltfläche in der Office- oder Desktop-Symbolleiste starten.

Excel 2002 über das Windows-Startmenü starten

Wenn Sie nicht über die Microsoft Office Shortcut-Leiste gehen wollen (weil Sie einen anderen Weg bevorzugen oder weil Sie sie nicht finden), dann wenden Sie sich vertrauensvoll an das Windows-Startmenü. Das ist übrigens die Startmethode, bei der man sich wirklich kaum verirren kann! Sie führen einfach die folgenden Schritte aus:

1. Klicken Sie in der Windows-Taskleiste auf die Schaltfläche START, um das Startmenü zu öffnen.
2. Wählen Sie im Startmenü den Befehl PROGRAMME.
3. Klicken Sie nun einfach auf den Eintrag MICROSOFT EXCEL.

Sobald Sie Schritt 3 ausgeführt haben, wird Excel geöffnet und Sie haben das Vergnügen, den Eingangsbildschirm von Microsoft Excel 2002 zu betrachten. Danach sehen Sie einen Bildschirm, der mehr oder weniger wie der in Abbildung 1.1 und Abbildung 1.2 aussieht. Eine brandneue, leere Arbeitsmappe liegt vor Ihnen und es kann losgehen.

Keine Angst vor Mäusen!

Sie können zwar die meisten der Excel-Funktionen auch über die Tastatur aufrufen, mit der Maus lässt sich jedoch in den meisten Fällen sehr viel effektiver ein Befehl auswählen oder ein bestimmter Vorgang ausführen. Schon deshalb ist es der Mühe wert, sich die verschiedenen Maustechniken des Programms anzueignen. Wenn Sie Excel zur Erledigung Ihrer Arbeit regelmäßig einsetzen, lohnt es sich natürlich ganz besonders.

Was man mit der Maus so alles machen kann

Windows-Anwendungen wie Excel verwenden drei grundlegende Maustechniken, um Elemente im Programm oder im Arbeitsmappenfenster zu markieren und zu bearbeiten:

- **Auf ein Element klicken:** Mit dem Mauszeiger auf das Element zeigen und dann die linke Maustaste drücken und sofort wieder loslassen. (Linkshänder drücken natürlich die rechte Maustaste – vorausgesetzt, Sie haben in der Windows-Systemsteuerung die linke und die rechte Maustaste vertauscht.)

- **Auf ein Element mit der rechten Maustaste klicken:** Mit dem Mauszeiger auf das Element zeigen und dann die rechte Maustaste (die linke für Linkshänder) drücken und sofort wieder loslassen.

- **Auf ein Element doppelklicken, um es zu öffnen, zu aktivieren etc.:** Mit dem Mauszeiger auf das Element zeigen und dann die linke Maustaste zweimal kurz hintereinander drücken und sofort wieder loslassen (klick-klick).

- **Ein Element ziehen, um es zu verschieben oder zu kopieren:** Mit dem Mauszeiger auf das Element zeigen und dann die linke Maustaste gedrückt halten, während Sie das Element mit der Maus in die gewünschte Richtung ziehen. Sobald sich das gezogene Etwas an der richtigen Stelle befindet, lassen Sie die Maustaste los.

Wenn Sie auf ein Element klicken, um es zu markieren, müssen Sie darauf achten, dass die Spitze des Pfeils das zu markierende Element auch wirklich berührt. Damit sich der Mauszeiger vor dem Klicken nicht auf einmal selbstständig macht, halten Sie die Maus fest mit Daumen,

Ring- und kleinem Finger umklammert und drücken dann mit dem Zeigefinger auf die linke Maustaste. Wenn Ihnen die Maus vom Schreibtisch läuft, fangen Sie sie ein (hochheben ist damit gemeint) und setzen sie erneut auf die Unterlage (der Zeiger wird dadurch nicht bewegt).

Wenn es auch ein einfacher Klick tut

Falls Sie mit Windows 98 oder mit Windows Me bzw. Windows 2000 arbeiten, dann können Sie wählen, wie Sie die Objekte auf dem Windows-Desktop öffnen wollen. Wenn Sie sich in den Windows-Ordneroptionen (die finden Sie, wenn Sie im Startmenü EINSTELLUNGEN, dann SYSTEMSTEUERUNG und danach noch ORDNEROPTIONEN wählen) für das Öffnen durch einen einfachen Klick entschieden haben, dann können Sie Programme wie Excel 2002 und Dateien, die auf dem Desktop, im Explorer oder im Ordner EIGENE DATEIEN abgelegt sind, öffnen, indem Sie auf das jeweilige Objekt zeigen und dann klicken. Wenn Sie Ihren Computer so eingerichtet haben, dann gehören für Sie die Doppelklicks bald der Vergangenheit an.

Die vielen Gesichter des Mauszeigers

Der Mauszeiger hat in Excel für wahr verschiedenste Gesichter. Je nachdem, was Excel gerade vorhat, ändert der Mauszeiger sein Aussehen. In Tabelle 1.1 sind die verschiedenen Gesichter des Mauszeigers dargestellt. Außerdem erfahren Sie, was Sie tun müssen, um die jeweiligen Mausgesichter zu sehen, und was Sie dann damit anstellen können.

Mauszeiger	Bedeutung
✥	Das breite, weiße Kreuz wird angezeigt, wenn Sie den Mauszeiger zwischen den Zellen des aktuellen Tabellenblatts spazieren führen. Verwenden Sie diesen Zeiger, um Zellen zu markieren.
↖	Die Pfeilspitze wird sichtbar, wenn Sie mit dem Mauszeiger auf eine der Symbolleisten, die Menüleiste oder auf eine Seite eines markierten Zellbereichs zeigen. Mit diesem Mauszeiger wählen Sie Excel-Befehle aus oder verschieben bzw. kopieren einen Zellbereich mit *Ziehen und Ablegen* (oder *Drag & Drop* wie die ExpertInnen unter Ihnen sagen werden).
I	Das große I zeigt sich, wenn Sie auf einen Eintrag in der Bearbeitungsleiste oder im Namenfeld klicken, auf eine Zelle doppelklicken oder F2 drücken, um eine Zelle zu bearbeiten. Verwenden Sie diesen Zeiger, wenn Sie der Einfügemarke in einer Zelle oder in der Bearbeitungsleiste einen neuen Platz zuweisen wollen.
+	Das kleine Kreuz wird zum Leben erweckt, wenn der Mauszeiger auf die untere rechte Ecke einer markierten Zelle zeigt. Verwenden Sie diesen Zeiger, um eine fortlaufende Datenreihe in einem Zellbereich zu erstellen bzw. um einen Eintrag oder eine Formel in mehrere Zellen zu kopieren. (Mehr hierzu später.)
↖?	Den Direkthilfe-Mauszeiger kriegen Sie zu sehen, wenn Sie den Befehl DIREKTHILFE im ?-Menü wählen. Verwenden Sie diesen Zeiger, um nach Hilfe zu Excel-Befehlen oder zu Schaltflächen in einer Symbolleiste zu schreien.

Mauszeiger	Bedeutung
↔	Der Doppelpfeil taucht immer dann auf, wenn Sie mit dem Mauszeiger auf eine Seite eines Elements zeigen, dessen Größe geändert werden kann. Und logischerweise verwenden Sie diesen Zeiger, um die Größe von Elementen zu ändern (von Zeilen, Spalten oder so).
⇔	Der Doppelpfeil, der in der Mitte eine Trennlinie hat, wird angezeigt, wenn der Mauszeiger auf das Teilungsfeld in der horizontalen oder vertikalen Bildlaufleiste oder in der Registerleiste zeigt. Wie der Name »Trennlinie« bereits vorsichtig andeutet, können Sie damit das Arbeitsmappenfenster in Ausschnitte unterteilen bzw. die Größe der Registerleiste und damit der horizontalen Bildlaufleiste ändern.
✥	Nun noch zum Vierfachpfeil: Der taucht immer dann auf, wenn Sie im Systemmenü der Arbeitsmappe den Befehl VERSCHIEBEN gewählt oder [Strg]+[F7] gedrückt haben. Und was tut man mit diesem Pfeil? Man verschiebt das Arbeitsmappenfenster mithilfe der Pfeiltasten an eine neue Position zwischen Bearbeitungs- und Statusleiste.

Tabelle 1.1: Die verschiedenen Formen des Excel-Mauszeigers

Verwechseln Sie den Zellcursor nicht mit dem Mauszeiger. Der Mauszeiger verändert seine Form, wenn Sie ihn bewegen. Der Zellcursor behält stets seine Form; er wird lediglich größer, wenn Sie einen Zellbereich markieren. Der Mauszeiger reagiert auf jede Bewegung, die Sie mit der Maus auf dem Schreibtisch machen, und bewegt sich immer unabhängig vom Zellcursor. Sie können mit dem Mauszeiger jedoch die Position des Zellcursors ändern, indem Sie den Mauszeiger in Form des dicken, weißen Kreuzes auf die Zelle setzen, die durch den Zellcursor markiert werden soll, und dann mit der linken Maustaste klicken.

Und was passiert, wenn ich diesen Knopf drücke?

In Abbildung 1.4 erfahren Sie endlich, wie die verschiedenen Elemente des Excel-Fensters heißen. Was Sie dort sehen, ist in etwa der Bildschirm, den Sie vor sich haben, wenn Sie Excel ganz neu starten (ohne eine bereits existierende Arbeitsmappe zu öffnen). Wie Sie sehen, enthält das Excel-Fenster jede Menge nützlicher, aber überaus verwirrender Dinge.

Die Titelleiste

Die erste Zeile im Excel-Fenster wird als *Titelleiste* bezeichnet, da sie den Programmnamen enthält, nämlich Microsoft Excel. Wenn das Arbeitsmappenfenster in seiner vollen Größe angezeigt wird (nennt man auch Vollbilddarstellung oder maximiertes Fenster), dann steht unmittelbar hinter dem Programmnamen auch noch der Name der aktuellen Arbeitsmappe. Das könnte dann ungefähr folgendermaßen aussehen:

```
Microsoft Excel - Mappe1
```

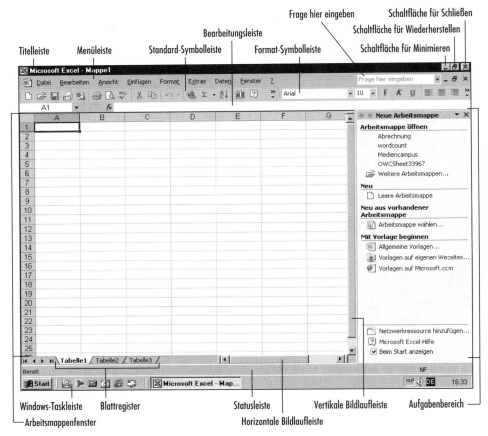

Abbildung 1.4: Schaltflächen und Leisten, wohin das Auge auch schaut – das ist das Excel-Fenster

Ganz links in der Titelleiste sehen Sie eines der vielen stilisierten XLs. Wenn Sie auf diese Schaltfläche klicken, wird das Systemmenü von Excel aufgeklappt. Es enthält Befehle, mit denen Sie das Excel-Programmfenster verschieben, verkleinern und vergrößern können. Außerdem gibt es dort noch den Befehl SCHLIESSEN, mit dem Sie – wie der Name bereits andeutet – Excel beenden und wieder auf dem Desktop landen. (Die Abkürzung – Alt + F4 – für diesen Befehl – ExpertInnen sprechen hier auch von Shortcut – tut's auch.)

Die Schaltflächen ganz rechts in der Titelleiste sollten Sie ebenfalls kennen: die Schaltfläche für *Minimieren* sowie die Schaltfläche für *Maximieren* bzw. Wiederherstellen und die Schaltfläche für *Schließen* des Programms. Dieses Trio gibt es in allen Windows-Anwendungen.

Wenn Sie auf die Schaltfläche MINIMIEREN klicken (das ist die, die wie ein Unterstrich aussieht), dann wird das Excel-Fenster zum Symbol in der Windows-Taskleiste verkleinert. Wenn Sie auf die Schaltfläche MAXIMIEREN klicken (das ist das Rechteck, was wiederum ein Fenster darstellen soll), dann füllt das Excel-Fenster den gesamten Bildschirm aus. Die MAXIMIEREN-Schaltfläche muss dann ihren Platz für die Schaltfläche WIEDERHERSTELLEN räumen (das ist die mit den zwei Rechtecken). Mit dieser Schaltfläche können Sie die vorherige Fenstergröße wiederherstellen. Nun noch zum X. Damit beenden Sie Excel genauso, als ob Sie im Systemmenü von Excel den Befehl SCHLIESSEN wählen oder [Alt]+[F4] drücken.

Die Menüleiste

Die zweite Zeile im Excel-Fenster ist die *Menüleiste*. Sie beherbergt die aufklappbaren Menüs, die wiederum die Excel-Befehle enthalten, mit denen Sie arbeiten. (Mehr dazu im Abschnitt *Die Qual der Wahl: Menüleiste oder Kontextmenü?* weiter unten in diesem Kapitel.)

Ganz links in der Menüleiste erwartet Sie wieder das XL. (Aber nur wenn das Arbeitsmappenfenster zur vollen Größe aufgeplustert ist – dazu die Schaltfläche MAXIMIEREN im Arbeitsmappenfenster drücken.) Wenn Sie auf das XL klicken, wird ein weiteres Systemmenü aufgeklappt. Dieses Mal ist es das Systemmenü für die aktuelle Arbeitsmappe. Das Menü sieht dem Systemmenü für Excel aber ziemlich ähnlich. Also, mit dem Systemmenü für die aktuelle Arbeitsmappe verschieben, verkleinern und vergrößern Sie das Arbeitsmappenfenster, das sich im Excel-Programmfenster befindet. Es gibt auch hier den Befehl SCHLIESSEN, mit dem Sie logischerweise nicht Excel, sondern die aktuelle Arbeitsmappe schließen. Die Shortcuts für diesen Befehl lauten [Strg]+[W] oder [Strg]+[F4].

Rechts in der Menüleiste sehen Sie eine der Neuheiten von Excel 2002: Ein Textfeld, in dem die nette Aufforderung steht: Frage hier eingeben. Kommen Sie dieser Aufforderung ruhig nach und löchern Sie den Antwort-Assistenten mit Fragen zu Excel 2002. Sobald Sie eine Frage in dieses Textfeld eingeben und dann [↵] drücken, wird eine Liste mit möglicherweise passenden Hilfethemen unterhalb dieses Textfelds angezeigt. Klicken Sie auf das Thema, das der Beantwortung Ihrer Frage am nächsten kommt, und schon öffnet sich automatisch das Excel-Hilfefenster. Weitere Infos zu diesem Thema finden Sie im Abschnitt *Hilfe ist schon unterwegs.*

Die drei Schaltflächen ganz rechts in der Menüleiste tun dasselbe wie Ihre Brüder und Schwestern in der Titelleiste. (Ich spreche immer noch vom Arbeitsmappenfenster in der Vollbilddarstellung.) Wenn Sie auf die Schaltfläche MINIMIEREN (im Arbeitsmappenfenster) klicken, schrumpft die Arbeitsmappe zu einem kleinen Symbol über der Statusleiste zusammen. Wenn Sie auf die Schaltfläche MAXIMIEREN klicken, nimmt die Arbeitsmappe den gesamten Raum zwischen Bearbeitungs- und Statusleiste ein. Statt der MAXIMIEREN- wird dann die WIEDERHERSTELLEN-Schaltfläche angezeigt, mit der die ursprüngliche Fenstergröße wieder hergestellt wird. In diesem Fall werden das XL, der Name sowie das Schaltflächen-Trio für die Arbeitsmappe in der Titelleiste des Arbeitsmappenfensters dargestellt. Verwirrend – aber Sie gewöhnen sich schon dran. Mit dem X ganz rechts wird die Arbeitsmappe geschlossen (ist dasselbe wie der Befehl SCHLIESSEN im Systemmenü der Arbeitsmappe bzw. das Drücken von [Strg]+[W] oder [Strg]+[F4]).

Excel 2002 fügt für jede Arbeitsmappe, die Sie öffnen, automatisch eine Schaltfläche in die Windows-Taskleiste ein. Und warum? Damit können Sie superschnell von einer Arbeitsmappe zur anderen wechseln. Wenn Sie Excel mit der Schaltfläche MINIMIEREN verkleinern, bleibt die Schaltfläche mit dem Namen der aktuellen Arbeitsmappe einfach in der Taskleiste stehen.

Die Symbolleisten für Standards und Formate

Die dritte Zeile in Excel 2002 beherbergt die beiden wohl bekanntesten Excel-Symbolleisten einträchtig nebeneinander: die Standard-Symbolleiste und die Format-Symbolleiste. Diese beiden Symbolleisten enthalten Schaltflächen, mit denen Sie in Excel die gängigsten Funktionen ausführen können. So finden Sie in der Standard-Symbolleiste die Schaltflächen, mit denen Sie die grundlegenden Dateiarbeiten ausführen können, z.B. Arbeitsmappen erstellen, speichern, öffnen und drucken. In der Format-Symbolleiste sind dann die Schaltflächen untergebracht, mit denen Sie auf das Äußere Ihrer Arbeitsmappe achten können, also neue Schriftarten und Schriftgrößen wählen und Effekte, wie Fett- oder Kursivdruck, hinzufügen können.

Wenn Sie nun wissen möchten, was sich hinter einer dieser Schaltflächen dieser beiden (oder irgendeiner anderen) Symbolleisten verbirgt, dann brauchen Sie nur mit dem Mauszeiger auf die betreffende Schaltfläche zu zeigen, bis ein kleines Kästchen angezeigt wird, das Ihnen die Aufgabe dieser Schaltfläche verrät (das Ganze nennt sich *QuickInfo*). Ein Klick auf die Schaltfläche und Excel führt den damit verknüpften Befehl aus. Praktisch, nicht?

Da sowohl die Standard- als auch die Format-Symbolleiste sehr viele Schaltflächen enthalten, können nicht alle auf einmal auf dem Bildschirm angezeigt werden. Aus diesem Grund finden Sie als jeweils letzte Schaltfläche in diesen Symbolleisten folgendes Zeichen: >> (über einem nach unten zeigenden Pfeil). Die QuickInfo verrät Ihnen die Funktion: Hier verbergen sich Optionen für Symbolleisten.

Wenn Sie auf diese Schaltfläche klicken, zeigt Excel eine Palette mit allen weiteren Schaltflächen an, die nicht mehr in die Symbolleiste passen, solange sich diese den Platz mit der anderen teilen muss. Unter der Palette befinden sich zwei zusätzliche Befehle:

- ✔ SCHALTFLÄCHEN IN ZWEI REIHEN ANZEIGEN: Klicken Sie auf diesen Befehl, um die Standard-Symbolleiste und die Format-Symbolleiste in zwei separaten Reihen unterzubringen.

- ✔ SCHALTFLÄCHEN HINZUFÜGEN ODER ENTFERNEN: Wenn Sie diesen Befehl wählen, zeigt Excel ein Menü an, das die Befehle STANDARD und/oder FORMAT (je nachdem, ob Sie sich entschieden haben, eine oder zwei Symbolleisten pro Reihe anzuzeigen) sowie den Befehl ANPASSEN enthält. Entscheiden Sie sich für STANDARD oder für FORMAT und schon wird ein weiteres Menü aufgeklappt, das alle Schaltflächen der gewählten Symbolleiste enthält. Alle Schaltflächen, die in dieser Symbolleiste angezeigt werden, haben vor ihrer Bezeichnung ein Häkchen. Wollen Sie also eine Schaltfläche aus diesem Menü in die Symbolleiste einfügen, dann klicken Sie einfach auf die betreffende Schaltfläche, damit davor ein Häkchen angezeigt wird. Das Entfernen funktioniert genau umgekehrt: Ein Klick auf die Schaltfläche, die nicht mehr angezeigt werden soll, und, schwupp, ist das Häkchen weg. (Wenn

1 ➤ Worauf haben Sie sich da bloß eingelassen?

Sie genauer wissen wollen, wie Sie diese und andere Excel-Symbolleisten individuell für Ihre Bedürfnisse einstellen, dann lesen Sie in Kapitel 12 nach.)

Tabelle 1.2 enthält die Namen und Funktionen aller Schaltflächen in der Standard-Symbolleiste, die nach der Erstinstallation von Excel 2002 angezeigt werden. Tabelle 1.3 zeigt, welche Auswahl die Format-Symbolleiste bietet. Sie können sicher sein, dass Sie im Laufe der Zeit mit jeder einzelnen Schaltfläche Kontakt aufnehmen werden.

Schaltfläche	Bezeichnung	Funktion
	Neu	Erstellt eine neue Arbeitsmappe mit drei leeren Tabellenblättern
	Öffnen	Öffnet eine vorhandene Arbeitsmappe
	Speichern	Speichert die Änderungen in der aktiven Arbeitsmappe
	E-Mail	Öffnet einen leeren E-Mail-Nachrichtenkopf, um die Arbeitsmappe via Internet zu versenden
	Suchen	Öffnet den Aufgabenbereich EINFACHE SUCHE im rechten Teil des Arbeitsmappenfensters; hier können Sie nach Arbeitsmappen suchen oder Zellen ausfindig machen, die bestimmte Daten enthalten.
	Drucken	Druckt die aktive Arbeitsmappe
	Seitenansicht	Zeigt jede Seite so an, wie sie im Ausdruck erscheint
	Rechtschreibung	Überprüft Text im Tabellenblatt auf Rechtschreibfehler
	Ausschneiden	Entfernt den markierten Bereich und speichert ihn in der Zwischenablage, wo er darauf wartet, irgendwo wieder eingefügt zu werden
	Kopieren	Kopiert den markierten Bereich in die Zwischenablage
	Einfügen	Fügt den Inhalt der Zwischenablage an der markierten Stelle ein
	Format übertragen	Überträgt die Formatierung der markierten Zelle auf alle Zellen Ihrer Wahl
	Rückgängig	Macht den zuletzt gewählten Befehl rückgängig
	Wiederholen	Wiederholt den zuletzt gewählten Befehl
	Hyperlink einfügen	Fügt einen Hyperlink zu einer anderen Datei, zu einer Internetadresse (URL) oder zu einer bestimmten Stelle in einem anderen Dokument ein (Kapitel 10 erklärt, wie man Hyperlinks einsetzt)
	AutoSumme	Addiert, ermittelt den Durchschnitt, zählt oder sucht nach dem höchsten bzw. niedrigsten Wert in der aktuellen Zellauswahl; außerdem können Sie hiermit noch einige weitere Excel-Funktionen aufrufen.

Schaltfläche	Bezeichnung	Funktion
	Euroumrechnung	Öffnet ein Dialogfeld, in dem Sie den Bereich festlegen, der umgerechnet werden soll.
	Aufsteigend sortieren	Sortiert die Daten eines Zellbereichs je nach Datentyp in aufsteigender alphabetischer und/oder numerischer Reihenfolge
	Absteigend sortieren	Sortiert die Daten eines Zellbereichs je nach Datentyp in umgekehrter alphabetischer und/oder numerischer Reihenfolge
	Diagramm-Assistent	Leitet Sie Schritt für Schritt durch die Erstellung eines neuen Diagramms im aktiven Tabellenblatt (siehe Kapitel 8)
	Zeichnen	Zeigt die Zeichnen-Symbolleiste an, mit der Sie verschiedene Formen und Pfeile erstellen können (mehr dazu in Kapitel 8)
100%	Zoom	Vergrößert oder verkleinert die Bildschirmdarstellung der Daten in Ihrem Tabellenblatt
	Microsoft Excel-Hilfe	Der Antwort-Assistent meldet sich zu Wort. Hier können Sie Fragen stellen und nach bestimmten Themen zum Arbeiten mit den vielen Excel-Funktionen suchen. (Näheres erfahren Sie in diesem Kapitel im Abschnitt *Hilfe ist schon unterwegs*.)
>>	Optionen für Symbolleisten	Zeigt ein Menü an, das Ihnen anbietet, die Symbolleisten in zwei Reihen anzuzeigen (wenn sie gerade nebeneinander angezeigt werden) bzw. in einer Reihe anzuzeigen (wenn sie sich gerade über zwei Reihen breit machen). Außerdem können Sie hierüber Schaltflächen hinzufügen oder entfernen. Wenn in der Symbolleiste nicht alle Schaltflächen angezeigt werden (was an dem >> zu erkennen ist), dann enthält das Menü eine Palette mit allen Schaltflächen, die ebenfalls zur Verfügung stehen.

Tabelle 1.2: Die coolen Schaltflächen der Standard-Symbolleiste

Schaltfläche	Bezeichnung	Funktion
Arial	Schriftart	Formatiert einen Zellbereich in der gewählten Schriftart
10	Schriftgrad	Formatiert einen Zellbereich in der gewählten Schriftgröße
F	Fett	Formatiert den Zellbereich fett
K	Kursiv	Formatiert den Zellbereich kursiv
U	Unterstrichen	Unterstreicht die Einträge im Zellbereich (nicht die Zellen)
	Linksbündig	Richtet den Inhalt eines Zellbereichs linksbündig aus

1 ➤ Worauf haben Sie sich da bloß eingelassen?

Schaltfläche	Bezeichnung	Funktion
	Zentriert	Zentriert den Inhalt eines Zellbereichs
	Rechtsbündig	Richtet den Inhalt eines Zellbereichs rechtsbündig aus
	Zusammenführen und zentrieren	Verbindet zwei oder mehr markierte und aneinander grenzende Zellen zu einer Zelle und zentriert den Inhalt in der verbundenen Zelle; enthält die Auswahl mehrerer Werte, wird in der verbundenen Zelle nur der Wert aus der obersten linken Zelle angezeigt.
	Währung	Stellt den Zellbereich im Währungsformat dar (DM nachgestellt, Tausendertrennzeichen, zwei Dezimalstellen)
	Euro	Formatiert die Zellen im Euro-Buchungsformat (€ nachgestellt, Tausendertrennzeichen, zwei Dezimalstellen)
	Prozentformat	Stellt den Zellbereich im Prozentformat dar (Zahlen mit 100 multipliziert, %-Zeichen nachgestellt, keine Dezimalstellen)
	1.000er-Trennzeichen	Trennt Tausenderstellen durch einen Punkt und zeigt zwei Dezimalstellen an
	Dezimalstelle hinzufügen	Zeigt bei jedem Klicken auf diese Schaltfläche eine Dezimalstelle mehr an (mit ⇧+Klicken wird eine Dezimalstelle weniger angezeigt)
	Dezimalstelle löschen	Zeigt bei jedem Klicken auf diese Schaltfläche eine Dezimalstelle weniger an (mit ⇧+Klicken wird eine Dezimalstelle mehr angezeigt)
	Einzug verkleinern	Verschiebt den Eintrag in der aktuellen Zelle um die Breite eines Zeichens in der Standardschriftart nach links
	Einzug vergrößern	Verschiebt den Eintrag in der aktuellen Zelle um die Breite eines Zeichens in der Standardschriftart nach rechts
	Rahmen	Zeigt eine Palette verschiedener Rahmentypen an, mit der Sie Zellbereiche mit Linien schmücken können
	Füllfarbe	Zeigt eine Palette mit Hintergrundfarben für die Zellen an
	Schriftfarbe	Zeigt eine Palette mit Farben für Text in den Zellen eines Zellbereichs an
	Optionen für Symbolleisten	Zeigt ein Menü an, das Ihnen anbietet, die Symbolleisten in zwei Reihen anzuzeigen (wenn sie gerade nebeneinander angezeigt werden) bzw. in einer Reihe anzuzeigen (wenn sie sich gerade über zwei Reihen breit machen). Außerdem können Sie hierüber Schaltflächen hinzufügen oder entfernen. Wenn in der Symbolleiste nicht alle Schaltflächen angezeigt werden (was an dem >> zu erkennen ist), dann enthält das Menü eine Palette mit allen Schaltflächen, die ebenfalls zur Verfügung stehen.

Tabelle 1.3: Die flotten Schaltflächen der Format-Symbolleiste

> ### Eigenwillige Symbolleisten
>
> Gewöhnen Sie sich nicht allzu sehr an die Reihenfolge der Schaltflächen, die Excel bei der Erstinstallation in der Standard- und in der Format-Symbolleiste anzeigt. Excel funktioniert hier etwas eigenwillig. Das Programm verschiebt nämlich die Schaltfläche, die Sie als Letzte verwendet haben, weiter nach vorne. Was heißt das genau? Also, wenn Sie eine Schaltfläche aus der Palette mit den Optionen für Symbolleisten verwenden, dann wird diese Schaltfläche automatisch zu den bereits in der Symbolleiste angezeigten hinzugefügt. Da der Platz ja begrenzt ist, wird eine der nicht verwendeten Schaltflächen, die am Ende der Symbolleiste angezeigt werden, in die Palette mit den Optionen für Symbolleisten abgeschoben. Das Ergebnis sind Symbolleisten, die ständig anders aussehen. Mal wird die benötigte Schaltfläche in der Symbolleiste angezeigt sein, beim nächsten Mal befindet sie sich jedoch vielleicht wieder im Exil in der Palette!
>
> Leider gibt es in Excel 2002 keine Option, mit der Sie diesem Spielchen ein Ende bereiten können. Das einzige Mittel, mit dem Sie die ursprüngliche Anordnung der Schaltflächen auf den Symbolleisten (und damit gleichzeitig die Menübefehle) wiederherstellen können, funktioniert so: Klicken Sie mit der rechten Maustaste irgendwo auf die Menüleiste oder die Standard- bzw. die Format-Symbolleiste und wählen Sie dann den Befehl ANPASSEN im angezeigten Kontextmenü. Im Dialogfeld ANPASSEN klicken Sie nun auf die Registerkarte OPTIONEN und dort auf die Schaltfläche ZURÜCKSETZEN. Excel zeigt Ihnen daraufhin eine Warnmeldung an, dass die Liste der Befehle, die Sie in Excel verwendet haben, gelöscht wird. Klicken Sie auf JA, damit das Programm die Standardbefehle für Menüs und Symbolleisten wiederherstellt.

Die Bearbeitungsleiste

Die Bearbeitungsleiste zeigt die Zelladresse und den Inhalt der aktuellen Zelle an. Sie ist in drei Abschnitte unterteilt:

- **Namenfeld:** Der erste Abschnitt ganz links enthält die aktuelle Zelladresse.
- **Schaltflächen der Bearbeitungsleiste:** Der zweite Abschnitt der Bearbeitungsleiste ist der graue Bereich zwischen dem Namenfeld und dem Zellinhalt. Er enthält ganz links den nach unten zeigenden Pfeil des Dropdown-Listenfelds des Namenfelds und ganz rechts die Schaltfläche für Funktion einfügen (*fx*).
- **Zellinhalt:** Der große weiße Bereich füllt den verbleibenden rechten Teil der Bearbeitungsleiste auf.

Wenn die aktuelle Zelle leer ist, dann enthält auch dieser dritte Abschnitt keinen Eintrag. Sobald Sie aber Daten oder eine Formel eingeben, erwachen der zweite und der dritte Abschnitt zum Leben. Sobald Sie eine Taste drücken, werden im zweiten Abschnitt zwischen dem nach unten zeigenden Pfeil des Namenfelds und der Schaltfläche für *Funktion einfügen* die Schaltfläche ABBRECHEN und die Schaltfläche EINGEBEN angezeigt (Abbildung 1.5). (In Kapitel 2 erfahren Sie, wie Sie diese Elemente einsetzen.)

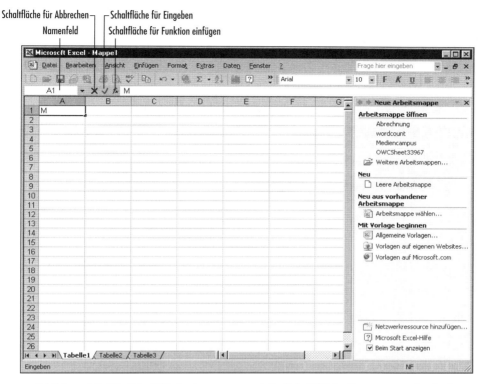

Abbildung 1.5: Die Schaltfläche ABBRECHEN und die Schaltfläche EINGEBEN werden in der Bearbeitungsleiste angezeigt, sobald Sie etwas in eine Zelle eingeben.

Hinter diesen Feldern und Schaltflächen werden im dritten Abschnitt der Bearbeitungsleiste die Zeichen angezeigt, die Sie gerade in eine Zelle im Tabellenblatt eingeben. Wenn Sie den Eintrag abgeschlossen haben (indem Sie auf die Schaltfläche EINGEBEN in der Bearbeitungsleiste geklickt oder ⏎ bzw. eine der Pfeiltasten gedrückt haben), zeigt Excel den gesamten Eintrag in der Zelle an. Die zwei Schaltflächen aus dem zweiten Abschnitt der Bearbeitungsleiste sind wieder verschwunden. Sobald Sie den Zellcursor wieder auf dieser Zelle positionieren, wird der Inhalt dieser Zelle erneut in der Bearbeitungsleiste angezeigt.

Das Arbeitsmappenfenster

Wenn Sie das Programm aufrufen, wird normalerweise eine leere Arbeitsmappe in einem neuen Arbeitsmappenfenster direkt unterhalb der Bearbeitungsleiste angezeigt, das auf der rechten Seite den Aufgabenbereich NEUE ARBEITSMAPPE enthält. Abbildung 1.6 zeigt, dass das

Arbeitsmappenfenster (wenn Sie auf die Schaltfläche WIEDERHERSTELLEN im Arbeitsmappenfenster geklickt haben) einen eigenen Platz links neben dem Aufgabenbereich NEUE ARBEITSMAPPE einnimmt. Es verfügt über ein eigenes Systemmenüfeld, eine eigene Titelleiste sowie eigene Schaltflächen MINIMIEREN, MAXIMIEREN bzw. WIEDERHERSTELLEN und SCHLIESSEN. In der Titelleiste des Arbeitsmappenfensters wird außerdem noch der Arbeitsmappenname angezeigt (MAPPE1, wenn Sie Excel aufrufen, MAPPE2, wenn Sie das nächste neue Arbeitsmappenfenster öffnen, etc.).

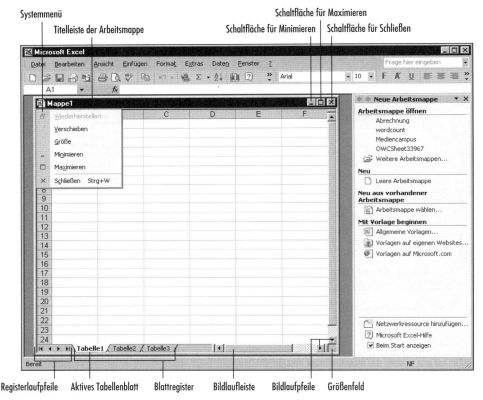

Abbildung 1.6: Jedes Arbeitsmappenfenster enthält sein eigenes Systemmenüfeld sowie die Schaltflächen MINIMIEREN, MAXIMIEREN und SCHLIESSEN.

Am unteren Rand des Arbeitsmappenfensters befinden sich die Registerlaufpfeile, das Blattregister für die Aktivierung der verschiedenen Tabellenblätter der Arbeitsmappe (Sie wissen ja – drei neue Blätter warten auf Ihre Zahlen) sowie die horizontale Bildlaufleiste, mit der Sie im Tabellenblatt weiter nach rechts bzw. nach links blättern können. Am rechten Rand des Arbeitsmappenfensters gibt es noch die vertikale Bildlaufleiste, mit der Sie im Tabellenblatt nach unten bzw. nach oben blättern können. (Sie erinnern sich sicherlich, dass Sie nur einen lächerlich kleinen Prozentsatz des gesamten Tabellenblatts auf dem Bildschirm sehen.)

Sie können direkt nach dem Aufrufen von Excel mit dem Erstellen eines neuen Tabellenblatts in TABELLE1 der MAPPE1 beginnen, die im Arbeitsmappenfenster angezeigt wird. Wenn Ihre Bildschirmanzeige so wie die in Abbildung 1.6 aussehen soll, dann klicken Sie rechts in der Menüleiste des Arbeitsmappenfensters auf die Schaltfläche WIEDERHERSTELLEN. Und, schwuppdiwupp, erhalten Sie ein auf das Wichtigste reduziertes Arbeitsmappenfenster.

Arbeitsmappenfenster in beliebiger Größe

Sie können die Größe und die Position einer Arbeitsmappe, die nicht zum Symbol verkleinert und nicht als Vollbild dargestellt wird (so wie die in Abbildung 1.6), manuell ändern. Hierzu hat Microsoft für ganz Blinde eine spezielle Ecke (das so genannte *Größenfeld*) kreiert, die uns in der unteren rechten Ecke des Arbeitsmappenfensters beglückt. Rein theoretisch tut es jede andere Ecke auch, aber die ist wohl besonders schön.

Aber egal, gehen Sie nun folgendermaßen vor: Zeigen Sie mit dem Mauszeiger auf das besagte Größenfeld des Arbeitsmappenfensters (oder eine beliebige andere Ecke – es gibt ja noch drei davon). Ein neues Mausgesicht – der Doppelpfeil – zeigt sich. Ziehen Sie nun die Maus so lange (die linke Maustaste bleibt gedrückt), bis das Fenster die gewünschte Größe hat. Beachten Sie, dass der Mauszeiger die Form eines Doppelpfeils nur dann annimmt, wenn Sie wirklich auf DIE oder eine andere Ecke zeigen.

✔ Wenn Sie den Mauszeiger auf den unteren Rahmen des Fensters setzen und dann senkrecht nach oben ziehen, wird das Fenster verkürzt. Ziehen Sie den Rahmen nach unten, wird das Fenster in die Länge gestreckt.

✔ Wenn Sie den Zeiger auf den rechten Fensterrahmen setzen und dann nach links ziehen, wird das Fenster schmaler. Ziehen Sie den Rahmen nach rechts, wird das Fenster breiter.

✔ Wenn Sie den Zeiger auf die untere rechte Ecke des Fensterrahmens setzen und dann diagonal in Richtung auf die linke obere Rahmenecke ziehen, wird das Fenster kürzer und schmaler. Ziehen Sie von der linken oberen Rahmenecke weg, wird das Fenster länger und breiter.

Sobald die Fenstergröße Ihren Wünschen entspricht, lassen Sie die linke Maustaste los. Excel zeichnet das Arbeitsmappenfenster gemäß Ihren Wünschen neu.

 Wenn Sie die Größe eines Arbeitsmappenfensters manuell geändert haben, können Sie die ursprüngliche Fenstergröße auch nur manuell wiederherstellen. Es gibt in diesem Fall leider keine Schaltfläche für Wiederherstellen, auf das Sie klicken könnten.

Damit aber nicht genug. Die Arbeitsmappenfenster können nicht nur in ihrer Größe verändert, sondern auch zwischen Bearbeitungsleiste und Statusleiste verschoben werden.

Um ein Arbeitsmappenfenster zu verschieben, führen Sie die folgenden Schritte aus:

1. **Packen Sie das Arbeitsmappenfenster einfach am Kragen bzw. an der Titelleiste.**

2. **Wenn Sie die Titelleiste fest im Griff haben, ziehen Sie das Fenster an die gewünschte Position und lassen die linke Maustaste wieder los.**

Wenn Ihnen die Mausmethode zu einfach ist, können Sie ein Arbeitsmappenfenster auch komplizierter verschieben:

1. **Drücken Sie `Strg`+`F7` oder wählen Sie im Systemmenü des Arbeitsmappenfensters den Befehl VERSCHIEBEN.**

   Der Mauszeiger zeigt ein neues Gesicht – den Vierfachpfeil.

2. **Ziehen Sie das Fenster mit dem Vierfachpfeil oder drücken Sie die Pfeiltasten (`←`, `↑`, `→` oder `↓`), bis das Fenster im Schneckentempo an die gewünschte Position gekrochen ist.**

3. **Drücken Sie abschließend `↵`.**

   Der Mauszeiger zeigt wieder sein Alltagsgesicht – das dicke weiße Kreuz.

Durch die Tabellenblätter surfen

Ganz unten links im aktiven Arbeitsmappenfenster werden die Registerlaufpfeile und daneben die Register für die ersten drei Tabellenblätter angezeigt. Das aktive Tabellenblatt ist daran zu erkennen, dass es weiß ist und der Registername fett dargestellt wird. Wenn Sie Lust auf ein anderes Tabellenblatt der Mappe haben, dann klicken Sie einfach auf das dazugehörige Blattregister.

Falls Sie der Arbeitsmappe weitere Tabellenblätter hinzugefügt haben (Kapitel 7 sagt Ihnen, wie man das macht!) und nun das Blattregister für das Tabellenblatt, das Sie unbedingt sehen möchten, nicht angezeigt wird, dann blättern Sie mit den Registerlaufpfeilen ganz einfach nach links oder rechts. Sehen Sie die vier links neben den Registern angezeigten Schaltflächen mit den schwarzen Pfeilen? Nun, wenn Sie auf eine der beiden mittleren Schaltflächen klicken, blättern Sie in der Registerlaufleiste jeweils um ein Register nach rechts bzw. nach links. Wenn Sie auf eine der beiden äußeren Schaltflächen klicken, blättern Sie zum ersten bzw. letzten Register in der Arbeitsmappe.

Die Statusleiste

Die letzte Zeile am unteren Rand des Excel-Fensters wird als *Statusleiste* bezeichnet, da sie Informationen über den aktuellen Zustand des Programms enthält. Im linken Teil der Statusleiste werden Meldungen angezeigt, die gegenwärtig ablaufende Vorgänge oder den Befehl beschreiben, den Sie in der Excel-Menüleiste ausgewählt haben. Nachdem Sie Excel gestartet haben, wird dort die Meldung `Bereit` angezeigt (Abbildung 1.7). Wie nett! Excel teilt Ihnen mit, dass es losgehen kann.

Auf der rechten Seite der Statusleiste befinden sich mehrere Felder, die den aktuellen Modus des Programms anzeigen, d.h., hier können Sie sehen, ob bestimmte Tasten aktiviert sind, die das Arbeiten mit dem Programm irgendwie beeinflussen könnten. Nach dem Starten von Excel wird z.B. im Feld für den Status der Zehnertastatur `NF` angezeigt. Wenn Sie die ⇧-Taste drücken, um Text in Großbuchstaben einzugeben, wird in der Statusleiste `GROSS` angezeigt. Drücken Sie die `Rollen`-Taste, damit Sie mit den Pfeiltasten durch das Tabellenblatt blättern können, wird `SCRL` angezeigt.

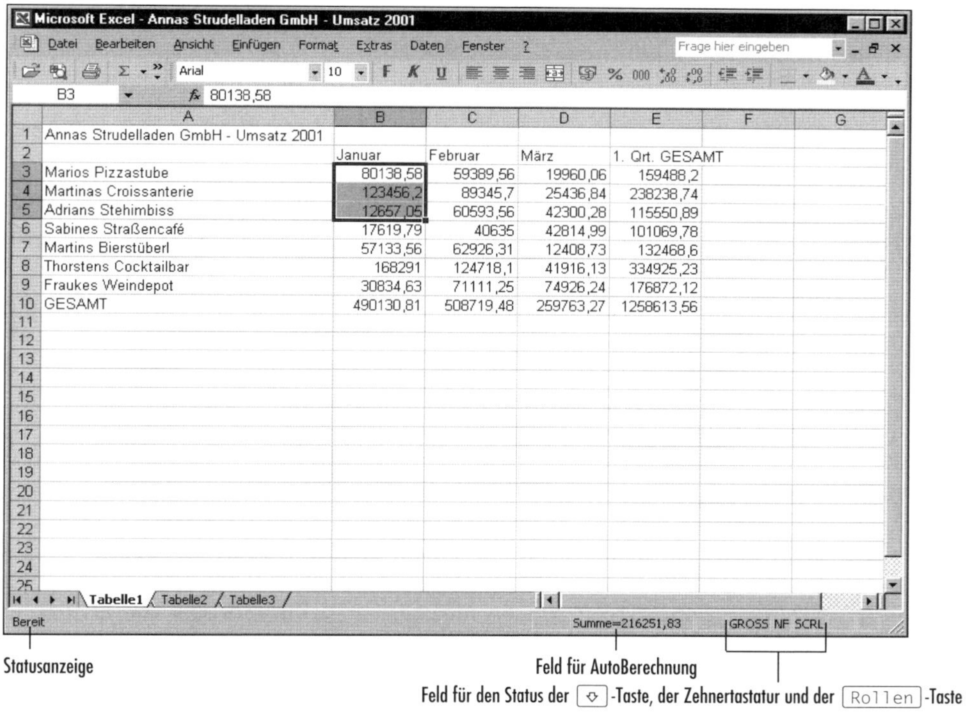

Abbildung 1.7: Das Feld für AutoBerechnung in der Statusleiste berechnet automatisch die Summe aller markierten Zellen, die Werte enthalten. Sie brauchen keinen Finger dafür krumm zu machen.

Bitte einmal AutoBerechnung

Das größte Feld in der Statusleiste (das dritte von links) ist das Feld für *AutoBerechnung*. Mit diesem kleinen Zauberfeld können Sie schnell und einfach Zwischensummen von beliebigen Zellbereichen bilden, wenn das Kopfrechnen nicht mehr so ganz funktioniert. (In Kapitel 3 kriegen Sie jede Menge Infos darüber, wie Sie einen Zellbereich markieren.) In Abbildung 1.7 sehen Sie beispielsweise ein Tabellenblatt, in dem ein Teil einer Spalte markiert ist. Und man sehe und staune: Die Summe aller markierten Zellen steht unaufgefordert unten in der Statusleiste im Feld AUTOBERECHNUNG.

Wenn Sie meinen, das war's, dann irren Sie sich gewaltig. Das Feld AUTOBERECHNUNG kann weit mehr als nur eine läppische Summe bilden. Wie wäre es mit dem Mittelwert oder der Anzahl von Werten? Wenn Sie beispielsweise wissen möchten, wie viele markierte Zellen Werte enthalten (Excel ignoriert beim Zählen alle Textzellen), dann klicken Sie mit der rechten Maustaste auf das Feld AUTOBERECHNUNG, um ein Kontextmenü zu öffnen und dann die Qual die Wahl aus folgenden Optionen zu haben:

- Um den Mittelwert der aktuellen Zellauswahl zu ermitteln, wählen Sie im Kontextmenü den Befehl MITTELWERT.
- Um die Anzahl aller Zellen zu berechnen, die Werte enthalten (Zellen mit Texteinträgen werden ignoriert), wählen Sie den Befehl ANZAHL.
- Wenn Sie die Anzahl aller Zellen zählen wollen, egal welchen Dateityp sie enthalten, dann wählen Sie im Kontextmenü den Befehl ZÄHLEN.
- Wenn Sie mithilfe der AUTOBERECHNUNG-Funktion feststellen wollen, welches der höchste Wert in der aktuellen Zellauswahl ist, dann wählen Sie den Befehl MAX, für den niedrigsten Wert – Sie können es sich denken – den Befehl MIN.
- Damit keine Berechnungen in der Statusleiste angezeigt werden, wählen Sie ganz oben in diesem Menü den Befehl KEIN(E).
- Damit im Feld AUTOBERECHNUNG wieder die normale Summenfunktion angezeigt wird, wählen Sie den Befehl SUMME.

Der Status der Zehnertastatur

Was geht Sie der Status der Zehnertastatur an? Ganz einfach: Das NF-Feld in der Statusleiste zeigt an, ob die Taste Num auf der Zehnertastatur gedrückt oder nicht gedrückt ist. Müssen Sie das wissen? Klar! Denn nur so wissen Sie, ob die Pfeiltasten oder die Zahlen auf der Zehnertastatur aktiv sind. Ist Num aktiviert, können Sie die Zahlen verwenden, ist die Taste deaktiviert, stehen die Pfeiltasten zur Verfügung.

Die neuen Aufgabenbereiche

Wenn Sie Excel zum ersten Mal mit einer leeren Arbeitsmappe öffnen, dann wird automatisch auf der rechten Seite des Programmfensters der Aufgabenbereich NEUE ARBEITSMAPPE angezeigt (wie in Abbildung 1.4 zu sehen). Sie arbeiten mit diesem Aufgabenbereich, um erst vor kurzem geöffnete Arbeitsmappe erneut zu bearbeiten oder weitere neue Arbeitsmappen zu erstellen. (Lesen Sie Kapitel 2, wenn Sie dieses Thema interessiert.) Der Aufgabenbereich NEUE ARBEITSMAPPE ist aber nicht der einzige Aufgabenbereich, den Excel 2002 zu bieten hat. Es gibt auch noch die Aufgabenbereiche ZWISCHENABLAGE, SUCHEN und CLIP ART EINFÜGEN.

Mit dem Aufgabenbereich ZWISCHENABLAGE können Sie Daten anzeigen und einfügen, die Sie ausgeschnitten oder kopiert und in der Zwischenablage abgelegt haben. Sie können übrigens aus allen Office XP-Programmen, nicht nur aus einer Excel-Arbeitsmappe, Daten/Text ausschneiden und kopieren und in Ihr Tabellenblatt einfügen. (In Kapitel 4 gibt es hierzu noch weitere Infos.) Mit dem Aufgabenbereich SUCHEN spüren Sie Dateien auf, die Sie erstellt haben (und zwar mit einem beliebigen Office XP-Programm, nicht unbedingt nur mit Excel), oder die Sie erhalten und auf Ihrer Festplatte gespeichert haben (beispielsweise E-Mail-Nachrichten). Sie können über diesen Aufgabenbereich nach bestimmten Werten oder nach Text suchen, die bzw. den Sie in die aktuelle Arbeitsmappe eingegeben haben. Wieder ist es Kapitel 4, das hier noch mehr zum Thema zu bieten hat. Der Aufgabenbereich CLIP ART EINFÜGEN dient – wie der Name schon sagt – dem Einfügen von kleinen Bildchen, die Ihre Tabellenblätter entweder verschönern oder aussagekräftiger machen sollen. Hier können Sie dann nach Bildern, Fotos, kleinen Filmen und Soundclips suchen oder auf die Microsoft Office Design Gallery live im Internet zugreifen, um dort in Clips zu schwelgen. Kapitel 8 enthält übrigens weitere Infos zu ClipArts und Co.

Sie stört es, dass fast ein Drittel des Bildschirms für den Aufgabenbereich draufgeht? Dann klicken Sie einfach auf die Schaltfläche SCHLIESSEN (das X in der rechten oberen Ecke des Aufgabenbereichs). Wenn Sie den Aufgabenbereich wieder anzeigen wollen, wählen Sie im Menü ANSICHT den Befehl AUFGABENBEREICH oder den Befehl SYMBOLLEISTEN und dann den Unterbefehl AUFGABENBEREICH.

Wird das Aufgabenbereichfenster angezeigt, können Sie wählen, welchen Aufgabenbereich Sie wollen, indem Sie im Aufgabenbereich auf den nach unten zeigenden Pfeil direkt links neben der Schaltfläche SCHLIESSEN klicken. Wählen Sie zwischen NEUE ARBEITSMAPPE, SUCHEN, ZWISCHENABLAGE und CLIP ART EINFÜGEN. Wenn Sie einen neuen Aufgabenbereich gewählt haben, können Sie in den alten wieder zurückwechseln, indem Sie zwischen den einzelnen Aufgabenbereich hin und her blättern. Dafür gibt es auf der linken Seite des Aufgabenbereichsfensters die Schaltflächen für *Zurück* und *Weiterleiten*, die durch einen nach links bzw. nach rechts zeigenden Pfeil gekennzeichnet ist.

Wenn Sie es leid sind, dass nach jedem Starten von Excel automatisch der Aufgabenbereich NEUE ARBEITSMAPPE geöffnet wird, dann steht es Ihnen frei, diese Funktion zu deaktivieren. Ganz unten in diesem Aufgabenbereich gibt es nämlich das Kontrollkästchen BEIM START ANZEIGEN. Wenn Sie das deaktivieren (Häkchen weg!), dann gehört der gesamte Bildschirm der Arbeitsmappe. Natürlich gibt es noch eine weitere, etwas kompliziertere Möglichkeit, den Aufgabenbereich loszuwerden: Wählen Sie im Menü EXTRAS den Befehl OPTIONEN und dort die Registerkarte ANSICHT. Deaktivieren Sie hier das Kontrollkästchen STARTAUFGABENBEREICH. Warum einfach, wenn es auch kompliziert geht!

Nichts wie raus aus dieser Zelle!

Excel verfügt über mehrere Möglichkeiten, mit denen Sie sich in den einzelnen riesigen Tabellenblättern der Arbeitsmappe bewegen können. Am einfachsten ist es, in der Registerlaufleiste auf das entsprechende Register zu klicken und dann die Bildlaufleisten im Arbeitsmappenfenster zu verwenden, um andere Bereiche des Tabellenblatts anzuzeigen. Excel bietet

Ihnen auch eine ganze Reihe von Tasten oder Tastenkombinationen, mit denen Sie nicht nur einen anderen Bereich des Tabellenblatts anzeigen, sondern auch eine neue Zelle aktivieren können.

Einfach laufen lassen

Wie funktioniert das mit den Bildlaufleisten in Excel? Stellen Sie sich vor, Sie rollen Ihr Tabellenblatt auf, als ob es eine Pergamentrolle wäre. Um einen anderen Bereich auf der Rolle sichtbar zu machen, der noch auf der rechten Seite verborgen ist, müsste man die rechte Seite abrollen, bis der Bereich mit den gewünschten Zellen erscheint. Wollte man einen Bereich des Tabellenblatts auf der linken Seite sehen, so müsste man die linke Seite abrollen, bis der Zellbereich erscheint.

Vor und zurück mit der horizontalen Bildlaufleiste

Um diesen Links-/Rechts-Bildlauf in einem Excel-Tabellenblatt durchzuführen, verwenden Sie die *horizontale Bildlaufleiste* am unteren Rand des Arbeitsmappenfensters. Mit dieser Bildlaufleiste rollen Sie das Fenster mit den linken und rechten Bildlaufpfeilen auf. Wenn Sie auf den *linken* Bildlaufpfeil in der Bildlaufleiste klicken, bewegt sich das Tabellenblatt nach rechts und zeigt eine neue Spalte an, die bis jetzt auf der linken Seite verdeckt war. Wenn Sie auf den *rechten* Bildlaufpfeil in der Bildlaufleiste klicken, bewegt sich das Tabellenblatt nach links und zeigt eine neue Spalte an, die bis jetzt auf der rechten Seite verdeckt war. Na, so weit alles klar?

Es geht aber auch noch schneller. Klicken Sie auf den Bildlaufpfeil, in dessen Richtung Sie blättern müssen. Halten Sie die Maustaste eisern gedrückt, bis die Spalte angezeigt wird, die Sie sehen möchten. Wenn Sie beispielsweise nach rechts blättern, wird das *horizontale Bildlauffeld* (der große rechteckige Block) immer kleiner, je mehr Sie sich in den Spaltenbereich BA und weiter wagen. Am Schluss ist das Bildlauffeld nur noch ein kleiner mickriger Strich. Wenn Sie dann auf den Bildlaufpfeil nach links klicken, um zurückzublättern, plustert sich das Bildlauffeld immer mehr auf, je mehr Sie sich der Spalte A nähern. Netter optischer Schnickschnack.

 Wenn Sie nämlich noch flotter durch die Spalten blättern wollen, dann ziehen Sie einfach das dicke Bildlauffeld in die entsprechende Richtung.

Auf und ab mit der vertikalen Bildlaufleiste

Mit der *vertikalen Bildlaufleiste* wird das Tabellenblatt nach oben bzw. nach unten gerollt. Auch hier bietet sich das Bild der Pergamentrolle an, die jetzt allerdings waagrecht gehalten wird. Sie rollen die Pergamentrolle nach unten ab, um die am unteren Rand verdeckten Zeilen anzusehen, bzw. nach oben auf, um die am oberen Rand verdeckten Zeilen anzusehen.

Die vertikale Bildlaufleiste an der rechten Seite des Arbeitsmappenfensters enthält die entsprechenden Bildlaufpfeile. Klicken Sie auf den nach unten zeigenden Bildlaufpfeil, um das Tabellenblatt nach oben zu verschieben und die nächste noch verdeckte Zeile am unteren Fensterrand anzuzeigen. Klicken Sie auf den nach oben zeigenden Bildlaufpfeil, um das Tabellenblatt nach unten zu verschieben und die nächste noch verdeckte Zeile am oberen Fensterrand anzuzeigen.

Da ich mich ungern wiederhole, möchte ich Sie auf die beiden letzten Absätze im vorhergehenden Abschnitt verweisen. Dies funktioniert selbstverständlich auch beim vertikalen Blättern.

Bildschirm für Bildschirm

Sie können mit den Bildlaufleisten auch einen Bildschirmsprung im Dokument machen. Klicken Sie dazu auf den hellgrauen Bereich in der Bildlaufleiste zwischen dem Bildlauffeld und einem der Bildlaufpfeile. Um einen Bildschirm mehrere Spalten nach links oder nach rechts zu blättern, klicken Sie in der horizontalen Bildlaufleiste auf die entsprechende Seite des Bildlauffelds (links neben dem Bildlauffeld = nach links; rechts neben dem Bildlauffeld = nach rechts).

Um einen Bildschirm nach oben oder nach unten zu blättern, klicken Sie in der vertikalen Bildlaufleiste auf die entsprechende Seite des Bildlauffelds (oberhalb des Bildlauffelds = nach oben; unterhalb des Bildlauffelds = nach unten).

Falls Ihnen jetzt vom vielen Blättern schwindelig geworden sein sollte: Machen Sie eine kleine Pause. Die haben Sie sich verdient!

Tastenkombinationen zum Verschieben des Zellcursors

Ein Nachteil bei der Verwendung der Bildlaufleisten besteht darin, dass lediglich neue Bereiche des Tabellenblatts angezeigt werden, aber die Position des Zellcursors nicht geändert wird. Das heißt, wenn Sie in die Zellen eines neuen Tabellenblattbereichs Daten eingeben wollen, dürfen Sie nicht vergessen, die Zelle(n) zu markieren, bevor Sie mit der eigentlichen Eingabe beginnen.

Excel bietet eine ganze Reihe von Tastenkombinationen, mit denen der Zellcursor in eine neue Zelle verschoben werden kann. Wenn Sie eine dieser Kombinationen verwenden, blättert Excel bei Bedarf im Tabellenblatt, um den Zellcursor neu positionieren zu können. Tabelle 1.4 enthält diese schlauen Tastenkombinationen und beschreibt, welche Sprünge der Zellcursor bei welcher Taste bzw. Tastenkombination ausführt.

 Denken Sie daran, dass [Num] deaktiviert sein muss, wenn Sie die Pfeiltasten auf der Zehnertastatur verwenden möchten. Ansonsten gibt es unerwünschte Zahlen oder sonstige Zeichen. Ich habe Sie gewarnt!

Taste(-nkombinationen)	Funktion
→ oder Tab	Nach rechts zur nächsten Zelle
← oder ⇧ + Tab	Nach links zur vorhergehenden Zelle
↑	Eine Zeile nach oben
↓	Eine Zeile nach unten
Pos1	Zur ersten Zelle in der aktuellen Zeile
Strg + Pos1	Zur ersten Zelle (A1) im Tabellenblatt
Strg + Ende oder Ende, Pos1	Zur Zelle in der rechten unteren Ecke des aktiven Bereichs des Tabellenblatts (= letzte Zelle, die Daten enthält)
Bild ↑	Einen Bildschirm nach oben zur Zelle in derselben Spalte
Bild ↓	Einen Bildschirm nach unten zur Zelle in derselben Spalte
Strg + Bild ↑	Letzte Zelle mit Daten im vorherigen Tabellenblatt der Arbeitsmappe
Strg + Bild ↓	Letzte Zelle mit Daten im nächsten Tabellenblatt der Arbeitsmappe
Strg + → oder Ende, →	Nach rechts zur nächsten belegten Zelle in derselben Zeile, die sich entweder vor oder nach einer leeren Zelle befindet
Strg + ← oder Ende, ←	Nach links zur nächsten belegten Zelle in derselben Zeile, die sich entweder vor oder nach einer leeren Zelle befindet
Strg + ↑ oder Ende, ↑	Nach oben zur nächsten belegten Zelle in derselben Spalte, die sich entweder vor oder nach einer leeren Zelle befindet
Strg + ↓ oder Ende, ↓	Nach unten zur nächsten belegten Zelle in derselben Spalte, die sich entweder vor oder nach einer leeren Zelle befindet

Tabelle 1.4: Tastenkombinationen zum Verschieben des Zellcursors

Von Bereich zu Bereich

Die Tastenkombinationen Strg bzw. Ende plus Pfeiltaste aus Tabelle 1.4 sind ideal für das schnelle Hin- und Herspringen von einem Ende des Tabellenblatts zum anderen oder von einem Tabellenbereich zum anderen.

✔ Wenn sich der Zellcursor in einer leeren Zelle irgendwo links neben einem Tabellenbereich mit Zelleinträgen befindet, den Sie anzeigen möchten, dann können Sie mit Strg + → den Zellcursor auf den ersten Zelleintrag am linken Rand des Tabellenbereichs bewegen (in derselben Zeile versteht sich).

✔ Wenn Sie noch einmal Strg + → drücken, hüpft der Zellcursor auf den letzten Zelleintrag am rechten Rand des Tabellenbereichs (sofern es in dieser Zeile keine leeren Zellen gibt).

✔ Wenn Sie dann die Richtung ändern und Strg + ↓ drücken, springt der Zellcursor direkt zum letzten Zelleintrag am Ende des Tabellenbereichs (immer vorausgesetzt, dass es in dieser Tabellenspalte keine leeren Zellen gibt).

1 ➤ Worauf haben Sie sich da bloß eingelassen?

- ✔ Wenn Sie dann nochmals [Strg]+[↓] drücken, springt der Zellcursor auf den ersten Eintrag am oberen Rand des nächsten darunter liegenden Tabellenbereichs (vorausgesetzt, dass sich über diesem Bereich keine anderen Einträge in derselben Spalte befinden).

- ✔ Wenn Sie [Strg] oder [Ende] zusammen mit einer der Pfeiltasten drücken und sich in der Richtung der gewählten Pfeiltaste keine belegten Zellen mehr befinden, springt der Zellcursor direkt zu der Zelle, die sich in dieser Richtung am äußersten Rand des Tabellenblatts befindet.

- ✔ Wenn sich der Zellcursor beispielsweise in Zelle C15 befindet und in Zeile 15 keine weiteren Zellen belegt sind, dann wird der Zellcursor zur Zelle IV15 am rechten Rand des Tabellenblatts springen, sobald Sie [Strg]+[→] drücken. Ein weiter, weiter Weg!

- ✔ Wenn Sie sich in Zelle C15 tummeln und es darunter in Spalte C keine weiteren Einträge gibt, dann wird der Zellcursor zur Zelle C65536 am unteren Rand des Tabellenblatts springen, sobald Sie [Strg]+[↓] drücken. So schnell kann's gehen!

Wenn Sie [Strg] und eine Pfeiltaste betätigen, um in einem Tabellenbereich von einer Seite zur anderen zu hüpfen oder zwischen den Tabellenbereichen in einem Tabellenblatt hin- und herzuwandern, müssen Sie [Strg] gedrückt halten, während Sie eine der vier Pfeiltasten betätigen. (Das Pluszeichen in den Tastenkombinationen soll genau dies aussagen, z.B. [Strg]+[→].)

Wenn Sie [Ende] und eine der Pfeiltasten verwenden, müssen Sie [Ende] drücken und diese Taste loslassen, bevor Sie die Pfeiltaste drücken. (Das Komma soll Ihnen dabei auf die Sprünge helfen, z.B. [Ende], [→].) Wenn Sie [Ende] drücken und wieder loslassen, dann wird in der Statusleiste END angezeigt. Jetzt wissen Sie: »Aha! Excel wartet darauf, dass ich eine der vier Pfeiltasten drücke.«

Da Sie [Strg] gedrückt lassen können, während Sie verschiedene Pfeiltasten verwenden, ist die Tastenkombination [Strg]+Pfeiltaste für ein schnelles Navigieren zwischen den Bereichen eher geeignet als die Tastenkombination [Ende], Pfeiltaste.

Auch auf die Gefahr hin, dass Sie vom vielen Hüpfen und Springen bereits etwas müde geworden sind, sollten Sie sich doch noch den letzten beiden (ruhigeren) Abschnitten zu diesem Thema widmen.

Lieber Zellcursor, bitte gehe zu Zelle A105

Mit der Funktion *Gehe zu* können Sie direkt zu einer Zelle im Tabellenblatt springen. Öffnen Sie dazu das Dialogfeld GEHE ZU. Wie immer haben Sie die Qual der Wahl: Wählen Sie entweder den Befehl GEHE ZU im Menü BEARBEITEN oder drücken Sie [Strg]+[G] bzw. [F5]. Danach schreiben Sie in das Textfeld VERWEIS die Adresse der Zelle, zu der Sie hüpfen möchten. OK wählen oder [↵] drücken und schon sind Sie dort. Das Textfeld VERWEIS ist übrigens nicht wählerisch. Sie können dort Groß- und/oder Kleinbuchstaben eingeben.

Das schlaue Excel merkt sich übrigens die letzten vier Zellen, zu denen Sie gesprungen sind. Diese werden oben im Dialogfeld GEHE ZU angezeigt. Sie werden vielleicht auch bemerken, dass im Textfeld VERWEIS zusätzlich noch die Zelladresse steht, von der Sie abgesprungen sind. Damit können Sie schnell zwischen der aktuellen Position und Ihrer vorherigen Position im Tabellenblatt hin- und herpendeln. Einfach [F5] und danach [↵] drücken (immer vorausgesetzt, Sie haben den Befehl GEHE ZU benutzt, um zur aktuellen Position zu gelangen).

Lieber Zellcursor, bitte bleib, wo du bist

Sie können mit der Taste [Rollen] die Position des Zellcursors im Tabellenblatt »einfrieren«, damit Sie mit Tasten wie [Bild↓] oder [Strg]+[Bild↓] im Tabellenblatt blättern können, ohne die ursprüngliche Position des Zellcursors zu verändern. (Das heißt, Sie können mit diesen Tasten genauso arbeiten wie mit den Bildlaufleisten.)

Wenn Sie also die Taste [Rollen] drücken und in Ihrem Tabellenblatt mithilfe von Tasten oder Tastenkombinationen blättern, wird Excel keine neue Zelle markieren, sondern nur einen neuen Bereich des Tabellenblatts anzeigen.

Wenn Sie beim Blättern mit der Tastatur den Zellcursor wieder mobil machen wollen, drücken Sie einfach nochmals auf die [Rollen]-Taste und die Anzeige SCRL verschwindet aus der Statusleiste.

Die Qual der Wahl: Menüleiste oder Kontextmenü?

Für die Gelegenheiten, bei denen Ihnen die Excel-Symbolleisten nicht mit einer Schaltfläche zur Seite stehen, müssen Sie auf die Menübefehle des Programms zurückgreifen. Excel bietet Ihnen eine Menüauswahl, die einem 5-Sterne-Restaurant alle Ehre macht: Neben den normalen Menüs in der Menüleiste (sie werden manchmal auch als PullDown-Menüs bezeichnet), die es in fast allen Windows-Anwendungen gibt, bietet Excel Ihnen noch ein zweites Menüsystem, die so genannten *Kontextmenüs*.

Die Kontextmenüs machen einen schnelleren Zugriff auf die am häufigsten verwendeten Menübefehle möglich, da sie mit einem bestimmten Bildschirmelement (z.B. mit einer Symbolleiste, einem Arbeitsmappenfenster, einer Zelle) verknüpft sind und nur die Befehle enthalten, die für dieses Element gedacht sind. Das führt dazu, dass die Kontextmenüs oft Befehle beherbergen, die sich in der Menüleiste in verschiedenen separaten Menüs tummeln.

Darf ich die Bestellung aufnehmen?

Wie beim Verschieben des Zellcursors im Tabellenblatt können Sie bei der Wahl der Befehle in der Menüleiste zwischen Maus und Tastatur wählen. Um ein Menü mit der Maus zu öffnen, klicken Sie einfach auf den Menünamen in der Menüleiste. Wenn Sie ein Menü mit der Tastatur öffnen wollen, halten Sie [Alt] gedrückt und geben den Buchstaben ein, der im betreffenden Menünamen unterstrichen ist. (Sie können diese Buchstaben einfach als *unterstrichene Buchstaben* bezeichnen. Wenn Ihnen dies zu läppisch ist, stehen Ihnen die Fachtermini *Zugriffstaste*, *Befehlsbuchstabe* oder *Hotkey* zur Verfügung.) Wenn Sie z.B. `Alt` drücken und gleichzeitig `B` eingeben, öffnet Excel das Menü BEARBEITEN, da dort der Buchstabe B unterstrichen ist.

Sie können allerdings auch `Alt` oder `F10` und dann `→` drücken, bis das gewünschte Menü markiert ist. Um das Menü aufzuklappen, wenden Sie sich einfach an die Taste `↓`.

Sobald Sie ein Menü in der Menüleiste geöffnet haben, können Sie dort jeden beliebigen Befehl wählen, indem Sie mit der Maus auf den Befehl klicken, den unterstrichenen Buchstaben des Befehlsnamens eingeben oder mit `↓` den Befehl markieren und anschließend `↵` drücken.

Wenn Sie die Excel-Befehle nach einiger Zeit besser kennen, können Sie das Öffnen eines Menüs und die Auswahl eines Menübefehls miteinander kombinieren. Mit der Maus klicken Sie zuerst einmal auf das Menü. Dann fahren Sie lässig mit dem Mauszeiger nach unten, bis der gewünschte Befehl markiert ist. Dann klicken Sie einfach noch mal – und schon ist der Befehl gewählt. Wenn Sie mit der Tastatur arbeiten, halten Sie `Alt` gedrückt und geben den unterstrichenen Buchstaben des gewünschten Menüs und anschließend den des Befehls ein. Um z.B. das aktive Arbeitsmappenfenster mit dem Befehl SCHLIESSEN im Menü DATEI zu schließen, drücken Sie lediglich `Alt`+`D`, `C`.

Wem all diese Möglichkeiten noch nicht ausreichen – eine habe ich noch: Einige Befehle in den Menüs der Menüleiste können auch durch so genannte Tastaturbefehle aufgerufen werden. (Diese werden hinter dem Befehl angezeigt.) Sie können mit diesen Tasten direkt den gewünschten Befehl ausführen, anstatt den Umweg über die Menüs zu gehen. Wenn Sie also z.B. das aktive Dokument speichern wollen, drücken Sie die Abkürzungstaste `Strg`+`S`, anstatt den Befehl SPEICHERN im Menü DATEI zu wählen. Sollten Sie allerdings erst im Menü nachschlagen müssen, wie der entsprechende Tastaturbefehl lautet, dann können Sie auch gleich den Befehl im bereits aufgeklappten Menü wählen.

Manchmal kann es passieren, dass Sie einen Befehl in einem Menü wählen und ein Dialogfeld angezeigt wird, das weitere Befehle und Optionen enthält. (Nur kein Stress! Der Abschnitt *Wie man eine intelligente Unterhaltung mit einem Dialogfeld führt* weiter unten in diesem Kapitel zeigt Ihnen, wo's langgeht.) Befehle, nach deren Auswahl sich ein Dialogfeld öffnet, sind daran zu erkennen, dass hinter dem Befehl drei Punkte stehen. Wie Sie ja vielleicht schon wissen, öffnet Excel nach der Wahl des Befehls SPEICHERN UNTER im Menü DATEI ein Dialogfeld. Beim näheren Hinsehen entdecken Sie jetzt auch den Grund dafür. Genau: Der Befehl endet mit drei Punkten!

Es kann allerdings auch sein, dass manchmal bestimmte Menübefehle einfach Pause machen. Sie klicken drauf und nichts passiert. Wenn Sie genau hinsehen, werden Sie merken, dass der faule Befehl hellgrau dargestellt ist. (ExpertInnen sprechen hier auch von *abgeblendet*). Das bedeutet, dass der Befehl derzeit nicht verfügbar ist. Da hilft es auch nicht, wenn Sie mehrmals draufklicken. Ein Befehl bleibt so lange abgeblendet, bis die Bedingungen, die seinen Einsatz erfordern bzw. ermöglichen, im Dokument vorhanden sind. Was heißt das denn? Sie können beispielsweise nichts aus der Zwischenablage in das Tabellenblatt einfügen, wenn Sie nicht zuvor etwas dort abgelegt (kopiert oder ausgeschnitten) haben. Also verweigert der Befehl Einfügen im Menü Bearbeiten so lange die Arbeit, bis Sie etwas in die Zwischenablage gelegt haben.

Das Menü-Versteckspiel

Die Menüs der Menüleiste zeigen sich bei jedem Aufruf in einem anderen Gewand. Dank einer weiteren (un)sinnigen Erfindung von Microsoft, werden die meisten Menüs beim ersten Öffnen nicht ganz vollständig angezeigt. Diese "Kurzversion" des Menüs soll nur die Menübefehle enthalten, die Sie in der letzten Zeit verwendet haben. Alle, die länger nicht gebraucht wurden, bleiben in der Versenkung. Ob ein Menü verkürzt wurde, können Sie an den zwei übereinander stehenden Vs erkennen, die wie eine nach unten zeigende Pfeilspitze aussehen und am unteren Rand des Menüs angezeigt werden.

Wenn Sie ein paar Sekunden Zeit und Geduld haben, um sich so ein abgeschnittenes Menü anzusehen, dann ersetzt Excel automatisch die Kurzversion durch das komplette Menü. Wenn Sie diese Zeit und Geduld nicht aufbringen können oder wollen, dann zwingen Sie Excel zur vollständigen Anzeige des Menüs, indem Sie am Ende der Befehlsliste auf die Schaltfläche mit den zwei Vs klicken.

Wenn Sie keinen Bock haben, sich an diesem Menü-Versteckspiel zu beteiligen, dann können Sie diese tolle Funktion mit den folgenden Schritten ausschalten:

1. **Klicken Sie mit der rechten Maus auf eine beliebige Stelle in der Menüleiste oder in der Zeile mit den Standard- und Format-Symbolleisten, um das Kontextmenü zu öffnen.**

2. **Wählen Sie im Kontextmenü den Befehl Anpassen, um das Dialogfeld Anpassen zu öffnen.**

   Das Dialogfeld Anpassen wird angezeigt.

3. **Klicken Sie in diesem Dialogfeld auf das Register Optionen.**

   Auf dieser Registerkarte ist nicht das Kontrollkästchen Menüs immer vollständig anzeigen, sondern das Kontrollkästchen Nach kurzer Verzögerung vollständige Menüs anzeigen aktiviert.

4. **Ändern Sie diese Einstellung, indem Sie das Kontrollkästchen Menüs immer vollständig anzeigen aktivieren.**

   Excel blendet daraufhin die Anzeige des Kontrollkästchens Nach kurzer Verzögerung vollständige Menüs anzeigen ab.

5. **Klicken Sie auf die Schaltfläche Schliessen, um das Dialogfeld zu schließen.**

 Wenn Sie noch nie zuvor mit Excel gearbeitet haben, dann rate ich Ihnen dringend, diese Funktion zu deaktivieren, denn sonst werden immer nur die Befehle angezeigt, die Sie ständig verwenden und andere, vielleicht auch ganz interessante, bleiben im Verborgenen, weil Sie von Ihrer Existenz gar nichts wissen.

Wenn Ihnen das Menü-Versteckspiel zwar gefällt, Sie jedoch gar nichts damit anfangen können, dass das vollständige Menü automatisch nach einigen Sekunden angezeigt wird, dann können Sie diese Funktion deaktivieren, indem Sie das Häkchen aus dem Kontrollkästchen NACH KURZER VERZÖGERUNG VOLLSTÄNDIGE MENÜS ANZEIGEN entfernen.

Wenn Sie in Excel 2002 im Dialogfeld ANPASSEN auf der Registerkarte OPTIONEN die Einstellungen für PERSONALISIERTE MENÜS UND SYMBOLLEISTEN ändern, wirken sich diese Änderungen auch auf die Symbolleisten und Menüs in allen anderen auf Ihrem Rechner installierten Office XP-Programmen aus, beispielsweise auf Word 2002 oder PowerPoint 2002.

Arbeitsverkürzung mit Kontextmenüs

Anders als bei den Menüs der Menüleiste, die Sie sowohl mit der Maus als auch mit der Tastatur aktivieren können, brauchen Sie für die Kontextmenüs die Maus. Da die Kontextmenüs mit einem bestimmten Bildschirmelement (z.B. Arbeitsmappenfenster, Symbolleiste oder Zelle) verknüpft sind, verwendet Excel die *rechte* Maustaste, um die Kontextmenüs zu öffnen. (Durch Klicken mit der *linken* Maustaste wird ein Element, z.B. eine Zelle, nur markiert.)

In Abbildung 1.8 sehen Sie das Kontextmenü, das mit allen Excel-Symbolleisten verknüpft ist. Wenn Sie dieses Menü aktivieren möchten, zeigen Sie mit dem Mauszeiger auf eine beliebige Stelle in einer Symbolleiste und klicken dann mit der rechten Maustaste. Denken Sie daran, nicht die linke Taste zu drücken, da Sie sonst die Schaltfläche aktivieren, auf dem der Mauszeiger steht!

Nachdem Sie das Kontextmenü für Symbolleisten geöffnet haben, können Sie mit diesen Befehlen die integrierten Symbolleisten anzeigen oder anpassen.

In Abbildung 1.9 sehen Sie das Kontextmenü, das mit jeder beliebigen Zelle des Tabellenblatts verknüpft ist. Um dieses Kontextmenü zu öffnen, zeigen Sie lässig auf eine Zelle und klicken dann mit der rechten Maustaste.

Übrigens, Sie können dieses Kontextmenü mit den dazugehörigen Befehlen auch für einen markierten Zellbereich verwenden. (Wie Sie Zellen markieren, erfahren Sie in Kapitel 3.)

Da auch die Befehle der Kontextmenüs Befehlsbuchstaben haben, können Sie sie entweder darüber aufrufen, oder Sie klicken mit der Maus auf den Befehl bzw. drücken ↓ bzw. ↑, bis der Befehl markiert ist, und drücken dann ↵.

Das einzige Kontextmenü, das Sie über die Tastatur öffnen können, ist das Kontextmenü für Zellen in einem Tabellenblatt. Um dieses Kontextmenü in der rechten unteren Ecke der aktuellen Zelle zu öffnen, drücken Sie ⇧ + F10 . Diese Tastenkombination funktioniert für alle Arten von Excel-Tabellen – mit Ausnahme des Diagramms, dafür gibt es dieses Kontextmenü nicht.

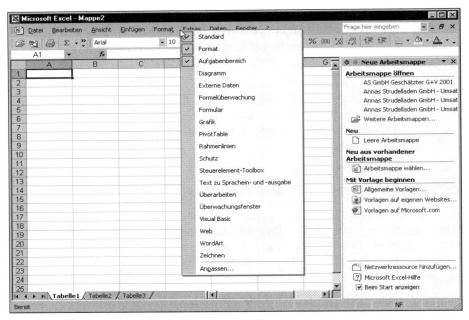

Abbildung 1.8: Das Kontextmenü für Symbolleisten

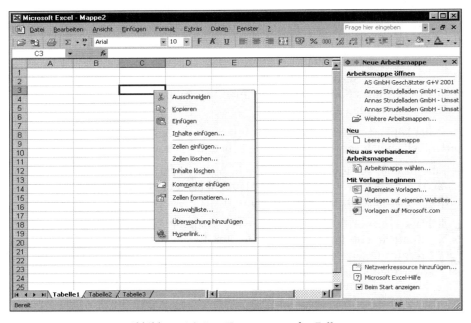

Abbildung 1.9: Das Kontextmenü für Zellen

Wie man eine intelligente Unterhaltung mit einem Dialogfeld führt

Viele Excel-Befehle sind mit einem Dialogfeld verknüpft, das Ihnen eine Vielfalt an Optionen für den betreffenden Befehl bietet. In den Abbildungen 1.10 und 1.11 sind die Dialogfelder SPEICHERN UNTER und OPTIONEN zu sehen. Dort finden Sie quasi alle Typen von Schaltflächen, Registern und Feldern, die Excel zu bieten hat. In Tabelle 1.5 habe ich dann die möglichen Bestandteile eines Dialogfelds nochmals zusammengefasst, damit auch ja alle (Un)Klarheiten beseitigt werden.

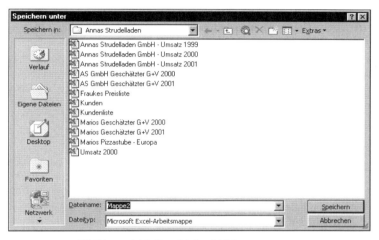

Abbildung 1.10: Das Dialogfeld SPEICHERN UNTER

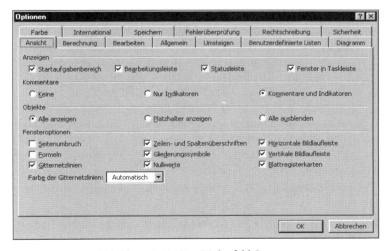

Abbildung 1.11: Das Dialogfeld OPTIONEN

Bezeichnung	Funktion
Register	Mithilfe von Registerkarten können verschiedene Arten von Programmeinstellungen in einem einzigen Dialogfeld angezeigt werden; mit anderen Worten: Sie brauchen nur solch ein Dialogfeld zu öffnen, um von Milliarden von Optionen erschlagen zu werden.
Textfelder	In diese Felder können Sie selbst etwas eingeben. Viele Textfelder enthalten bereits Einträge, die Sie bearbeiten oder überschreiben können.
Listenfelder	Diese Felder enthalten eine Liste mit verschiedenen Einträgen, aus denen Sie wählen können. Wenn das Listenfeld mehr Optionen enthält, als angezeigt werden können, verfügt es sinnvollerweise über eine Bildlaufleiste, mit der Sie in der Liste blättern können. Einige Listenfelder gibt es in Kombination mit einem Textfeld, sodass Sie einen neuen Eintrag entweder im Textfeld direkt eingeben oder im Listenfeld auswählen können.
Popup- (oder Dropdown-) Listenfelder	Dieser Feldtyp stellt eine Platz sparende Variante des herkömmlichen Listenfelds dar. Anstatt mehrere Optionen in der Liste anzuzeigen, wird immer nur der aktuelle Listeneintrag (der zunächst auch die Standardoption ist) angezeigt. Um das Listenfeld zu öffnen und die anderen Optionen zu Gesicht zu bekommen, klicken Sie auf die Schaltfläche mit dem nach unten zeigenden Pfeil neben dem Listenfeld. In der aufgeklappten Liste wählen Sie einen neuen Eintrag wie in jedem anderen normalen Listenfeld aus.
Kontrollkästchen	Mit diesem Kästchen können Sie eine Option aktivieren oder deaktivieren, d.h. einschalten oder ausschalten. Enthält das Kontrollkästchen ein Häkchen, dann ist die Option aktiviert. Ist das Kontrollkästchen leer, ist die Option deaktiviert.
Optionsfelder	Dieser Feldtyp steht für Optionen, die sich gegenseitig ausschließen. Das Optionsfeld ist ein Kreis, hinter dem die Optionsbezeichnung steht. Optionsfelder sind immer in Gruppen angeordnet, wobei Sie aber aus einer Gruppe jeweils nur eine Option auswählen können. Excel versieht das aktuell aktivierte Optionsfeld mit einem schwarzen Punkt.
Drehfelder	Dieser Feldtyp besteht aus zwei übereinander angeordneten Kästchen. Das obere Kästchen enthält einen nach oben zeigenden Pfeil (eher ein Dreieck), das untere einen nach unten zeigenden Pfeil (auch eher ein Dreieck). Durch Klicken auf die Pfeile können Sie in einer Optionsliste blättern (meist fortlaufende Zahlen). Ein Beispiel für ein Drehfeld finden Sie im Dialogfeld DRUCKEN (Befehl DRUCKEN im Menü DATEI) – das Feld ANZAHL DER EXEMPLARE. Ein Drehfeld tritt meistens zusammen mit einem Textfeld auf, in das Sie den Eintrag auch manuell eingeben können.
Schaltflächen	Mit einer Schaltfläche wird eine Aktion ausgeführt. Schaltflächen sind rechteckig und haben natürlich auch einen Namen. Stehen hinter einem Schaltflächennamen drei Punkte (...), so wird Excel ein weiteres Dialogfeld mit noch mehr Optionen anzeigen, wenn Sie die Schaltfläche wählen.

Tabelle 1.5: Das alles können Sie in Dialogfeldern finden.

Hinweis: Sie können zwar ein Dialogfeld in Ihrem Tabellenblatt umherschieben, um darunter liegende Daten sichtbar zu machen, die Größe oder Form des Dialogfelds kann jedoch nicht verändert werden. Da stellt sich Excel stur und gibt einfach seine Größen vor.

1 ➤ Worauf haben Sie sich da bloß eingelassen?

In vielen Dialogfeldern sind bestimmte Optionen und Einträge standardmäßig eingestellt. Wenn Sie dort nichts ändern, verwendet Excel automatisch seine Vorgaben.

- ✔ Um das Dialogfeld zu schließen und die von Ihnen getroffene Auswahl zu aktivieren, wählen Sie die Schaltfläche OK bzw. die Schaltfläche SCHLIESSEN. (In einigen Dialogfeldern gibt es kein OK.)

- ✔ Wenn die Schaltfläche OK fett umrahmt ist, und das ist meistens so, können Sie auch ⏎ drücken, um Ihre Auswahl zu bestätigen.

- ✔ Um das Dialogfeld zu schließen, ohne die geänderten Einstellungen auszuführen (weil Sie es sich doch anders überlegt haben), wählen Sie entweder die Schaltfläche ABBRECHEN bzw. die Schaltfläche SCHLIESSEN (das X ganz rechts in der Titelleiste) oder Sie drücken ganz einfach Esc.

In den meisten Dialogfeldern werden verwandte Optionen in einer Gruppe zusammengefasst, d.h., sie werden zusammen in einem mit einem Rahmen versehenen Bereich dargestellt. Wenn Sie die Einstellungen in einem Dialogfeld mit der Maus festlegen, klicken Sie auf die gewünschte Option; falls es sich um einen Texteintrag handelt, klicken Sie mit dem Mauszeiger auf den Eintrag, um die Einfügemarke zu setzen, und schreiben dann, was Sie wollen.

Wenn Sie die Tastatur bemühen, um die Einstellungen zu ändern, müssen Sie zuerst die gewünschte Gruppe aktivieren, bevor Sie dort eine Option wählen können:

- ✔ Drücken Sie so oft Tab, bis eine der Optionen in der betreffenden Gruppe aktiviert ist. (Mit ⇧+Tab aktivieren Sie die vorherige Gruppe.)

- ✔ Wenn Sie Tab bzw. ⇧+Tab drücken, markiert Excel entweder die aktivierte Option mit einem dunklen Hintergrund oder versieht den Namen der Option mit einem gestrichelten Rahmen.

- ✔ Nachdem Sie eine Option markiert haben, können Sie deren Einstellung ändern, indem Sie entweder ↑ oder ↓ drücken (bei mehreren Optionsfeldern, Optionen in einem Listenfeld oder in einem Dropdown-Listenfeld), die Leertaste drücken (zum Aktivieren und Deaktivieren der Kontrollkästchen) oder einen neuen Eintrag eingeben (bei Textfeldern).

Sie können eine Option auch wählen, indem Sie Alt gedrückt halten und dann den unterstrichenen Buchstaben des Options- oder Gruppennamens eingeben:

- ✔ Wenn Sie Alt drücken und den unterstrichenen Buchstaben eines Textfelds eingeben, wird der Eintrag in diesem Textfeld markiert, damit Sie ihn durch einen neuen Eintrag ersetzen können.

- ✔ Wenn Sie Alt drücken und den unterstrichenen Buchstaben eines Kontrollkästchens eingeben, wird die Option aktiviert bzw. deaktiviert, d.h., das Häkchen wird hinzugefügt bzw. entfernt.

- ✔ Wenn Sie Alt drücken und den unterstrichenen Buchstaben eines Optionsfelds eingeben, wählen Sie diese Option und deaktivieren dabei gleichzeitig das zuvor aktivierte Optionsfeld.

✔ Wenn Sie ⌊Alt⌋ drücken und dann den Buchstaben einer Schaltfläche eingeben, wird die entsprechende Aktion ausgeführt oder – wenn Sie Pech haben – ein weiteres Dialogfeld angezeigt.

Neben den aufwändigen Dialogfeldern, die in Abbildung 1.10 und 1.11 dargestellt sind, werden Sie auch auf ganz einfache Dialogfelder treffen, die Mitteilungen oder Warnungen enthalten. Die meisten dieser Dialogfelder verfügen lediglich über die Schaltfläche OK, die Sie wählen müssen, um das Dialogfeld zu schließen, nachdem Sie die Mitteilung brav gelesen haben.

Hilfe ist schon unterwegs

Wer kennt das nicht: Sie wollen unbedingt noch schnell etwas im Programm erledigen und haben völlig vergessen, wie es funktioniert (bzw. wussten überhaupt noch nie, wie es funktioniert). Was tun? Wenden Sie sich vertrauensvoll an die Hilfefunktion von Excel, die so gründlich überarbeitet worden ist, dass man manchmal überhaupt nichts mehr findet. Das Problem mit dem traditionellen Hilfesystem ist z.B., dass man es allenfalls dann richtig einsetzen kann, wenn man sich mit der Excel-Terminologie auskennt. Wenn Sie nicht wissen, wie eine bestimmte Funktion in Excel bezeichnet wird, werden Sie diese unter den Hilfethemen auch nur schwer finden können. Versuchen Sie mal ein Wort im Wörterbuch nachzuschlagen, von dem Sie nicht wissen, wie es geschrieben wird ...! In Excel ist das aber nicht so. Hier gibt es einen netten Assistenten: den Antwort-Assistenten. Mit dem können Sie reden, wie Ihnen der Schnabel gewachsen ist. Sie formulieren also ganz simple deutsche Sätze, die der Assistent anschließend in den schrecklichen Excel-Techno-Jargon übersetzt. Anschließend bietet er Ihnen verschiedene Themen an, von denen er glaubt, dass sie Ihnen weiterhelfen werden.

Fragen Sie den Antwort-Assistenten

Der Antwort-Assistent ist das personifizierte Hilfesystem, d.h., Sie können den Assistenten in ganz normalem Deutsch mit jeder nur denkbaren Frage behelligen. Klicken Sie ganz rechts in der Menüleiste auf das Textfeld FRAGE HIER EINGEBEN, geben Sie Ihre Frage ein und drücken Sie ⌊↵⌋. Der Antwort-Assistent antwortet, indem er eine ganze Reihe von Themen auflistet, von denen er glaubt, dass das von Ihnen gesuchte darunter ist. Wenn Sie beispielsweise die Frage `Wie drucke ich ein Tabellenblatt?` eingeben, dann zeigt der Antwort-Assistent eine Liste mit Themen zu diesem Aufgabenbereich an (Abbildung 1.12).

Wenn Sie mehr Infos zu einem der aufgeführten Themen wollen, dann klicken Sie auf das entsprechende Thema. Der Antwort-Assistent öffnet daraufhin das Microsoft Excel-Hilfefenster wie in Abbildung 1.13. Das Hilfefenster enthält eine Reihe von weiteren Hinweisen zu diesem Thema, die vielleicht Ihre Frage beantworten. Sie können weitere Informationen zu jedem angezeigten Punkt anzeigen, indem Sie auf das betreffende Thema klicken. Ist Ihnen aufgefallen, dass ein Unterthema unterstrichen dargestellt wird (wie bei einem Hyperlink), wenn Sie darauf zeigen?

1 ➤ Worauf haben Sie sich da bloß eingelassen?

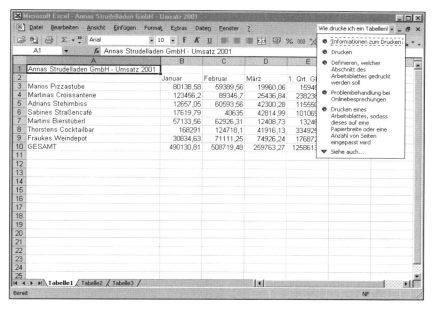

Abbildung 1.12: Geben Sie eine Frage in das Textfeld FRAGE HIER EINGEBEN ein und der Antwort-Assistent zeigt eine Reihe von möglicherweise passenden Antworten an.

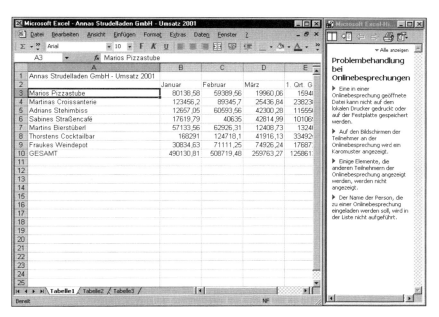

Abbildung 1.13: Wählen Sie ein Thema aus der Liste aus und schon öffnet der Antwort-Assistent das Microsoft Excel-Hilfefenster.

63

Um die gesamten Texte der Unterthemen eines bestimmten Hilfethemas anzuzeigen, klicken Sie auf den Link ALLE ANZEIGEN rechts oben im Microsoft Excel-Hilfefenster. Um die Hilfetexte in ihrer vollen Größe anzuzeigen, klicken Sie im Hilfefenster auf die Schaltfläche MAXIMIEREN. Wollen Sie Ihre Augen schonen und lieber alles ausdrucken? Dann klicken Sie auf die Schaltfläche für Drucken (die mit dem Drucker-Symbol) unterhalb der Titelleiste des Hilfefensters.

Sprechen Sie mit Karl Klammer

Wenn Sie sich im Microsoft Excel-Hilfefenster schlau gemacht haben, dann wechseln Sie zurück zu Excel und Ihrer Arbeitsmappe, indem Sie im Hilfefenster auf die Schaltfläche SCHLIESSEN klicken. Schwupp! Schon füllt Excel 2002 wieder das gesamte Fenster aus.

Hinweis: Sie können die Hilfe auch aufrufen, indem Sie im ?-Menü den Befehl MICROSOFT EXCEL-HILFE wählen oder ganz einfach [F1] drücken. Daraufhin erscheint eine animierte Version des Antwort-Assistenten, Herr Karl Klammer, auf dem Bildschirm.

Geben Sie Stichwörter oder Fragen in das Textfeld ein, das als Sprechblase neben Karl angezeigt wird. Wenn Sie [↵] drücken oder in dieser Sprechblase auf die Schaltfläche SUCHEN klicken, plustert sich die Sprechblase auf, um eine Liste mit möglicherweise hilfreichen Antwortthemen anzuzeigen. Sobald Sie auf ein Thema in dieser Liste klicken, öffnet sich das Excel-Hilfefenster, ohne dass jedoch Karl und seine Sprechblase das Weite suchen.

Wenn Sie sich durch die verschiedenen Hilfethemen gekämpft haben, schließen Sie das Hilfefenster und sagen damit gleichzeitig auch Karl Klammer und seiner Sprechblase Ade. Wenn Sie jedoch [Esc] drücken, nachdem Sie Karl auf den Plan gerufen haben, aber noch kein Hilfethema ausgewählt haben, dann schließen Sie damit nur die Sprechblase. Karl bleibt Ihnen glücklicherweise erhalten! Was? Sie wollen diese tanzende Büroklammer loswerden? Dann klicken Sie mit der rechten Maustaste auf den Kerl und wählen im Kontextmenü den Befehl AUSBLENDEN. (Wenn Sie mich fragen, also ich würde Karl Klammer umgehen und meine Fragen ausschließlich in das Textfeld FRAGE HIER EINGEBEN tippen.)

Wie wär's mit direkter Hilfe?

An die Direkthilfe kommen Sie, indem Sie im Hilfemenü (das mit dem ?) den Befehl DIREKTHILFE oder schlicht und einfach [⇧]+[F1] drücken. In beiden Fällen wächst dem Mauszeiger ein Fragezeichen. Mit diesem Mauszeigerderivat klicken Sie dann auf einen Befehl oder ein Bildschirmelement, über den bzw. das Sie schon immer mehr wissen wollten. Sie wissen beispielsweise nicht, wie man die Schaltfläche für *AutoSumme* in der Standard-Symbolleiste einsetzt, um eine Zahlenreihe zu addieren. Sie aktivieren also die Direkthilfe und klicken dann mit dem Direkthilfe-Mauszeiger auf die Schaltfläche AUTOSUMME (die mit dem Â). Das Programm öffnet daraufhin ein kleines Fenster mit einer Kurzbeschreibung zu dieser Schaltfläche. In Abbildung 1.14 sehen Sie den besonderen Direkthilfe-Mauszeiger.

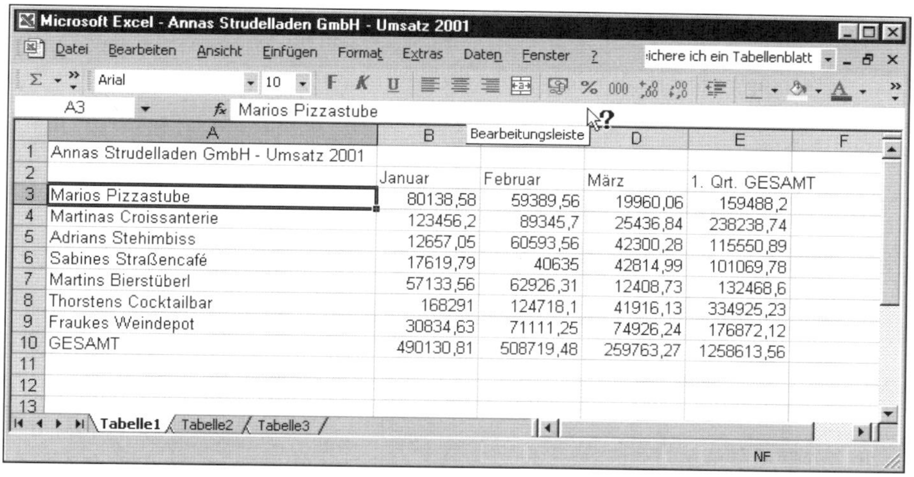

1 ➤ Worauf haben Sie sich da bloß eingelassen?

Abbildung 1.14: Der Direkthilfe-Mauszeiger nennt Ihnen den Namen und/oder die Funktion des fraglichen Objekts.

Sie können mit der Direkthilfe auch Informationen zu den Befehlen der Menüs in der Menüleiste nachschlagen. Angenommen, Sie möchten gerne wissen, wie der Befehl GANZER BILDSCHIRM im Menü ANSICHT funktioniert: Sie rufen also die Direkthilfe auf und klicken dann mit dem Direkthilfe-Mauszeiger auf das Menü ANSICHT. Wenn das Menü geöffnet ist, klicken Sie auf den Befehl GANZER BILDSCHIRM. Excel zeigt sofort, was es zu diesem Thema zu sagen hat. Wenn Sie die Direkthilfe wieder verlassen wollen, drücken Sie [Esc] oder nochmals [⇧]+[F1].

Schluss, aus und vorbei

Wenn Sie den Feierabend einläuten und Excel beenden wollen, haben Sie hierzu mehrere Möglichkeiten:

- ✔ Klicken Sie auf die Schaltfläche SCHLIESSEN im Excel-Fenster.
- ✔ Wählen Sie im Menü DATEI den Befehl BEENDEN.
- ✔ Doppelklicken Sie auf das Systemmenüfeld im Excel-Fenster (das XL ganz links in der Titelleiste).
- ✔ Drücken Sie [Alt]+[F4].

Wenn Sie Excel beenden wollen, aber die letzten Änderungen in einem Dokument noch nicht gespeichert haben, wird Excel Sie anpiepsen und ein Dialogfeld öffnen, in dem abgefragt wird, ob Sie die Änderungen speichern möchten. Wählen Sie JA, wenn Sie die Änderungen speichern wollen (mehr dazu in Kapitel 2). Wenn Sie sich nur ein bisschen die Zeit vertrieben haben und die Änderungen mit Sicherheit nicht speichern wollen, wählen Sie NEIN.

Die erste Arbeitsmappe

In diesem Kapitel

- Eine neue Arbeitsmappe anlegen
- Die drei verschiedenen Datentypen in eine Arbeitsmappe eingeben
- Einfache Formeln erstellen
- Eingabefehler korrigieren
- Mit der AutoKorrektur arbeiten
- Sich mit dem AutoVervollständigen anfreunden
- Mit AutoAusfüllen eine Datenreihe erweitern
- Formeln, die integrierte Funktionen beinhalten, eingeben und bearbeiten
- Mit der Schaltfläche AutoSumme herumaddieren
- Eine Arbeitsmappe speichern und Arbeitsmappen nach einem Crash wiederherstellen

*J*etzt, da Sie wissen, wie Sie Excel 2002 aufrufen, ist es höchste Zeit, dass Sie auch lernen, damit umzugehen. In diesem Kapitel erfahren Sie, wie Sie die unterschiedlichsten Daten in diese kleinen weißen Zellen des Tabellenblatts bringen, von denen ich im ersten Kapitel berichtet habe. Dieses Kapitel befasst sich mit den Excel-Funktionen AutoKorrektur und AutoVervollständigen und ich zeige Ihnen, wie Sie damit Fehlerquellen ausschalten und Ihre Arbeit beschleunigen können. Natürlich erzähle ich Ihnen auch einiges über andere schlaue Wege, sich die Dateneingabe zu erleichtern, z.B. mit der Funktion AutoAusfüllen, mit der Sie denselben Eintrag in ganz viele Zellen auf einmal eingeben.

Wenn Sie dann wissen, wie Sie ein Tabellenblatt mit den erforderlichen Daten und Formeln füllen, sollen Sie auch noch das Wichtigste von allem erfahren, nämlich das Speichern der Daten auf einem Datenträger, damit Sie nicht alles noch einmal eingeben müssen.

Die Arbeit beginnt

Wenn Sie Excel aufrufen, ohne dabei ein bestimmtes Dokument zu öffnen (falls Sie nicht mehr wissen, wie das geht, blättern Sie zurück in Kapitel 1), wird eine leere Arbeitsmappe am Bildschirm angezeigt, die zunächst als Mappe1 bezeichnet wird. Diese Arbeitsmappe enthält drei leere Tabellenblätter (Tabelle1, Tabelle2 und Tabelle3). Ihre Arbeit beginnt also mit der Eingabe der ersten Daten in die erste Tabelle der Arbeitsmappe Mappe1.

Das Wichtigste zur Dateneingabe

Hier ein paar Richtlinien, die Sie beachten sollten, wenn Sie das erste Tabellenblatt in TABELLE1 Ihrer neuen Arbeitsmappe anlegen:

- ✔ Wann immer es möglich ist, sollten Sie Ihre Daten in Tabellenform anordnen. Das heißt, die Spalten und Zeilen sollten neben- bzw. untereinander liegen. Beginnen Sie mit der Dateneingabe in der oberen linken Tabellenblattecke und arbeiten Sie sich lieber senkrecht anstatt waagerecht vor. Lassen Sie zwischen den einzelnen Datenbereichen (z.B. einer Liste von Zahlen, die addiert werden sollen) einen Abstand von höchstens einer Spalte bzw. Zeile.

- ✔ Wenn Sie Tabellen erstellen, sollten Sie keine Spalten oder Zeilen überspringen, nur um mehr Platz zwischen den einzelnen Einträgen zu schaffen. In Kapitel 3 lernen Sie, wie Sie die Spaltenbreite, die Zeilenhöhe und die Ausrichtung ändern, um ausreichend Leerraum zwischen den Daten in benachbarten Spalten und Zeilen zu schaffen.

- ✔ Reservieren Sie eine Spalte auf der linken Seite der Tabelle für die Zeilenüberschriften der Tabelle.

- ✔ Reservieren Sie eine Zeile oben in der Tabelle für die Spaltenüberschriften der Tabelle.

- ✔ Wenn Ihre Tabelle eine Überschrift erhalten soll, schreiben Sie diese in die Zeile über den Spaltenüberschriften und zwar in dieselbe Spalte wie die Zeilenüberschriften. Wie Sie den Titel über den Spalten der gesamten Tabelle zentrieren, erzähle ich Ihnen ebenfalls in Kapitel 3.

Sie fragen sich vielleicht, warum ich im ersten Kapitel so viel Aufhebens um die Größe des Excel-Tabellenblatts gemacht habe, wenn ich jetzt ständig betone, dass die Daten im Tabellenblatt möglichst eng zusammengehalten werden sollen. Wozu bietet die Excel-Arbeitsmappe so viel Platz, wenn nicht dazu, diesen Platz auch ausgiebig zu nutzen!

Sie haben natürlich Recht, wenn da nicht diese kleine unangenehme Sache wäre, die es zu bedenken gilt: Wer im Tabellenblatt mit dem Platz ökonomisch umgeht, der spart auch Speicherplatz! Wenn die Tabelle immer weiter wächst und sich in neue Bereiche ausdehnt, wird Excel auch Speicherplatz für mögliche Zelleinträge bereithalten, falls Sie beschließen sollten, die freigelassenen Zellen doch noch zu füllen. Wenn Sie also Spalten oder Zeilen überspringen, ohne dass dies erforderlich ist, verbrauchen Sie damit Speicherplatz, der zum Speichern anderer Daten im Tabellenblatt genutzt werden könnte.

Vergissmeinnicht

Die endgültige Größe eines Tabellenblatts wird also durch den verfügbaren Speicherplatz Ihres Computers bestimmt und nicht durch die Anzahl der Zellen in einem leeren Tabellenblatt. Wenn Sie nicht mehr genug Speicherplatz haben, ist definitiv Schluss, egal wie viele Spalten und Zeilen noch nicht gefüllt sind.

Das ABC der Dateneingabe

Lassen Sie uns mit der Grundregel für die Dateneingabe in das Tabellenblatt beginnen. Und jetzt alle zusammen:

Um Daten in ein Tabellenblatt einzugeben, setze ich den Zellcursor in die Zelle, in der der Eintrag erfolgen soll, und beginne zu schreiben.

Denken Sie jedoch daran, dass Sie, bevor Sie den Zellcursor zur Dateneingabe in eine Zelle setzen, Excel für Sie bereit sein muss (d.h., in der Statusleiste muss das Wörtchen Bereit angezeigt werden). Sobald Sie mit der Eingabe beginnen, ändert Excel die Modusanzeige in Eingeben. (Wenn Sie's nicht glauben wollen, dann sehen Sie doch in die Statusleiste!)

Sollte Excel sich nicht im Bereit-Modus befinden, so versuchen Sie mal, Esc zu drücken.

Sobald Sie das erste Zeichen im Eingabe-Modus tippen, wird es sowohl in der markierten Zelle im Tabellenblatt als auch in der Bearbeitungsleiste oberhalb des Tabellenblatts angezeigt. Damit aber nicht genug. Die Bearbeitungsleiste hat sich grundlegend geändert. Vor den gerade eingegebenen Zeichen stehen jetzt zwei neue Felder. Die Schaltflächen für Eingeben und Abbrechen werden jetzt zwischen dem Namenfeld und der Schaltfläche für Funktion einfügen angezeigt.

Wenn Sie weiterschreiben, wird die Eingabe sowohl in der Bearbeitungsleiste als auch in der aktiven Tabellenblattzelle angezeigt (Abbildung 2.1). Die Einfügemarke (der blinkende senkrechte Strich) steht jedoch nur am Ende der in der Zelle angezeigten Zeichen.

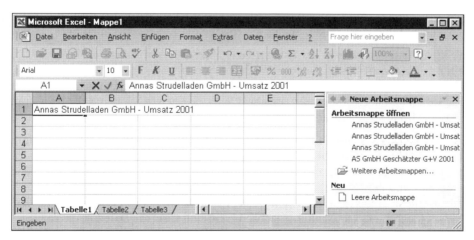

Abbildung 2.1: Ihre Dateneingabe wird sowohl in der Zelle als auch in der Bearbeitungsleiste angezeigt.

Wenn Sie alle Daten eingetragen haben, müssen Sie diese noch in die aktive Zelle übertragen. Excel schaltet dann automatisch vom Eingabe- in den Bereit-Modus um, damit Sie den Zellcursor zu einer anderen Zelle bewegen und auch dort Daten eingeben oder bearbeiten können.

Um nun genau dies zu tun (nämlich den Zelleintrag abzuschließen und gleichzeitig Excel vom Eingabe-Modus in den Bereit-Modus zu schalten), klicken Sie in der Bearbeitungsleiste auf die Schaltfläche EINGEBEN (die Schaltfläche mit dem Häkchen) oder drücken ↵ bzw. eine der Pfeiltasten. Sie können einen Zelleintrag auch mit Tab oder ⇧+Tab abschließen.

Denken Sie jedoch immer daran: Auch wenn jede dieser Möglichkeiten Ihre Daten in die Zelle überträgt, so sind doch die Folgen jeweils ein bisschen anders.

✔ Wenn Sie auf die Schaltfläche EINGEBEN in der Bearbeitungsleiste klicken, wird der Zellcursor nach der Datenübergabe in die Zelle nicht bewegt.

✔ Wenn Sie ↵ drücken, wird die Eingabe abgeschlossen und Excel markiert die nächste Zelle in der darunter liegenden Zeile.

✔ Wenn Sie eine der Pfeiltasten drücken, wird die Eingabe übertragen und der Zellcursor springt zur nächsten Zelle in Richtung des Pfeils. Wenn Sie also ↓ drücken, bewegt sich der Zellcursor in die nächste Zelle der darunter liegenden Zeile, so als ob Sie die ↵-Taste gedrückt haben. Drücken Sie jedoch →, bewegt sich der Zellcursor nach rechts in die nächste Spalte. Bei ← wird der Zellcursor in die nächste Zelle der auf der linken Seite liegenden Spalte gesetzt. Der Zellcursor bewegt sich in die Zelle in der darüberliegende Zeile, wenn Sie – na? – ↑ drücken.

✔ Wenn Sie Tab drücken, wird die Eingabe in die Zelle eingefügt und der Zellcursor springt zur angrenzenden Zelle in der rechten Spalte. (Das Resultat ist also dasselbe wie beim Drücken von →.) Wenn Sie ⇧+Tab drücken, springt der Zellcursor zur angrenzenden Zelle in der linken Spalte. (Sie hätten dieses Ergebnis auch mit ⁀ erzielt.)

Sobald Sie die Dateneingabe in der aktiven Zelle abgeschlossen haben, deaktiviert Excel die Bearbeitungsleiste und blendet die Schaltflächen EINGEBEN und ABBRECHEN aus. Die eingegebenen Daten werden weiterhin in der Tabellenblattzelle angezeigt (von einigen Ausnahmen abgesehen, auf die ich aber erst später eingehe). Jedes Mal, wenn Sie den Zellcursor auf diese Zelle setzen, wird der Zelleintrag wieder in der Bearbeitungsleiste angezeigt.

Wenn Sie merken, dass Sie Ihre Daten gerade in eine falsche Zelle eingeben, können Sie, bevor Sie den Eintrag abschließen, alles wieder rückgängig machen, indem Sie auf die Schaltfläche ABBRECHEN (die mit dem X) klicken oder Esc drücken. Sollten Sie Ihren Fehler jedoch zu spät bemerken und der Eintrag ist bereits in der falschen Zelle festgeschrieben, können Sie den Eintrag entweder in die richtige Zelle verschieben (dazu mehr in Kapitel 4) oder den Eintrag löschen (auch hierzu in Kapitel 4 nachschauen) und dann die Daten in die richtige Zelle eingeben.

Wie man der Eingabe-Taste sagt, wo der Zellcursor hin soll

Excel bewegt den Zellcursor automatisch zur nächsten Zelle in der darunter liegenden Zeile, wenn Sie ⏎ drücken, um die Eingabe abzuschließen. Wenn es Ihnen jedoch lieber ist, dass der Zellcursor auf der Zelle stehen bleibt, in die Sie gerade Daten eingegeben haben, oder wenn er in die nächste Zelle in der daneben liegenden Spalte springen soll, dann wählen Sie den Befehl OPTIONEN im Menü EXTRAS, um das Dialogfeld OPTIONEN zu öffnen. Klicken Sie hier auf das Register BEARBEITEN.

Wenn sich der Zellcursor nach der Dateneingabe nicht mehr von der Stelle rühren soll, dann deaktivieren Sie im Gruppenfeld EINSTELLUNGEN das Kontrollkästchen MARKIERUNG NACH DEM DRÜCKEN DER EINGABETASTE VERSCHIEBEN, d.h., Sie klicken einfach auf das Kästchen, um das Häkchen zu entfernen. Soll der Zellcursor in eine andere Richtung als die vorgegebene springen, dann wählen Sie im Dropdown-Listenfeld RICHTUNG (direkt unter dem Kontrollkästchen MARKIERUNG NACH DEM DRÜCKEN DER EINGABETASTE VERSCHIEBEN) eine andere Richtung (RECHTS, OBEN oder LINKS). Wählen Sie abschließend OK oder drücken Sie ⏎.

Welche Daten sind denn Ihr Typ?

Von Ihnen vollkommen unbemerkt prüft Excel bei jeder Eingabe in das Tabellenblatt, um welchen der drei möglichen Datentypen es sich gerade handelt: *Text, Zahl* oder *Formel*.

Wird die Dateneingabe als Formel erkannt, berechnet das Programm die Formel und zeigt das Ergebnis in der Tabellenblattzelle an. (Die Formel selbst wird weiterhin in der Bearbeitungsleiste angezeigt.) Wenn es sich bei der Eingabe nicht um eine Formel handelt (was eine richtige Formel ausmacht, erfahren Sie gleich), entscheidet das Programm, ob es die Eingabe als Text oder als Zahl klassifizieren soll.

Excel muss diese Unterscheidungen treffen, da Text in Zellen anders ausgerichtet wird als Zahlen (Text wird linksbündig, Zahlen werden rechtsbündig ausgerichtet). Die meisten Formeln funktionieren nur dann fehlerfrei, wenn Zahlen eingegeben werden. Wenn Sie Text in eine Zelle schreiben, in der eine Zahl stehen müsste, können Sie Formeln ganz schön aus dem Konzept bringen.

Text (weder Fisch noch Fleisch)

Text ist für Excel jede Dateneingabe, die nicht als Formel oder Zahl erkannt wird. Die meisten Texteingaben bestehen aus einer Kombination von Buchstaben und Satzzeichen oder Buchstaben und Zahlen, die für die Titel und Überschriften des Tabellenblatts verwendet werden.

Wenn Excel eine Eingabe als Texteintrag erkennt, wird der Text in der Zelle automatisch linksbündig ausgerichtet. Wenn die Texteingabe länger als die Zelle ist, wird der Text in der rechts angrenzenden Zelle weitergeschrieben, vorausgesetzt, dass diese Zelle leer ist (Abbildung 2.2).

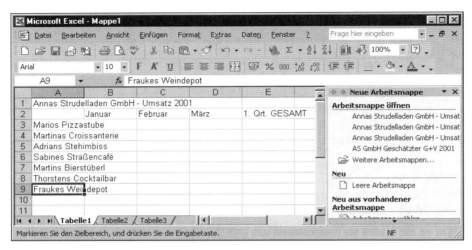

Abbildung 2.2: Lange Texteingaben fließen in die angrenzenden leeren Zellen über.

Wenn Sie zu einem späteren Zeitpunkt in diese benachbarte Zelle Daten eingeben, schneidet Excel den Textteil, der in der linken Zelle keinen Platz mehr hatte und sich deshalb in der Nachbarzelle breit gemacht hat, einfach ab (Abbildung 2.3). Aber keine Sorge: Excel lässt diesen Teil des Zelleintrags nicht einfach verschwinden, sondern verkürzt nur die Anzeige, um der neuen Eingabe Platz zu machen. Wenn Sie in diesem Zusammenhang unter »Trennungsängsten« leiden sollten, verbreitern Sie einfach die Spalte der Zelle mit dem überlangen Eintrag. Wie das geht, erfahren Sie in Kapitel 3.

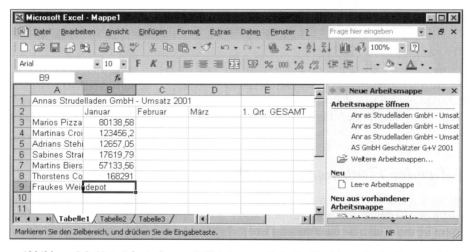

Abbildung 2.3: Hat sich ein langer Zelleintrag auch in der Nachbarzelle breit gemacht, wird er rigoros abgeschnitten, sobald Sie dort etwas eingeben.

Jede Menge Zahlen

Zahlen sind der Grundstock für die meisten Formeln, die Sie mit Excel erstellen. Excel unterscheidet dabei zwei Arten von Zahlen: Mengenangaben (z.B. 10 Unternehmen oder 100 €) und Datums- (z.B. 30. Juli 2001) bzw. Uhrzeitangaben (z.B. 13:10 Uhr).

Wenn Excel einen Zelleintrag als Zahl interpretiert, wird dieser in der Zelle automatisch rechtsbündig ausgerichtet. Wenn die eingegebene Zahl länger als die Spaltenbreite ist, stellt Excel den Wert automatisch im so genannten *wissenschaftlichen Darstellungsformat* dar. (6E+8 bedeutet z.B., dass hinter der 6 noch 8 Nullen kommen, also 600 Millionen.) Wenn ein derart merkwürdig dargestellter Wert wieder als ganz normale Zahl angezeigt werden soll, verbreitern Sie einfach nur die entsprechende Spalte. (In Kapitel 3 steht, wie das geht.)

Für Excel ist Text stets eine Null

Wenn Sie das nicht glauben wollen, dann prüfen Sie es doch einfach nach. Immer wenn Sie Text in eine Zelle eingeben, wird in der Statusleiste im Feld für AutoBerechnung nichts angezeigt. Geben Sie doch einfach in eine Zelle die Zahl 10 und in die Zeile darunter einen vollkommen unsinnigen Text ein, z.B. `Excel ist wie Kaffee und Kuchen`. Wenn Sie jetzt diese beiden Zellen markieren und dann einen Blick auf das Feld für AutoBerechnung werfen, dann werden Sie sehen, dass dort SUMME = 10 steht, womit bewiesen wäre, dass für Excel Text absolut Luft ist.

Eine Zahl, bitte!

Beim Aufbau eines neuen Tabellenblatts werden Sie viel Zeit damit verbringen, Zahlen einzugeben, die darstellen sollen, wie viel Geld Sie aus dem Budget entnommen oder noch nicht verbraucht haben (z.B. wie hoch der Brotzeitanteil am Abteilungsbudget ist). Jetzt sagen Sie bloß nicht, Ihre Brotzeit müssen Sie aus Ihrer eigenen Tasche bezahlen ...?

Um eine Zahl einzugeben, die einen positiven Wert darstellt, z.B. Ihre Einnahmen im letzten Jahr, markieren Sie eine Zelle, schreiben die Zahlen – z.B. `459600` – und übergeben den Eintrag dann mit einem Klick auf die Schaltfläche EINGEBEN oder mit einem Druck auf ⏎ bzw. auf eine der Pfeiltasten in die Zelle. Soll eine Zahl eingegeben werden, die einer Ausgabe entspricht, z.B. wie viel Geld die Abteilung im letzten Jahr für Brotzeit aufgewendet hat, dann setzen Sie vor den Eintrag ein Minuszeichen oder einen Bindestrich, z.B.: `-175` (das ist doch nicht zu viel für Brotzeit, wenn man gerade 459.600,- € eingenommen hat, oder?) und schließen den Eintrag ab.

Wenn Sie mit Buchhaltung zu tun haben, können Sie negative Zahlen auch in Klammern setzen, also `(175)`. Sie müssen nur damit rechnen, dass – wenn Sie Klammern verwenden – Excel diesen Wert automatisch in eine Zahl mit einem Minuszeichen umwandelt, d.h., Ihre Ausgabe (175) für die Brotzeit wird von Excel eigenmächtig in -175 geändert, sobald Sie ⏎ drücken.

Sie können Ihre Zahlen mit Währungszeichen (z.B. €) und Tausendertrennzeichen eingeben. Sie sollten dabei allerdings Folgendes beachten: Wenn Sie eine Zahl mit Tausenderpunkt eingeben, weist Excel dem Eintrag ein Zahlenformat zu, das Ihrer Eingabe entspricht. Näheres zu den Zahlenformaten finden Sie in Kapitel 3. Dies gilt auch für die Währungsangabe. Sie können für die Zahl ein Währungsformat wählen, bei dem die €- oder DM-Angabe und das Tausendertrennzeichen automatisch eingefügt werden.

Wenn Sie eine Zahl mit Dezimalstellen eingeben, verwenden Sie das Komma als Dezimaltrennzeichen. Wenn Sie Dezimalzahlen eingeben, fügt das Programm automatisch eine Null vor dem Dezimalkomma ein – Sie schreiben ,34 und der Zelleintrag lautet 0,34. Außerdem streicht Excel eigenmächtig Nullen am Ende der Zahl: Sie schreiben 12,50 und der Zelleintrag lautet 12,5.

Sie können einen Wert anstatt als Dezimalzahl auch als Bruch eingeben. Sie geben z.B. 2 3/16 (mit einem Leerzeichen zwischen 2 und 3) anstatt 2,1875 ein. Wenn Sie eine Dezimalzahl als Bruch eingeben, wird in der Bearbeitungsleiste die entsprechende Dezimalzahl angezeigt, obwohl in der Zelle der Bruch angezeigt wird. In Kapitel 3 erfahren Sie, wie einfach es ist, die Anzeige 2 3/16 in der Zelle so zu formatieren, dass sie der Anzeige 2,1875 in der Bearbeitungsleiste entspricht.

Wenn Sie einfache Brüche wie 2/3 oder 5/8 eingeben, müssen Sie den Brüchen eine Null voranstellen, d.h., Sie geben 0 2/3 oder 0 5/8 ein, wobei Sie das Leerzeichen zwischen der Null und dem Bruch nicht vergessen dürfen. Sonst bringen Sie Excel ziemlich durcheinander! Seien Sie aber vorsichtig bei der Eingabe von 1/2, 1/4 oder 3/4, da die AutoKorrektur Ihnen das automatisch in ½, ¼ und ¾ umwandelt. Und dann versteht Excel nur noch Bahnhof! (Was es mit der AutoKorrektur auf sich hat, erfahren Sie weiter unten im Abschnitt *Einmal AutoKorrektur, bitte.*)

Wenn Sie eine Prozentzahl in eine Zelle eingeben möchten, so können Sie das auf zweierlei Arten tun:

✔ Sie können die Zahl durch 100 teilen und die entsprechende Dezimalzahl eingeben (das Dezimalkomma um zwei Stellen nach links verschieben, so wie Sie's in der Schule gelernt haben). Also: ,12 anstatt 12%. (Das funktioniert natürlich nur, wenn der Zelle ein Prozentformat zugewiesen ist. Dazu mehr in Kapitel 3.)

✔ Sie können die Zahl gleich mit einem Prozentzeichen eingeben (z.B. 12%). Excel weist der Zahl dann automatisch ein Prozentformat zu. Welch ein Service!

Können Sie meinen Dezimalstellen Ordnung beibringen?

Wenn Sie eine ganze Kolonne Zahlen eingeben müssen, die alle dieselbe Anzahl an Dezimalstellen enthalten sollen, können Sie sich der Option FESTE DEZIMALSTELLE SETZEN bedienen und das Programm die Dezimalstellen für Sie eingeben lassen. Dies ist besonders hilfreich, wenn Sie Zahlen eingeben müssen, die alle zwei Dezimalstellen für die Centbeträge verwenden.

2 ➤ Die erste Arbeitsmappe

Um die Anzahl der Dezimalstellen für einen Zahleneintrag festzulegen, gehen Sie folgendermaßen vor:

1. **Wählen Sie im Menü EXTRAS den Befehl OPTIONEN.**

   Das Dialogfeld OPTIONEN wird geöffnet.

2. **Wählen Sie das Register BEARBEITEN.**

3. **Klicken Sie im Gruppenfeld EINSTELLUNGEN auf das Kontrollkästchen FESTE DEZIMALSTELLE SETZEN.**

   In der Standardeinstellung zeigt Excel zwei Dezimalstellen hinter dem Komma an. Um die Standardeinstellung zu ändern, machen Sie mit Schritt 4 weiter, ansonsten springen Sie zu Schritt 5.

4. **Schreiben Sie eine neue Zahl in das Textfeld STELLENANZAHL oder verwenden Sie die Drehfelder, um den Wert zu ändern.**

   Schreiben Sie beispielsweise 3 in das Textfeld STELLENANZAHL, um mit Zahlen mit drei Nachkommastellen zu arbeiten.

5. **Wählen Sie OK oder drücken Sie ⏎.**

   In der Statusleiste wird jetzt FIX angezeigt, um Sie wissen zu lassen, dass die Dezimalstellenfunktion aktiviert ist.

Excel fügt nun in Eigeninitiative bei jeder Zahleneingabe für Sie das Komma ein. Sie müssen nur noch die Zahlen eingeben und ⏎ drücken. Beispiel: Um die Zahl 100,99 in eine Zelle einzugeben, nachdem Sie die Dezimalstelle auf zwei Nachkommastellen festgelegt haben, schreiben Sie 10099. Sobald Sie auf die Schaltfläche EINGEBEN klicken, ⏎ oder eine Pfeiltaste drücken, um den Zelleintrag abzuschließen, fügt Excel den Wert 100,99 in die Zelle ein.

Wenn Sie wieder zur normalen Zahleneingabe (bei der Sie das eventuelle Dezimalkomma selbst eingeben müssen) zurückkehren wollen, öffnen Sie erneut das Dialogfeld OPTIONEN, deaktivieren das Kontrollkästchen FESTE DEZIMALSTELLE SETZEN und wählen dann OK bzw. drücken ⏎. Die Anzeige FIX verschwindet aus der Statusleiste.

Dezimalstelle hin, Dezimalstelle her!

Denken Sie daran, dass Excel bei allen Zahleneingaben ein Dezimalkomma einfügt, solange die Dezimalstellenfunktion aktiviert ist. Wenn Sie eine Zahl ohne Dezimalkomma oder mit mehr bzw. weniger Dezimalstellen eingeben möchten, müssen Sie das Dezimalkomma selbst eingeben. Beispiel: Um die Zahl 1099 anstatt 10,99 einzugeben, wenn das Dezimalkomma bei zwei Nachkommastellen festgelegt ist, schreiben Sie 1099, in die Zelle. (Komma am Schluss nicht vergessen!)

Und vergessen Sie bloß nicht, die Dezimalstellenfunktion wieder zu deaktivieren, bevor Sie mit einem neuen Tabellenblatt beginnen oder Excel beenden. Ansonsten wird Ihnen jedes Mal, wenn Sie einen Wert, z.B. 20, eingeben, 0,2 in der Zelle angezeigt werden, und Sie werden sich wundern, was das Programm für eine neue Macke hat ...

Eingabe wie mit dem Taschenrechner

Um mit der Dezimalstellenfunktion noch effektiver arbeiten zu können, markieren Sie den Zellbereich, in dem die Zahlen eingegeben werden sollen (siehe auch *Das große Zellcursorspringen* weiter unten in diesem Kapitel), drücken [Num] und geben dann die Zahlen auf der Zehnertastatur ein.

Auf diese Weise können Sie die Zahlen wie auf einem Taschenrechner eingeben und müssen nur noch [↵] auf der Zehnertastatur drücken, damit Excel die Dezimalstelle an die richtige Stelle setzt und den Zellcursor in die nächste Zelle der darunter liegenden Zeile verschiebt. Und noch was: Sobald Sie den letzten Zahlenwert in einer Spalte eingegeben und [↵] gedrückt haben, setzt Excel den Zellcursor automatisch auf die erste Zelle der nächsten Spalte des markierten Zellbereichs.

In den Abbildungen 2.4 und 2.5 sehen Sie, wie das Ganze funktioniert. In Abbildung 2.4 ist die Dezimalstellenfunktion aktiviert, die standardmäßig zwei feste Dezimalstellen anzeigt. Der Zellbereich von Zelle B3 bis D9 ist markiert. Sechs Einträge sind bereits erfolgt. Die siebte Zahl (30834,63) wird gerade in Zelle B9 eingegeben. Um diese Zahl bei aktivierter Dezimalstellenfunktion einzugeben, brauchen Sie nur über die Zehnertastatur 3083463 einzugeben.

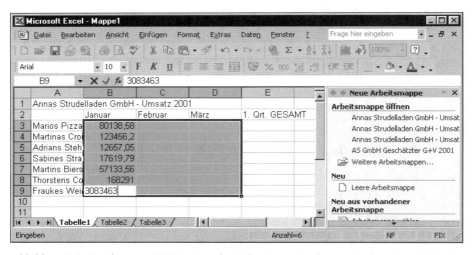

Abbildung 2.4: Um den Wert 30834,63 in die Zelle B9 einzugeben, schreiben Sie 3083463.

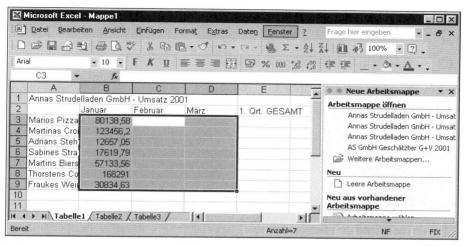

Abbildung 2.5: Sobald Sie in Zelle B9 ⏎ drücken, verschiebt Excel den Zellcursor auf Zelle C3.

Abbildung 2.5 zeigt bereits das Resultat dieser Eingabe (nachdem Sie ⏎ auf der Tastatur oder der Zehnertastatur gedrückt haben). Wie Sie sehen, hat Excel den Wert in Zelle B9 nicht nur automatisch mit dem Dezimalkomma versorgt, sondern auch den Zellcursor auf Zelle C3 weitergerückt, damit Sie in dieser Zelle mit der Eingabe fortfahren können.

Und jetzt ein Datum!

Es mag Ihnen komisch vorkommen, dass Datums- und Uhrzeitangaben in die Zellen eines Tabellenblatts als Zahlen anstatt als Text eingegeben werden. Dies hat seinen Grund: Sie können nämlich mit Datums- und Uhrzeitangaben auch rechnen. Ehrlich!

Sie können Datumsangaben natürlich auch als Text eingeben, ohne dass Ihnen oder Ihrem Tabellenblatt etwas passiert; Sie werden dann diese Datumsangaben allerdings nicht mehr in Formeln verwenden können. Wenn Sie z.B. zwei Datumsangaben als Zahlen eingeben, können Sie damit eine Formel erstellen, in der das neuere Datum vom älteren abgezogen und als Ergebnis die Differenz zwischen beiden in Tagen errechnet wird. Geben Sie die Datumsangaben jedoch als Text ein, versteht Excel in der Formel nur Bahnhof.

Excel erkennt am Datums- und Uhrzeitformat, ob die Datums- und Uhrzeitangaben als Zahl oder als Text eingegeben wurden. Wenn Sie eines der im Programm enthaltenen Datums- oder Uhrzeitformate verwenden, interpretiert Excel das Datum oder die Uhrzeitangabe als Zahl. Wenn Ihre Eingabe mit keinem internen Format übereinstimmt, wird die Datums- oder Uhrzeitangabe als Texteingabe interpretiert. So einfach ist das!

Excel erkennt unter anderem die folgenden Uhrzeitformate:

1:30 PM

13:30:55

1:30:55 PM

14.3.01 1:30 PM

14.3.01 13:30

... und mindestens die folgenden Datumsformate:

14.3.01 und 14.03.01

14. Mrz. 2001 und 14. März 2001

14. Mrz.01 und 14. Mrz. 2001

14. Mrz. und 14.3.

Mrz. 01 und März 01

14.3.01 13:30

Mein Datum, dein Datum

Datumsangaben werden als serielle Zahlen – d.h. als fortlaufende Zahlenreihe – gespeichert, die anzeigen, wie viele Tage seit dem Anfangsdatum verstrichen sind. Uhrzeitangaben werden als Dezimalbrüche gespeichert, die die verstrichene Zeit in einem 24-Stunden-Zeitraum anzeigen. Excel unterstützt zwei Datumssysteme: In Excel für Windows ist das Anfangsdatum der 1. Januar 1900 (serielle Zahl = 1) und in Excel für den Macintosh der 2. Januar 1904.

Sollte Ihnen also jemals eine Arbeitsmappe unterkommen, die mit Excel für den Macintosh erstellt wurde und äußerst seltsame Daten enthält, dann können Sie dieses Problem vielleicht lösen, indem Sie im Menü EXTRAS den Befehl OPTIONEN wählen, im Dialogfeld OPTIONEN auf das Register BERECHNEN klicken und dort im Gruppenfeld ARBEITSMAPPE das Kontrollkästchen 1904-DATUMSWERTE aktivieren. Schließen Sie das Dialogfeld mit OK.

Datumseingaben im 21. Jahrhundert

Sie werden es wahrscheinlich nicht so recht glauben können, aber wenn Sie im 21. Jahrhundert Datumsangaben eingeben, dann können Sie dazu, wenn Sie wollen, nur die letzten zwei Stellen der Jahreszahl eingeben. Wenn also in einem Tabellenblatt 16. Januar 2002 stehen soll, dann ist eine Eingabemöglichkeit 16.01.2002.

Genauso gut könnten Sie den 15. Februar 2010 in ein Tabellenblatt in folgender Form eingeben: 15.02.10

Ich muss allerdings gestehen, dass die Eingabe mit den letzten zwei Stellen der Jahreszahl im 21. Jahrhundert nur für die ersten drei Jahrzehnte gilt, also nur von 2002 bis 2029. Danach müssen die Jahreszahlen vierstellig eingegeben werden.

Dies bedeutet natürlich auch, dass Sie bei Datumseingaben für die ersten drei Jahrzehnte des 20. Jahrhunderts (1900 bis 1929) auch mit vier Stellen arbeiten müssen. Für den 21. Juli 1925 geben Sie also ein: 21.07.1925

Wenn Sie nämlich nur die letzten zwei Stellen (25) für die Jahreszahl eingeben, interpretiert Excel dies als 2025 und nicht als 1925.

Excel 2002 zeigt immer alle vier Stellen einer Jahreszahl in der Zelle und der Bearbeitungsleiste an, auch wenn Sie nur die letzten zwei Stellen eingeben. Wenn Sie also beispielsweise in eine Zelle 16.11.03 eingeben, zeigt Excel automatisch in dem Tabellenblatt (und auch in der Bearbeitungsleiste) 16.11.2003 an.

Ich finde, das ist ein toller Service. Sie sehen nun auf einen Blick, ob es sich um eine Zahl aus dem letzten Jahrhundert handelt und brauchen sich nicht diese blödsinnigen Regeln zu merken, bis wann zweistellige Jahreszahlen geschrieben werden dürfen und wann nicht mehr. Lesen Sie weiter in Kapitel 3, wenn Sie wissen wollen, wie Sie Datumseingaben so formatieren, dass auch im Tabellenblatt stets nur die letzten zwei Stellen angezeigt werden.

Formeln, die der Aufgabe gewachsen sind

Formeln sind die eigentlichen Arbeiter des Tabellenblatts. Wenn Sie eine Formel richtig aufbauen, wird das Ergebnis berechnet, sobald Sie ⏎ drücken. Danach wird der Wert der Zelle immer dann aktualisiert, wenn Sie Werte ändern, die in der Formel verwendet werden.

Wie weiß Excel nun, dass Sie eine Formel eingeben möchten? Ganz einfach: Jede Formel beginnt mit einem Gleichheitszeichen (=). Bei den meisten einfachen Formeln steht nach dem Gleichheitszeichen eine Funktion, die Excel bereits fix und fertig für Sie bereitstellt, z.B. SUMME oder MITTELWERT. (Näheres zum Einsatz von Funktionen in Formeln erfahren Sie im Abschnitt *Viel Spaß beim Funktionen einfügen* weiter hinten in diesem Kapitel.) Andere einfache Formeln verwenden Zahlenreihen oder Bezüge auf Zellen (die wiederum Zahlen enthalten). Formelelemente werden durch einen oder mehrere der folgenden mathematischen Operatoren voneinander getrennt:

+ zur Addition

- zur Subtraktion

* zur Multiplikation

/ zur Division

^ zur Potenzierung

Beispiel: Wenn Sie in Zelle C2 die Werte in A2 und B2 miteinander multiplizieren wollen, geben Sie folgende Formel in Zelle C2 ein: =A2*B2

Hier nun die Einzelschritte für die Eingabe dieser Formel in Zelle C2:

1. **Aktivieren Sie die Zelle C2.**
2. **Geben Sie die vollständige Formel** =A2*B2 **in der Bearbeitungsleiste ein.**

Oder:

1. **Aktivieren Sie die Zelle C2.**
2. **Geben Sie ein Gleichheitszeichen (=) ein.**
3. **Markieren Sie die Zelle A2 im Tabellenblatt mit der Maus oder mit der Tastatur.**

   Der Zellbezug A2 wird jetzt in der Formel in der Zelle angezeigt (Abbildung 2.6).

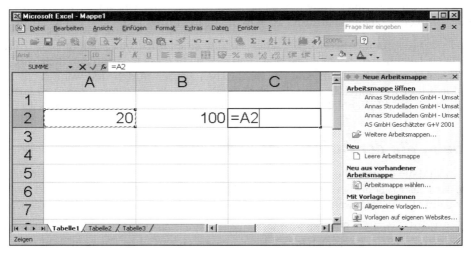

Abbildung 2.6: Sie beginnen die Formel, indem Sie ein Gleichheitszeichen (=) eingeben. Danach markieren Sie die Zelle A2.

4. **Geben Sie * ein.**

   Das Sternchen (*) ist der Operator für die Multiplikation.

5. **Markieren Sie die Zelle B2 im Tabellenblatt.**

   Der Zellbezug B2 wird jetzt in die Formel eingefügt (Abbildung 2.7).

6. **Klicken Sie auf die Schaltfläche E**INGEBEN **oder drücken Sie** ⏎ **. (Der Zellcursor sollte in der Zelle C2 bleiben.)**

   Excel zeigt das Rechenergebnis in Zelle C2 und die Formel =A2*B2 in der Bearbeitungsleiste an (Abbildung 2.8).

2 ➤ Die erste Arbeitsmappe

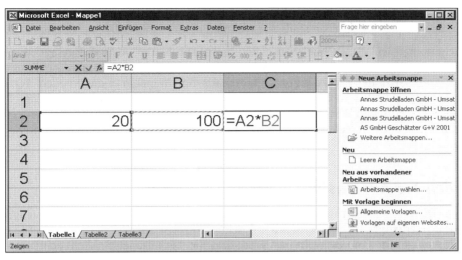

*Abbildung 2.7: Für den zweiten Teil der Formel geben Sie * ein und markieren anschließend die Zelle B2.*

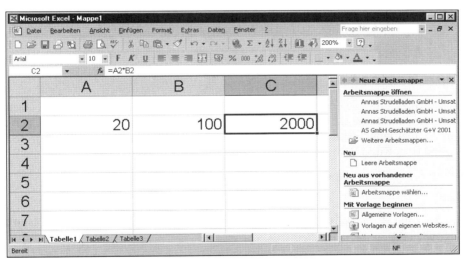

Abbildung 2.8: Klicken Sie auf die Schaltfläche für Einfügen, um das Ergebnis in Zelle C2 anzuzeigen. (Die Formel wird noch immer in der Bearbeitungsleiste angezeigt.)

Nachdem Sie die Formel =A2*B2 in Zelle C2 eingeben haben, zeigt Excel das Resultat entsprechend den aktuell in den Zellen A2 und B2 enthaltenen Werten an. Die große Stärke eines Tabellenkalkulationsprogramms ist nämlich die Fähigkeit der Formeln, die berechneten Er-

81

gebnisse automatisch anzupassen, wenn sich die Werte in den Zellen ändern, die als Zellbezüge in den Formeln angegeben sind. Was will man mehr?

Vielleicht sollten wir dieses Spielchen gleich mal ausprobieren. Also, wie gesagt: Wenn Sie eine Formel erstellen, die sich auf Werte in bestimmten Zellen bezieht und Sie diese Werte ändern, dann berechnet Excel die Formel automatisch neu, indem es diese neuen Werte verwendet und das aktualisierte Ergebnis im Tabellenblatt anzeigt. Nehmen wir Abbildung 2.8 als Beispiel: Sie ändern den Wert in Zelle B2 von 100 in 50. Sobald Sie die Änderung in Zelle B2 abgeschlossen haben, berechnet Excel die Formel neu und zeigt als neues Ergebnis in Zelle C2 1000 an.

Würden Sie mir das bitte mal markieren?

Zellen zu markieren, die in einer Formel verwendet werden sollen, anstatt die Zellbezüge über die Tastatur einzugeben, ist nicht nur schneller, sondern auch sicherer. Wenn Sie einen Zellbezug eingeben, kann es leicht passieren, dass Sie den falschen Spaltenbuchstaben oder die falsche Zeilennummer schreiben und Sie Ihren Fehler unter Umständen nicht einmal bemerken.

 Wenn Sie einen Zellbezug in eine Formel einfügen, indem Sie auf die entsprechende Zelle klicken oder den Zellcursor dorthin bewegen (mithilfe der Pfeiltasten), ist die Gefahr eines falschen Zellbezugs um einiges geringer.

Vorfahrt achten!

Viele der Formeln, die Sie erstellen werden, werden mehr als eine mathematische Operation durchführen. Excel führt jede Rechenoperation von links nach rechts aus und hält sich dabei strikt an die mathematischen Vorfahrtsregeln, d.h. Multiplikation und Division vor Addition und Subtraktion. Kurz: Punktrechnung vor Strichrechnung.

Betrachten Sie die Rechenoperationen in der folgenden Formel:

```
=A2+B2*C2
```

Wenn in der Zelle A2 der Wert 5, in B2 der Wert 10 und in C2 der Wert 2 steht, dann setzt Excel die Werte wie folgt in die Formel ein:

```
=5+10*2
```

In dieser Formel multipliziert Excel nun 10 mit 2 (= 20) und addiert dann zu diesem Ergebnis 5 hinzu (= 25).

Wenn Excel die Addition der Werte in den Zellen A2 und B2 vor der Multiplikation ausführen soll, dann müssen Sie die zu addierenden Werte in Klammern setzen:

```
=(A2+B2)*C2
```

Die Klammer verrät Excel, dass diese Rechenoperation vor der Multiplikation ausgeführt werden soll. Wenn die Zelle A2 den Wert 5, B2 den Wert 10 und C2 den Wert 2 enthält, dann addiert Excel 5 und 10 (= 15) und multipliziert dieses Ergebnis dann mit 2 (= 30).

Bei aufwändigeren Formeln kann unter Umständen mehr als eine Klammer oder auch eine Klammer in einer Klammer erforderlich sein, um die Reihenfolge der Rechenoperationen zu kennzeichnen. Wird in eine Klammer eine weitere eingefügt, so berechnet Excel zuerst die in der inneren Klammer stehenden Werte und verwendet dann dieses Ergebnis für die weiteren Berechnungen. Sehen Sie sich z.B. die folgende Formel an:

`=(A4+(B4-C4))*D4`

Excel subtrahiert zuerst den Wert in Zelle C4 von dem in Zelle B4, addiert die Differenz zu dem Wert in Zelle A4 und multipliziert zuletzt das Summenergebnis mit dem Wert in Zelle D4.

Ohne die beiden Klammern hätte Excel zuerst den Wert der Zelle C4 mit dem der Zelle D4 multipliziert, dann den Wert in A4 und den in B4 addiert und zuletzt die Subtraktion durchgeführt.

Wenn Sie in einer Formel mehrere Klammern verwenden, hilft Ihnen Excel, falls Sie mal vergessen, einer linken Klammer auch wieder eine rechte zuzuordnen. In einem solchen Fall wird Excel eine Warnmeldung anzeigen, sobald Sie ⏎ drücken, und Ihnen einen Korrekturvorschlag für eine richtige Klammersetzung machen. Wenn Sie mit diesem Vorschlag einverstanden sind, brauchen Sie nur noch auf die Schaltfläche JA zu klicken, und der Schaden ist behoben. Achten Sie aber unbedingt darauf, dass Sie nur runde Klammern ( ) in Formeln verwenden. Wenn Sie eckige oder geschweifte Klammern eingeben, ernten Sie sofort eine Warnmeldung!

Wenn Formeln spinnen

Unter bestimmten Umständen können selbst die besten Formeln verrückt spielen. Sie können sofort erkennen, dass eine Formel ihrer Sache nicht mehr gewachsen ist, wenn anstatt des errechneten Werts eine merkwürdige unverständliche Meldung angezeigt wird, die in Großbuchstaben geschrieben ist, mit dem Zeichen # beginnt und mit einem Ausrufezeichen (in einem Fall mit einem Fragezeichen) endet. Diese Meldungen werden als *Fehlerwert* bezeichnet und wollen Ihnen mitteilen, dass irgendein Element – entweder in der Formel selbst oder in einem Zellbezug – die Ausgabe des erwarteten Ergebnisses verhindert.

Das Schlimmste an Fehlerwerten ist, dass sie andere Formeln im Tabellenblatt anstecken können. Wenn das Programm einen Fehlerwert in eine Zelle schreibt und sich eine andere Formel auf den von der ersten Formel errechneten Wert bezieht, gibt die zweite Formel denselben Fehlerwert aus.

Sobald ein Fehlerwert in einer Zelle angezeigt wird, müssen Sie herausfinden, was den Fehler verursacht hat, und den Fehler korrigieren. In Tabelle 2.1 sind die Fehlerwerte, die Ihnen in einem Tabellenblatt begegnen können, und ihre gängigsten Ursachen aufgeführt.

Fehlerwert	Ursache
#BEZUG!	Die Formel enthält einen ungültigen Zellbezug. Das kann der Fall sein, wenn Sie Zellen löschen oder überschreiben, die als Zellbezug in einer Formel angegeben sind.
#DIV/0!	Die Formel versucht, durch Null zu teilen, da entweder eine Zelle den Wert 0 enthält oder, was meistens der Fall ist, die Zelle leer ist. Eine Division durch Null darf es aber in der Mathematik nicht geben. Haben wir alle in der Schule gelernt!
#NAME?	Excel erkennt den in der Formel benutzten Bereichsnamen nicht (siehe Kapitel 6 im Abschnitt *Wie heißt denn die Zelle?*). Dieser Fehlerwert wird ausgegeben, wenn Sie einen falschen Bereichsnamen eingegeben oder Text in der Formel nicht in Anführungszeichen gesetzt haben; Excel behandelt diesen Text dann wie einen Bereichsnamen und kann ihn natürlich nicht finden, da es ihn nicht gibt.
#NULL!	Sie haben wahrscheinlich ein Leerzeichen anstelle eines Kommas eingegeben, um Zellbezüge als Funktionsargumente voneinander zu trennen.
#WERT!	Das Argument oder der Operator, das/den Sie verwendet haben, hat den falschen Typ oder Sie haben eine mathematische Operation aufgerufen, die sich auf Zellen bezieht, die Texteingaben enthalten.
#ZAHL!	Ein Problem mit einer Zahl, z.B. ein falsches Argument in einer Excel-Funktion oder eine Berechnung, die als Ergebnis eine Zahl ausgibt, die zu groß oder zu klein für die Darstellung im Tabellenblatt ist.

Tabelle 2.1: Mögliche Fehlerwerte

Habe ich Sie jetzt etwas überfordert? Bleiben Sie ganz ruhig. Warum soll ausgerechnet bei Ihnen eine Fehlermeldung angezeigt werden ...?

Fehlersuche und -bekämpfung

Wir wären ja alle zu gerne perfekt, aber leider sind es nur einige wenige von uns. Daher sollten wir uns gegen die Missgeschicke des Alltags wappnen und lernen, wie wir ihnen begegnen können. Wenn wir viele Daten eingeben, machen wir es diesen kleinen schrecklichen Tippfehlern leicht, sich in unsere Arbeit einzuschleichen. Damit Ihr Tabellenblatt weitestgehend sauber bleibt, hier ein paar Erste-Hilfe-Maßnahmen: 1. Lassen Sie Excel bestimmte Tippfehler sofort mit der AUTOKORREKTUR-Funktion korrigieren. 2. Korrigieren Sie die lästigen Fehlerchen während der Eingabe gleich manuell.

Einmal AutoKorrektur, bitte

Die AUTOKORREKTUR-Funktion ist eine Supererfindung für alle, die immer und immer wieder dieselben Tippfehler machen. Mithilfe dieser Funktion geben Sie Excel den Auftrag, ganz bestimmte blödsinnige Tippfehler zu erkennen und diese dann auch noch automatisch zu korrigieren.

Bei der Installation von Excel hat die AUTOKORREKTUR-Funktion bereits einige Standardeinstellungen im Repertoire: Sie korrigiert automatisch zwei Großbuchstaben am Wortanfang (indem sie den zweiten Buchstaben kleinschreibt), sie schreibt die Wochentage groß (wie sollte man sie sonst schreiben) und ersetzt eine ganze Reihe von typischen Schreibfehlern durch den richtigen Text.

Während Ihrer Arbeit mit Excel können Sie dieser Liste weitere zu korrigierende Eingaben hinzufügen. Excel unterscheidet hierbei zwei verschiedene Typen: Tippfehler, die Ihnen ständig unterlaufen, zusammen mit der dazugehörigen richtigen Schreibweise, sowie Abkürzungen und Kurzformen mit den dazugehörigen ausgeschriebenen Versionen.

Sie wollen von dieser schicken Funktion auch Gebrauch machen? Nun dann:

1. **Wählen Sie im Menü EXTRAS die Option AUTOKORREKTUR-OPTIONEN, um das Dialogfeld AUTOKORREKTUR zu öffnen.**
2. **Geben Sie auf der Registerkarte AUTOKORREKTUR den Tippfehler oder die Abkürzung in das Textfeld ERSETZEN ein.**
3. **Geben Sie die Korrektur oder die Langform in das Textfeld DURCH ein.**
4. **Klicken Sie auf die Schaltfläche HINZUFÜGEN oder drücken Sie ⏎ , um den neuen Eintrag in das Listenfeld einzufügen.**
5. **Klicken Sie auf OK, um das Dialogfeld AUTOKORREKTUR zu schließen.**

Die Regeln der Zellbearbeitung

Die AUTOKORREKTUR-Funktion ist zwar eine wunderbare Hilfe, aber ein Wundermittel ist sie trotzdem nicht. Sie werden sich also darauf einstellen müssen, dass sich immer wieder mal Fehler einschleichen werden. Wie Sie diese dann beheben, hängt ganz davon ab, ob Sie den Fehler entdecken, bevor oder nachdem Sie die Eingabe abgeschlossen haben. Die nachstehende Liste soll Ihnen bei der Schadensbehebung erste Hilfe leisten. Denn nur ein Fehler, der unentdeckt bleibt, ist ein wirklicher Fehler!

✔ Wenn Sie den Fehler entdecken, bevor Sie die Eingabe abschließen, können Sie den Eintrag löschen, indem Sie so lange Rück (direkt über ⏎) drücken, bis Sie alle falschen Zeichen aus der Zelle gelöscht haben. Geben Sie dann den Rest des Eintrags oder der Formel neu ein, bevor Sie den Zelleintrag abschließen.

✔ Wenn Sie den Fehler erst entdecken, wenn Sie den Zelleintrag bereits abgeschlossen haben, können Sie entweder den Eintrag vollständig überschreiben oder nur den falschen Teil überschreiben.

✔ Wenn der Eintrag relativ kurz ist, ist es vermutlich am einfachsten, ihn komplett zu ersetzen. Dazu brauchen Sie nur den Zellcursor auf die Zelle zu setzen, die neuen Daten einzugeben und das Ganze abzuschließen, indem Sie auf die Schaltfläche EINGEBEN klicken, ⏎ oder eine der Pfeiltasten drücken.

✔ Wenn sich der Fehler in einem Eintrag leicht beheben lässt, dieser aber unheimlich lang ist, so möchten Sie das Ganze vermutlich lieber bearbeiten, anstatt es zu überschreiben. Um den Zelleintrag zu bearbeiten, doppelklicken Sie auf die Zelle bzw. markieren sie und drücken dann [F2].

✔ In beiden Fällen zeigt Excel in der Bearbeitungsleiste die Schaltflächen EINGEBEN und ABBRECHEN sowie die Schaltfläche FUNKTION EINFÜGEN an und setzt die Einfügemarke in den Zelleintrag im Tabellenblatt. (Wenn Sie doppelklicken, wird die Einfügemarke an der Stelle angezeigt, auf die Sie klicken; drücken Sie [F2], steht die Einfügemarke am Ende des Zelleintrags.)

✔ Achten Sie darauf, dass auch in der Statusleiste der Modus Bearbeiten angezeigt wird. Sie können nun mit der Maus oder den Pfeiltasten die Einfügemarke an die Stelle in der Zelle bewegen, die bearbeitet werden muss.

In Tabelle 2.2 sind die Tastenkombinationen aufgeführt, mit denen Sie die Einfügemarke im Zelleintrag oder in der Bearbeitungsleiste verschieben und die lästigen Fehler korrigieren können. Wenn Sie an der Position der Einfügemarke neue Zeichen eingeben wollen, schreiben Sie einfach drauflos. Wenn Sie bestehende Zeichen an der Position der Einfügemarke durch Überschreiben löschen möchten, drücken Sie [Einfg], um vom Einfügemodus in den Überschreibemodus umzuschalten. Wenn Sie wieder in den Einfügemodus zurückschalten wollen, drücken Sie noch mal [Einfg]. Wenn Sie die Korrekturen für Ihren Zelleintrag beendet haben, müssen Sie das Ganze – wie gehabt – ganz offiziell in die Zelle übergeben.

Solange Sie sich im Bearbeiten-Modus befinden, können Sie den bearbeiteten Zellinhalt nur in die Zelle übergeben, indem Sie auf die Schaltfläche EINGEBEN klicken oder [↵] drücken, nicht aber durch Drücken der Pfeiltasten. Wenn Sie einen Zelleintrag bearbeiten, dienen die Pfeiltasten nur dazu, die Einfügemarke im Eintrag zu bewegen – ansonsten geht nichts!

Taste(n)	Funktion
[Entf]	Löscht das Zeichen rechts neben der Einfügemarke
[Rück]	Löscht das Zeichen links von der Einfügemarke
[→]	Verschiebt die Einfügemarke um ein Zeichen nach rechts
[←]	Verschiebt die Einfügemarke um ein Zeichen nach links
[↑]	Verschiebt die Einfügemarke, wenn sie sich am Ende eines Zelleintrags befindet, nach links auf ihre vorherige Position
[Pos1]	Verschiebt die Einfügemarke vor das erste Zeichen des Zelleintrags
[Ende] oder [↓]	Verschiebt die Einfügemarke hinter das letzte Zeichen des Zelleintrags
[Strg]+[→]	Verschiebt die Einfügemarke vor das nächste Wort des Zelleintrags
[Strg]+[←]	Verschiebt die Einfügemarke vor das vorangegangene Wort des Zelleintrags
[Einfg]	Wechselt zwischen Einfüge- und Überschreibemodus

Tabelle 2.2: Tastenkombinationen zum Bearbeiten von Zelleinträgen in der Bearbeitungsleiste

Das Märchen von den zwei Bearbeitungswegen

Excel bietet Ihnen die Möglichkeit, den Inhalt einer Zelle entweder in der Zelle selbst (hatten wir bereits!) oder in der Bearbeitungsleiste zu bearbeiten. In den meisten Fällen werden Sie wohl den Inhalt direkt in der Zelle bearbeiten. Bei extrem langen Einträgen (wahnsinnig wissenschaftlichen Formeln oder Texteinträgen, die über mehrere Absätze gehen) könnte die Bearbeitungsleiste jedoch hilfreicher sein, da Excel die Bearbeitungsleiste so erweitert, dass der gesamte Inhalt angezeigt werden kann. In der Anzeige im Tabellenblatt könnte Ihnen in diesem Fall der Inhalt der Zelle einfach rechts aus dem Bild laufen ...

Um den Inhalt in der Bearbeitungsleiste anstatt in der Zelle zu bearbeiten, positionieren Sie den Zellcursor in der Zelle und klicken dann in der Bearbeitungsleiste auf die Stelle, die überarbeitet werden muss.

Keine Angst vor der Dateneingabe

Bevor ich dieses Thema nun endgültig abschließe, fühle ich mich doch genötigt, noch kurz auf die Beschleunigerfunktionen einzugehen, die uns die Dateneingaben dann doch ein wenig versüßen. Hierzu zählen z.B. die Funktionen AUTOVERVOLLSTÄNDIGEN und AUTOAUSFÜLLEN sowie die Dateneingabe in einem ausgewählten Zellbereich und die gleichzeitige Eingabe derselben Daten in andere markierte Zellen.

Ohne AutoVervollständigen bin ich ein Nichts

Die AUTOVERVOLLSTÄNDIGEN-Funktion ist alles andere als ein Spielzeug. Sie sollten während der Dateneingabe dann und wann an ihre (nicht an Ihre!) Existenz denken, denn sie ist eine nützliche Funktion, die freundliche Software-Entwickler bei Microsoft erfunden haben, um uns die Last der Dateneingabe so angenehm wie möglich zu machen.

AUTOVERVOLLSTÄNDIGEN ist so etwas wie eine Hellseherin, die voraussieht, was Sie als Nächstes eingeben werden (sie stützt sich dabei auf die zuvor von Ihnen eingegebenen Daten). Diese Funktion kommt immer dann ins Spiel, wenn Sie in eine *Spalte* Text eingeben (also nicht bei Werten oder Formeln). Wenn Sie also Text in eine Spalte schreiben, merkt sich AUTOVERVOLLSTÄNDIGEN, was für Einträge Sie in der Spalte vorgenommen haben und kopiert diese dann automatisch in nachfolgende Zeilen, wann immer Sie einen neuen Eintrag beginnen, der mit demselben Buchstaben anfängt wie ein bestehender Eintrag.

Angenommen, ich gebe `Marios Pizzastube` in Zelle A3 ein (eines der Unternehmen, die zu Annas Strudelladen gehören) und setze dann den Zellcursor eine Zeile tiefer in Zelle A4 und drücke M (Groß- oder Kleinschreibung – das ist völlig egal). Die AUTOVERVOLLSTÄNDIGEN-Funktion fügt sofort in diese Zelle hinter dem M die restlichen Buchstaben `arios Pizzastube` ein (Abbildung 2.9).

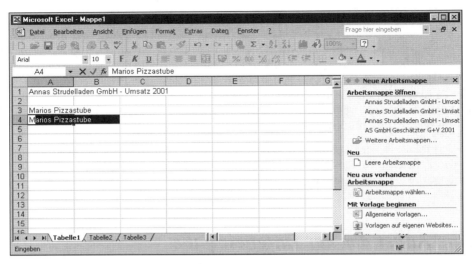

Abbildung 2.9: Die AUTOVERVOLLSTÄNDIGEN-Funktion dupliziert einen Eintrag, wenn Sie einen neuen Eintrag in derselben Spalte mit demselben Anfangsbuchstaben zu schreiben beginnen.

Das ist natürlich eine ganz fantastische Sache, wenn ich Marios Pizzastube als Zeilenüberschrift sowohl in Zelle A3 als auch in Zelle A4 brauche. Nehmen wir aber mal an, ich will einen ganz anderen Eintrag schreiben, der aber zufälligerweise auch mit M beginnt. Nun, die AUTOVERVOLLSTÄNDIGEN-Funktion füllt natürlich die Zelle mit dem zuvor eingegebenen Text. Sobald ich aber weiterschreibe, zieht die Funktion ihren Vorschlag zurück und lässt mich die Zelle mit meinem neuen Eintrag beschreiben (z.B. Martinas Croissanterie, auch ein Tochterunternehmen von Annas Strudelladen). Die AUTOVERVOLLSTÄNDIGEN-Funktion wird dann nicht mehr sofort reagieren, wenn ich einen Eintrag mit M beginne; ich muss jetzt zumindest so viele Buchstaben eingeben, bis Excel eindeutig weiß, welcher Eintrag nun gemeint ist (in diesem Fall mindestens `Mart`).

 Wenn Sie die AUTOVERVOLLSTÄNDIGEN-Funktion nervt, weil Ihre Eingaben zwar immer gleich anfangen, aber doch nicht gleich sind, dann können Sie diese Funktion natürlich auch deaktivieren. Wählen Sie hierzu im Menü EXTRAS den Befehl OPTIONEN, klicken Sie auf die Registerkarte BEARBEITEN und deaktivieren Sie dort das Kontrollkästchen AUTOVERVOLLSTÄNDIGEN FÜR ZELLWERTE AKTIVIEREN.

Abrakadabra – AutoAusfüllen!

In vielen Tabellenblättern, die Sie mit Excel erstellen, werden Sie irgendwann Datums- oder Zahlenreihen eingeben müssen. Angenommen, Sie möchten in einem Tabellenblatt als

Spaltenüberschrift die zwölf Monatsnamen oder als Zeilenbeschriftungen die Zahlen von 1 bis 100 anzeigen – was für ein Schreibaufwand!

Mit der Funktion AUTOAUSFÜLLEN wird diese mühselige Arbeit zum Kinderspiel. Sie müssen nur den Anfangswert einer Reihe eingeben. In den meisten Fällen ist die AUTOAUSFÜLLEN-Funktion intelligent genug zu erkennen, wie die Reihe fortzuführen ist, wenn Sie das Ausfüllkästchen nach rechts ziehen (um die Reihe über die Spalten nach rechts aufzufüllen) oder nach unten ziehen (um die Reihe auf darunter liegende Zeilen auszuweiten).

Ich habe noch nicht erwähnt, was das (Auto-)*Ausfüllkästchen* ist? Das ist das schwarze Viereck, das rechts unten in einer markierten Zelle oder rechts unten in der letzten Zelle eines markierten Zellbereichs angezeigt wird. Sobald Sie den Mauszeiger auf dieses Viereck setzen, nimmt er die Form eines schmalen schwarzen Kreuzes an. Wenn Sie jetzt wie oben beschrieben ziehen, nimmt das AUTOAUSFÜLLEN seinen Lauf. Wenn Sie jedoch einen Zellbereich mit dem Mauszeiger in Form eines dicken weißen Kreuzes ziehen, markiert Excel lediglich weitere Zellen (mehr dazu in Kapitel 3). Wenn der Mauszeiger noch die Form eines Pfeils hat und Sie dann ziehen, verschiebt Excel lediglich den markierten Bereich (hierzu Näheres in Kapitel 4). Also: Erst ziehen, wenn Sie das schmale schwarze Kreuz sehen!

Wenn Sie eine Reihe durch Ziehen des Ausfüllkästchens erstellen, können Sie dies nur in eine Richtung tun. Sie können also die Reihe erweitern, indem Sie das Ausfüllkästchen in *eine* Richtung ziehen. Ob nach rechts, links, oben oder unten bleibt Ihnen überlassen. Sie können die Reihe nur nicht in zwei Richtungen gleichzeitig erweitern (z.B. durch diagonales Ziehen des Ausfüllkästchens nach unten und nach rechts). Eigentlich schade!

Während Sie das Ausfüllkästchen ziehen, wird am Bildschirm neben dem Mauszeiger eine QuickInfo angezeigt, die Ihnen verrät, welchen Eintrag Excel in die zuletzt in diesem Bereich markierte Zelle eingeben würde. Wenn Sie die Maustaste loslassen, nachdem Sie das Ausfüllkästchen gezogen haben, kann Ihnen Folgendes passieren: 1. Excel hat in alle von Ihnen markierten Zellen eine fortlaufende Reihe geschrieben (z.B. Januar, Februar, März etc.) oder 2. den gesamten Bereich mit dem Anfangswert ausgefüllt (wenn Sie nur einen Wert, z.B. 1, eingegeben haben und Excel deswegen nicht erkennen kann, welche Art von fortlaufender Reihe Sie wohl gerne hätten). Ganz rechts vom letzten Eintrag dieser Datenreihe, zeigt Excel eine kleine Schaltfläche an, die ein Menü mit Optionen enthält. Sie können damit die Standardeinstellungen beim Ausfüllen oder Kopieren nachträglich außer Kraft setzen. Ein Beispiel: Sie haben mithilfe des Ausfüllkästchens einen Anfangswert in einen Zellbereich kopiert. Nach dem Kopieren merken Sie aber, dass Sie keine Kopie, sondern eine fortlaufende Zahlenreihe brauchen. Klicken Sie dann auf die Schaltfläche AUTO-AUSFÜLLOPTIONEN und wählen Sie dort den Eintrag DATENREIHE AUSFÜLLEN.

Die Abbildungen 2.10 und 2.11 zeigen, wie die Funktion AUTOAUSFÜLLEN eingesetzt werden kann, um eine Reihe von Monaten zu erstellen, die in Zelle B2 mit Januar beginnt und in Zelle F4 mit Mai endet. Um die Reihe zu erstellen, geben Sie in Zelle B4 Januar ein, setzen den Mauszeiger auf das Ausfüllkästchen in der rechten unteren Ecke dieser Zelle und ziehen dann das kleine schwarze Kreuz nach rechts bis zur Zelle F4 (Abbildung 2.10). Wenn Sie die Maustaste loslassen, fügt Excel die restlichen Monatsnamen (Februar bis Mai) automatisch in die markierten Zellen ein (Abbildung 2.11). Die Zellen mit der Monatsnamenreihe bleiben markiert, damit Sie gegebenenfalls Änderungen durchführen können. Falls Sie zu viele Zellen markiert haben, können Sie das Ausfüllkästchen nach links zurückschieben, um die Liste mit den Monatsnamen zu kürzen. Wenn Sie nicht genug Zellen markiert haben, ziehen Sie das Ausfüllkästchen weiter nach rechts, um weitere Monatsnamen hinzuzufügen.

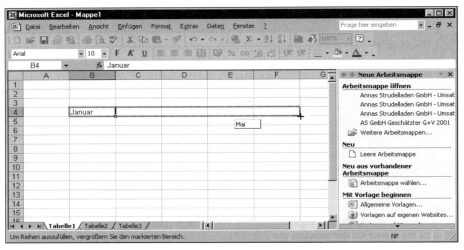

Abbildung 2.10: Um eine Reihe mit Monatsnamen zu erstellen, geben Sie in die erste Zelle Januar *ein und ziehen dann das Ausfüllkästchen, um den Zellbereich zu markieren, in dem die noch fehlenden Monatsnamen angezeigt werden sollen.*

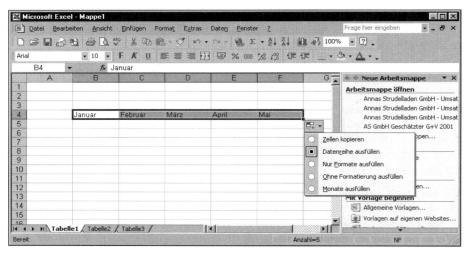

Abbildung 2.11: Sobald Sie die Maustaste loslassen, fügt Excel die restlichen Monatsnamen ein.

Wie Sie in Abbildung 2.11 sehen, hält die Schaltfläche AUTO-AUSFÜLLOPTIONEN eine ganze Reihe von Möglichkeiten für Sie bereit. Je nach Art der kopierten Werte oder ausgefüllten Reihen ändert sich allerdings die Zusammensetzung dieser Befehle. Die folgenden vier werden Ihnen aber (fast) immer über den Weg laufen: Wählen Sie ZELLEN KOPIEREN, wenn beispielsweise keine Datenreihe erstellt werden soll, sondern der Anfangswert (in diesem Beispiel also Januar) in jede Zelle kopiert werden soll. Soll anstelle einer Kopie eine Datenreihe gebildet werden, kommt der Befehl DATENREIHE AUSFÜLLEN zum Tragen. Damit kopierte oder ausgefüllte Zellen dieselbe Formatierung wie die Ausgangszelle erhalten, wählen Sie den Befehl NUR FORMATE AUSFÜLLEN. (Kapitel 3 weiß noch mehr zum Thema Formatierungen.) Wenn jedoch eine Datenreihe erstellt wurde, die Formatierung der Ausgangszelle aber unter keinen Umständen übernommen werden soll, dann entscheiden Sie sich für den Befehl OHNE FORMATIERUNG AUSFÜLLEN.

Tabelle 2.3 zeigt einige Anfangswerte, mit denen Sie mit der Funktion AUTOAUSFÜLLEN im Handumdrehen fortlaufende Reihen erstellen können.

Alles serienmäßig

Die Funktion AUTOAUSFÜLLEN verwendet den von Ihnen markierten Anfangswert (Datum, Uhrzeitangabe, Tag, Jahr etc.), um die Reihe anzulegen. Alle Beispielreihen in Tabelle 2.3 ändern sich um das Inkrement 1 (ein Tag, ein Monat, ein Jahr). Was ist aber, wenn Sie eine Reihe erstellen möchten, die sich z.B. um das Inkrement 2 erhöhen soll? Auch das ist möglich! Schreiben Sie in zwei benachbarte Zellen je einen Wert. Die Differenz zwischen diesen Werten zeigt Excel, in welchen Schritten es die Reihe fortsetzen soll. Markieren Sie die Daten als Anfangsbereich und ziehen Sie dann mit dem Ausfüllkästchen den gewünschten Zellbereich auf.

Daten in erster Zelle	Erstellte Datenreihe in den nächsten Zellen
Juni	Juli, August, September ...
Aug	Sep, Okt, Nov ...
Dienstag	Mittwoch, Donnerstag, Freitag ...
Mo	Di, Mi, Do ...
4.7.01	5.7.01, 6.7.01, 7.7.01 ...
Aug 01	Sep 01, Okt 01, Nov 01 ...
15. Jan.	16. Jan., 17. Jan, 18. Jan. ...
10:00	11:00, 12:00, 13:00 ...
1. Quartal	2. Quartal, 3. Quartal, 4. Quartal
Qrt1	Qrt2, Qrt3, Qrt4 ...
Produkt 1	Produkt 2, Produkt 3, Produkt 4 ...
1. Produkt	2. Produkt, 3. Produkt, 4. Produkt ...

Tabelle 2.3: Beispiele für Datenreihen, die Sie mit AUTOAUSFÜLLEN erstellen können

Angenommen, eine Reihe soll mit Samstag beginnen und jeder zweite Tag in die benachbarten Zellen eingegeben werden (also: Samstag, Montag, Mittwoch etc.). Geben Sie in die erste Zelle `Samstag` und in die benachbarte `Montag` ein. Markieren Sie dann beide Zellen, ziehen Sie das Ausfüllkästchen so weit nach rechts, wie es Ihnen passt. Nachdem Sie die Maustaste losgelassen haben, ist Excel dem Beispiel in den ersten beiden Zellen gefolgt und hat jeden zweiten Tag eingetragen (Mittwoch neben Montag, Freitag neben Mittwoch usw.).

Kopieren mit AutoAusfüllen

Wenn Sie mit AUTOAUSFÜLLEN einen Texteintrag über einen ganzen Zellbereich kopieren möchten (anstatt eine Reihe verwandter Einträge zu erstellen), brauchen Sie sich nur der [Strg]-Taste zu bedienen. Drücken Sie [Strg], klicken Sie gleichzeitig mit dem kleinen schwarzen Kreuz (das jetzt den Mauszeiger darstellt) auf die rechte untere Ecke der Zelle und ziehen Sie das Ausfüllkästchen. Ein Pluszeichen wird neben dem Mauszeiger angezeigt, das Zeichen für Sie, dass AUTOAUSFÜLLEN den Eintrag in der aktiven Zelle tatsächlich *kopieren* wird. (Eine weitere Kontrollmöglichkeit bietet die QuickInfo, die beim Kopieren natürlich denselben Text enthält wie die Originalzelle.) Wenn Sie nach dem Kopieren eines Anfangswerts Ihre Meinung ändern und nun doch lieber eine Datenreihe gehabt hätten, dann klicken Sie doch einfach auf die Schaltfläche, die neben dem Ausfüllkästchen der letzten kopierten Zelle angezeigt wird. Wählen Sie in diesem Menü den Befehl DATENREIHE AUSFÜLLEN und schon ist alles wie gewünscht!

Die Methode mit der [Strg]-Taste kopiert zwar einen Texteintrag, bei Werten geht dieser Schuss jedoch nach hinten los. Wenn Sie z.B. die Zahl 17 in eine Zelle eingeben und dann das Ausfüllkästchen ziehen, dann kopiert Ihnen Excel die Zahl 17 in alle markierten Zellen. Drücken Sie jedoch [Strg], während Sie das Ausfüllkästchen ziehen, dann schreibt Excel eine Reihe (17, 18, 19 etc.). Na, so was! Sollten Sie dies jedoch einmal vergessen und kopieren anstatt Datenreihen zu erstellen, dann wissen Sie jetzt ja sicherlich bereits, dass Sie sich nur des Menüs der Schaltfläche AUTO-AUSFÜLLOPTIONEN bedienen müssen, um aus diesem Schlamassel wieder herauszukommen.

Designer-Serien

Sie können nicht nur die Schrittweite einer Serie mit AutoAusfüllen variieren, sondern auch eigene Reihen erstellen.

So gehören zu Annas Strudelladen GmbH folgende Firmen:

- ✔ Marios Pizzastube
- ✔ Martinas Croissanterie
- ✔ Adrians Stehimbiss
- ✔ Sabines Straßencafé

2 ▸ Die erste Arbeitsmappe

- ✔ Martins Bierstüberl
- ✔ Thorstens Cocktailbar
- ✔ Fraukes Weindepot

Damit Sie nun diese Liste nicht immer wieder in jedes neue Tabellenblatt eingeben (oder gar aus einem anderen Tabellenblatt kopieren) müssen, können Sie eine eigene Datenreihe erstellen, mit der die ganze Unternehmensliste eingefügt wird, wenn Sie in die erste Zelle Marios Pizzastube eingeben und dann das Ausfüllkästchen über die leeren Zellen ziehen, in denen die restlichen Unternehmen angezeigt werden sollen.

Das wollen Sie auch können? Also, dann los:

1. **Wählen Sie im Menü Extras den Befehl Optionen, um das Dialogfeld Optionen zu öffnen.**

2. **Wählen Sie das Register Benutzerdefinierte Listen, um die Listenfelder Benutzerdefinierte Listen und Listeneinträge anzuzeigen.**

    Im Listenfeld Benutzerdefinierte Listen ist automatisch der Eintrag Neue Liste markiert.

    Falls Sie sich bereits die Mühe gemacht haben und die Liste mit den Unternehmen in einem Zellbereich eingegeben haben, dann machen Sie mit Schritt 3 weiter. Wenn Sie Ihre Daten noch nicht in eine aktive Arbeitsmappe eingegeben haben, dann geht's für Sie mit Schritt 6 weiter.

3. **Klicken Sie im Textfeld Liste aus Zellen importieren auf die Schaltfläche für *Dialog reduzieren* (das Pseudotabellenblatt mit dem roten Pfeil), damit Sie Ihre Liste sehen können, und markieren Sie den Zellbereich. (Mehr Infos zu diesem Thema gibt es in Kapitel 3).**

4. **Nachdem Sie die Zellen markiert haben, klicken Sie im Dialogfeld Optionen (bzw. was davon übergeblieben ist) auf die Schaltfläche für *Dialog vergrößern*).**

    Diese Schaltfläche hat die Schaltfläche Dialog reduzieren rechts vom Textfeld Liste auf Zellen importieren ersetzt und lässt sich an dem nach unten zeigenden roten Pfeil ausmachen.

5. **Klicken Sie auf die Schaltfläche Importieren, um diese Liste in das Listenfeld Listeneinträge zu kopieren (Abbildung 2.12).**

    Weiter geht's mit Schritt 8.

6. **Wenn Sie die Unternehmensliste noch nicht in ein Tabellenblatt eingetragen haben, setzen Sie die Einfügemarke in das Listenfeld Listeneinträge und geben jeden einzelnen Eintrag (in der gewünschten Reihenfolge) ein, wobei Sie nach jedem Eintrag ⏎ drücken müssen.**

    Wenn alle Unternehmen in der gewünschten Reihenfolge im Listenfeld Listeneinträge angezeigt werden, machen Sie bei Schritt 7 weiter.

Excel 2002 für Dummies

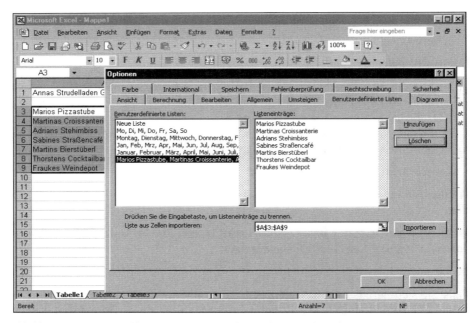

Abbildung 2.12: So erstellen Sie eine Unternehmensliste aus bestehenden Einträgen aus dem Tabellenblatt.

7. **Wählen Sie die Schaltfläche HINZUFÜGEN, um die Liste in das Listenfeld BENUTZERDEFINIERTE LISTEN einzufügen.**

   Erstellen Sie so viele Benutzerlisten, wie Sie brauchen, und machen Sie dann mit Schritt 8 weiter.

8. **Sobald Sie Ihre Arbeit beendet haben, wählen Sie OK oder drücken ⏎, um das Dialogfeld OPTIONEN zu schließen und wieder zum aktuellen Tabellenblatt in der aktiven Arbeitsmappe zurückzuschalten.**

Sobald Sie in Excel eine benutzerdefinierte Liste erstellt haben, brauchen Sie nur noch den ersten Eintrag in eine Zelle einzugeben und dann mit dem Ausfüllkästchen die Zellen in der gewünschten Richtung zu erweitern. Alles andere erledigt Excel!

 Wenn es Ihnen jedoch zu umständlich ist, die ganze Liste einzugeben, können Sie auch mit der AUTOKORREKTUR-Funktion arbeiten – so wie ich es im Abschnitt *Einmal AutoKorrektur, bitte* vorgestellt habe – und eine Abkürzung, z.B. MP für Marios Pizzastube, festlegen, die dann die AutoKorrektur durch die entsprechende Langform ersetzt.

Das große Zellcursorspringen

Wenn Sie eine Datentabelle in ein neues Tabellenblatt eingeben möchten, können Sie sich die Dateneingabe erleichtern, indem Sie alle leeren Zellen markieren, in die Sie Daten eingeben wollen. Setzen Sie hierzu den Zellcursor auf die erste Zelle der neuen Datentabelle und markieren Sie dann so viele Zellen in den folgenden Spalten und Zeilen, wie Sie benötigen. (Weitere Informationen zum Markieren von Zellbereichen finden Sie in Kapitel 3.) Nachdem Sie den Zellbereich markiert haben, beginnen Sie mit der Eingabe Ihrer Daten.

Wenn Sie einen *Zellbereich* markieren, bevor Sie mit der Dateneingabe beginnen, begrenzt Excel die Dateneingabe in diesem Bereich wie folgt:

✔ Der Zellcursor wird automatisch zur nächsten Zelle im Bereich verschoben, wenn Sie auf die Schaltfläche für Eingeben klicken oder ⏎ drücken, um den Zelleintrag abzuschließen.

✔ In einem Zellbereich mit mehreren unterschiedlichen Spalten und Zeilen verschiebt Excel den Zellcursor in einer Spalte jeweils um eine Zeile nach unten. Wenn der Zellcursor die Zelle in der letzten Zeile der Spalte erreicht, springt der er zur ersten Zeile des Bereichs in der nächsten Spalte auf der rechten Seite. Wenn der Zellbereich nur aus einer Zeile besteht, bewegt sich der Zellcursor in der Zeile von links nach rechts.

✔ Wenn Sie die Dateneingabe in der letzten Zelle des Zellbereichs beendet haben, markiert Excel die erste Zelle der gerade erstellten Tabelle. Um die Markierung für den Zellbereich aufzuheben, klicken Sie mit dem Mauszeiger auf eine andere Zelle im Tabellenblatt (innerhalb oder außerhalb des Bereichs) oder Sie drücken eine der Pfeiltasten.

Achten Sie darauf, innerhalb eines markierten Zellbereichs keine Pfeiltaste zu drücken, um einen Eintrag abzuschließen. Klicken Sie immer auf die Schaltfläche für Eingeben oder drücken Sie ⏎. Wenn Sie eine Pfeiltaste drücken, heben Sie die Markierung des Zellbereichs auf. Um den Zellcursor innerhalb des Zellbereichs zu bewegen, ohne dessen Markierung aufzuheben, benutzen Sie die folgenden Tasten:

✔ Drücken Sie ⏎, um zur nächsten Zelle in der jeweils darunter liegenden Zeile und dann zur nächsten Spalte im Zellbereich zu gelangen. Mit ⇧+⏎ springen Sie nach oben zur vorherigen Zelle.

✔ Drücken Sie Tab, um zur nächsten Zelle in der rechts liegenden Spalte zu gelangen. Drücken Sie ⇧+Tab, um nach links zur vorherigen Zelle zu springen.

✔ Drücken Sie Strg+⇧+' (Apostroph), um von einer Ecke des Zellbereichs zur anderen zu hüpfen.

Do it again, Excel!

Sie können sich viel Zeit und Arbeit ersparen, wenn Sie denselben Eintrag (Text, Zahl oder Formel) in vielen Zellen des Tabellenblatts einfügen müssen, da Sie mit Excel die Daten in einem Arbeitsgang in alle Zellen eingeben können. Markieren Sie zunächst die Zellbereiche, in die die Daten eingegeben werden sollen. (Excel lässt Sie mehrere Zellbereiche markieren. Näheres hierzu finden Sie in Kapitel 3.) Schreiben Sie den Eintrag und drücken Sie dann [Strg]+[↵], um den Eintrag in alle markierten Zellen einzufügen.

Wenn diese Aktion erfolgreich sein soll, dann müssen Sie [Strg] drücken und gleichzeitig [↵] betätigen. Excel fügt den Eintrag dann in alle markierten Zellen ein. Wenn Sie nur [↵] drücken, wird der Eintrag nur in die erste Zelle des markierten Zellbereichs geschrieben.

Sie können die Dateneingabe in einer Liste beschleunigen, die Formeln enthält, indem Sie das Kontrollkästchen LISTENFORMAT UND FORMELN ERWEITERN auf der Registerkarte BEARBEITEN des Dialogfelds OPTIONEN aktivieren. Das Dialogfeld OPTIONEN öffnen Sie, indem Sie im Menü EXTRAS den Befehl OPTIONEN wählen. Wenn diese Funktion aktiviert ist, formatiert Excel automatisch alle neuen Daten, die Sie in die letzte Zeile einer Liste eingeben, so wie die in den vorangegangenen Zeilen und kopiert außerdem eventuelle Formeln, die in vorstehenden Zeilen verwendet wurden. Damit diese Funktion jedoch greifen kann, müssen Sie wenigstens in den letzten drei Zeilen Formeln manuell eingegeben und Dateneingaben manuell formatiert haben. Sie sehen, auch bei Excel gibt es nichts umsonst!

Funktionieren die Funktionen?

Sie haben in diesem Kapitel bereits erfahren, wie Formeln erstellt werden, die einfache Rechenoperationen wie Addition, Subtraktion, Multiplikation und Division durchführen. Anstatt nun kompliziertere Formeln aus dem Nichts zu erstellen, können Sie sich eine Excel-Funktion suchen, die diese Aufgabe für Sie erledigt.

Eine *Funktion* ist eine Art vordefinierte Formel, die eine oder mehrere Rechenoperationen durchführt. Und was müssen Sie dabei noch tun? Sie geben die Werte ein, die die Funktion für ihre Berechnungen benötigt. Diese Werte werden auch als Funktionsargumente bezeichnet. Wie bei einfachen Formeln können Sie die Argumente für die meisten Funktionen entweder als numerischen Wert (z.B. 22 oder -4,56) oder – was üblicher ist – als Zellbezug (z.B. B10) oder als Zellbereich (z.B. C3:F3) eingeben.

Wie bei einer Formel, die Sie selbst erstellen, muss auch eine Funktion mit einem Gleichheitszeichen (=) beginnen, damit Excel weiß, dass es die Funktion als Formel und nicht als Text interpretieren soll. Nach dem Gleichheitszeichen schreiben Sie den Namen der Funktion (in Groß- oder Kleinbuchstaben, aber ohne Tippfehler). Hinter den Funktionsnamen schreiben Sie die für die Berechnung erforderlichen Argumente. Alle Funktionsargumente werden in runde Klammern gesetzt.

Denken Sie daran, auf keinen Fall ein Leerzeichen zwischen das Gleichheitszeichen, den Funktionsnamen und die in Klammern stehenden Argumente zu setzen. Einige Funktionen verwenden mehr als einen Wert für ihre Berechnungen. In diesem Fall trennen Sie jedes Argument durch ein Semikolon (nicht durch ein Leerzeichen).

Nachdem Sie das Gleichheitszeichen, den Funktionsnamen und die linke Klammer, die den Anfang eines Funktionsarguments kennzeichnet, eingegeben haben, können Sie mit dem Mauszeiger auf eine Zelle oder einen Zellbereich klicken, die/den Sie als erstes Argument verwenden wollen, anstatt die Zellbezüge selbst zu schreiben. Wenn die Funktion mehr als ein Argument verwendet, zeigen Sie auf die Zelle oder den Zellbereich, die/den Sie als zweites Argument verwenden wollen. (Aber erst nachdem Sie das Semikolon (;) eingegeben haben, mit dem Sie das erste Argument abschließen.)

Wenn Sie das letzte Argument abgeschlossen haben, geben Sie eine schließende runde Klammer ein, um Excel mitzuteilen, dass Ihnen nun die Argumente ausgegangen sind. Klicken Sie anschließend auf die Schaltfläche EINGEBEN oder drücken Sie ⏎, um die Funktion in die Zelle zu übertragen und Excel das Ergebnis berechnen zu lassen.

Viel Spaß beim Einfügen von Funktionen

Auch wenn Sie eine Funktion direkt in eine Zelle eingeben können, ist es für Sie sicherlich einfacher, wenn Sie dies mit der Schaltfläche für Funktion einfügen erledigen. Wenn Sie in der Bearbeitungsleiste auf die Schaltfläche mit dem *fx* klicken, wird das Dialogfeld FUNKTION EINFÜGEN angezeigt, aus dem Sie sich die Funktion aussuchen können, die Sie brauchen (Abbildung 2.13). Nachdem Sie eine Funktion ausgewählt haben, öffnet Excel das Dialogfeld FUNKTIONSARGUMENTE, in dem Sie die Argumente für die Funktion festlegen können. Das hört sich in der Theorie ziemlich kompliziert an, ist es aber überhaupt nicht. Dieses Dialogfeld enthält den Hyperlink HILFE FÜR DIESE FUNKTION, mit dem Sie das Microsoft Excel-Hilfefenster öffnen. Sie sollten diesen Link stets nutzen, wenn Sie nicht wissen, wie Sie die Argumente eingeben sollen, oder Sie sichergehen wollen, dass Sie bei der Eingabe der Funktion weder ein Semikolon noch eine Klammer übersehen.

Das Dialogfeld FUNKTION EINFÜGEN enthält drei Felder: das Textfeld FUNKTION SUCHEN, das Dropdown-Listenfeld KATEGORIE AUSWÄHLEN und das Listenfeld FUNKTION AUSWÄHLEN. Wenn Sie das Dialogfeld FUNKTION EINFÜGEN öffnen, wird automatisch im Dropdown-Listenfeld KATEGORIE AUSWÄHLEN der Eintrag ZULETZT VERWENDET angezeigt und im Listenfeld FUNKTION AUSWÄHLEN werden alle Funktionen angezeigt, die Sie häufig verwenden.

Wenn die von Ihnen gesuchte Funktion nicht in dieser Liste enthalten ist, müssen Sie die entsprechende Kategorie im Dropdown-Listenfeld KATEGORIE AUSWÄHLEN markieren. Wenn Sie die Kategorie nicht kennen, müssen Sie nach der Funktion suchen, indem Sie im Textfeld FUNKTION SUCHEN eine Beschreibung eingeben und dann ⏎ drücken oder auf START klicken. Wenn Sie beispielsweise alle Excel-Funktionen suchen wollen, mit denen sich Werte addieren lassen, geben Sie in das Textfeld FUNKTION SUCHEN den Begriff Addieren ein und klicken dann auf die Schaltfläche START. Im Listenfeld FUNKTION AUSWÄHLEN wird daraufhin angezeigt, was Excel zu diesem Thema zu bieten hat. Zu jeder Funktion werden unterhalb des Listenfelds die erforderlichen Argumente sowie eine Beschreibung der Funktion angezeigt.

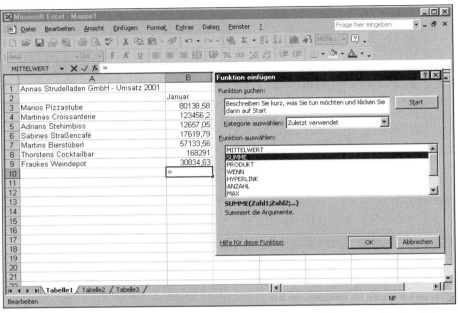

Abbildung 2.13: Markieren Sie im Dialogfeld FUNKTION EINFÜGEN die gewünschte Funktion.

Sobald Sie eine Funktion, die Sie verwenden wollen, gefunden und markiert haben, klicken Sie auf OK, um sie in die aktuelle Zelle einzufügen und das Dialogfeld FUNKTIONSARGUMENTE zu öffnen (Abbildung 2.14). Es enthält die für diese Funktion benötigten Argumente (auch die optionalen). Angenommen, Sie wählen im Listenfeld FUNKTION AUSWÄHLEN die Funktion SUMME (der Hit in der Kategorie ZULETZT VERWENDET) und klicken dann auf OK. Das Dialogfeld FUNKTIONSARGUMENTE wird geöffnet und sowohl in der markierten Zelle als auch in der Bearbeitungsleiste und im Dialogfeld steht:

SUMME(B3:B9).

Wie Sie in Abbildung 2.14 lesen können, können Sie bis zu 30 Argumente für die Berechnung der Summe eingeben. Was jedoch nirgendwo steht, ist, dass sich diese Werte nicht in einer Zelle befinden müssen. Sie werden sicherlich in der Regel eine ganze Reihe von Werten aus verschiedenen Zellen (das ist die Sache mit der Mehrfachauswahl, zu der Sie in Kapitel 3 mehr erfahren) addieren wollen.

Um das erste Zahlenargument einzugeben, klicken Sie auf die betreffende Zelle (oder ziehen Sie den Mauszeiger über einen Zellbereich) im Tabellenblatt. Die Einfügemarke befindet sich bei dieser Aktion im Textfeld ZAHL1. Excel zeigt daraufhin die Zelladresse (oder den Zellbereich) im Textfeld ZAHL1 und gleichzeitig den Wert der Zelle (bzw. die Werte, falls mehrere Zellen markiert wurden) rechts neben dem Textfeld sowie die Gesamtsumme (Formelergebnis =) im unteren Bereich des Dialogfelds.

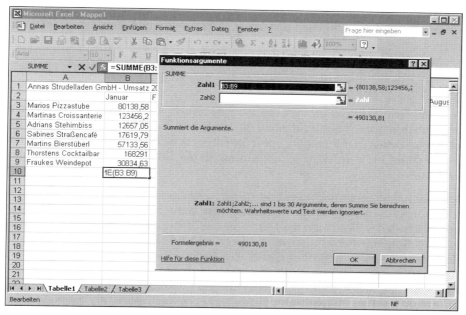

Abbildung 2.14: Im Dialogfeld FUNKTIONSARGUMENTE legen Sie fest, welche Argumente in der ausgewählten Funktion verwendet werden sollen.

Wenn Sie Zellen markieren wollen, ist Ihnen unter Umständen das Dialogfeld im Weg. Aber Excel wäre nicht Excel, wenn es da nicht eine schlaue Möglichkeit gäbe, dies Problem zu beheben. Klicken Sie am Ende des Textfelds ZAHL1 auf die Schaltfläche DIALOG REDUZIEREN (das Feld mit dem roten Pfeil) und schon sehen Sie vom Dialogfeld nur noch die Zeile des Textfelds ZAHL1 und das Gegenstück zur obigen Schaltfläche an dessen rechtem Ende. Nachdem Sie die Zellen markiert haben, die Sie für das erste Argument benötigen, klicken Sie einfach auf die Schaltfläche DIALOG ERWEITERN (die einzige, die ganz rechts angezeigt wird) und schwuppdi-wupp ist das gesamte Dialogfeld wieder sichtbar. Natürlich können Sie das Dialogfeld auch ganz einfach aus dem Weg ziehen. Sie wissen schon: Drauf klicken und an eine Stelle auf dem Bildschirm ziehen, an der es nicht stört.

Wenn Sie mehr als eine Zelle (oder mehrere Zellbereiche) in einem Tabellenblatt addieren wollen, drücken Sie nach dem Festlegen des Arguments im Textfeld ZAHL1 Tab oder klicken Sie auf das Textfeld ZAHL2, um die Einfügemarke dorthin zu bewegen. (Excel erweitert daraufhin die Argumentliste um das Textfeld ZAHL3.) Im Textfeld ZAHL2 definieren Sie die zweite Zelle (bzw. den zweiten Zellbereich), die/der zum Argument im Textfeld ZAHL1 addiert werden soll. Nachdem Sie auf die Zelle geklickt (bzw. den Mauszeiger über den zweiten Zellbereich gezogen haben), zeigt das Programm die Zelladresse(n) und den/die Wert(e) im rechten Feld neben dem Textfeld Zahl2 und die aktuelle Gesamtsumme (aus den Argumenten Zahl1 und Zahl2) hinter `Formelergebnis =` im unteren Bereich des Dialogfelds an.

Wenn Sie alle Summenargumente zusammengetragen haben, klicken Sie auf die Schaltfläche OK, um das Dialogfeld zu schließen und die SUMME-Funktion in die aktuelle Zelle einzufügen.

So werden Formeln bearbeitet

Mit der Schaltfläche Funktion einfügen können Sie Formeln, die Funktionen enthalten, direkt von der Bearbeitungsleiste aus bearbeiten. Sie markieren hierzu einfach in der Zelle mit der Formel die zu bearbeitende Funktion, bevor Sie auf die Schaltfläche Funktion einfügen (die mit dem *fx*, die direkt vor dem aktuellen Zelleintrag in der Bearbeitungsleiste angezeigt wird) klicken.

Nachdem Sie auf die Schaltfläche geklickt haben, wird das Dialogfeld Funktionsargumente geöffnet, in dem Sie die Argumente bearbeiten können. Wenn Sie lediglich die Argumente einer Funktion bearbeiten wollen, dann markieren Sie die Zellbezüge in den jeweiligen Textfeldern (Zahl1, Zahl2, Zahl3 etc.) und führen die entsprechenden Änderungen aus oder Sie markieren neue Zellbereiche. Achten Sie jedoch darauf, dass Excel automatisch jede markierte Zelle und jeden markierten Zellbereich dem aktuellen Argument hinzufügt. Sie können das gesamte Argument ersetzen, indem Sie es markieren und `Entf` drücken, um die Zelladressen endgültig loszuwerden. Danach markieren Sie einen neuen Zellbereich, der dann als Argument verwendet wird. (Denken Sie an die schicke Sache mit dem Reduzieren dieses Dialogfelds, falls es Ihnen bei der Auswahl des Zellbereichs im Weg ist!)

Alles richtig eingegeben? Prima! Dann klicken Sie jetzt in diesem Dialogfeld auf OK oder drücken Sie `↵`, um die Formel zu aktualisieren.

Ich lasse addieren!

Bevor wir die faszinierende Diskussion über die Eingabe von Funktionen beenden, möchte ich Sie doch noch auf die Schaltfläche AutoSumme in der Standard-Symbolleiste aufmerksam machen. Das ist die Schaltfläche mit dem griechischen Buchstaben S (vgl. Tabelle 1.2). Diese kleine Schaltfläche ist ihr Geld wirklich wert, denn es lässt sich damit nicht nur die SUMME-Funktion aufrufen. Sie können damit auch den Mittelwert, die Anzahl der Werte sowie den höchsten und den niedrigsten Wert ermitteln. Mit der Schaltfläche AutoSumme können Sie Excel auch auffordern, einen Zellbereich in der aktuellen Spalte oder Zeile mit den zu addierenden, zu zählenden, zu mittelnden etc. Werten zu markieren. In neun von zehn Fällen markiert Excel den richtigen Zellbereich. Im zehnten Fall können Sie den Bereich korrigieren, indem Sie den richtigen Zellbereich markieren.

2 ➤ Die erste Arbeitsmappe

Wenn Sie auf die Schaltfläche AUTOSUMME klicken, wird standardmäßig die SUMME-Funktion in die aktuelle Zelle eingefügt. Wenn Sie diese Schaltfläche zum Einfügen einer anderen Funktion verwenden wollen – Mittelwert, Anzahl, Max, Min –, klicken Sie einfach auf den nach unten zeigenden Pfeil neben der Schaltfläche und wählen den entsprechenden Namen aus der Liste aus. Wenn Sie auf WEITERE FUNKTIONEN klicken, wird das Dialogfeld FUNKTION EINFÜGEN geöffnet, ganz so, als hätten Sie in der Bearbeitungsleiste auf die Schaltfläche FUNKTION EINFÜGEN geklickt.

In Abbildung 2.15 sehen Sie, wie man die Schaltfläche AUTOSUMME einsetzt, um die Umsätze von Marios Pizzastube in Zeile 3 zu addieren: Setzen Sie den Zellcursor auf Zelle E3, in der die Summe der Umsätze des 1. Quartals angezeigt werden soll, und klicken Sie dann in der Standard-Symbolleiste auf die Schaltfläche mit dem S. Excel fügt die SUMME-Funktion in die Bearbeitungsleiste ein, zeigt einen *Laufrahmen* (die sich bewegende gestrichelte Linie) um die Zellen B3, C3 und D3 an und verwendet den Zellbereich B3:D3 als Argument in der SUMME-Funktion.

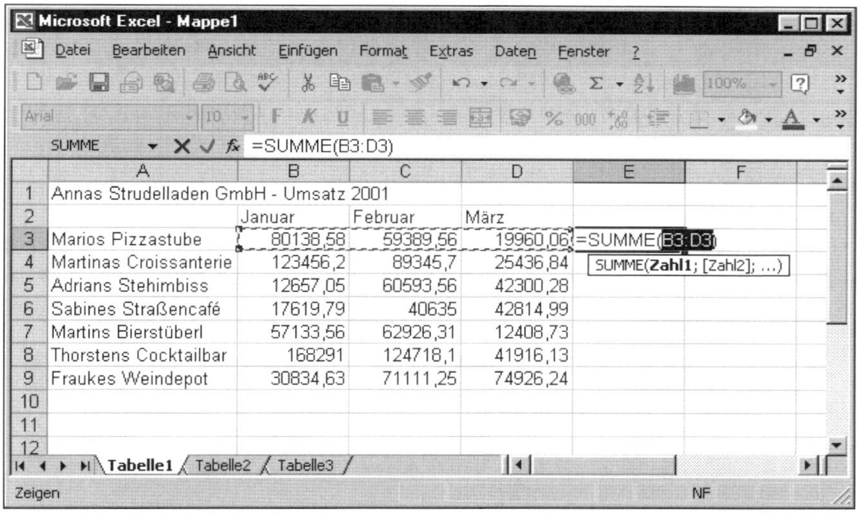

Abbildung 2.15: Mit der Schaltfläche AUTOSUMME wird der Gesamtumsatz von Marios Pizzastube in Zeile 3 berechnet.

Abbildung 2.16 zeigt das Tabellenblatt, nachdem die Funktion in Zelle E3 eingefügt wurde. Die errechnete Gesamtsumme erscheint in Zelle E3, in der Bearbeitungsleiste wird die folgende SUMME-Formel angezeigt:

```
=SUMME(B3:D3)
```

Nachdem Sie die SUMME-Funktion für die Berechnung der Umsätze von Marios Pizzastube eingegeben haben, können Sie diese Formel zum Berechnen der Umsätze der restlichen Unternehmen kopieren, indem Sie das Ausfüllkästchen in Spalte E nach unten ziehen, bis der Zellbereich E3:E9 markiert wird.

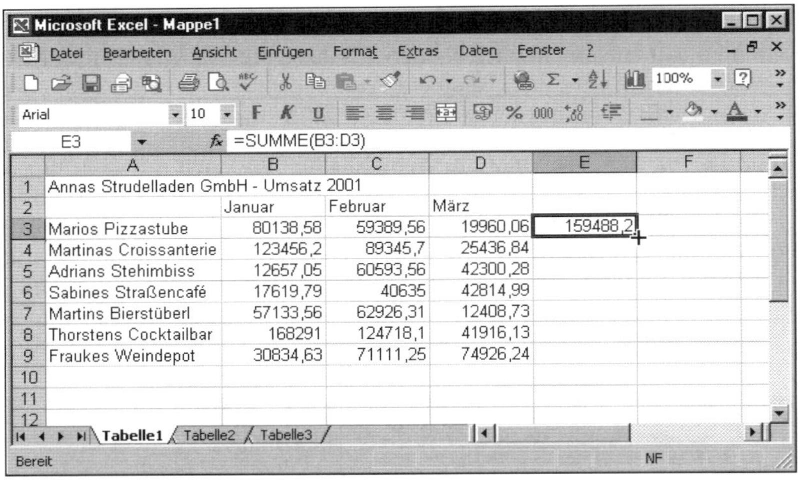

Abbildung 2.16: Das Tabellenblatt mit dem Gesamtumsatz für Marios Pizzastube für das 1. Quartal.

In Abbildung 2.17 sehen Sie, wie Sie die Schaltfläche AUTOSUMME benutzen, um die Umsätze im Monat Januar für alle Unternehmen von Annas Strudelladen GmbH in Spalte B zu addieren. Setzen Sie den Zellcursor auf Zelle B10, um hier die Gesamtsumme anzuzeigen. Wenn Sie auf die Schaltfläche mit dem S klicken, wird ein Laufrahmen um die Zellen B3 bis B9 angezeigt und als Argument für die SUMME-Funktion der Zellbereich B3:B9 angegeben.

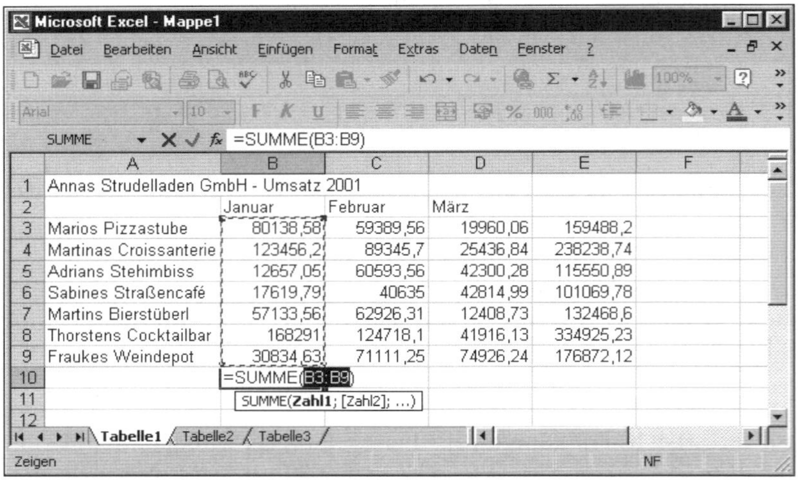

Abbildung 2.17: Mit der SUMME-Funktion werden die Umsätze für Januar in Spalte B addiert.

2 ► Die erste Arbeitsmappe

Abbildung 2.18 zeigt das Tabellenblatt, nachdem ich die Funktion in Zelle B10 eingefügt und mit der AUTOAUSFÜLLEN-Funktion die Formel in die Zellen C10, D10 und E10 kopiert habe. (Ziehen Sie das Ausfüllkästchen nach rechts bis zur Zelle E10, bevor Sie die Maustaste loslassen.)

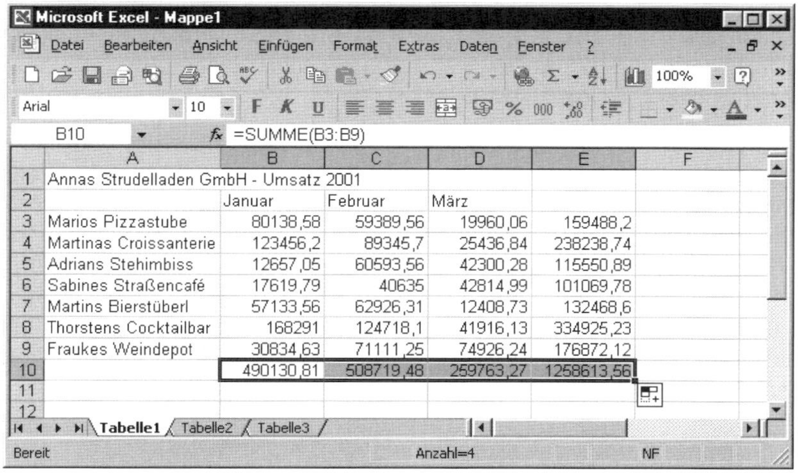

Abbildung 2.18: Das Tabellenblatt nach dem Kopieren der SUMME-Formel

Jetzt wird gespeichert

Die gesamte Arbeit, die Sie in ein Tabellenblatt stecken, ist so lange gefährdet, bis Sie das Dokument auf einem Datenträger (auf einer Diskette oder auf Ihrer Festplatte) speichern. Wenn der Strom ausfällt oder Ihr Rechner aus irgendeinem Grund zusammenbricht, bevor Sie das Dokument gespeichert haben, haben Sie Pech gehabt. Sie müssen dann Zeichen für Zeichen alles neu erstellen – eine nervtötende Angelegenheit, zumal sie so unnötig ist. Um sich dieses unangenehme Erlebnis zu ersparen, sollten Sie sich an eine goldene Regel halten: Speichern Sie Ihr Tabellenblatt jedesmal, wenn Sie so viele Daten eingegeben haben, dass es Ihnen das Herz brechen würde, wenn sie abhanden kämen.

Um Sie zu häufigerem Speichern zu ermuntern, bietet Ihnen Excel in der Standard-Symbolleiste die Schaltfläche für *Speichern* an. (Das ist die mit der Diskette.) Sie müssen also nicht einmal den Befehl SPEICHERN im Menü DATEI wählen (oder Strg + S drücken), sondern brauchen nur auf diese Schaltfläche zu klicken, wenn Sie Ihre Arbeit auf einem Datenträger speichern möchten.

Das erste Mal, wenn Sie auf die Schaltfläche SPEICHERN klicken, wird das Dialogfeld SPEICHERN UNTER angezeigt (Abbildung 2.19). In diesem Dialogfeld ersetzen Sie den temporären Dateinamen (MAPPE1, MAPPE2 etc.) durch einen eigenen Dateinamen und wählen gegebenenfalls ein anderes Laufwerk und einen anderen Ordner, bevor Sie das Dokument speichern. Also los:

✔ Um die Arbeitsmappe neu zu benennen, schreiben Sie den Dateinamen in das Textfeld DATEINAME. Wenn Sie das Dialogfeld SPEICHERN UNTER aufrufen, ist der aktuelle Dateiname (z.B. MAPPE1) markiert und Sie können diesen sogleich durch den neuen Dateinamen ersetzen.

✔ Um das Laufwerk zu ändern, auf dem die Datei gespeichert werden soll, klicken Sie auf das Dropdown-Listenfeld SPEICHERN IN und markieren dort das gewünschte Laufwerk, also FESTPLATTE (C:) oder 3,5-DISKETTE (A:).

✔ Um den Ordner zu ändern, in dem die Arbeitsmappe gespeichert werden soll, wählen Sie gegebenenfalls das gewünschte Laufwerk und klicken dann auf den betreffenden Ordner. Wenn Sie die Arbeitsmappe in einem Ordner ablegen möchten, der sich in einem der im Listenfeld angezeigten Ordner befindet, so müssen Sie auf diesen Ordner nur doppelklicken. Damit dürfte alles erledigt sein. Der Name des Ordners, in dem die Arbeitsmappe gespeichert werden soll, sollte jetzt im Dropdown-Listenfeld SPEICHERN IN angezeigt werden. Wenn die Datei in einem ganz neuen Ordner gespeichert werden soll, klicken Sie auf die Schaltfläche NEUEN ORDNER erstellen. Geben Sie einen Namen für den Ordner in das Textfeld NAME ein und klicken Sie dann auf OK oder drücken Sie ⏎.

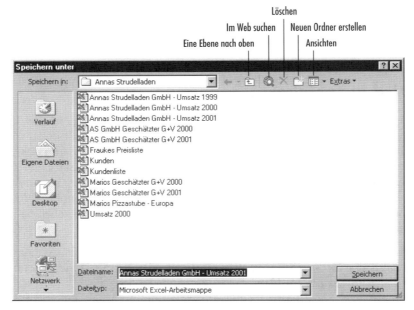

Abbildung 2.19: Das Dialogfeld SPEICHERN UNTER

Das Dialogfeld SPEICHERN UNTER enthält auf der linken Seite in der so genannten Umgebungsleiste eine Reihe von Schaltflächen: VERLAUF, EIGENE DATEIEN, DESKTOP, FAVORITEN und WEBORDNER (bzw. NETZWERK UMGEBUNG, wenn Sie mit Windows Me arbeiten). Hinter diesen Schaltflächen verbergen sich die folgenden Speichermöglichkeiten:

2 ➤ Die erste Arbeitsmappe

- ✔ Klicken Sie auf die Schaltfläche EIGENE DATEIEN, um die Arbeitsmappe im Ordner EIGENE DATEIEN abzulegen.

- ✔ Wenn Sie auf die Schaltfläche DESKTOP klicken, wird die Arbeitsmappe direkt auf dem Desktop Ihres Rechners gespeichert.

- ✔ Wählen Sie die Schaltfläche FAVORITEN, wenn Sie die Arbeitsmappe im Ordner FAVORITEN speichern möchten. Dies ist ein Unterordner des Windows-Ordners.

- ✔ Klicken Sie auf die Schaltfläche WEBORDNER (bzw. NETZWERK UMGEBUNG unter Windows Me), wenn die Arbeitsmappe in einem der Ordner auf einem Webserver abgelegt werden soll. Mit dieser Schaltfläche sollten Sie insbesondere dann arbeiten, wenn Sie eine Excel-Tabelle als Webseite auf der Website Ihres Unternehmens im Internet oder im Firmenintranet veröffentlichen wollen.

- ✔ Im Ordner VERLAUF können Sie Ihre Datei nicht speichern. Hier werden nur Verknüpfungen zu Protokollierungszwecken abgelegt, sodass Sie z.B. im Dialogfeld ÖFFNEN über diesen Ordner schnell wieder auf eine der dort vermerkten Dateien zurückgreifen können.

Denken Sie daran, dass bei Windows 98/Me und 2000 die Dateinamen Leerzeichen enthalten und inklusive Pfadangabe bis zu 223 Zeichen lang sein dürfen (wer schreibt denn soooo lange Dateinamen?). Das ist natürlich eine erfreuliche Tatsache für alle, die diesbezüglich unter DOS oder Windows 3.1 gelitten haben, weil sie sich mit acht Zeichen für den Dateinamen und drei Zeichen für die Dateierweiterung begnügen mussten. Sie sollten jedoch bei der Benennung der Arbeitsmappen auch daran denken, dass Sie diese vielleicht mal auf einem PC einsetzen müssen, auf dem Windows 98, die Millennium Edition oder Windows 2000 nicht installiert ist. Dann werden die Dateinamen empfindlich gekürzt und mit der Excel-Dateierweiterung .XLS versehen. (Ihre mit Excel 2002 erstellten Arbeitsmappen enthalten diese Dateierweiterung natürlich auch, nur Windows ist so nett und bietet Ihnen die Möglichkeit, diese verschwinden zu lassen.)

Wenn Sie Ihre Änderungen im Dialogfeld SPEICHERN UNTER vorgenommen haben, wählen Sie SPEICHERN oder drücken ⏎, um das Dokument zu speichern. Wenn Excel die Arbeitsmappendatei speichert, werden alle Daten aus sämtlichen Tabellenblättern Ihrer Arbeitsmappe (einschließlich der letzten Position des Zellcursors) in dem angegebenen Ordner abgelegt. Sie brauchen also das Dialogfeld SPEICHERN UNTER nicht wieder zu bemühen, es sei denn, Sie möchten die Arbeitsmappe umbenennen oder eine Kopie davon in einem anderen Ordner ablegen. Dann müssen Sie natürlich, statt auf die Schaltfläche ARBEITSMAPPE SPEICHERN zu klicken oder Strg+S zu drücken, wieder den Befehl SPEICHERN UNTER im Menü DATEI wählen.

AutoWiederherstellen – die Rettung nach dem Crash

Excel 2002 bietet eine neue Funktion zum Wiederherstellen von Dokumenten an, die sicherlich ganz nützlich sein kann, wenn der Rechner mal wieder abstürzt, weil der Strom ausfällt oder sich das Betriebssystem »aufhängt« und weigert weiterzuarbeiten. Die AUTOWIEDERHERSTELLEN-Funktion speichert die Arbeitsmappen in regelmäßigen Abständen. Wenn Sie nach einem Absturz den Computer wieder starten, zeigt Excel den Aufgabenbereich DOKUMENTWIEDERHERSTELLUNG an (dieses Mal auf der linken Seite wie in Abbildung 2.20 unschwer zu erkennen ist).

Standardmäßig ist Excel 2002 so eingestellt, dass die AUTOWIEDERHERSTELLEN-Funktion die Änderungen an einer Arbeitsmappe automatisch alle zehn Minuten speichert (vorausgesetzt, dass die Datei bereits einmal von Ihnen gespeichert wurde). Sie können diesen Zeitraum natürlich ändern. Wählen Sie dazu einfach im Menü EXTRAS den Befehl OPTIONEN und klicken Sie im Dialogfeld OPTIONEN auf das Register SPEICHERN. Geben Sie eine Zahl in das Textfeld hinter dem Kontrollkästchen AUTOWIEDERHERSTELLEN-INFO SPEICHERN ALLE XX MINUTEN ein oder verwenden Sie die Drehfelder. Klicken Sie dann auf OK, um die neue Einstellung zu übernehmen.

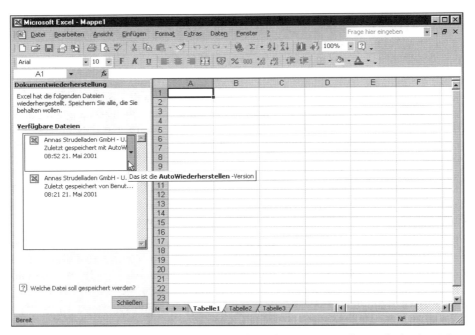

Abbildung 2.20: Abgestürzt und sicher gelandet: Arbeiten Sie mit dem Aufgabenbereich DOKUMENTWIEDERHERSTELLUNG, um die Dateien anzuzeigen, die mit einem blauen Auge davongekommen sind.

Im Aufgabenbereich DOKUMENTWIEDERHERSTELLUNG werden alle verfügbaren Versionen der Arbeitsmappendateien angezeigt, die geöffnet waren, als der Rechner seinen Geist aufgab. Sie können erkennen, welches das Originaldokument ist und wann es zuletzt gespeichert wurde. Um eine solche wiederhergestellte Version einer Arbeitsmappe zu öffnen (Sie wollen ja schließlich wissen, ob und wenn ja wie viele Daten verloren gegangen sind), zeigen Sie auf die wiederhergestellte Version der Arbeitsmappe. Klicken Sie auf das nach unten zeigende Dreieck, um das Menü zu öffnen, und wählen Sie den Befehl ÖFFNEN, um zu sehen, ob sich der Schaden noch in Grenzen hält. Speichern Sie dann – natürlich nur, wenn Sie wollen – die wiederhergestellte Version mit dem Befehl SPEICHERN im Menü DATEI.

Sie können eine wiederhergestellte Datei auch speichern, ohne sie vorher zu öffnen. Zeigen Sie einfach auf die Datei, klicken Sie auf das nach unten zeigende Dreieck und wählen Sie im Menü den Befehl SPEICHERN UNTER. Wenn Sie von den wiederhergestellten Dokumenten nichts wissen wollen – Ihnen bleiben dann nur die Daten der Originalversion –, klicken Sie am unteren Rand des Aufgabenbereichs auf die Schaltfläche SCHLIESSEN. Ach herrje, eine Warnmeldung! Die letzte Gelegenheit, um die wiederhergestellten Dateien zur späteren Verwendung an einem sicheren Ort aufzubewahren! Wenn Sie meinen, dass Sie die Dateien vielleicht später noch mal brauchen können, dann wählen Sie JA, ICH MÖCHTE DIESE DATEIEN SPÄTER ANSEHEN. Sollen nur die Originale aufbewahrt werden, die im Aufgabenbereich angezeigt werden, entscheiden Sie sich für NEIN, DATEIEN ENTFERNEN. ICH HABE DIE BENÖTIGTEN DATEIEN GESPEICHERT.

Die Sache mit dem AutoWiederherstellen klappt natürlich nur, wenn Sie eine Arbeitsmappe bereits wenigstens einmal gespeichert haben. Infos zum Speichern von Arbeitsmappen finden Sie im Abschnitt *Jetzt wird gespeichert*. Wenn Sie also eine neue Arbeitsmappe erstellen und dieser keinen Namen geben und folglich auch nicht speichern, dann kann Ihnen die AUTOWIEDERHERSTELLEN-Funktion auch nicht helfen, wenn das System zusammenbricht. Aus diesem Grund sollten Sie es sich zur Gewohnheit machen, eine neue Arbeitsmappe möglichst bald mit dem Befehl SPEICHERN im Menü DATEI zu sichern. (Sie können natürlich auch Strg + S drücken.)

Teil II
Ändern nach Lust und Laune

»Herr Schwarz, ich glaube, der Mauszeiger bewegt sich nicht, weil Sie die Hand auf dem Tafelschwamm haben ...!«

In diesem Teil ...

Die Sache mit der Arbeit wäre eigentlich gar nicht so schlimm, wenn nicht immer genau in dem Moment, in dem Sie mit sich und Ihrem Job zufrieden sind, jemand käme und alles anders haben wollte. Wenn das Leben von Ihnen Flexibilität verlangt, dann wird das ewige Hin und Her Sie mitunter sicherlich schön schaffen. Leider besteht auch der Großteil der Arbeit mit Excel 2002 darin, all das, wofür Sie zuerst stundenlang gearbeitet haben, um es so wunderbar einzugeben, mal eben wieder umzuschmeißen und anders zu gestalten.

Der zweite Teil präsentiert Ihnen diesen ganzen Bearbeitungskram in drei Phasen: Formatieren der Rohdaten, Anordnen der formatierten Daten bzw. Löschen derselben und Senden der endgültig formatierten und bearbeiteten Daten an den Kollegen Drucker. Glauben Sie mir, sobald Sie sich mit dem Bearbeiten der Daten auskennen (das, was Sie jetzt in diesem Teil erwartet), fühlen Sie sich in Excel 2002 schon mindestens zu 50 Prozent zu Hause.

Ein bisschen Glanz für nüchterne Zahlen

In diesem Kapitel

- Zellen markieren, die formatiert werden sollen
- Mit der Funktion AutoFormat eine Tabelle auf Vordermann bringen
- Integrierte Zahlenformate auf Zellen anwenden, die Werte enthalten
- Die Breite der Spalten und die Höhe der Zeilen im Tabellenblatt ändern
- Spalten und Zeilen im Tabellenblatt verstecken
- Zellen eine andere Schriftart und Schriftgröße zuweisen
- Die Ausrichtung der Einträge in einem Zellbereich ändern
- Zellen mit Rahmen, Schatten oder Farben versehen

In Tabellenkalkulationsprogrammen wie Excel brauchen Sie sich in der Regel über die Formatierung erst Gedanken zu machen, wenn Sie alle Daten in das Tabellenblatt eingegeben haben (das wissen Sie ja bereits aus den Kapiteln 1 und 2). Dann jedoch wird es Zeit, dass Sie erfahren, wie man diese Daten wirkungsvoller darstellen kann.

Wenn Sie sich zur Formatierung eines Tabellenblattbereichs entschlossen haben, markieren Sie alle gewünschten Zellen und klicken dann auf die entsprechende Schaltfläche oder wählen den entsprechenden Menübefehl. Bevor Sie aber etwas über diese wunderbaren Formatierungsfunktionen erfahren werden, müssen Sie erst einmal wissen, wie Sie einen *Zellbereich markieren* (so heißt das nämlich).

Die Dateneingabe in eine Zelle und die Formatierung dieser Daten sind zwei vollkommen verschiedene Verfahren. Wenn Sie den Eintrag in einer formatierten Zelle ändern, so erhält der neue Eintrag das entsprechende Zellformat. Sie können daher auch leere Zellen in einem Tabellenblatt formatieren und die Daten, die Sie in diese Zellen eingeben, erhalten dann sofort dieses Format.

Sie haben die Wahl!

Aufgrund der überaus rechteckigen Form des Tabellenblatts und seiner Bestandteile sollte es nicht weiter verwundern, dass man beim Markieren von Zellen an diese Form gebunden ist. Letztendlich ist es ja nichts anderes als ein Zellenverband mit unterschiedlichen Zahlen für Spalten und Zeilen.

Ein *Zellbereich* (auch *Zellauswahl* genannt) besteht aus lauter benachbarten Zellen, die Sie markiert haben, um sie anschließend zu formatieren oder zu bearbeiten. Der kleinstmögliche Zellbereich im Tabellenblatt ist eine Zelle (die so genannte *aktive Zelle*). Der größtmögliche Zellbereich im Tabellenblatt ist das gesamte Tabellenblatt. In der Regel wird die Größe des Zellbereichs, den Sie formatieren wollen, wohl eher zwischen diesen beiden Extremen liegen und aus Zellen in mehreren benachbarten Spalten und Zeilen bestehen.

Ein Zellbereich wird in Excel stets hervorgehoben dargestellt. In Abbildung 3.1 sehen Sie verschiedene Größen und Formen möglicher Zellbereiche.

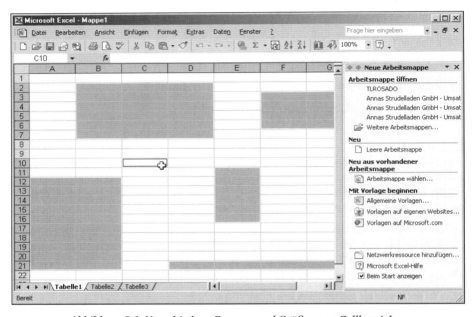

Abbildung 3.1: Verschiedene Formen und Größen von Zellbereichen

Wie Sie sehen, können Sie mit Excel mehrere Zellbereiche auf einmal markieren (die so genannte *Mehrfachauswahl*). Eigentlich handelt es sich dabei aber nicht um verschiedene Zellbereiche, auch wenn ich es hier so bezeichne, sondern nur um einen großen nicht zusammenhängenden Zellbereich, in dem die Zelle C10 (die aktive Zelle) zuletzt markiert wurde. Wenn Sie es auch mal probieren möchten, dann sprinten Sie doch eben vor zum Abschnitt *Eine Mehrfachauswahl treffen*.

Zellauswahl à la Maus

Die Maus ist für das Markieren von Zellbereichen wie geschaffen. Setzen Sie den Mauszeiger (der jetzt die Form eines dicken, weißen Kreuzes hat) auf die erste Zelle und ziehen Sie in die Richtung, in die Sie den Zellbereich erweitern möchten.

- Um den Zellbereich auf Spalten auf der rechten Seite zu erweitern, ziehen Sie nach rechts und markieren so alle benachbarten Zellen.

- Um den Zellbereich auf darunter liegende Zeilen auszuweiten, ziehen Sie nach unten.

- Um den Zellbereich gleichzeitig nach rechts und nach unten auszuweiten, ziehen Sie diagonal in Richtung auf die Zelle in der unteren rechten Ecke des von Ihnen gewählten Bereichs.

Wenn Sie bemerken – bevor Sie die Maustaste loslassen –, dass Sie eine falsche Zelle in Ihre Auswahl eingeschlossen haben, können Sie die Markierung für diese Zelle wieder aufheben, indem Sie den Mauszeiger in die entgegengesetzte Richtung ziehen. Falls Sie die Maustaste bereits losgelassen haben, klicken Sie auf die erste Zelle im markierten Bereich, um nur diese Zelle zu markieren (und die Markierung für alle anderen aufzuheben), und fangen mit der ganzen Prozedur noch einmal von vorne an.

Der Umschalt-Klick

Um die Auswahl zu beschleunigen, können Sie die ⇧+Klicken-Methode anwenden:

1. **Klicken Sie auf die erste Zelle im Zellbereich.**

   Hiermit markieren Sie diese Zelle.

2. **Drücken Sie ⇧ und klicken Sie dabei auf die letzte Zelle des gewünschten Bereichs.**

   Sobald Sie auf die letzte Zelle klicken, markiert Excel alle Zellen in den Spalten und Zeilen zwischen der ersten und der letzten Zelle.

Die ⇧-Taste funktioniert mit der Maus wie eine *Erweiterungstaste*, um eine Auswahl vom ersten ausgewählten Element bis zum letzten auszuwählenden Element zu erweitern (hierzu etwas später mehr unter *Die Erweiterung des Zellbereichs*). Mit ⇧ können Sie also die erste und die letzte Zelle sowie alle dazwischen liegenden Zellen eines Tabellenblatts oder alle Einträge in einem Listenfeld markieren.

Eine Mehrfachauswahl treffen

Um mehrere, nicht zusammenhängende Bereiche gleichzeitig auszuwählen, markieren Sie den ersten Zellbereich und halten dann Strg gedrückt, während Sie auf die erste Zelle des zweiten Bereichs klicken und den Mauszeiger über die Zellen in diesem Bereich ziehen. Solange Sie Strg bei der Auswahl weiterer Bereiche drücken, wird die Markierung der vorherigen Bereiche nicht aufgehoben.

Die Strg-Taste funktioniert mit der Maus wie eine selektive Markierungstaste, um nicht nebeneinander liegende Bereiche zu markieren. (Näheres hierzu finden Sie etwas weiter unten unter *Mehrfachauswahl mit der Tastatur*.) Mit Strg können Sie also mehrere Zellbereiche oder Einträge in einem Listenfeld markieren, ohne dass die Zellen bzw. Einträge nebeneinander liegen müssen.

Ganze Spalten und Zeilen markieren

Sie können durch Klicken und Ziehen im Tabellenblattrahmen ganze Spalten und Zeilen, ja sogar alle Zellen eines Tabellenblatts markieren.

✔ Um alle Zellen in einer bestimmten Spalte zu markieren, klicken Sie auf den entsprechenden Spaltenbuchstaben oben im Tabellenblattrahmen.

✔ Um alle Zellen in einer bestimmten Zeile zu markieren, klicken Sie auf die entsprechende Zeilennummer auf der linken Seite im Tabellenblattrahmen.

✔ Um einen Bereich mit ganzen Spalten oder Zeilen gleichzeitig zu markieren, ziehen Sie den Mauszeiger über die betreffenden Spaltenbuchstaben oder Zeilennummern im Tabellenblattrahmen.

✔ Um ganze Spalten und Zeilen zu markieren, die nicht nebeneinander liegen (die Sache mit der Mehrfachauswahl), drücken Sie [Strg], während Sie auf die Spaltenbuchstaben oder die Zeilennummern klicken, die zu dem Zellbereich gehören sollen.

Um das gesamte Tabellenblatt zu markieren, klicken Sie auf das leere Eck in der oberen linken Ecke des Tabellenblattrahmens (dort, wo Spaltenbuchstaben und Zeilennummern sich schneiden) oder drücken Sie [Strg]+[A].

AutoMarkieren Sie doch mal mit Ihrer Maus!

Excel bietet einen besonders schnellen Weg, alle Zellen eines Datenbereichs zu markieren. Führen Sie hierzu nur die folgenden Schritte aus:

1. **Klicken Sie auf die erste Zelle des Datenbereichs, um sie zu markieren.**

   Mit der ersten Zelle meine ich die, die sich links oben in der Tabelle befindet.

2. **Halten Sie [⇧] gedrückt und doppelklicken Sie auf den Rand der Zelle (rechts oder unten). Der Mauszeiger hat die übliche Vierfachpfeilform (nicht das kleine Kreuz).**

   Abbildung 3.2 zeigt, wie's gehen soll. Wenn Sie auf den unteren Rand der Zelle doppelklicken, erweitert sich der Zellbereich bis zur letzten Zelle in der ersten Spalte, die Daten enthält (Abbildung 3.3). Ein Doppelklick auf den rechten Rand der aktiven Zelle markiert die Zellen bis zur letzten Zelle der ersten Zeile, die Daten enthält.

3a. **Halten Sie [⇧] gedrückt und doppelklicken Sie irgendwo auf den rechten Rand des Zellbereichs (Abbildung 3.3), wenn der Zellbereich bis jetzt aus Zellen besteht, die in der ersten Spalte der Tabelle Daten enthalten.**

   Jetzt haben Sie alle anderen Spalten in diesem Bereich der Tabelle markiert, die Daten enthalten (Abbildung 3.4).

3 ➤ Ein bisschen Glanz für nüchterne Zahlen

3b. Halten Sie ⇧ gedrückt und doppelklicken Sie irgendwo auf den unteren Rand des aktiven Zellbereichs, wenn der Zellbereich bis jetzt aus Zellen besteht, die in der ersten Zeile der Tabelle Daten enthalten.

Jetzt haben Sie alle weiteren Zeilen in diesem Bereich der Tabelle markiert, die Daten enthalten.

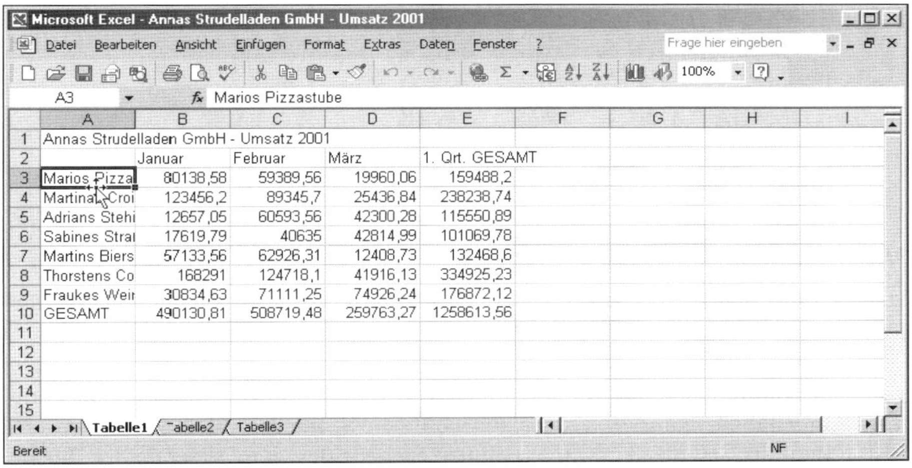

Abbildung 3.2: Setzen Sie den Mauszeiger auf den unteren Rand der ersten Zelle, um die Ausgangszelle zu markieren.

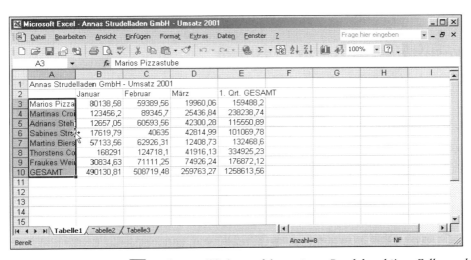

Abbildung 3.3: Drücken von ⇧ und Doppelklicken auf den unteren Rand der aktiven Zelle markiert dann die Zellen in der erste Spalte der Tabelle, die Daten enthalten.

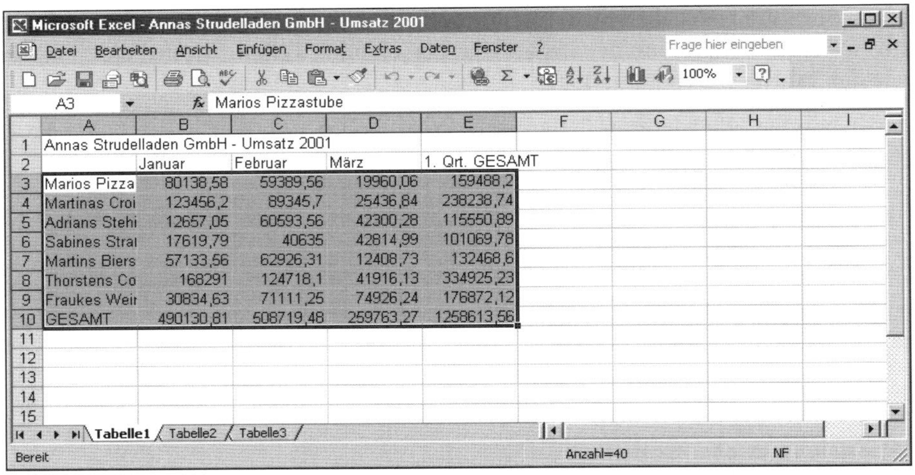

Abbildung 3.4: Drücken von ⇧ und Doppelklicken auf den rechten Rand der markierten Spalte führt zur Markierung der Zeilen in diesem Bereich der Tabelle, die Daten enthalten.

Sie könnten jetzt den Eindruck haben, dass man für diese Funktion die erste Zelle einer Tabelle markieren muss. Ich wollte die Sache damit lediglich etwas vereinfachen. Im Grunde genommen können Sie jede der vier Eckzellen der Tabelle nehmen. Dann können Sie bei der Erweiterung des Zellbereichs wählen, ob Sie die erste oder die letzte Zeile bzw. die erste oder letzte Spalte markieren möchten. Klicken Sie also auf den linken Rand, um nach links zu erweitern, auf den oberen Rand, um nach oben zu erweitern, usw.

Zellauswahl nach Art der Tastatur

Wenn Sie nicht gern mit der Maus arbeiten, können Sie auch die Tastatur zum Markieren von Zellen verwenden. Analog zur ⇧+Klicken-Methode, besteht auch mit der Tastatur der einfachste Weg darin, die ⇧-Taste mit anderen Tasten, die den Zellcursor verschieben, zu kombinieren. In Kapitel 1 finden Sie eine Liste dieser Tastenkombinationen.

Setzen Sie zuerst den Zellcursor auf die erste Zelle, drücken Sie dann ⇧, während Sie die entsprechenden Pfeiltasten (↑, ←, ↓, →, Bild↑ oder Bild↓) drücken. Excel markiert nun die Zellen ab der aktuellen Zelle. Das heißt also, dass der Zellcursor nicht nur wie sonst verschoben wird, sondern beim Verschieben auch gleich die entsprechenden Zellen markiert werden.

Wenn Sie Zellen auf diese Weise markieren, können Sie die Größe und Form des Zellbereichs mit den Pfeiltasten ändern, solange Sie ⇧ gedrückt halten. Sobald Sie ⇧ loslassen und eine der Pfeiltasten drücken, ist die Markierung futsch.

Die Erweiterung des Zellbereichs

Wenn Ihnen das Drücken der ⇧-Taste zu ermüdend erscheint, aktivieren Sie den Erweiterungsmodus, indem Sie F8 drücken, bevor Sie eine der Pfeiltasten drücken. In der Statusleiste wird daraufhin ERW (= Erweiterungsmodus) angezeigt, um Ihnen mitzuteilen, dass das Programm alle Zellen markiert, über die Sie den Zellcursor bewegen.

Wenn Sie alle gewünschten Zellen markiert haben, drücken Sie nochmals F8, um den Erweiterungsmodus zu deaktivieren. Die Anzeige ERW verschwindet wieder aus der Statusleiste und der Mauszeiger bewegt sich wieder über Ihr Tabellenblatt, als wenn nichts geschehen sei. Allerdings wird auch die Markierung aller zuvor ausgewählten Zellen wieder aufgehoben, sobald Sie nun den Mauszeiger wieder bewegen.

AutoMarkieren mit der Tastatur

Nicht nur mit der Maus lässt sich prima markieren (hatten wir gerade unter *AutoMarkieren Sie doch mal mit der Maus!*), auch mit der Tastatur lässt sich ein Zellbereich ganz schnell im Tabellenblatt markieren, wenn Sie hierzu F8 (oder ⇧) mit den Pfeiltasten, mit Strg + Pfeiltasten oder mit Ende, Pfeiltasten kombinieren, um den Zellcursor von einem Ende des Zellbereichs zum anderen hüpfen zu lassen.

Um einen ganzen Bereich mit ausgefüllten Zellen auszuwählen, gehen Sie folgendermaßen vor:

1. **Setzen Sie den Zellcursor auf die erste Zelle (die Zelle in der oberen linken Ecke des Bereichs, der Daten enthält).**

2. **Drücken Sie F8 (oder halten Sie ⇧ gedrückt) und anschließend Strg + → (oder Ende, →, wenn Ihnen das sympathischer ist), um die Zellauswahl auf die rechts daneben liegenden Spalten zu erweitern.**

3. **Drücken Sie dann Strg + ↓ (bzw. Ende, ↓), um die Auswahl auf die darunter liegenden Zeilen auszuweiten.**

 Welche Richtung Sie zuerst angeben, bleibt wiederum Ihnen überlassen – Sie können genauso gut zuerst Strg + ↓ (oder Ende, ↓) drücken, bevor Sie Strg + → (bzw. Ende, →) drücken. Sie sollten nur eines bedenken: Wenn Sie ⇧ anstelle von F8 drücken, dürfen Sie ⇧ erst loslassen, nachdem Sie beide Richtungsmanöver beendet haben. Im Fall von F8 sollten Sie vielleicht auch nicht vergessen, nochmals F8 zu drücken, um den Erweiterungsmodus zu beenden. Sonst sitzen Sie morgen noch da und markieren Zellen.

Mehrfachauswahl mit der Tastatur

Mit der Tastatur ist die Auswahl mehrerer, nicht zusammenhängender Zellbereiche etwas umständlicher als mit der Maus. Wenn Sie mit der Tastatur einen Zellbereich markiert haben, müssen Sie den Zellcursor erst mit ⇧+F8 lösen, bevor Sie ihn zum nächsten Bereich verschieben können. Mit dieser Tastenkombination aktivieren Sie den Einfügemodus, d.h., Sie können jetzt den Zellcursor zur ersten Zelle des nächsten Bereichs verschieben, ohne dabei weitere Zellen auszuwählen. Excel zeigt jetzt in der Statusleiste ADD an.

Um mehrere Zellbereiche mit der Tastatur zu markieren, versuchen Sie mal Folgendes:

1. **Setzen Sie den Zellcursor auf die erste Zelle des ersten Zellbereichs.**

2. **Drücken Sie F8, um den Erweiterungsmodus zu aktivieren.**

    Verschieben Sie den Zellcursor, um alle Zellen im ersten Zellbereich zu markieren. Sie können auch ⇧ drücken, während Sie den Zellcursor bewegen.

3. **Drücken Sie ⇧+F8, um den Einfügemodus zu aktivieren.**

    In der Statusleiste wird ADD angezeigt.

4. **Verschieben Sie den Zellcursor auf die erste Zelle des nächsten (nicht angrenzenden) Bereichs.**

5. **Drücken Sie F8, um in den Erweiterungsmodus zurückzuschalten, und verschieben Sie den Zellcursor, um alle Zellen des zweiten Bereichs zu markieren.**

6. **Wenn Sie noch weitere, nicht angrenzende Bereiche markieren möchten, wiederholen Sie die Schritte 3 bis 5.**

Zellauswahl mit Gehe zu

Wenn Sie einen sehr großen Zellbereich markieren möchten und das Drücken der verschiedenen Pfeiltasten leid sind, verwenden Sie den Befehl GEHE ZU im Menü BEARBEITEN, um den Bereich zu erweitern. Gehen Sie hierzu wie folgt vor:

1. **Setzen Sie zuerst den Zellcursor auf die erste Zelle des Bereichs und drücken Sie dann F8, um den Zellcursor zu verankern.**

2. **Drücken Sie F5, um das Dialogfeld GEHE ZU zu öffnen, geben Sie die Adresse der letzten Zelle des Bereichs (die Zelle diagonal zur ersten Zelle) an und drücken Sie dann ↵.**

    Sie erreichen dieses Dialogfeld auch, wenn Sie im Menü BEARBEITEN den Befehl GEHE ZU wählen.

 Da sich Excel im Erweiterungsmodus befindet, bewegt sich der Zellcursor nicht nur zur angegebenen Zelladresse, sondern markiert gleichzeitig alle dazwischenliegenden Zellen. Nachdem Sie auf diese Weise den Zellbereich markiert haben, sollten Sie nicht vergessen, wieder F8 zu drücken, um das Programm daran zu hindern, Ihrem mühsam markierten Zellbereich noch weitere Zellen hinzuzufügen.

AutoFormatieren – wirklich ein Kinderspiel

Jetzt, da Sie alles über das Markieren von Zellen wissen, die Sie formatieren möchten, erzähle ich Ihnen was von einer Formatierungsart, die keinerlei Zellauswahl erfordert. (Sie sind der Meinung, damit hätte ich auch schon vorher herausrücken können? Na, seien Sie mal ehrlich: Hätten Sie dann die vorangegangenen Seiten gelesen? Sehen Sie ...) Die *AutoFormat*-Funktion arbeitet nämlich so automatisch, dass Sie den Zellcursor nur irgendwo in der zu formatierenden Tabelle positionieren müssen, bevor Sie den Befehl AUTOFORMAT im Menü FORMAT wählen.

Sobald das Dialogfeld AUTOFORMAT angezeigt wird, markiert das Programm alle Zellen in der Tabelle. (Wenn Sie den Befehl gewählt haben und der Zellcursor befindet sich nicht innerhalb der Tabelle oder auf einer direkt angrenzenden Zelle, macht Excel Sie dezent darauf aufmerksam.)

 Diese Option ist übrigens nicht verfügbar, wenn Sie mehrere nicht zusammenhängende Zellbereiche markiert haben.

Mit dem Dialogfeld AUTOFORMAT wird die Formatierungsarbeit zum Kinderspiel. Um eines der 16 integrierten Formate zu wählen, brauchen Sie nur die folgenden Schritte auszuführen:

1. **Wählen Sie im Menü FORMAT den Befehl AUTOFORMAT, um das Dialogfeld AUTOFORMAT zu öffnen.**
2. **Klicken Sie im Listenfeld auf ein Beispielformat, um das Format auszuwählen, das für die Datentabelle im Arbeitsblatt verwendet werden soll (Abbildung 3.5).**

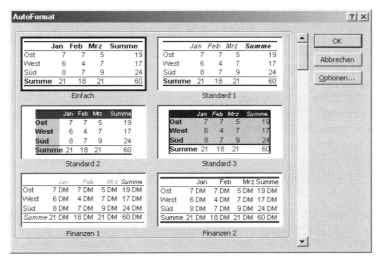

Abbildung 3.5: Im Dialogfeld AUTOFORMAT das Tabellenformat EINFACH auswählen

Blättern Sie im Listenfeld, um alle möglichen Tabellenformate anzusehen. Wenn Sie auf ein Beispielformat klicken, wird dieses mit einem schwarzem Rahmen versehen, um anzuzeigen, dass Sie sich für dieses Format entschieden haben.

3. **Wenn Sie sich für ein Format entschieden haben, schließen Sie das Dialogfeld mit einem energischen Klick auf die Schaltfläche OK oder drücken ⏎. Das gewählte Format wird sofort auf Ihre Tabelle angewendet.**

Wenn Sie sich erst einmal mit den unterschiedlichen Formaten auskennen, können Sie auch direkt auf das gewünschte Format im Listenfeld des Dialogfelds AUTOFORMAT doppelklicken und damit sowohl das Dialogfeld schließen als auch die Formatierung auf die markierte Tabelle übertragen.

Wenn Sie sich wirklich mal vertan und ein Tabellenformat gewählt haben, das Sie absolut unmöglich finden, wählen Sie den Befehl RÜCKGÄNGIG: AUTOFORMAT im Menü BEARBEITEN (oder drücken Sie Strg+Z), bevor Sie irgendetwas anderes tun. Excel stellt dann wieder den alten Tabellenzustand her. Mehr zu dieser überaus wichtigen Rückgängig-Funktion finden Sie in Kapitel 4. Wenn Sie sich ganz zum Schluss doch gegen jedwedes automatisches Tabellenformat entscheiden, so können Sie dieses komplett wieder loswerden (auch wenn es für den Rückgängig-Befehl bereits zu spät ist), indem Sie das Dialogfeld AUTOFORMAT öffnen und sich im Listenfeld für den Eintrag KEINE entscheiden (steht ganz am Ende der Liste), bevor Sie OK wählen oder ⏎ drücken.

Die integrierten Tabellenformate des Dialogfelds AUTOFORMAT sind im Grunde genommen nichts weiter als eine bestimmte Kombination aus verschiedenen Zell- und Datenformatierungen, die Excel einem ausgewählten Zellbereich in einem einzigen Arbeitsgang zuweist. Jedes Format stellt die Überschriften und Daten der Tabelle auf etwas andere Weise dar.

Abbildung 3.5 zeigt das Dialogfeld AUTOFORMAT, in dem ich bereits das Tabellenformat EINFACH ausgewählt habe. Dieses Format soll nun auf die Umsätze des ersten Quartals für Annas Strudelladen GmbH, die Sie ja bereits aus Kapitel 2 kennen, angewendet werden. Abbildung 3.6 stellt die Umsatztabelle im neuen Kleid dar. Excel hat die Überschrift und die Spaltenbezeichnungen fett formatiert (Zeile 1 und 2) und zwischen Zeile 1 und 2 sowie zwischen Zeile 2 und 3 eine Linie gezogen, um so jeweils die Überschriften von den Daten zu trennen. Außerdem wird jetzt ANNAS STRUDELLADEN GMBH – UMSATZ 2001 über den Spalten A bis E zentriert und die Überschriften werden in den Zellen B2 bis E2 in ihren entsprechenden Zellen zentriert. Mit dem einfachen Tabellenformat kommen allerdings die Zahlen in der Tabelle nicht besonders gut raus.

In Abbildung 3.7 habe ich das einfache Format (mithilfe von Strg+Z) wieder aus der Tabelle entfernt und ihr dann das Tabellenformat LISTE 1 zugewiesen. Na, wie gefällt Ihnen diese Version? Excel hat nun die Zeilen abwechselnd in einer anderen Farbe und die Überschrift und die Zeile mit den Spaltenüberschriften kursiv formatiert. Macht sich ganz gut, oder?

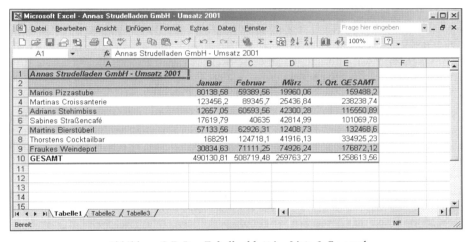

Abbildung 3.6: Das Tabellenblatt für Annas Strudelladen im einfachen Tabellenformat

Abbildung 3.7: Das Tabellenblatt im Liste 1-Gewand

 Wenn Sie eine Tabelle formatieren, deren Überschrift Sie in einer Zelle zentriert haben, indem Sie in der Format-Symbolleiste auf die Schaltfläche für ZUSAMMENFÜHREN UND ZENTRIEREN geklickt haben, dann sollten Sie Folgendes beachten: Klicken Sie auf eine Zelle in der Tabelle, die keine mit dieser Schaltfläche zentrierte Überschrift enthält, bevor Sie im Menü FORMAT den Befehl AUTOFORMAT wählen. Wenn Sie dies nicht tun, wird nämlich nur diese besonders zentrierte Zelle formatiert. Damit also Excel alle Zellen in der Tabelle erfasst (also auch die mit der zentrierten Überschrift), positionieren Sie den Zellcursor auf irgendeiner anderen Zelle und wählen erst dann den AUTOFORMAT-Befehl.

Formate mit Klick

Bei manchen Tabellenblättern ist die gebotene Vielfalt an AutoFormat-Formaten nicht erforderlich. Vielleicht wollen Sie in einer Tabelle lediglich die Spaltenüberschriften durch Fettdruck hervorheben und die Zeile mit den Gesamtsummen unterstreichen. (Dabei wird die Unterkante der Zellen mit einem Rahmen versehen.)

Mit den Schaltflächen in der Format-Symbolleiste, die sich neben oder unterhalb der Standard-Symbolleiste befindet, können Sie die meisten Daten- und Zellformatierungen ausführen, ohne sich durch Kontextmenüs (geschweige denn durch Menüs in der Menüleiste) kämpfen zu müssen.

Mit den Schaltflächen in der Format-Symbolleiste können Sie Zellen andere Schriftarten und Zahlenformate zuweisen, die Ausrichtung des Zellinhalts ändern sowie Zellen mit Rahmen, Mustern und Farben versehen. (Wenn Sie Ihr Gedächtnis hinsichtlich der Namen und Funktionen der Schaltflächen auffrischen wollen, sehen Sie sich noch mal Tabelle 1.3 in Kapitel 1 an.)

Symbolleisten ohne Heimat

In der Regel befinden sich in Excel 2002 die Standard- und die Format-Symbolleiste nebeneinander fest verankert an ihrer Position zwischen Menü- und Bearbeitungsleiste. Excel setzt diese Symbolleisten zwar automatisch an diese Stelle, es steht Ihnen jedoch frei, sie (und alle anderen Symbolleisten, die Sie einblenden) an andere Positionen zu ziehen – am besten packen Sie sie dazu ganz links, dort wo die vielen kleinen waagerechten Striche sind.

Wenn Sie die Standard- oder Format-Symbolleiste aus ihrer Verankerung lösen wollen, brauchen Sie sie nur irgendwo auf Ihren Bildschirm zu ziehen. Die Symbolleiste wird dann in einem kleinen separaten Fenster angezeigt (das dann alle Schaltflächen dieser Symbolleiste enthält). Wie dies aussieht, sehen Sie in Abbildung 3.8 am Beispiel der Format-Symbolleiste. Eine Symbolleiste, die sich in einem eigenen Fenster befindet, wird auch als *unverankert* oder *frei schwebend* bezeichnet, da sie wie eine Wolke auf dem Bildschirm schwebt. (Ist das nicht romantisch?) Aber damit nicht genug: Sie können nämlich diese kleinen Dinger nicht nur verschieben, sondern auch deren Form beliebig verändern. Jetzt sind Sie platt, oder?

✔ Wenn Sie an der kleinen Titelleiste ziehen, können Sie eine frei schwebende Symbolleiste beliebig auf dem Bildschirm verschieben.

✔ Wenn Sie einen Rand der frei schwebenden Symbolleiste ziehen, können Sie ihre Form verändern. Setzen Sie den Mauszeiger auf einen Rand (der Mauszeiger nimmt die Form eines Doppelpfeils an) und ziehen Sie den Rand in die gewünschte Richtung.

✔ Während Sie einen Rand ziehen, nimmt der Umriss der Symbolleiste eine neue Form an, um die Schaltfläche in einer festgelegten Anordnung einzupassen. Wenn der Umriss die von Ihnen gewünschte Form hat, lassen Sie die Maustaste los; Excel zeichnet daraufhin die Symbolleiste neu.

3 ➤ Ein bisschen Glanz für nüchterne Zahlen

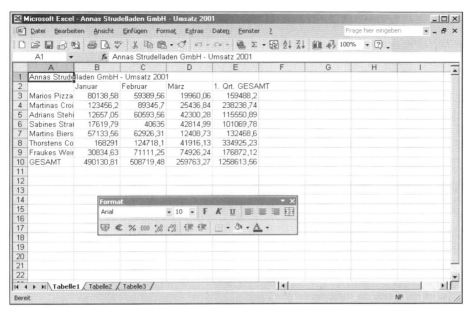

Abbildung 3.8: Die Format-Symbolleiste schwebt frei über der Arbeitsmappe.

✔ Um eine frei schwebende Symbolleiste zu schließen, d.h. sie vom Bildschirm zu verbannen, klicken Sie auf die Schaltfläche SCHLIESSEN in der oberen rechten Fensterecke der Symbolleiste.

Um die Symbolleiste wieder auf ihren angestammten Platz zurückzuschicken, doppelklicken Sie einfach auf die Titelleiste der jeweiligen Symbolleiste.

Die schwebende Menüleiste

Die Standard- und die Format-Symbolleiste sind nicht das Einzige, was in Excel frei schwebend ist. Sie können sogar die Menüleiste mit all ihren Menüs beliebig positionieren. (Das ist auch der Grund, warum die Menüleiste wie die beiden anderen Leisten über diesen winzigen waagerechten Striche auf der linken Seite verfügt, solange sie an ihrem Stammplatz unterhalb der Excel-Titelleiste hockt.) Wenn Sie ein Menü in einer frei schwebenden Menüleiste wählen, dann kann es Ihnen passieren, dass die Menübefehle oberhalb anstatt unterhalb der Menüleiste angezeigt werden. Das hängt ganz davon ab, wie viel Platz noch bis zum unteren Bildschirmrand ist. Wenn die Menüleiste wieder an ihren alten Platz soll, doppelklicken Sie auf die Titelleiste der Menüleiste oder ziehen sie einfach wieder dahin, wo sie hergekommen ist.

Symbolleisten mit festem Wohnsitz

Mal ehrlich: Manchmal kann so eine frei umherschwebende Symbolleiste ganz schön lästig sein. Ständig muss man sie woanders positionieren, weil sie beim Einfügen oder Bearbeiten von Daten im Tabellenblatt im Weg ist. Aber nichts ist leichter als das. Sie brauchen nur den Anker auszuwerfen.

Excel bietet Ihnen vier Docks an, an denen Sie Ihre Symbolleisten verankern können. Die vier *Docks* sind nichts anderes als die vier Seiten des Excel-Programmfensters, also oben, unten, rechts und links. In Abbildung 3.9 habe ich die Zeichnen- und die Überarbeiten-Symbolleiste am unteren Rand des Excel-Fensters nebeneinander aufs Trockendock gelegt.

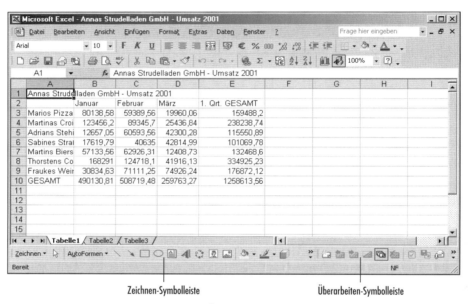

Abbildung 3.9: Die Zeichnen- und die Überarbeiten-Symbolleiste auf dem Trockendock am unteren Rand des Excel-Fensters

Um eine unverankerte Symbolleiste an einem dieser Docks vor Anker gehen zu lassen, ziehen Sie ihre Titelleiste (die mit dem Namen der Symbolleiste) so weit wie möglich an den entsprechenden Fensterrand. Dabei zerren Sie wieder nur den Umriss der Symbolleiste hinter sich her. Lassen Sie die Maustaste los, sobald der Umriss im Hochformat (wenn das rechte oder das linke Dock angesteuert wird) oder im Querformat (wenn es das obere oder das untere Dock sein soll) angezeigt wird. Symbolleisten, die Sie an ein Dock auf der rechten oder auf der linken Seite verschieben, ordnen ihre Schaltflächen von oben nach unten an.

Einige Symbolleisten, z.B. die Standard-, die Format- und die Web-Symbolleiste, verfügen über eine Schaltfläche, die ein PopUp-Feld enthält (z.B. das Feld zum Auswählen einer Schriftart). Wenn Sie nun eine Symbolleiste, die über so eine Schaltfläche verfügt, auf der rechten oder linken Bildschirmseite verankern wollen, wird diese Schaltfläche nicht mehr angezeigt. Wenn Sie also von der Schaltfläche Gebrauch machen wollen, dann müssen Sie diese Symbolleiste wohl oder übel in der Waagerechten, also am oberen oder unteren Bildschirmrand, anordnen.

Was noch passieren kann, wenn Sie mehrere Symbolleisten nebeneinander in einer Zeile im Excel-Fenster anordnen, ist, dass Excel von sich aus festlegt, in welcher Größe und mit welchen Schaltflächen die Symbolleisten angezeigt werden. Alles, von dem das Programm meint, dass es nicht unbedingt direkt und sofort angezeigt werden muss, wird in der Palette versteckt, die Sie durch einen Klick auf die Schaltfläche für Optionen für Symbolleisten öffnen können.

Natürlich lässt sich die Größe einer Symbolleiste individuell ändern. Klicken Sie dazu auf die kleinen Striche am Anfang der jeweiligen Symbolleiste – der Mauszeiger wird zum Vierfachpfeil – und ziehen Sie nach links oder rechts (nach links, um die Symbolleiste zu vergrößern, nach rechts, um sie zu verkleinern).

Auch ein Dialogfeld zeigt Format

Excel verfügt über einen Befehl, mit dem Sie einem Zellbereich eine ganze Palette unterschiedlicher Formatierungen zuweisen können. Wählen Sie den Befehl ZELLEN im Menü FORMAT (oder drücken Sie [Strg]+[1]), um das Dialogfeld ZELLEN FORMATIEREN zu öffnen, das insgesamt sechs Registerkarten enthält: ZAHLEN, AUSRICHTUNG, SCHRIFT, RAHMEN, MUSTER und SCHUTZ. In den nächsten Abschnitten dieses Kapitels erzähle ich Ihnen alles Wissenswerte zu den ersten fünf Registerkarten. Über die letzte Registerkarte, SCHUTZ, lasse ich mich erst in Kapitel 6 aus.

[Strg]+[1], die Tastenkombination für das Dialogfeld ZELLEN FORMATIEREN, sollten Sie sich merken, denn sie ist ihr Geld wert. Sie werden mit Sicherheit ebenso oft Zellen formatieren wie Daten eingeben. Sie sollten sich jedoch unbedingt merken, dass Sie schlicht und einfach [1] und nicht etwa [F1] drücken müssen. Und erschwerend für diejenigen, die Zahlen gerne über die Zehnertastatur eingeben, kommt noch hinzu, dass Sie die [1] der Zehnertastatur in diesem Fall nicht einsetzen können. Wenn Sie's nicht glauben, versuchen Sie's doch mal: [Strg]+[F1] oder [Strg]+[1] auf der Zehnertastatur führt zu ein und demselben Ergebnis, nämlich nicht zum Dialogfeld ZELLEN FORMATIEREN.

Für jede Zahl das richtige Format

Wie Sie bereits aus Kapitel 2 wissen, bestimmt die Art der Zahleneingabe im Tabellenblatt das Zahlenformat. Hier einige Beispiele:

✔ Wenn Sie eine Zahl mit Euro und zwei Dezimalstellen eingeben, weist Excel der Zelle ein Währungsformat zu.

✔ Wenn Sie einen Wert als ganze Zahl zusammen mit einem Prozentzeichen und ohne Dezimalstellen eingeben, weist Excel der Zelle das entsprechende Prozentzahlenformat zu.

✔ Wenn Sie ein Datum eingeben – Sie erinnern sich noch? Auch Datumsangaben sind Zahlen! –, das einem der integrierten Excel-Datumsformate entspricht (z.B. 18.08.2001 oder 18. Aug 01), weist Excel ein dementsprechendes Datumsformat zu.

Es ist zwar nicht verkehrt, Zahlen so zu formatieren, aber Sie müssen es nicht. Sie können ein Zahlenformat einer Gruppe von Zellen auch erst nach abgeschlossener Eingabe zuweisen, zumal dies oft der effektivste Weg ist, da hierzu nur zwei Arbeitsschritte erforderlich sind:

1. **Markieren Sie alle Zellen, die formatiert werden sollen.**
2. **Wählen Sie das gewünschte Zahlenformat entweder in der Format-Symbolleiste oder im Dialogfeld ZELLEN FORMATIEREN aus.**

Selbst wenn Sie mit der Tastatur umzugehen wissen und jede Zahl lieber genau so eingeben, wie sie letztendlich im Tabellenblatt angezeigt werden soll, müssen Sie früher oder später die Zahlenformate verwenden, wenn die von Ihnen eingegebenen Zahlen so aussehen sollen wie die, die Excel errechnet. Die Sache ist nämlich die: Sofern Sie selbst keine Formate zuweisen, weist Excel allen Zellen und damit auch allen berechneten Werten zunächst das Standardzahlenformat zu. (Im Dialogfeld ZELLEN FORMATIEREN wird dieses Format so definiert: STANDARDZELLEN HABEN KEIN BESTIMMTES ZAHLENFORMAT.) Das gilt auch für von Ihnen eingegebene Werte, die nicht exakt den anderen Excel-Formaten entsprechen. Das größte Problem mit dem Standardformat ist, dass es Nullen weglässt, die am Anfang und Ende eines Zahleneintrags stehen. Wenn man eine Zahlenkolonne mit untereinander stehendem Dezimalkomma eingeben möchte, kann das sehr lästig sein. Nun ja, wir sind alle nur Sklaven unserer Programme.

In Abbildung 3.10 sehen Sie den eben beschriebenen misslichen Zustand: Im Beispieltabellenblatt mit den Umsatzzahlen für das erste Quartal 2001 wurden die Zahlen noch nicht formatiert. Wie Sie sehen, verlaufen die Einträge in den Spalten mit den Monatsumsätzen im Zickzack. Das liegt, wie schon erwähnt, am Standardzahlenformat; Abhilfe schafft nur die Zuweisung eines anderen Zahlenformats.

Money, money, money

Da die meisten Berechnungen in der Regel irgendetwas mit Geld zu tun haben, werden Sie wohl das Währungsformat häufiger als alle anderen Formate verwenden. Dieses Format ist sehr einfach zuzuweisen, da sich die Schaltfläche für Währung in der Format-Symbolleiste befindet. Damit weisen Sie den markierten Zellen ein Währungsformat mit DM, Tausendertrennzeichen und zwei Nachkommastellen zuweist. Im nahenden Zeitalter des Euro werden Sie wahrscheinlich demnächst eher Verwendung für die Schaltfläche für *Euro* haben. Die funktioniert im Prinzip ganz genauso, nur dass dann das Euro-Zeichen und nicht DM hinter dem Betrag steht. (Die Schaltfläche kann aber nicht umrechnen!) Sollte eine Zahl in der

3 ➤ Ein bisschen Glanz für nüchterne Zahlen

Zellauswahl negativ sein, wird sie mit einem Minuszeichen versehen. Sie können sie, wenn Ihnen das lieber ist, auch in Rot anzeigen.

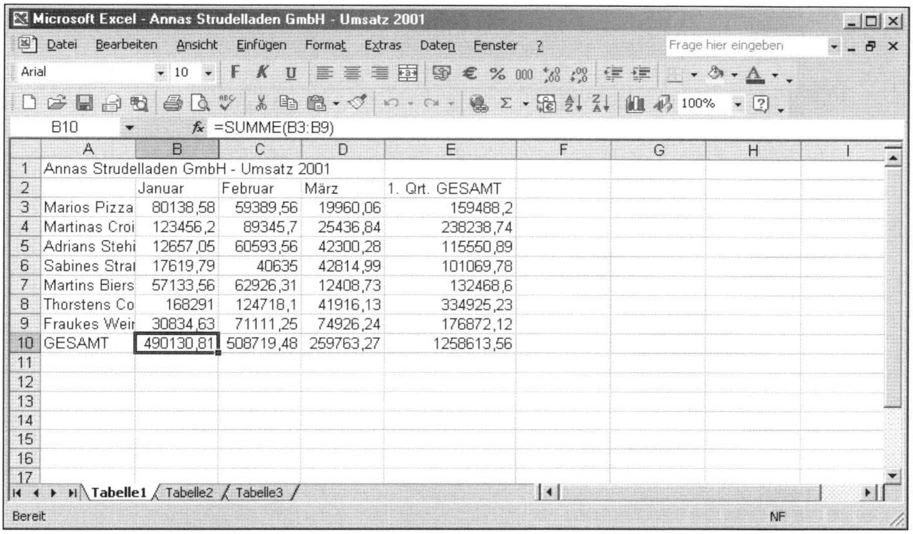

Abbildung 3.10: Die Umsätze für das erste Quartal im Zickzackmuster

Abbildung 3.11 zeigt das Beispieltabellenblatt, nachdem nur die Zellen mit den Gesamtumsätzen (E3:E10 und B10:D10) markiert wurden. Außerdem habe ich auf die Schaltfläche für Euro in der Format-Symbolleiste (die mit dem €) geklickt, um diese Zellen mit dem Euro-Währungszeichen zu formatieren.

Manchmal kann es des Guten zu viel sein, wenn alle Zellen einer Tabelle mit einem Währungszeichen versehen sind (immer dieses €, €, € ...). Schließlich lassen sich ja die Dezimalstellen auch noch auf andere Weise anordnen. Aus diesem Grund habe ich mich in Abbildung 3.11 entschieden, nur die Gesamtumsätze nach Währungsart zu formatieren.

Das Euro-Format hat jetzt in den Zellbereichen E3:E10 und B10:D10 die Zahlen mit Tausendertrennzeichen, zwei Dezimalstellen nach dem Komma und Währungszeichen versehen. Aber nicht nur das! Anders als in älteren Excel-Versionen, in denen es zu merkwürdigen Zeichen – ######### – in den Zeilen kam, um anzuzeigen, dass die Breite der Spalte nicht ausreicht, um dies alles anzuzeigen, wurden die Spalten B, C, D und E automatisch in der Größe so angepasst, dass alles schön ordentlich zu sehen ist.

Wenn Sie die Werte in den Zellen formatieren, passt Excel die Spaltenbreite immer automatisch an, so dass Ihnen diese komischen ######### nur noch über den Weg laufen werden, wenn Sie die Spaltenbreite manuell so verändern, dass Excel nicht mehr alle Zeichen in der Zelle mit den formatierten Werten anzeigen kann. Diese merkwürdigen Zeichen wollen Sie also darauf aufmerksam machen, dass Sie die Spaltenbreite verändern müssen, wenn Sie wissen wollen, welcher Wert in dieser Zelle steht. (Wie Sie die Spaltenbreite von Hand verändern, erzähle ich Ihnen im Abschnitt *Wem die Spaltenbreite nicht passt* ....)

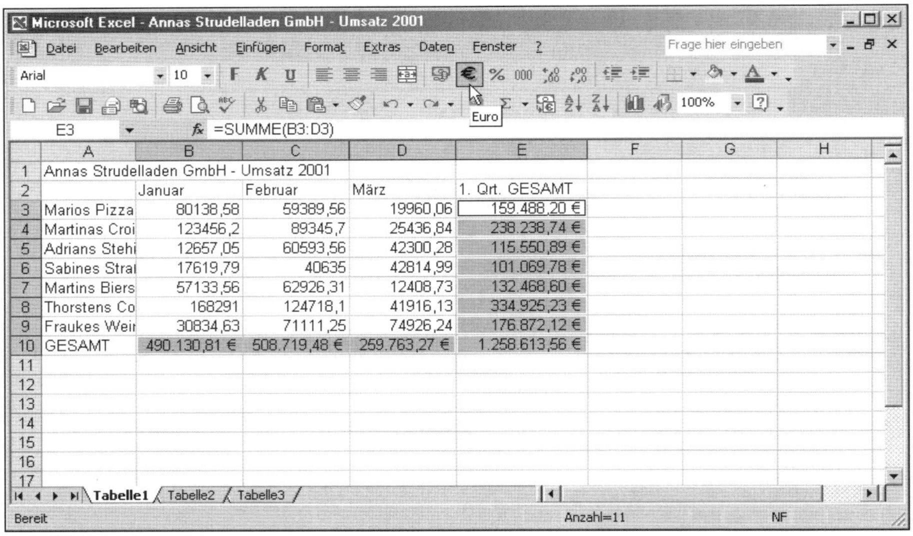

	A	B	C	D	E
1	Annas Strudelladen GmbH - Umsatz 2001				
2		Januar	Februar	März	1. Qrt. GESAMT
3	Marios Pizza	80138,58	59389,56	19960,06	159.488,20 €
4	Martinas Croi	123456,2	89345,7	25436,84	238.238,74 €
5	Adrians Stehi	12657,05	60593,56	42300,28	115.550,89 €
6	Sabines Strai	17619,79	40635	42814,99	101.069,78 €
7	Martins Biers	57133,56	62926,31	12408,73	132.468,60 €
8	Thorstens Co	168291	124718,1	41916,13	334.925,23 €
9	Fraukes Weir	30834,63	71111,25	74926,24	176.872,12 €
10	GESAMT	490.130,81 €	508.719,48 €	259.763,27 €	1.258.613,56 €

Abbildung 3.11: Die Gesamtumsätze der Tabelle, nachdem ich auf die Schaltfläche für Euro geklickt habe.

Das Tausendertrennzeichen oder bringen wir es auf den Punkt

Das Zahlenformat mit Tausendertrennzeichen bietet eine gute Alternative zum Währungsformat. Ebenso wie das Währungsformat fügt es in längere Zahlen Punkte ein, um Tausender, Zehntausender, Hunderttausender, Millionen etc. zu trennen.

Mit diesem Format werden die Zahlen mit zwei Nachkommastellen angezeigt und negative Zahlen mit einem Minuszeichen versehen sowie (am Farbbildschirm) rot dargestellt. Das Währungszeichen ist allerdings bei diesem Format standardmäßig nicht vorgesehen. Aus diesem Grund ist dieses Format ideal für die Formatierung von Tabellen, bei denen es klar ersichtlich ist, dass es um Euro und Cent geht, bzw. für die Darstellung von größeren Zahlen, die nichts mit Finanzen zu tun haben.

Das Zahlenformat mit den Tausendertrennzeichen eignet sich daher hervorragend für die Beispielzahlen mit den Monatsumsätzen. Abbildung 3.12 zeigt diese Tabelle, nachdem die Zellen mit den Monatsumsätzen für die einzelnen Unternehmen der Annas Strudelladen GmbH mit dem Zahlenformat für Tausendertrennzeichen formatiert wurden. Ich habe hierzu den Zellbereich B3:D9 markiert und in der Format-Symbolleiste auf die Schaltfläche für 1.000er-Trennzeichen (das mit den drei Nullen (000) direkt neben der für das Prozentformat) geklickt.

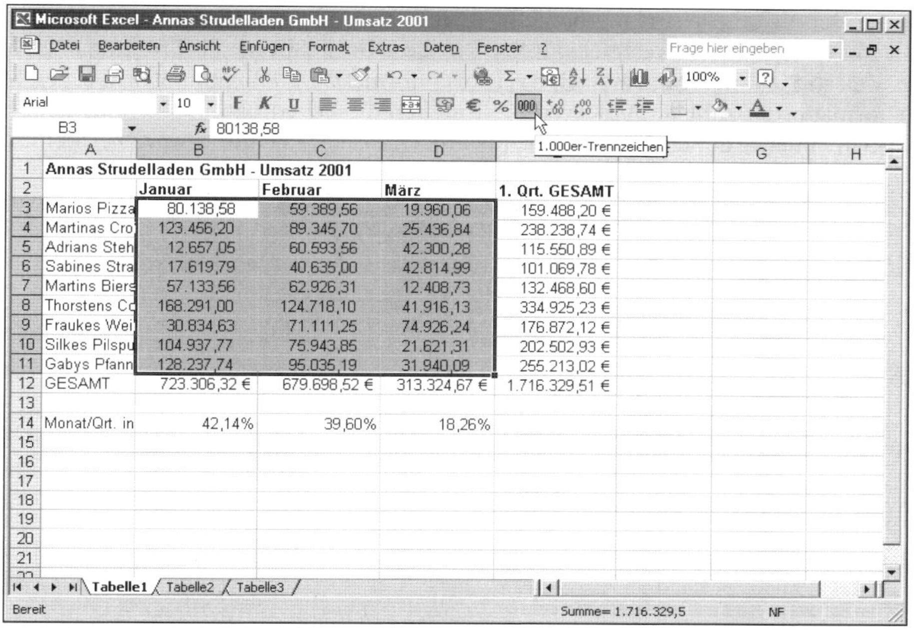

3 ➤ Ein bisschen Glanz für nüchterne Zahlen

Abbildung 3.12: Die Monatsumsätze, nachdem ich sie mit dem 1.000er-Format formatiert habe

Wie Sie in Abbildung 3.12 sehen, ist durch das neue Format das Problem mit der Ausrichtung der monatlichen Umsatzzahlen gelöst worden. Vielleicht haben Sie auch bemerkt, dass die Dezimalkommata sowohl der Umsatzzahlen als auch der Gesamtumsatzzahlen präzise untereinander ausgerichtet sind? Ich habe mit dem Befehl ZELLEN im Menü FORMAT die Zellen mit der Option BLOCKSATZ ausgerichtet. Und wo da? Ach ja! Auf der Registerkarte AUSRICHTUNG.

Jonglieren mit Prozentzahlen

Viele Tabellenblätter verwenden Prozentangaben in Form von Zinssätzen, Wachstumsraten, Inflationsraten etc. Um eine Prozentangabe in eine Zelle einzufügen, schreiben Sie das Prozentzeichen (%) hinter die Zahl. Wenn Sie z.B. einen Zinssatz von 12 Prozent eingeben wollen, schreiben Sie 12% in die Zelle. Excel weist der Zelle dann automatisch das Prozentformat zu, dividiert den Wert durch 100 und zeigt in der Bearbeitungsleiste den errechneten Dezimalwert (0,12 in diesem Fall) an.

Sie werden sicherlich nicht alle Prozentangaben in einem Tabellenblatt auf diese Weise eingeben. Manchmal werden Prozentzahlen auch mit einer Formel errechnet und dann von Excel in den entsprechenden Zellen als Dezimalwerte angezeigt. In diesen Fällen sollten Sie den Werten ein Prozentformat zuweisen, um die errechneten Dezimalwerte durch Prozentzahlen zu ersetzen, d.h., der Dezimalwert wird mit 100 multipliziert und mit Prozentzeichen versehen.

In unserer Beispieltabelle sind in Abbildung 3.13 in Zeile 12 einige Prozentangaben eingetragen, die mit einer Formel errechnet wurden. Um diese Dezimalwerte als Prozentzahlen darzustellen, weisen Sie ihnen ganz einfach das Prozentformat zu. In Abbildung 3.13 sehen Sie die bereits formatierten Zahlen. Markieren Sie lediglich die Zellen und klicken Sie dann in der Format-Symbolleiste auf die Schaltfläche für Prozentformat (die mit dem %-Zeichen).

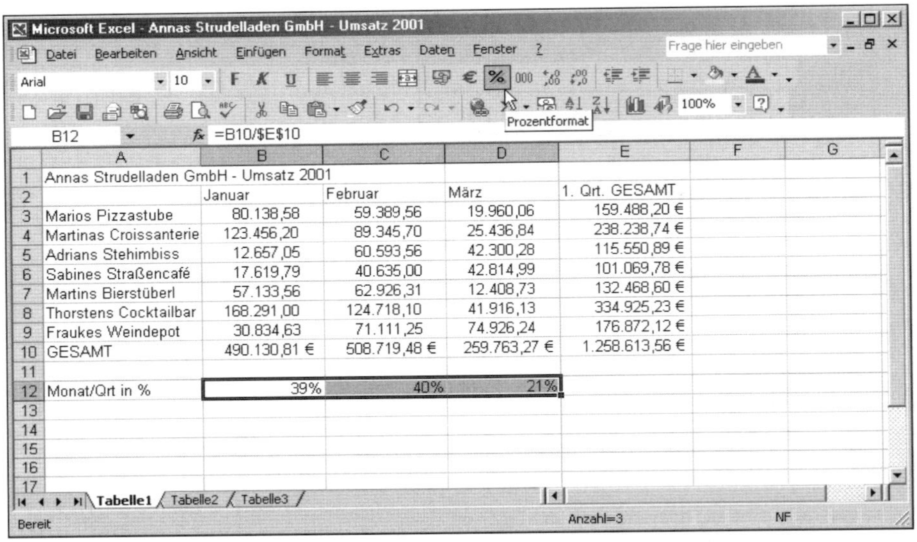

	A	B	C	D	E
1	Annas Strudelladen GmbH - Umsatz 2001				
2		Januar	Februar	März	1. Qrt. GESAMT
3	Marios Pizzastube	80.138,58	59.389,56	19.960,06	159.488,20 €
4	Martinas Croissanterie	123.456,20	89.345,70	25.436,84	238.238,74 €
5	Adrians Stehimbiss	12.657,05	60.593,56	42.300,28	115.550,89 €
6	Sabines Straßencafé	17.619,79	40.635,00	42.814,99	101.069,78 €
7	Martins Bierstüberl	57.133,56	62.926,31	12.408,73	132.468,60 €
8	Thorstens Cocktailbar	168.291,00	124.718,10	41.916,13	334.925,23 €
9	Fraukes Weindepot	30.834,63	71.111,25	74.926,24	176.872,12 €
10	GESAMT	490.130,81 €	508.719,48 €	259.763,27 €	1.258.613,56 €
11					
12	Monat/Qrt in %	39%	40%	21%	

Abbildung 3.13: Verhältnis Monatsumsätze/Quartalsumsätze im Prozentformat

Was kommt nach dem Komma?

Sie können die Anzahl der Dezimalstellen, die in den Währungs-, Prozent- und Tausendertrennzeichenformaten verwendet werden, erhöhen oder reduzieren, indem Sie in der Format-Symbolleiste auf die Schaltfläche für *Dezimalstelle hinzufügen* bzw. auf das für *Dezimalstelle löschen* (direkt neben der Schaltfläche mit den drei Nullen) klicken. (Es kann gut sein, dass sie sich auf der Palette mit den weiteren Schaltflächen befindet, die sich öffnet, wenn Sie in der Format-Symbolleiste auf die Schaltfläche für *Optionen für Symbolleisten* klicken.) Sie müssen natürlich einen Zellbereich markiert haben, wenn Sie auf eine dieser Schaltflächen klicken.

Jedes Mal, wenn Sie auf die Schaltfläche für Dezimalstelle hinzufügen klicken, fügt Excel dem zugewiesenen Zahlenformat eine weitere Dezimalstelle hinzu. Abbildung 3.14 zeigt die Prozentangaben des Zellbereichs B12:D12, nachdem ich die Anzahl der Dezimalstellen im Prozentformat von 0 auf 2 erhöht habe. (Das Standardprozentformat verwendet keine Dezimalstellen.) Hierzu müssen Sie zweimal hintereinander auf die Schaltfläche DEZIMALSTELLE HINZUFÜGEN klicken.

2 Dezimalstellen
Zellen markieren
Format
Zelle formatieren
Buchhaltung + Dezimalstelle - 2

3 ➤ Ein bisschen Glanz für nüchterne Zahlen

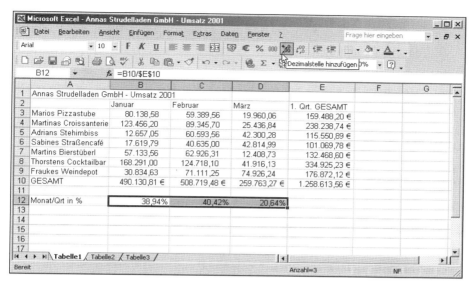

Abbildung 3.14: Verhältnis Monatsumsätze/Quartalsumsätze im Prozentformat mit zwei Dezimalstellen

Nicht immer ist es so, wie es scheint

Lassen Sie sich nicht von den Zahlenformaten täuschen. Sie polieren die Präsentation Ihrer Tabellenblattdaten auf; aber auch wenn sie manchen Eintrag vollkommen neu erscheinen lassen, bleiben es doch immer dieselben alten Zahlen, die Sie eingegeben haben. Nehmen wir beispielsweise an, dass eine Formel den folgenden Wert errechnet hat:

25,6456

Weiter angenommen, dass Sie die Zelle, die diesen Eintrag enthält, mit dem Währungsformat formatieren:

25,65 €

Diese Änderung könnte Sie nun glauben machen, dass Excel den Wert auf zwei Dezimalstellen aufgerundet hat. Tatsache ist aber, dass das Programm nur die Anzeige des errechneten Werts aufgerundet hat – die Zelle enthält noch immer 25,6456! Falls Sie also diese Zelle an einer anderen Stelle in einer Formel verwenden, dann denken Sie daran, dass Excel den »wahren« Wert für seine Berechnungen verwendet und nicht den in der Zelle angezeigten. (Der »wahre« Wert einer Zelle wird stets in der Bearbeitungsleiste angezeigt.)

 Wenn Sie jedoch unbedingt möchten, dass die Zahlen mit den formatierten Werten im Tabellenblatt übereinstimmen, können Sie dies in einem Arbeitsgang ausführen. Sie können alle im Hintergrund versteckten Zahlen in die am Bildschirm angezeigten Zahlen umwandeln und müssen dazu nur ein einziges Kontrollkästchen aktivieren; Sie können diese Auswahl allerdings nicht durch Deaktivieren dieses Kontrollkästchens wieder rückgängig machen. Diese Aktion ist also mit Vorsicht zu genießen.

Da Sie mich nun so drängeln und unbedingt wissen wollen, wie das mit dem Umwandeln der Werte geht, sage ich Ihnen, welche Schritte hierfür notwendig sind – aber beschweren Sie sich später nicht bei mir, denn ich habe Sie gewarnt:

1. **Bevor Sie die Genauigkeit der Werte ändern, vergewissern Sie sich, dass alle Zahlen mit der richtigen Anzahl an Dezimalstellen formatiert sind.**

2. **Wählen Sie dann im Menü EXTRAS den Befehl OPTIONEN, um das Dialogfeld OPTIONEN zu öffnen.**

3. **Klicken Sie auf das Register BERECHNUNG, um die entsprechenden Optionen anzuzeigen.**

4. **Aktivieren Sie im Gruppenfeld ARBEITSMAPPENOPTIONEN das Kontrollkästchen GENAUIGKEIT WIE ANGEZEIGT und klicken Sie dann auf OK.**

   Excel warnt Sie ein letztes Mal mit der Meldung DATEN VERLIEREN DAMIT ENDGÜLTIG AN GENAUIGKEIT.

5. **Wenn Sie es nicht lassen können und unbedingt mit dem Feuer spielen müssen, dann klicken Sie jetzt auf OK oder drücken ⏎. Das Programm wandelt daraufhin alle Daten entsprechend ihren angezeigten Werten um – und das für immer!**

Nachdem Sie alle Werte eines Tabellenblatts mit der Option GENAUIGKEIT WIE ANGEZEIGT umgewandelt haben, wäre es vielleicht nicht schlecht, den Befehl SPEICHERN UNTER im Menü DATEI zu wählen und den Dateinamen im Feld DATEINAME zu ändern (z.B. durch Anhängen des Zusatzes »wie angezeigt« an den aktuellen Dateinamen), bevor Sie auf die Schaltfläche SPEICHERN klicken oder ⏎ drücken. Auf diese Weise bleibt Ihnen immer noch eine Kopie der ursprünglichen Arbeitsmappe mit den von Ihnen eingegebenen und von Excel berechneten Werten, die Sie im Notfall dann hervorholen können.

Maßgeschneiderte Zahlenformate

Excel unterstützt eine ganze Reihe von Zahlenformaten, die Sie wahrscheinlich nur selten, wenn überhaupt, verwenden werden. Wenn Sie diese Zahlenformate aufrufen möchten, markieren Sie den zu formatierenden Zellbereich und wählen den Befehl ZELLEN FORMATIEREN im Kontextmenü für die Zelle – mit der rechten Maustaste irgendwo innerhalb des Zellbereichs klicken – oder den Befehl ZELLEN im Menü FORMAT (bzw. drücken Strg+1), um das Dialogfeld ZELLEN FORMATIEREN zu öffnen.

Wählen Sie in diesem Dialogfeld das Register ZAHLEN und markieren Sie das gewünschte Format im Listenfeld KATEGORIE. Die Kategorien DATUM, UHRZEIT, BRUCH und SONDERFORMAT bieten Ihnen im Listenfeld TYP weitere Formatierungsmöglichkeiten. Andere Kategorien – wie ZAHL und WÄHRUNG – verfügen über eigene Listenfelder, in denen man noch speziellere Formate wählen kann. Bei der Suche nach dem geeigneten Format werden Sie feststellen, dass Excel in einem Vorschaufeld zeigt, wie sich das ausgewählte Format auf die Werte in der aktiven Zelle auswirken würde. Wenn Sie ein Format gefunden haben, das Ihren Wünschen entspricht, klicken Sie auf die Schaltfläche OK oder drücken Sie ⏎.

Die raffinierten Sonderformate

Eine besonders schicke Kategorie unter den Zahlenformaten stellen die *Sonderformate* dar. Hier sind vier Zahlenformate enthalten, die ganz interessant sein könnten:

- ✔ POSTLEITZAHL: Hier können Sie zwischen einem neutralen Format sowie Postleitzahlen mit vorangestelltem Länderkennbuchstaben wählen (D für Deutschland, A für Österreich, CH für Schweiz und L für Luxemburg).
- ✔ VERSICHERUNGSNACHWEIS-NR.: Dieses Format ist speziell für die deutschen Anwender entworfen worden.
- ✔ SOZIALVERSICHERUNGSNUMMER: Hier stehen Ihnen wieder zwei verschiedene Schreibweisen zur Verfügung, eine für Österreich und eine für die Schweiz.
- ✔ ISBN-FORMAT: Hier können Sie aus drei verschiedenen Schreibweisen auswählen.

Diese Sonderformate werden Ihnen sicherlich bei der Erstellung von Datenbanken äußerst nützlich sein, da Sie hier ja ständig so Dinge wie Postleitzahlen oder Versicherungsnummern eingeben müssen. (Mehr zum Erstellen von Datenbanken erfahren Sie in Kapitel 9.)

Wem die Spaltenbreite nicht passt ...

Wenn Ihnen die Spaltenbreite nicht passt, dann können Sie von Glück reden, dass das Ändern der Spaltenbreite mit Excel ein Kinderspiel ist. Der einfachste Weg ist das Einstellen der optimalen Breite. Mit dieser Methode bestimmt Excel automatisch die Spaltenbreite entsprechend dem längsten Eintrag in der Spalte.

Und so stellen Sie die optimale Spaltenbreite ein:

1. **Setzen Sie den Mauszeiger im Tabellenblattrahmen auf die rechte Spaltenumrandung der zu ändernden Spalte.**

    Der Mauszeiger nimmt die Form eines Kreuzes mit Doppelpfeil an, der nach links und rechts zeigt.

2. **Doppelklicken Sie.**

    Excel richtet daraufhin die Spaltenbreite nach dem längsten Eintrag in dieser Spalte aus.

Diese Methode können Sie für mehrere Spalten gleichzeitig anwenden. Markieren Sie einfach alle zu ändernden Spalten (bei angrenzenden Spalten durch Ziehen, bei nicht angrenzenden durch Drücken von ⌈Strg⌉ und gleichzeitigem Klicken auf die einzelnen Spaltenbuchstaben). Sobald alle Spalten markiert sind, doppelklicken Sie auf eine der rechten Spaltenumrandungen der markierten Spalten. (Denken Sie wieder daran, dass der Mauszeiger die Form eines Kreuzes mit Doppelpfeil haben muss.)

Das Einstellen der optimalen Breite mit der Maus liefert leider nicht immer das gewünschte Ergebnis. Für eine lange Überschrift, die über mehrere Spalten hinweg angezeigt wird, wird beispielsweise mit der optimalen Breite eine extrem breite Spalte angelegt.

Wenn die optimale Breite einfach keine Lösung für Ihr Problem ist, *ziehen* Sie (anstatt zu doppelklicken) den rechten Rand der Spalte (am Tabellenblattrahmen), bis sie die gewünschte Breite hat. Diese Technik funktioniert auch mit mehreren Spalten; Sie sollten allerdings bedenken, dass dadurch alle Spalten die Breite der Spalte erhalten, die Sie gerade ziehen.

Sie können die Spaltenbreite auch im Dialogfeld SPALTENBREITE einstellen. Wenn Sie mit dem Dialogfeld arbeiten, geben Sie die Anzahl der Zeichen ein, die in der Spalte angezeigt werden sollen. Um dieses Dialogfeld zu öffnen, wählen Sie im Kontextmenü für Spalten den Befehl SPALTENBREITE (das Kontextmenü öffnet sich, wenn Sie mit der rechten Maustaste auf eine markierte Spalte oder einen Spaltenbuchstaben klicken) oder im Menü FORMAT den Befehl SPALTE und dann im Untermenü den Befehl BREITE.

Das Textfeld SPALTENBREITE im gleichnamigen Dialogfeld zeigt die Anzahl Zeichen an, die in die aktuell markierte Spalte eingegeben werden können; wenn mehrere Spalten markiert wurden, ist das Textfeld leer. Geben Sie die gewünschte Zahl ein, bestätigen Sie mit OK und schwupp werden alle markierten Spalten breiter bzw. schmäler. Um die Breite aller Spalten des Tabellenblatts zu ändern (mit Ausnahme derer, die bereits manuell oder mit dem Befehl OPTIMALE BREITE FESTLEGEN angepasst wurden), wählen Sie im Menü FORMAT den Befehl SPALTE und danach den Befehl STANDARDBREITE. Geben Sie den gewünschten Wert in das Textfeld STANDARDSPALTENBREITE ein und klicken Sie auf die Schaltfläche OK.

Wenn Sie die optimale Spaltenbreite mithilfe der Menüs in der Menüleiste einstellen wollen, wählen Sie den Befehl SPALTE im Menü FORMAT und dann im Untermenü den Befehl OPTIMALE BREITE FESTLEGEN. Mit diesem Befehl können Sie einer Spalte eine optimale Breite zuweisen, die sich lediglich an einigen der Zelleinträge orientiert. Wenn Sie z.B. mit diesem Befehl eine Spalte gerade breit genug machen wollen, um darin mehrere Überschriften, nicht aber den Arbeitsmappentitel (der sich nach rechts über mehrere leere Spalten erstreckt) unterzubringen, brauchen Sie nur die Zellen der Spalte zu markieren, die die Überschriften enthalten, an denen sich die neue Spaltenbreite orientieren soll. Dann können Sie den Befehl OPTIMALE BREITE FESTLEGEN wählen.

Wenn eine markierte Spalte wieder die Standardspaltenbreite erhalten soll, wählen Sie den Befehl SPALTE im Menü FORMAT und im Untermenü den Befehl STANDARDBREITE. Im Dialogfeld STANDARDBREITE wird im Textfeld STANDARDSPALTENBREITE der Wert 10,71 angezeigt. (Die Standardbreite für alle Spalten in einem neuen Tabellenblatt sind 10,71 Zeichen in der Standardschrift, vorausgesetzt, Sie haben dort nichts geändert.) Um alle markierten Spalten wieder auf ihre Standardbreite zurückzusetzen, wählen Sie die Schaltfläche OK oder drücken einfach ⌈↵⌉.

Das ist doch die Zeilenhöhe

Das Ändern der Zeilenhöhe funktioniert eigentlich ähnlich wie das Anpassen der Spaltenbreite. Sie werden allerdings seltener in die Verlegenheit kommen, die Zeilenhöhe anpassen zu müssen, da Excel diese automatisch anpasst, falls z.B. Änderungen in der Schriftgröße oder ein Zeilenumbruch eine größere Zeilenhöhe erforderlich machen. Das Anpassen der Zeilenhöhe ist eigentlich nur dann nötig, wenn Sie den Abstand zwischen einer Tabellenüberschrift und der eigentlichen Tabelle bzw. zwischen einer Zeile mit Spaltenüberschriften und der Tabelle vergrößern möchten, ohne dafür eine leere Zeile einzufügen. Weitere Details hierzu finden Sie weiter unten im Abschnitt *Alles in Reih und Glied bringen*.

Um die Zeilenhöhe zu vergrößern, ziehen Sie den unteren Rand der betreffenden Zeile im Tabellenblattrahmen (der mit den Zeilennummern), bis die Zeile die erforderliche Höhe hat, und lassen dann die Maustaste los. Um eine Zeile zu verschmälern, ziehen Sie den unteren Zeilenrand in die andere Richtung. Wenn Sie eine optimale Zeilenhöhe für ihre Einträge gewährleisten möchten, doppelklicken Sie auf den unteren Rand der Zeile im Tabellenblattrahmen.

Genau wie bei den Spalten können Sie die Höhe der markierten Zeilen auch über ein Dialogfeld anpassen. Um das Dialogfeld ZEILENHÖHE zu öffnen, wählen Sie im Kontextmenü für Zeilen den Befehl ZEILENHÖHE (das Sie durch Klicken mit der rechten Maustaste auf die markierte Zeile oder die betreffende Zeilennummer öffnen) oder den Befehl ZEILE im Menü FORMAT und dann im Untermenü den Befehl HÖHE. Um eine neue Zeilenhöhe für die markierte(n) Zeile(n) festzulegen, geben Sie die Anzahl der Zeichen im Textfeld ZEILENHÖHE ein und klicken anschließend auf OK. (Die Standardhöhe sind 12,75 Punkt – falls Sie's interessiert!) Um für eine bestimmte Zeile wieder die optimale Höhe einzustellen, wählen Sie den Befehl ZEILE im Menü FORMAT und dann im Untermenü den Befehl OPTIMALE HÖHE.

Das Tabellenblattversteckspiel

Sie können eine Spalte bzw. eine Zeile so schmal werden lassen, dass sie im Tabellenblatt nicht mehr angezeigt wird. Sie fragen sich natürlich, warum Sie Ihre Zeit mit der Eingabe und Formatierung von Daten verschwenden sollen, nur um diese dann hinterher zu »verstecken«.

Wenn Sie allerdings einen Bericht drucken, werden Sie sicherlich häufiger Tabellenblattdaten verstecken wollen. Sie haben z.B. ein Tabellenblatt angelegt, das eine Spalte mit den Angestelltengehältern enthält, die Sie zum Berechnen des Abteilungsbudgets benötigen. Wenn Sie dieses Tabellenblatt drucken wollen, möchten Sie die Gehaltsangaben ganz gerne für sich behalten. Anstatt nun die Spalte mit den Gehaltszahlen aus dem Druckbereich herauszuschieben (auch das lernen Sie noch), können Sie diese Spalte auch vorübergehend verstecken.

Die einfache Variante des Versteckspiels

Um Ihnen eine Menge Frust zu ersparen, erfahren Sie von mir zunächst, wie Sie Spalten und Zeilen mithilfe des Menüs FORMAT oder der Kontextmenüs für Spalten und Zeilen verstecken und wiederfinden. Angenommen, Sie wollen Spalte B verstecken, da sie Daten enthält, die nicht gedruckt werden sollen. Um diese Spalte zu verstecken, gehen Sie folgendermaßen vor:

1. **Klicken Sie auf den Buchstaben B im Tabellenblattrahmen, um die Spalte zu markieren.**
2. **Wählen Sie im Menü FORMAT den Befehl SPALTE und dann im angezeigten Untermenü den Befehl AUSBLENDEN.**

Das war's schon. Spalte B hat sich in Luft aufgelöst! Die gesamten Daten dieser Spalte sind aus dem Tabellenblatt verschwunden. Wenn Sie die Spalte B verstecken, fehlt das B auch in der Leiste mit den Spaltenbuchstaben, sodass dort A, C, D, E, F etc. steht.

Wenn Sie das Tabellenblatt gedruckt haben und Änderungen in Spalte B vornehmen müssen, können Sie die Spalte natürlich auch wieder aus ihrem Versteck hervorholen:

1. **Positionieren Sie den Mauszeiger auf dem Spaltenbuchstaben A und ziehen Sie den Mauszeiger nach rechts, um die Spalten A und C zu markieren.**

    Sie müssen den Mauszeiger von A nach C ziehen, um die versteckte Spalte B in die Spaltenauswahl einzuschließen. Arbeiten Sie nicht mit ⌈Strg⌉, sonst funktioniert's nicht.

2. **Wählen Sie im Menü FORMAT den Befehl SPALTE und dann im angezeigten Untermenü den Befehl EINBLENDEN.**

Excel zeigt die Spalte B wieder im Tabellenblatt an und markiert alle drei Spalten (A, B und C). Klicken Sie mit der Maus auf eine beliebige Zelle im Tabellenblatt, um die Markierung aufzuheben.

Das Ganze funktioniert auch mit den Kontextmenüs für Spalten und Zeilen, die ebenfalls die Befehle AUSBLENDEN bzw. EINBLENDEN enthalten.

Die schwierigere Variante des Versteckspiels

Das Verstecken und Wiederanzeigen von Spalten mit der Maus kann sich zuweilen als trickreich erweisen und erfordert außerdem ein hohes Maß an Genauigkeit, über das Sie vielleicht noch nicht verfügen (vor allem wenn Sie mit Nagetieren nicht so viel Erfahrung haben). Wenn Sie jedoch meinen, dass Sie den Umgang mit der Maus beherrschen, können Sie dieses Versteckspiel auch nur mit Ziehen des Mauszeigers spielen:

- ✔ Um eine Spalte mit der Maus auszublenden, ziehen Sie im Tabellenblattrahmen die rechte Spaltenumrandung nach links auf die rechte Umrandung der Nachbarspalte, sodass sie übereinander stehen und lassen dann die Maustaste los.
- ✔ Um eine Zeile mit der Maus auszublenden, ziehen Sie im Tabellenblattrahmen den unteren Zeilenrand bis auf den oberen Zeilenrand.

Während Sie einen Rand ziehen, zeigt Excel eine QuickInfo mit der aktuellen Spaltenbreite bzw. Zeilenhöhe direkt neben dem Mauszeiger an. Wenn die Anzeige der Breite bzw. Höhe 0,00 erreicht hat, ist es an der Zeit, die Maustaste loszulassen.

Eine Spalte oder Zeile mit der Maus wieder sichtbar zu machen, funktioniert genau umgekehrt. Ziehen Sie jetzt den Spalten- bzw. Zeilenrand, der sich zwischen den jeweiligen Spalten oder Zeilen befindet, in die entgegengesetzte Richtung, d.h. nach rechts bei Spalten und nach unten bei Zeilen. Sie müssen nur aufpassen, dass Sie den Mauszeiger ganz exakt auf dem Spalten- oder Zeilenrand positionieren und dieser nicht wie zuvor die Form eines schwarzen Kreuzes mit Doppelpfeil annimmt, sondern aus zwei parallelen Linien mit jeweils einem Pfeil besteht. (Sehen Sie sich die beiden Mauszeigerformen noch mal in Tabelle 1.1 an.)

Falls Sie eine Zeile oder Spalte mithilfe der Maus ausgeblendet haben, und es Ihnen partout nicht gelingt, sie wieder anzuzeigen, weil sich der Mauszeiger hartnäckig weigert, die dafür erforderliche Form anzunehmen, so verzweifeln Sie nicht! Markieren Sie einfach die Spalten oder Zeilen, zwischen denen sich die Spalte bzw. Zeile versteckt hält (also z.B. die Zeilen 8 und 10, wenn die Zeile 9 wieder angezeigt werden soll), und wählen Sie dann im Kontextmenü den Befehl EINBLENDEN. So einfach kann's auch gehen!

Das ist aber schriftartig!

Wenn Sie ein neues Tabellenblatt erstellen, weist Excel allen Zelleinträgen dieselbe Schriftart und -größe zu, nämlich Arial in der Schriftgröße 10 Punkt. Obwohl sich diese Schriftart für normale Einträge gut eignet, wollen Sie vielleicht doch etwas Aufregenderes für die Überschriften des Tabellenblatts.

Wenn Ihnen die Standardschriftart, die Excel verwendet, nicht sonderlich gefällt, können Sie diese selbstverständlich ändern. Wählen Sie hierzu den Befehl OPTIONEN im Menü EXTRAS und klicken Sie im Dialogfeld OPTIONEN auf das Register ALLGEMEIN. Im unteren Teil des Dialogfelds sehen Sie das Dropdown-Listenfeld STANDARDSCHRIFTART, in dem Sie sich eine andere Schriftart aussuchen können, die Sie als Standard für alle Ihre Arbeitsmappen verwenden möchten. Falls es auch eine andere Schriftgröße sein soll, dann wählen Sie im Dropdown-Listenfeld SCHRIFTGRAD gleich noch die neue Schriftgröße aus oder geben sie gleich direkt in das Textfeld ein.

Mit den Schaltflächen in der Format-Symbolleiste können Sie die meisten der Schriftartänderungen vornehmen sowie eine neue Schriftart und -größe wählen, ohne den Befehl ZELLEN FORMATIEREN im Kontextmenü für Zellen oder den Befehl ZELLEN im Menü FORMAT aufrufen zu müssen.

- ✔ Um eine neue Schriftart für einen Zellbereich zu wählen, klappen Sie in der Format-Symbolleiste das Dropdown-Listenfeld für die Schriftart auf und wählen die gewünschte Schriftart in der Liste aus.

- ✔ Wenn Sie die Schriftgröße ändern möchten, klappen Sie in der Format-Symbolleiste das Dropdown-Listenfeld für den Schriftgrad auf und wählen dort die neue Schriftgröße aus.

Sie können den von Ihnen verwendeten Schriftarten auch verschiedene Stilarten, z.B. Fett, Kursiv, Unterstrichen oder Durchgestrichen, zuweisen. In der Format-Symbolleiste sind die Schaltflächen für *Fett*, für *Kursiv* und für *Unterstrichen* enthalten. Und vergessen Sie nicht: Diese Schaltflächen werden nicht nur verwendet, um diese Stilarten einer Zellauswahl zuzuweisen, sondern auch, um sie wieder zu entfernen. Wenn Sie auf eine dieser Schaltflächen klicken, verändert sich ihre Darstellung. Sie erhalten einen Rahmen und werden farbig hinterlegt. Durch nochmaliges Klicken auf so eine »veränderte« Schaltfläche wechselt die Schaltfläche wieder zurück zu ihrer ursprünglichen Form.

Auch wenn Sie die meisten Änderungen der Schriftart und des Schriftstils über die Schaltflächen der Symbolleiste steuern, wird es vielleicht einmal den einen oder anderen Fall geben, in dem Sie lieber auf die Registerkarte SCHRIFT im Dialogfeld ZELLEN FORMATIEREN zurückgreifen wollen (öffnet sich mit [Strg]+[1]).

In Abbildung 3.15 sehen Sie dieses Dialogfeld mit der Registerkarte SCHRIFT, auf der Sie aus verschiedenen Schriftarten, Schriftgrößen, Schriftstilarten (z.B. Fett- oder Kursivdruck), Darstellungsarten (z.B. Durchgestrichen oder Hochgestellt) und Farben auswählen können. Wenn Sie bei einem Zellbereich sehr viele Änderungen bei der Schrift vornehmen möchten, eignet sich die Registerkarte SCHRIFT hierzu am besten. Besonders vorteilhaft beim Arbeiten mit diesem Dialogfeld ist vor allem, dass es ein Vorschaufeld enthält, in dem Sie sehen können, wie sich die vorgenommenen Änderungen (zumindest auf dem Bildschirm) auswirken.

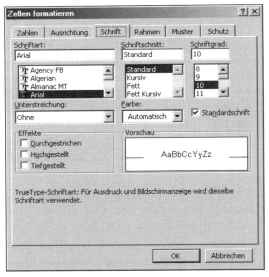

Abbildung 3.15: Im Dialogfeld ZELLEN FORMATIEREN können Sie auf der Registerkarte SCHRIFT jede Menge Änderungen für die Schrift in einem Aufwasch ausführen.

Wenn Sie die Farbe der Schrift ändern (entweder auf der Registerkarte SCHRIFT im Dialogfeld ZELLEN FORMATIEREN oder mit der Schaltfläche für *Schriftfarbe* in der Format-Symbolleiste), das Tabellenblatt dann aber auf einem Schwarzweißdrucker drucken, werden die Farben in Graubstufungen gedruckt. Das Dropdown-Listenfeld FARBE enthält neben einer Farbpalette auch den Eintrag AUTOMATISCH; mit dieser Option wählen Sie die Farbe, die Sie in Windows als Fenstertextfarbe definiert haben. (Die Windows-Standardeinstellung für die Fenstertextfarbe ist Schwarz, es sei denn, Sie haben über die Windows-Systemsteuerung eine andere Farbe eingestellt. – Falls Sie gerne mehr über Windows 98 oder Windows ME wissen möchten, dann sollten Sie zu *Windows 98 für Dummies* bzw. *Windows ME für Dummies* greifen!)

Alles in Reih und Glied bringen

Ich habe Ihnen bereits erzählt, dass die Ausrichtung eines Zelleintrags lediglich durch die Art des Eintrags gesteuert wird: Alle Texteingaben werden linksbündig ausgerichtet, alle Zahlen rechtsbündig. Sie können diese Standardeinstellungen jedoch ändern, wann immer es Ihnen einfällt.

Die Format-Symbolleiste enthält drei Schaltflächen für das Ausrichten von Zellinhalten: die Schaltflächen für *Linksbündig*, für *Zentriert* und für *Rechtsbündig*. Direkt neben der Schaltfläche RECHTSBÜNDIG befindet sich die Schaltfläche ZUSAMMENFÜHREN UND ZENTRIEREN.

Trotz des langen Namens werden Sie diese Schaltfläche kennen lernen wollen, da sie Ihnen in Sekundenschnelle eine Tabellenblattüberschrift über die gesamte Tabellenbreite zentriert. In den Abbildungen 3.16 und 3.17 sehen Sie, wie das funktioniert. In Abbildung 3.16 ist die Überschrift für das Tabellenblatt mit den Umsätzen für 2001 in Zelle A1 eingegeben worden. Da es sich um einen langen Eintrag handelt, fließt der Text in die rechts angrenzende Zelle (B1). Um die Überschrift über die gesamte Tabellenbreite (also von Spalte A bis E) zu zentrieren, markieren Sie den Zellbereich A1:E1 (die Breite der Tabelle), wie in Abbildung 3.16 dargestellt, und klicken dann in der Format-Symbolleiste auf die Schaltfläche ZUSAMMENFÜHREN UND ZENTRIEREN. Abbildung 3.17 zeigt Ihnen das Ergebnis: Die Überschrift steht jetzt ganz genau in der Mitte über der Tabelle.

Wenn Sie mal einen superlangen Zelleintrag, den Sie mit der Schaltfläche ZUSAMMENFÜHREN UND ZENTRIEREN ausgerichtet haben, wieder in seinen ursprünglichen Zustand zurückversetzen wollen, dann markieren Sie dazu die Zelle, öffnen das Dialogfeld ZELLEN FORMATIEREN (Strg + 1), klicken auf das Register AUSRICHTUNG und deaktivieren dort das Kontrollkästchen ZELLEN VERBINDEN. Klicken Sie dann auf OK oder drücken Sie .

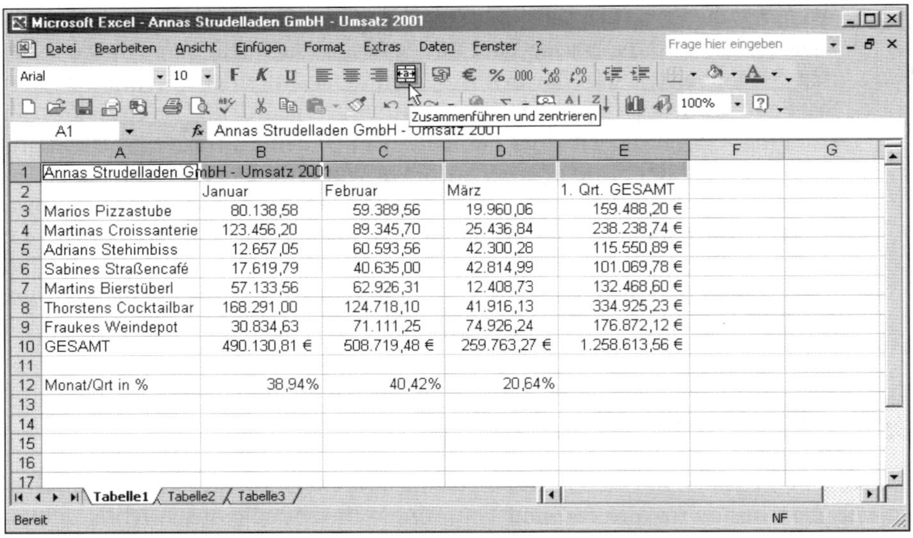

Excel 2002 für Dummies

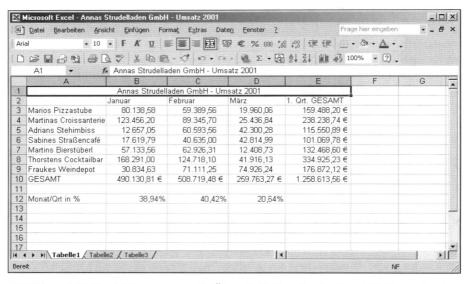

Abbildung 3.16: Erst einmal die Zellen der Spalten markieren, über denen die Überschrift zentriert werden soll.

Abbildung 3.17: So sieht's aus, wenn die Überschrift über den Spalten A bis E zentriert ist.

Die Sache mit dem Einzug

In Excel lässt sich auch der Einzug von Einträgen in einem Zellbereich ändern. Die Format-Symbolleiste enthält hierfür zwei Schaltflächen: *Einzug verkleinern* und *Einzug vergrößern*.

Mit der Schaltfläche EINZUG VERGRÖSSERN (bei der zeigt der Pfeil nach rechts) werden die Einträge im aktuellen Zellbereich um die Breite eines Zeichens der Standardschriftart nach rechts eingerückt. (Wenn Sie sich jetzt nichts unter Standardschriftart vorstellen können, dann blättern Sie noch mal zurück zum Abschnitt *Das ist aber schriftartig!*) Wenn Ihnen das mit dem Einzug doch nicht so gefällt, dann entfernen Sie das Ganze wieder, indem Sie auf die Gegenschaltfläche – nämlich die Schaltfläche EINZUG VERKLEINERN – klicken. Aber das ist noch nicht alles! Sie können auch die Anzahl Zeichen festlegen, um die ein Einzug verkleinert bzw. vergrößert werden soll. Öffnen Sie dazu das Dialogfeld ZELLEN FORMATIEREN, klicken Sie auf das Register AUSRICHTUNG und ändern Sie dort im Textfeld EINZUG den eingestellten Wert, indem Sie einen neuen Wert in dieses Feld entweder über die Tastatur oder mithilfe der Drehfelder eingeben.

Ausrichten in der Vertikalen

Die Befehle für linksbündige, rechtsbündige und zentrierte Ausrichtung beziehen sich alle auf das Ausrichten eines Eintrags im Verhältnis zum linken und zum rechten Zellenrand. In der Vertikalen werden alle Einträge standardmäßig am unteren Zellenrand ausgerichtet. Das können Sie natürlich ändern: Sie können ebenso gut einen Eintrag in der Zelle vertikal zentrieren oder am oberen Zellenrand ausrichten.

Um die vertikale Ausrichtung eines Zellbereichs zu ändern, öffnen Sie das Dialogfeld ZELLEN FORMATIEREN (Strg + 1). Wählen Sie das Register AUSRICHTUNG (Abbildung 3.18) und wählen Sie dann OBEN, ZENTRIEREN, UNTEN, BLOCKSATZ oder VERTEILT im Listenfeld VERTIKAL.

Abbildung 3.19 zeigt die Überschrift für die Tabelle mit den Umsatzzahlen für 2001, nachdem diese vertikal in der Zelle zentriert wurde. (Zuvor wurde dieser Texteintrag über dem Zellbereich A1:E1 zentriert; die Höhe der Zeile 1 wurde von standardmäßig 12,75 Zeichen auf 33,75 Zeichen erhöht. Sie erinnern sich an den Abschnitt *Das ist doch die Zeilenhöhe!* in diesem Kapitel?)

Alles im Umbruch!

Die Spaltenüberschriften im Tabellenblatt sind schon immer ein Problem gewesen, da man sie entweder knapp formulieren oder abkürzen musste, um die Spalte nicht unnötig breit werden zu lassen. Mit Excel können Sie dieses Problem ganz einfach lösen und zwar, indem Sie mit der Funktion ZEILENUMBRUCH arbeiten. In Abbildung 3.20 sehen Sie ein neues Tabellenblatt, in dem die Spaltenüberschriften mit den Namen der zu Annas Strudelladen GmbH gehörenden Unternehmen umbrochen wurden, um die Spalten nicht breiter machen zu müssen, als für die Länge der Firmennamen unbedingt erforderlich ist.

Excel 2002 für Dummies

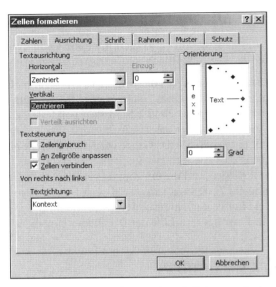

Abbildung 3.18: Die vertikale Ausrichtung eines Zelleintrags ändern Sie mithilfe der Registerkarte AUSRICHTUNG im Dialogfeld ZELLEN FORMATIEREN.

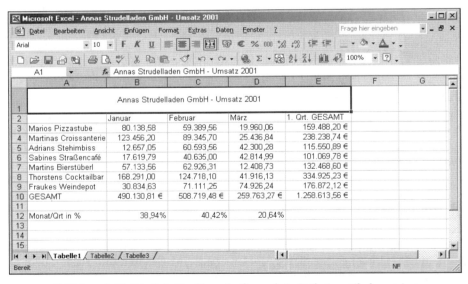

Abbildung 3.19: Die Tabellenüberschrift wurde in Zeile 1 vertikal zentriert.

Um den in Abbildung 3.20 gezeigten Effekt zu erzielen, markieren Sie die Zellen mit den Spaltenüberschriften (also B2:H2) und klicken dann auf das Kontrollkästchen ZEILENUMBRUCH auf der Registerkarte AUSRICHTUNG im Dialogfeld ZELLEN FORMATIEREN. (Abbildung 3.18 zeigt dieses Kontrollkästchen.)

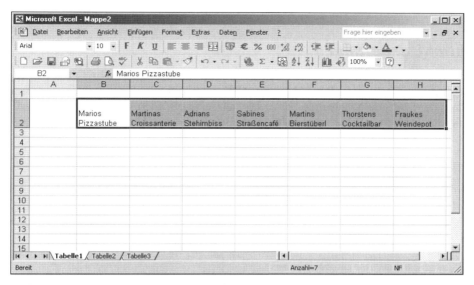

Abbildung 3.20: Ein neues Tabellenblatt, dessen Spaltenüberschriften umbrochen wurden

Wenn das Kontrollkästchen ZEILENUMBRUCH aktiviert ist, werden lange Einträge (die entweder in benachbarte leere Zellen »überschwappen« oder abgeschnitten werden) in den markierten Zellen umbrochen. Um mehr als eine Textzeile in einer Zelle unterzubringen, ändert das Programm automatisch die Zeilenhöhe, damit der gesamte umbrochene Text angezeigt werden kann.

Wenn Sie das Kontrollkästchen ZEILENUMBRUCH aktivieren, verwendet Excel weiterhin die horizontale und vertikale Ausrichtung, die Sie zuvor für die Zelle festgelegt haben.

Noch ein Hinweis sei gestattet: Sie können die Einträge im Listenfeld HORIZONTAL relativ bedenkenlos verwenden. Bei der Option AUSFÜLLEN ist jedoch Vorsicht geboten. Wählen Sie diese Option nur, wenn Sie einen Eintrag über die gesamte Breite der Zelle wiederholen wollen.

Wenn Sie einen Zeilenumbruch in einem Texteintrag durchführen möchten und Excel den Text in der Zelle zentrieren soll, markieren Sie die Zelle und wählen in einem der Listenfelder die Option BLOCKSATZ (gibt es sowohl für die vertikale als auch für die horizontale Ausrichtung) auf der Registerkarte AUSRICHTUNG im Dialogfeld ZELLEN FORMATIEREN.

 Sie können in einem langen Texteintrag einen Zeilenumbruch durchführen, indem Sie die Einfügemarke in der Zelle (Sie müssen dazu auf die Zelle doppelklicken) oder in der Bearbeitungsleiste an der Stelle positionieren, an der der Text umbrochen werden soll, und anschließend [Alt]+[↵] drücken. Excel weitet daraufhin die Zelle bzw. die Bearbeitungsleiste aus und fängt eine neue Textzeile an.

Wenn Sie ⏎ drücken, um den Text in die Zelle zu übergeben, führt Excel automatisch einen Zeilenumbruch an der gewünschten Stelle entsprechend der jeweiligen Spaltenbreite durch.

Richtungsänderungen

Anstatt Texteinträge in Zellen zu umbrechen, finden Sie vielleicht mehr Gefallen daran, die Ausrichtung des Texts zu ändern. Abbildung 3.21 zeigt einen Fall, bei dem die Änderung der Richtung der Spaltenüberschriften besser aussieht als der Zeilenumbruch. (Über Geschmack lässt sich zwar bekanntlich streiten, aber mal ehrlich, ganz objektiv betrachtet sind Sie doch auch meiner Ansicht.)

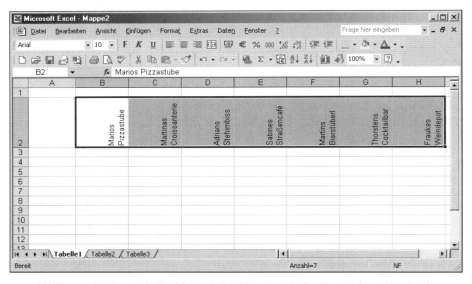

Abbildung 3.21: Das Tabellenblatt mit hochkant verlaufenden Spaltenüberschriften

Ich habe als Beispiel hierzu das Tabellenblatt aus Abbildung 3.20 gewählt und die Ausrichtung der Spaltenüberschriften für die verschiedenen Unternehmen von Annas Strudelladen GmbH geändert. Jetzt sind die Spalten ziemlich schmal.

Um die Richtung des Texts zu ändern, markieren Sie zunächst einmal den Zellbereich (B2:H2), öffnen dann das Register AUSRICHTUNG im Dialogfeld ZELLEN FORMATIEREN (Strg+1) und klicken dort im Gruppenfeld ORIENTIERUNG ganz oben auf die kleine schwarze Raute. (Wenn Sie sich das Ganze als Uhr vorstellen, dann klicken Sie auf 12 Uhr.) Im darunter liegenden Textfeld GRAD, in das Sie die jeweilige Gradzahl natürlich auch manuell eingeben können, wird 90 Grad angezeigt, d.h., der Text wird so gedreht, dass er von unten nach oben verläuft. Das Kontrollkästchen ZEILENUMBRUCH bleibt aktiviert, um den Text sowohl auf den Kopf zu stellen als auch zu umbrechen. Auf diese Weise wird verhindert, dass zu lange, schmale Spalten entstehen. Sollten Ihnen die Zeilenumbrüche missfallen, passen Sie einfach die Zeilenhöhe etwas an. Na? Sieht schon besser aus, nicht wahr? (Habe ich in Abbildung 3.21 übrigens auch gemacht!) Ganz Penible ändern jetzt natürlich auch noch die Spaltenbreite.

Ich habe noch ein bisschen mit der Orientierungsoption im Register AUSRICHTUNG gespielt und die Spaltenüberschriften um nur 45 Grad zu ihrer horizontalen Ausrichtung gedreht. Wie ich das gemacht habe? Nun, ich habe wieder auf die kleine schwarze Raute geklickt und zwar dieses Mal zwischen 12 und 3 Uhr. Ich hätte natürlich auch die Zahl 45 in das Textfeld GRAD eingeben können. Das wäre auf dasselbe rausgekommen!

Sie können in das Textfeld GRAD jede beliebige Zahl zwischen -90 und 90 Grad für die Ausrichtung des Texts eingeben oder auf die entsprechende Stelle im dargestellten Halbkreis klicken. Eine weitere Möglichkeit ist, die Linie, die im Halbkreis vor dem Wort TEXT angezeigt wird, auf den gewünschten Winkel zu ziehen. Wenn der Text vertikal so ausgerichtet werden soll, dass die einzelnen Buchstaben in einer Spalte übereinander stehen, dann klicken Sie im Gruppenfeld ORIENTIERUNG auf das Wort TEXT, bei dem die Buchstaben in dieser Weise ausgerichtet sind.

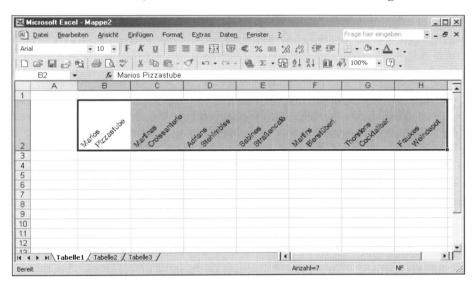

Abbildung 3.22: Das Tabellenblatt mit um 45 Grad geneigten Spaltenüberschriften

Raum ist in der kleinsten Zelle

Wenn Sie mal nicht möchten, dass Excel die Spaltenbreite an die Zelleinträge anpasst, weil sich das im Ausdruck nicht immer so gut macht, dann können Sie das Kontrollkästchen AN ZELLGRÖSSE ANPASSEN auf der Registerkarte AUSRICHTUNG im Dialogfeld ZELLEN FORMATIEREN aktivieren. Mit dieser Option wird die Schriftgröße der Einträge im Zellbereich so verkleinert, dass sie genau in die vorgegebene Spaltenbreite passen. Allerdings kann diese Option je nach Länge der Einträge und Breite der Spalten den Text so verkleinern, dass Sie ihn kaum noch mit der Lupe erkennen können! Außerdem lassen sich die Optionen ZEILENUMBRUCH und AN ZELLGRÖSSE ANPASSEN nicht gleichzeitig aktivieren. Eine von beiden ist dann stets abgeblendet!

Auf den äußeren Rahmen kommt es an

Die Gitternetzlinien, die im Tabellenblatt angezeigt werden, sollen Ihnen bei der Arbeit als Orientierungshilfe dienen. Sie können sie zusammen mit Ihren Daten ausdrucken, Sie müssen aber nicht. Um Bereiche des Tabellenblatts oder Teile einer Tabelle besonders hervorzuheben, können Sie bestimmte Zellen mit einem Rahmen oder mit einem Schatten versehen. Verwechseln Sie also einen Rahmen nicht mit einer Gitternetzlinie, da von Ihnen eingefügte Rahmen immer gedruckt werden – ob mit oder ohne Gitternetzlinien.

Um die hinzugefügten Rahmen im Tabellenblatt besser sehen zu können, entfernen Sie die standardmäßig im Tabellenblatt angezeigten Gitternetzlinien.

1. **Wählen Sie den Befehl** OPTIONEN **im Menü** EXTRAS **und klicken Sie im Dialogfeld** OPTIONEN **auf das Register** ANSICHT.
2. **Deaktivieren Sie im Gruppenfeld** FENSTEROPTIONEN **das Kontrollkästchen** GITTERNETZLINIEN.
3. **Wählen Sie OK oder drücken Sie** ⏎.

Mit dem Kontrollkästchen GITTERNETZLINIEN legen Sie nur fest, ob Ihr Tabellenblatt in der Bildschirmanzeige Gitternetzlinien enthalten soll. Um die Gitternetzlinien auch für den Ausdruck Ihres Tabellenblatts zu entfernen, wählen Sie den Befehl SEITE EINRICHTEN im Menü DATEI, klicken im angezeigten Dialogfeld auf das Register TABELLE und deaktivieren im Gruppenfeld DRUCKEN das Kontrollkästchen GITTERNETZLINIEN.

Um einen Zellbereich mit einem Rahmen zu versehen, öffnen Sie das Dialogfeld ZELLEN FORMATIEREN (immer noch am schnellsten mit Strg+1) und klicken dann auf das Register RAHMEN (Abbildung 3.23). Wählen Sie im Gruppenfeld LINIEN die gewünschte Linienart und dann im Gruppenfeld RAHMEN die Zellenränder, die mit dieser Linie versehen werden sollen.

- ✔ Um die markierten Zellen vollständig mit einem Rahmen zu versehen, aktivieren Sie im Gruppenfeld VOREINSTELLUNGEN die Schaltfläche AUSSEN.
- ✔ Wenn nur die Ränder der einzelnen Zellen innerhalb eines Zellbereichs mit Linien versehen werden sollen, aktivieren Sie im Gruppenfeld VOREINSTELLUNGEN die Schaltfläche INNEN.

Wenn Sie eine einzelne Zelle oder die äußeren Kanten eines Zellbereichs mit einem Rahmen versehen möchten, können Sie dies auch ohne die Registerkarte RAHMEN tun. Markieren Sie einfach die Zelle oder den Zellbereich und klicken Sie dann auf den Pfeil neben der Schaltfläche für *Rahmen* in der Format-Symbolleiste, hinter dem sich eine Palette verbirgt, aus der Sie einen Rahmenlinientyp für den Zellbereich bzw. die Zelle auswählen können.

3 ➤ Ein bisschen Glanz für nüchterne Zahlen

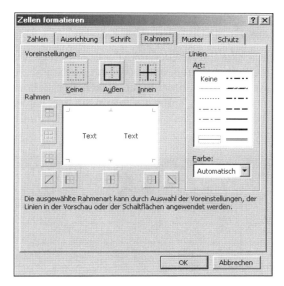

Abbildung 3.23: Auf der Registerkarte RAHMEN im Dialogfeld ZELLEN FORMATIEREN geben Sie Ihren Zellen den entsprechenden Rahmen.

Um die Rahmen wieder zu entfernen, müssen Sie die Zellen markieren, die mit einem Rahmen bzw. mit Linien versehen sind, das Dialogfeld ZELLEN FORMATIEREN öffnen, auf das Register RAHMEN und dann im Gruppenfeld VOREINSTELLUNGEN auf die Schaltfläche KEINE klicken. Wenn Sie lieber mit der Schaltfläche RAHMEN in der Format-Symbolleiste arbeiten, dann klicken Sie in der angezeigten Palette auf die erste Schaltfläche (die, die nur gepunktete Linien außen und innen hat).

 In Excel 2002 können Sie auch zu Rahmen kommen, ohne sich mit den Optionen auf der Registerkarte RAHMEN im Dialogfeld ZELLEN FORMATIEREN herumschlagen zu müssen. Zeichnen Sie sich Ihre Rahmen einfach selber! Klicken Sie hierzu in der Format-Symbolleiste auf den nach unten zeigenden Pfeil neben der Schaltfläche RAHMEN und wählen Sie die Option RAHMENLINIEN ZEICHNEN. Ehe Sie sich versehen, wird eine neue Symbolleiste – Rahmenlinien – angezeigt (Abbildung 3.24).

Wenn Sie die Rahmenlinien-Symbolleiste zum ersten Mal öffnen, ist das *Bleistift*-Werkzeug standardmäßig aktiviert und Sie können es sofort einsetzen, um einen Rahmen um einen ausgewählten Zellbereich zu zeichnen. Wenn Sie Rahmen um jede einzelne Zelle im Zellbereich ziehen wollen, klicken Sie auf den nach unten zeigenden Pfeil neben der Schaltfläche RAHMENLINIE ZEICHNEN und wählen dann die Option RAHMENRASTER ZEICHNEN, bevor Sie mit dem Bleistift-Zeiger über den Zellbereich ziehen.

Um die Linienart bzw. -stärke des Rahmens zu ändern, klicken Sie auf den nach unten zeigenden Pfeil neben der Schaltfläche für *Linienart* und wählen dann den gewünschten Linientyp aus. Wenn es auch noch etwas Farbe sein soll, dann klicken Sie auf die Schaltfläche für *Linienfarbe* und wählen dann aus der PopUp-Palette eine Farbe aus.

Sie können Rahmen, die Sie in Ihr Tabellenblatt gezeichnet haben, auch wieder entfernen. Klicken Sie hierzu auf die Schaltfläche RAHMENLINIE entfernen und ziehen Sie dann mit dem Radiergummi-Zeiger über den mit Rahmenlinien versehenen Zellbereich. Sie können Rahmen auch mit dem BLEISTIFT-Werkzeug entfernen, wenn Sie KEIN RAHMEN aus den Optionen der Schaltfläche LINIENART (klicken Sie auf den nach unten zeigenden Pfeil) wählen und die Schaltfläche RAHMENLINIE zeichnen aktivieren.

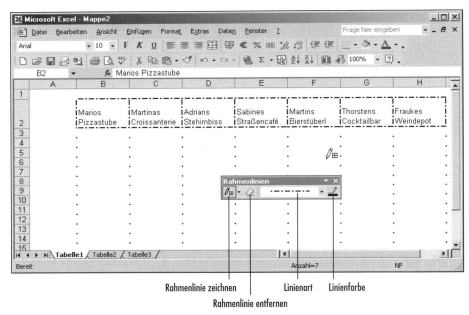

Abbildung 3.24: Verwenden Sie das BLEISTIFT-Werkzeug aus der Rahmenlinien-Symbolleiste, um Rahmen um die gewünschten Zellen im Tabellenblatt zu zeichnen.

Der Zauber der frei schwebenden Rahmen-Palette

Wie bei der Schaltfläche für *Füllfarbe* und der Schaltfläche für *Schriftfarbe* lässt sich die Rahmen-Palette aus der Format-Symbolleiste ziehen. Klicken Sie hierzu mit der Maustaste auf die drei Striche am oberen Rand der geöffneten Palette und ziehen Sie sie dann an die gewünschte Stelle am Bildschirm. (Der Mauszeiger wird zum Vierfachpfeil.) Auf diese Weise bleibt die Palette während Ihrer Arbeit ständig geöffnet und damit jederzeit griffbereit. Wenn Sie die Palette wieder schließen wollen, brauchen Sie nur auf die Schaltfläche SCHLIESSEN in der rechten oberen Ecke des kleinen Fensters zu klicken, und schwupp ist sie auf und davon.

Mustern Sie mal Ihre Zelle!

Sie können bestimmte Bereiche des Tabellenblatts hervorheben, indem Sie die Farbe und/oder das Muster der Zellen ändern. Wenn Sie mit einem Schwarzweißdrucker arbeiten, sollten Sie sich bei der Farbauswahl in der Farbpalette vielleicht auf Hellgrau beschränken. Bei der Verschönerung von Zellbereichen, die Daten enthalten, sollten Sie bei der Wahl eines Musters vorsichtig sein und eher ein schlichtes mit wenigen Punkten wählen. (Unter Umständen ist sonst der Inhalt der Zellen im Ausdruck nicht mehr lesbar.)

Um eine andere Farbe und/oder ein anderes Muster für einen Teil des Tabellenblatts auszuwählen, markieren Sie die Zellen, die Sie etwas aufpolieren möchten, öffnen mit [Strg]+[1] das Dialogfeld ZELLEN FORMATIEREN und klicken dann auf das Register MUSTER (Abbildung 3.25). Wenn Sie die Farbe der Zellen ändern möchten, klicken Sie im Gruppenfeld ZELLENSCHATTIERUNG in der Farbpalette auf die gewünschte Farbe. Soll das Muster der Zellen geändert werden, klicken Sie auf den Pfeil des Dropdown-Listenfelds MUSTER, um eine erweiterte Palette anzuzeigen, die eine Reihe Schwarzweißmuster enthält. Klicken Sie auf ein Muster, das Ihnen gefällt. Excel zeigt im Beispielfeld, wie Ihre Kreation aussehen würde.

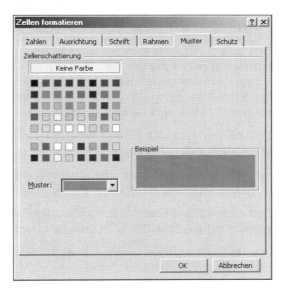

Abbildung 3.25: Auf der Registerkarte MUSTER können Sie Farben und Muster für Ihre Zellen auswählen.

Um ein Muster wieder zu entfernen, markieren Sie den entsprechenden Zellbereich, öffnen das Dialogfeld ZELLEN FORMATIEREN und klicken auf das Register MUSTER. Wählen Sie dann ganz oben in der Farbpalette die Option KEINE FARBE.

Sie können Zellbereichen auch andere Farben (jedoch keine Muster) mit der Schaltfläche FÜLLFARBE in der Format-Symbolleiste zuweisen. Sie brauchen hierzu nur die Zellen zu markieren, die einen neuen Anstrich benötigen, und dann die Palette zu dieser Schaltfläche aufzuklappen. Wählen Sie die Farbe in der angezeigten Palette aus, nach der Ihnen heute gerade ist. (Denken Sie auch ab und zu mal daran, dass die Farbpalette zu denen gehört, die man aus der Format-Symbolleiste ziehen und geöffnet auf dem Bildschirm schweben lassen kann.)

Sie können mit dieser Schaltfläche Zellbereichen zwar keine anderen Muster zuweisen, dafür aber Muster und Farbe auf einen Schlag aus markierten Zellen entfernen: Klicken Sie auf die Schaltfläche FÜLLFARBE und wählen Sie in der angezeigten Farbpalette die Option KEINE FÜLLUNG.

Wenn Sie den Text in einem Zellbereich farblich passend zum Hintergrund gestalten möchten, können Sie die Textfarbe mithilfe der Schaltfläche SCHRIFTFARBE schnell ändern. Klicken Sie in der Format-Symbolleiste auf diese Schaltfläche, um die Farbe für den Text zu ändern, und auf die Schaltfläche FÜLLFARBE, um die Hintergrundfarbe zu ändern. Falls der Text dann irgendwann mal wieder wie üblich schwarz werden soll, brauchen Sie nur die Zellen zu markieren und in der Schriftfarben-Palette die Option AUTOMATISCH zu wählen.

Hiermit übertrage ich dir mein Format!

Wenn Sie mal eben schnell das Format einer ganz bestimmten Zelle auf eine andere übertragen wollen, dann arbeiten Sie am besten mit der Schaltfläche für *Format übertragen* in der Standard-Symbolleiste (die mit dem Pinsel neben der Schaltfläche EINFÜGEN). Mit dieser wunderbaren Schaltfläche können Sie das Format einer Zelle, die Sie vielleicht ganz besonders nett formatiert haben, auf andere Zellen im Tabellenblatt übertragen.

Um nun mit der Schaltfläche FORMAT ÜBERTRAGEN ein Zellformat in andere Zellen des Tabellenblatts zu kopieren, brauchen Sie nur die folgenden drei Schritte auszuführen:

1. **Formatieren Sie eine Beispielzelle oder einen Beispielzellbereich ganz nach Belieben mit Schriftart, Ausrichtung, Rahmen, Muster oder Farbe.**

2. **Setzen Sie den Zellcursor auf eine dieser schick formatierten Zellen und klicken Sie in der Standard-Symbolleiste auf die Schaltfläche FORMAT ÜBERTRAGEN.**

    Der Mauszeiger ist jetzt ein dickes weißes Kreuz mit einem Pinsel. Die Zelle, deren Format übertragen werden soll, umgibt ein Laufrahmen.

3. **Ziehen Sie mit diesem Mauszeiger über alle Zellen, die mit dem Format der Beispielzelle(n) formatiert werden sollen.**

    Sobald Sie die Maustaste loslassen, wendet Excel alle Formatierungsoptionen der Beispielzelle(n) auf die von Ihnen markierte(n) Zelle(n) an.

Wenn Sie ein bestimmtes Format auf verschiedene Zellbereiche anwenden möchten, kann ich Ihnen einen Trick verraten, wie Sie den Mauszeiger fürs Format übertragen aktiviert lassen können: *Doppelklicken* Sie einfach auf die Schaltfläche FORMAT ÜBERTRAGEN, nachdem Sie die Zelle mit der zu übertragenden Formatierung markiert haben. (Dass es geklappt hat, sehen Sie daran, dass die Schaltfläche aktiviert bleibt!) Sobald Sie alle gewünschten Zellen mit dem Mauszeiger fürs Format übertragen formatiert haben, klicken Sie wieder auf die Schaltfläche FORMAT ÜBERTRAGEN, um dem Mauszeiger seine normale Form zurückzugeben.

Mit der Schaltfläche FORMAT ÜBERTRAGEN können Sie auch einen Zellbereich wieder auf das Standardformat zurücksetzen, falls Sie mal übertreiben und in Ihren Zellen ein heilloses Formatierungsdurcheinander angerichtet haben. Markieren Sie hierzu einfach eine leere, noch unformatierte Zelle im Tabellenblatt, klicken Sie auf die Schaltfläche FORMAT ÜBERTRAGEN und ziehen Sie dann den Mauszeiger fürs Format übertragen über den Zellbereich, der wieder das Standardformat erhalten soll.

Wie Sie Änderungen durchführen, ohne ein Chaos zu veranstalten

In diesem Kapitel erfahren Sie

- Eine Arbeitsmappe öffnen, die bearbeitet werden soll
- Mit der Rückgängig-Funktion arbeiten, um einen Fehler auszumerzen
- Mit »Ziehen und Ablegen« Einträge innerhalb eines Dokuments verschieben und kopieren
- Formeln kopieren
- Die Befehle AUSSCHNEIDEN, KOPIEREN und EINFÜGEN verwenden, um Informationen zu verschieben oder zu kopieren
- Zellen wieder von ihren Einträgen befreien
- Zeilen und Spalten aus einem Tabellenblatt löschen und neue einfügen
- Mit der Rechtschreibprüfung Rechtschreibfehler aufspüren

Stellen Sie sich folgende Situation vor: Sie haben gerade ein größeres Projekt mit Excel erstellt, formatiert und gedruckt, z.B. eine Arbeitsmappe mit dem Budget Ihrer Abteilung für das kommende Geschäftsjahr. Da Sie sich mittlerweile schon einigermaßen mit Excel auskennen, sind Sie vor dem eigentlichen Termin fertig geworden. Sie geben also die Unterlagen weiter, damit Ihre Chefin (oder Ihr Chef) die Zahlen noch mal prüfen kann. Es ist ausreichend Zeit für die unweigerlichen Änderungen auf den letzten Drücker – Sie haben alles im Griff.

Doch dann wird's doch noch ernst: Sie kriegen die Unterlagen zurück, versehen mit einer ellenlangen Notiz: »Sie haben die Zeitarbeitskräfte und die Überstunden vergessen! Die müssen unbedingt noch eingefügt werden. Könnten Sie dann auch noch die gekennzeichneten Zahlenreihen nach oben und die Spalten nach rechts verschieben?«

Ihre Euphorie lässt allmählich nach und Sie werden jetzt doch noch nervös. Sie haben eher so etwas erwartet wie: »Ändern Sie bitte diese Spaltenüberschriften von Fett- in Kursivdruck und gestalten Sie die Zeile mit den Endsummen farbig.« Mit den jetzigen Änderungswünschen ist mehr Aufwand verbunden, als Sie eingeplant haben. Schlimmer noch, Sie müssen gravierende Änderungen vornehmen und der Aufbau Ihres wundervollen Dokuments ist in Gefahr.

Was ich Ihnen mit dieser rührenden Geschichte sagen wollte, ist eigentlich nur, dass die Bearbeitung eines Tabellenblatts in einer Arbeitsmappe auf verschiedenen Ebenen ablaufen kann:

✔ Sie können Änderungen vornehmen, die den Inhalt der Zellen betreffen, z.B. Kopieren einer Zeile mit Spaltenüberschriften oder Verschieben einer Tabelle in einen anderen Bereich des Tabellenblatts.

✔ Sie können Änderungen vornehmen, die die Struktur des Tabellenblatts betreffen, z.B. neue Spalten und Zeilen einfügen (um Daten einzufügen, die vergessen wurden) oder nicht erforderliche Spalten und Zeilen aus einer bestehenden Tabelle löschen, ohne dadurch Lücken entstehen zu lassen.

✔ Sie können sogar die Anzahl der Tabellenblätter in einer Arbeitsmappe ändern, indem Sie Blätter einfügen oder löschen.

In diesem Kapitel erfahren Sie, wie Sie diese Arten von Änderungen problemlos durchführen. Sie werden sehen, dass das Kopieren und Verschieben von Daten oder das Einfügen und Löschen von Zeilen eine ganz einfache Sache ist. Die einzige Schwierigkeit liegt darin, die Reichweite zu erkennen, die derartige Aktionen haben können. Aber lassen Sie sich darüber (noch) keine grauen Haare wachsen! Es bleibt Ihnen immer noch die Notbremse mit dem Befehl RÜCKGÄNGIG – für den Fall, dass Sie durch eine kleine Änderung das gesamte Tabellenblatt auf den Kopf gestellt haben!

Arbeitsmappen, wo seid ihr?

Bevor Sie einer Arbeitsmappe überhaupt irgendwelchen Schaden zufügen können, müssen Sie sie erst einmal öffnen. Klicken Sie also auf die Schaltfläche für *Öffnen* (die mit dem Bild eines sich öffnenden Dateiordners) in der Standard-Symbolleiste oder wählen Sie den Befehl ÖFFNEN im Menü DATEI bzw. drücken Sie die Tastenkombination [Strg]+[O] (oder [Strg]+[F12], falls Ihnen die Funktionstasten lieber sind).

Egal, was Sie machen: In jedem Fall wird das Dialogfeld ÖFFNEN angezeigt (Abbildung 4.1). Wählen Sie in der Liste das Dokument aus, das Sie bearbeiten wollen, und klicken Sie anschließend auf die Schaltfläche ÖFFNEN oder drücken Sie [↵], um die Arbeitsmappe zu öffnen. Wenn Sie die Technik mit der Maus souverän beherrschen, können Sie auch auf den Dateinamen der Arbeitsmappe doppelklicken, um die Mappe zu öffnen.

Mehr als eine Arbeitsmappe gleichzeitig öffnen

Wenn Sie wissen, dass Sie mehr als eine Arbeitsmappe bearbeiten wollen, markieren Sie im Dialogfeld ÖFFNEN mehrere Dateinamen gleichzeitig. Excel öffnet dann diese Dateien in der aufgeführten Reihenfolge, sobald Sie ÖFFNEN wählen oder [↵] drücken.

Falls Sie nicht mehr wissen, wie Sie mehrere Dateinamen gleichzeitig markieren: Stehen die Dateinamen alle hintereinander im Listenfeld, klicken Sie auf den ersten Dateinamen, drücken dann [⇧] und klicken gleichzeitig auf den letzten Dateinamen. Falls die gewünschten Dateinamen kunterbunt durcheinander stehen, halten Sie die [Strg]-Taste gedrückt, während Sie auf die einzelnen Dateinamen klicken.

Wenn alle Dateien geöffnet sind, können Sie zwischen den einzelnen Arbeitsmappen hin- und herschalten, indem Sie deren Dateinamen im Menü FENSTER wählen. (In Kapitel 7 erfahren Sie Näheres zum gleichzeitigen Arbeiten mit mehreren Tabellenblättern und Arbeitsmappen.)

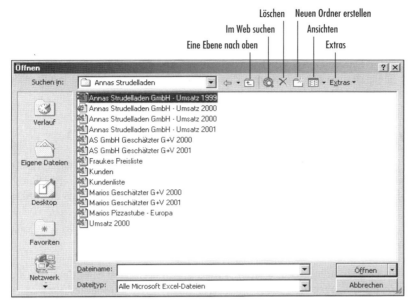

Abbildung 4.1: Das Dialogfeld ÖFFNEN

Zuletzt bearbeitete Arbeitsmappen öffnen

Wenn Sie wissen, dass Sie mit der Arbeitsmappe, die Sie öffnen wollen, erst vor kurzem gearbeitet haben, dann können Sie das Dialogfeld ÖFFNEN elegant umgehen. Öffnen Sie einfach den Aufgabenbereich NEUE ARBEITSMAPPE (Menü ANSICHT, Befehl AUFGABENBEREICH) und klicken Sie unter ARBEITSMAPPE ÖFFNEN auf die Arbeitsmappe, die Sie öffnen wollen. Sie können natürlich auch das Menü DATEI öffnen und dort im unteren Teil des Menüs den Dateinamen auswählen. (Excel listet die vier Dokumente, die Sie zuletzt geöffnet haben, sowohl im Aufgabenbereich NEUE ARBEITSMAPPE als auch im Menü DATEI auf.) Wenn also die Arbeitsmappe, mit der Sie arbeiten wollen, eine von diesen vieren ist, können Sie sie öffnen, indem Sie mit der Maus auf den entsprechenden Dateinamen im Menü DATEI klicken oder den Dateinamen markieren und dann ⏎ bzw. Alt+Zahl (1, 2, 3 oder 4) drücken.

 Ob Excel mehr oder weniger Dateinamen am Ende des Menüs DATEI oder im Aufgabenbereich NEUE ARBEITSMAPPE anzeigen soll, können Sie individuell einstellen. Wenn Sie wissen wollen, wie das geht, dann lesen Sie weiter:

1. **Wählen Sie im Menü EXTRAS den Befehl OPTIONEN, um das Dialogfeld OPTIONEN zu öffnen.**

2. Klicken Sie in diesem Dialogfeld auf das Register ALLGEMEIN.

3. Geben Sie eine andere Zahl (zwischen 1 und 9) in das Textfeld EINTRÄGE ein oder klicken Sie auf das Drehfeld neben dem Textfeld EINTRÄGE (direkt neben dem Kontrollkästchen LISTE ZULETZT GEÖFFNETER DATEIEN), um die Anzahl der Dateien zu verringern oder zu erhöhen.

Wenn am Ende des Menüs DATEI oder im Aufgabenbereich NEUE ARBEITSMAPPE gar keine Dateien aufgeführt werden sollen, können Sie im Dialogfeld OPTIONEN natürlich genauso gut das Kontrollkästchen LISTE ZULETZT GEÖFFNETER DATEIEN deaktivieren (das Häkchen entfernen!).

Wo habe ich diese Arbeitsmappe bloß abgelegt?

Eigentlich ist das einzige Problem, auf das Sie beim Öffnen einer Arbeitsmappe stoßen könnten, dass Sie den Dateinamen nicht finden. Solange Sie Ihr Dokument im Dialogfeld ÖFFNEN sehen, ist alles in Butter. Was aber, wenn eine Datei sich anscheinend aus dem Staub gemacht hat und nirgendwo im Listenfeld zu finden ist?

Auf der Suche nach dem Dokument

Wenn Sie den Dateinamen absolut nicht finden können, sollten Sie zuerst herausfinden, ob Sie überhaupt im richtigen Ordner suchen. Welcher Ordner gerade geöffnet ist, erfahren Sie mit einem Blick auf das Dropdown-Listenfeld SUCHEN IN am oberen Rand des Dialogfelds ÖFFNEN (Abbildung 4.1).

Falls sich nun herausstellt, dass der verkehrte Ordner geöffnet ist, dann öffnen Sie jetzt bitte den richtigen! Benutzen Sie hierzu die Schaltfläche für *Eine Ebene nach oben* (Abbildung 4.1) im Dialogfeld ÖFFNEN, um alle Ebenen zu durchsuchen, bis der gesuchte Ordner im Listenfeld angezeigt wird. Um diesen neuen Ordner nun zu öffnen, klicken Sie auf dessen Symbol im Listenfeld und wählen dann die Schaltfläche ÖFFNEN oder drücken ⏎ (mit Doppelklicken auf das Ordnersymbol funktioniert's auch).

Befindet sich die Datei auf einem anderen Laufwerk, klicken Sie so lange auf die Schaltfläche EINE EBENE NACH OBEN, bis im Dropdown-Listenfeld SUCHEN IN der Eintrag DESKTOP angezeigt wird. Doppelklicken Sie dann im Listenfeld auf ARBEITSPLATZ, um alle auf Ihrem System verfügbaren Laufwerke im Listenfeld anzuzeigen. Doppelklicken Sie dann auf das Symbol des gewünschten Laufwerks und »schon« werden alle Ordner angezeigt, die auf diesem Laufwerk abgelegt sind. Klicken Sie auf den gewünschten Ordner, um die darin enthaltenen Dateien anzuzeigen.

Sobald Sie die gesuchte Datei im Listenfeld sehen, öffnen Sie diese mit einem energischen Klick auf das Dateisymbol und einem Klick auf die Schaltfläche ÖFFNEN oder durch Drücken von ⏎ (Doppelklicken auf das Dateisymbol tut's bekanntlich auch).

Mit den Schaltflächen in der Umgebungsleiste ganz links im Dialogfeld ÖFFNEN (VERLAUF, EIGENE DATEIEN, DESKTOP, FAVORITEN und NETZWERK UMGEBUNG oder WEBORDNER) können Sie jeden Ordner öffnen, der mit diesen Schaltflächen verknüpft ist und Arbeitsmappen enthält:

- ✔ **VERLAUF:** Klicken Sie auf diese Schaltfläche, um Arbeitsmappen zu öffnen, deren Verknüpfungen im Ordner ZULETZT VERWENDET abgelegt sind. Dieser Ordner ist ein Unterordner des Ordners OFFICE, der wiederum ein Unterordner des Ordners MICROSOFT ist, der sich im Ordner ANWENDUNGSDATEN im Windows-Ordner auf der Festplatte befindet. (Konnten Sie mir folgen?)

- ✔ **EIGENE DATEIEN:** Klicken Sie auf diese Schaltfläche, um Arbeitsmappen zu öffnen, die im Ordner EIGENE DATEIEN abgelegt sind.

- ✔ **DESKTOP:** Wenn Sie auf diese Schaltfläche klicken, können Sie Arbeitsmappen öffnen, die Sie direkt auf dem Desktop Ihres Rechners abgelegt haben.

- ✔ **FAVORITEN:** Wählen Sie diese Schaltfläche, um Arbeitsmappen zu öffnen, deren Verknüpfungen im Ordner FAVORITEN gespeichert sind. Dies ist auch ein Unterordner des Windows-Ordners.

- ✔ **NETZWERK UMGEBUNG (in Windows Me)** oder **WEBORDNER:** Klicken Sie auf diese Schaltfläche, um Arbeitsmappen zu öffnen (insbesondere solche, die als Webseiten gespeichert wurden), die auf einem Webserver oder in einem der Webordner abgelegt sind, der wiederum auf Ihrem Rechner eingerichtet ist (ein Thema, was Sie nicht unbedingt zu interessieren braucht).

Favoriten

Gehen wir mal vom günstigsten Fall aus und nehmen wir an, dass Sie Ihre Datei gefunden haben, indem Sie genau wie eben beschrieben, sich durch die Ordnerstruktur gekämpft haben. Wenn Sie sich für alle Zukunft diese Arbeit ersparen wollen, dann legen Sie jetzt lieber eine Verknüpfung zu dem soeben gefundenen Ordner im Ordner FAVORITEN ab. Wie man das macht? Ganz einfach:

1. **Markieren Sie den Ordner oder das Dateisymbol im Dialogfeld ÖFFNEN auf die gewohnte beschwerliche Weise (hatten wir gerade im vorangegangenen Abschnitt).**

2. **Wählen Sie im Dialogfeld ÖFFNEN im Menü EXTRAS den Befehl ZU FAVORITEN HINZUFÜGEN.**

    Eine Verknüpfung zu dem Ordner bzw. zu der Datei, den/die Sie im Dialogfeld ÖFFNEN markiert haben, wird in den Ordner FAVORITEN eingefügt.

Sobald Sie eine Verknüpfung zu einem Ordner oder zu einer Datei im Ordner FAVORITEN abgelegt haben, können Sie diesen bzw. diese im Dialogfeld ÖFFNEN öffnen, indem Sie in der Umgebungsleiste auf der linken Seite des Dialogfelds ÖFFNEN auf die Schaltfläche FAVORITEN klicken und dann entweder auf den Ordner oder das Dateisymbol doppelklicken oder den Ordner/die Datei markieren und auf die Schaltfläche ÖFFNEN klicken bzw. ⏎ drücken. Alles klar?

Das Datei-Suchspiel im Dialogfeld Öffnen

Das Dialogfeld ÖFFNEN verfügt über eine Suchfunktion, mit der sich eine bestimmte Datei im geöffneten Ordner suchen (und vielleicht auch finden) lässt. Mithilfe dieser Funktion kann die Suche im Listenfeld des Dialogfelds ÖFFNEN auf diejenigen Dateien beschränkt werden, die bestimmten Kriterien entsprechen (z.B. Dateien, die Sie heute oder irgendwann in dieser Woche geändert haben, Dateien, die einen bestimmten Text enthalten, oder Dateien, die über eine bestimmte Eigenschaft verfügen – z.B. Name des Autors, Stichwort).

Wenn Sie mit der Suchfunktion im Dialogfeld ÖFFNEN arbeiten, können Sie Excel exakt vorschreiben, wie die Suche durchgeführt werden soll. Suchen Sie beispielsweise nach:

✔ Arbeitsmappen, deren Dateinamen einen bestimmten Text enthalten.

✔ Dateien, die keine Microsoft Excel-Dateien sind.

✔ Arbeitsmappen, die einen bestimmten Text oder eine Eigenschaft enthalten, beispielsweise Titel, Autor oder Stichwörter, die als Dateizusammenfassung abgelegt wurden.

✔ Arbeitsmappen, die an einem bestimmten Tag oder innerhalb eines bestimmten Zeitraums erstellt wurden.

Sie öffnen das Dialogfeld SUCHEN, indem Sie im Dialogfeld ÖFFNEN im Menü EXTRAS den Befehl SUCHEN wählen. Im Dialogfeld SUCHEN legen Sie alle Kriterien fest, nach denen eine Suche durchgeführt werden soll (Abbildung 4.2).

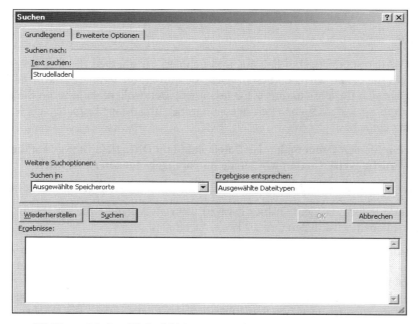

Abbildung 4.2: Das Dialogfeld SUCHEN mit der Registerkarte GRUNDLEGEND

Das Dialogfeld SUCHEN verfügt über zwei Register: GRUNDLEGEND und ERWEITERTE OPTIONEN. Über die Registerkarte GRUNDLEGEND legen Sie drei Kriterien für die Suche nach Arbeitsmappen fest:

- ✔ **TEXT SUCHEN:** In dieses Textfeld geben Sie Stichwörter oder Werte, Wörter und Ausdrücke ein, nach denen gesucht werden soll. Die Funktion macht sich alsdann an drei verschiedenen Orten auf die Suche nach dem von Ihnen eingegebenen Text: in den Dateinamen, im Dateiinhalt und in den Dateieigenschaften.

- ✔ **SUCHEN IN:** In diesem Dropdown-Listenfeld legen Sie fest, auf welchen Laufwerken und in welchen Ordnern gesucht werden soll. Sollen alle Laufwerke und Ordner im Computer durchforstet werden, dann öffnen Sie das Dropdown-Listenfeld SUCHEN IN und aktivieren das Kontrollkästchen ALLE. (Statt AUSGEWÄHLTE SPEICHERORTE wird jetzt ALLE angezeigt.) Wenn die Suche auf bestimmte Laufwerke und/oder Ordner eingeschränkt werden soll, dann klicken Sie in diesem Dropdown-Listenfeld auf das Pluszeichen vor dem Kontrollkästchen ARBEITSPLATZ und aktivieren nur die Kontrollkästchen für die Laufwerke oder Ordner (wenn nur ein Laufwerk durchsucht werden soll), die durchsucht werden sollen.

- ✔ **ERGEBNISSE ENTSPRECHEN:** Verwenden Sie dieses Dropdown-Listenfeld, um festzulegen, welche Dateitypen in die Suche eingeschlossen werden sollen. Um die Suche auf Excel-Arbeitsmappe einzugrenzen, deaktivieren Sie alle Kontrollkästchen im Dropdown-Listenfeld ERGEBNISSE ENTSPRECHEN bis auf das für EXCEL-DATEIEN. Dieses Kontrollkästchen finden Sie, indem Sie das Dropdown-Listenfeld ERGEBNISSE ENTSPRECHEN öffnen und dann auf das Pluszeichen vor OFFICE-DATEIEN klicken, um die Liste nach unten aufzuklappen.

Wenn Sie alle drei Suchkriterien auf der Registerkarte GRUNDLEGEND festgelegt haben, klicken Sie auf die Schaltfläche SUCHEN (direkt über dem Listenfeld ERGEBNISSE), um die Suche zu starten.

Um die Suche noch gezielter zu gestalten, klicken Sie auf das Register ERWEITERTE OPTIONEN. Diese Registerkarte enthält drei weitere Felder: EIGENSCHAFT, BEDINGUNG und WERT (Abbildung 4.3)

Um die Suchkriterien zu definieren, wählen Sie im Dropdown-Listenfeld EIGENSCHAFT aus, wonach gesucht werden soll. Legen Sie im Dropdown-Listenfeld BEDINGUNG beispielsweise fest, ob nach einem bestimmten Zeitraum gesucht werden soll, und entscheiden Sie sich im Dropdown-Listenfeld WERT (je nach gewählter Eigenschaft), welcher Wert eingeschlossen, überschritten oder exakt vorhanden sein muss.

Nachdem Sie diese drei Kriterien festgelegt haben, klicken Sie auf die Schaltfläche HINZUFÜGEN, um die Bedingung in das darunter liegende Listenfeld einzufügen (Abbildung 4.3 zeigt eine Suchbedingung für ein Erstelldatum). Wenn Sie Suchkriterien über das Register ERWEITERTE OPTIONEN festlegen, denken Sie dabei an Folgendes:

- ✔ In der Regel sind die Suchkriterien, die Sie im Gruppenfeld SUCHEN NACH definieren, kumulativ, was bedeutet, dass *alle* Kriterien übereinstimmen müssen, damit Excel die passende Datei finden kann. (Das Optionsfeld UND ist automatisch aktiviert.) Falls Excel jedoch eine Datei suchen soll, die nur *einem* der festgelegten Kriterien entsprechen soll, dann müssen Sie das Optionsfeld ODER mit einem Mausklick aktivieren.

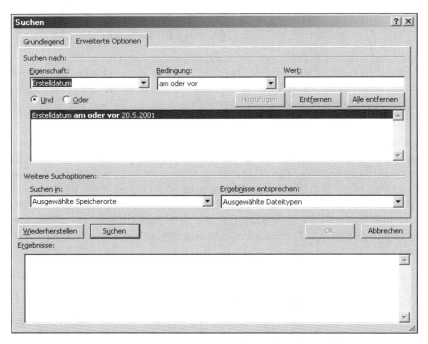

Abbildung 4.3: Das Dialogfeld SUCHEN mit der Registerkarte ERWEITERTE OPTIONEN

✔ Standardmäßig sucht Excel nach TEXT ODER EIGENSCHAFT und vergleicht diese mit dem Eintrag im Textfeld WERT. Wenn Excel nach anderen Eigenschaften suchen soll (z.B. Autor, Inhalt, Erstelldatum), öffnen Sie das Dropdown-Listenfeld EIGENSCHAFT und wählen die gewünschte Eigenschaft in diesem Listenfeld aus.

✔ Für gewöhnlich schaut Excel, ob ein bestimmter Wert oder ein Textelement in der angegebenen Eigenschaft enthalten ist (z.B. Dateiname, Autor). Wenn Sie als Eigenschaft beispielsweise FIRMA gewählt haben, können Sie definieren, dass nur nach Dateien gesucht wird, deren Eigenschaft exakt einen bestimmten Text oder Wert enthält. Hierzu öffnen Sie das Dropdown-Listenfeld BEDINGUNG und wählen die Option IST (GENAU).

✔ In das Textfeld WERT geben Sie den Wert oder Text ein, den die gesuchte Datei enthalten soll. Wenn Sie beispielsweise alle Dateien finden möchten, deren Eigenschaft INHALTE den Text EXCEL enthält, dann schreiben Sie `Excel` in das Textfeld. Sollen alle Dateien gefunden werden, deren Eigenschaft INHALTE die Zahl 1.250.750 enthält, dann geben Sie `1250750` in das Textfeld WERT ein.

Nachdem Sie alle Kriterien für die Suche definiert haben (entweder auf der Registerkarte GRUNDLEGEND oder auf der Registerkarte ERWEITERTE OPTIONEN), klicken Sie auf die Schaltfläche SUCHEN und geben damit Excel den Startschuss für die Suche nach den Dateien, die Ihren Suchkriterien entsprechen. Sobald die Suche beendet ist, werden die gefundenen Dateien (unter denen sich hoffentlich auch die gesuchte Arbeitsmappe befindet) im Listenfeld ERGEBNISSE am unteren Rand des Dialogfelds SUCHEN angezeigt.

Sobald die Arbeitsmappe, nach der Sie suchen, im Listenfeld mit den Ergebnissen angezeigt wird, können Sie Excel anweisen, die Suche einzustellen, indem Sie auf die Schaltfläche ANHALTEN klicken. Wenn die Suche sehr viele Ordner einschließt (alle Ordner der Festplatte oder so), dann müssen Sie wahrscheinlich sogar durch die Liste blättern, um alle Dateinamen anzuzeigen. Wenn die Zahl der gefundenen Dateien unendlich erscheint, klicken Sie auf den Hyperlink NÄCHSTE 20 EINTRÄGE ganz unten in dieser Liste. Klicken Sie so oft auf diesen Hyperlink, bis Sie die Arbeitsmappe gefunden haben oder das Ende der Liste erreicht ist.

Wenn die gesuchte Arbeitsmappe im Listenfeld ERGEBNISSE angezeigt wird, doppelklicken Sie auf den Dateinamen (der Mauszeiger hat die Form einer Hand), um das Dialogfeld SUCHEN zu schließen und gleichzeitig wieder das Dialogfeld ÖFFNEN anzuzeigen, in dem der Dateiname bereits im Textfeld DATEINAME eingetragen ist. Nun müssen Sie nur noch auf die Schaltfläche ÖFFNEN klicken oder ⏎ drücken, um die Arbeitsmappe zu öffnen.

Das Datei-Suchspiel im Aufgabenbereich Suche

Excel 2002 wartet mit einer neuen Variante des Datei-Suchspiels auf: dem Aufgabenbereich SUCHEN. Hier können Sie genauso wie im Dialogfeld SUCHEN einfache und erweiterte Suchkriterien eingeben. Um nach einer Datei über den Aufgabenbereich SUCHEN zu suchen, führen Sie die folgenden Schritte aus:

1. **Wenn der Aufgabenbereich nicht auf der rechten Seite des Excel-Fensters angezeigt wird, wählen Sie im Menü ANSICHT den Befehl AUFGABENBEREICH.**

2. **Wenn der Aufgabenbereich SUCHEN noch nicht aktiviert ist, klicken Sie auf den nach unten zeigenden Pfeil rechts oben im Aufgabenbereich und wählen im Menü, das daraufhin aufklappt, die Option SUCHEN. (Abbildung 4.4 zeigt diesen Aufgabenbereich.)**

3. **Um eine einfache Suche auszuführen, geben Sie im Aufgabenbereich EINFACHE SUCHE den zu suchenden Text in das Textfeld TEXT SUCHEN ein.**

    Legen Sie dann den/die Speicherort(e) und den/die Dateityp(en) in den Dropdown-Listenfeldern SUCHEN IN und ERGEBNISSE ENTSPRECHEN fest. (Lesen Sie noch einmal den Abschnitt *Das Datei-Suchspiel im Dialogfeld SUCHEN* durch, wenn Sie bei der Auswahl der Suchkriterien noch unsicher sind.)

4. **Um die Suche stärker einzugrenzen, klicken Sie auf den Hyperlink WEITERE SUCHOPTIONEN im unteren Teil des Aufgabenbereichs.**

    Wenn Sie sich im einfachen Suchmodus befinden, wird der Hyperlink WEITERE SUCHOPTIONEN angezeigt; befinden Sie sich im Aufgabenbereich WEITERE SUCHOPTIONEN wird der Hyperlink EINFACHE SUCHE im unteren Teil des Aufgabenbereichs angezeigt.

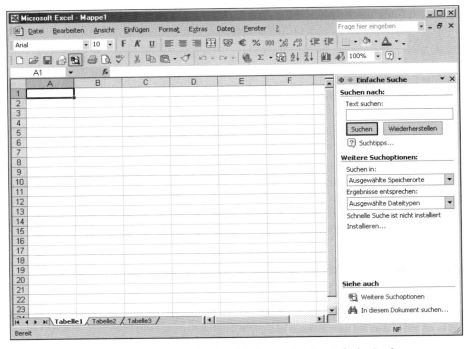

Abbildung 4.4: Der Aufgabenbereich SUCHEN für die einfache Suche

5. **Legen Sie die Suchkriterien für Eigenschaft, Bedingung und Wert nacheinander in den entsprechenden Dropdown-Listenfeldern fest und klicken Sie dann auf die Schaltfläche HINZUFÜGEN.**

   (Lesen Sie noch einmal den Abschnitt *Das Datei-Suchspiel im Aufgabenbereich Suchen* durch, wenn Sie bei der Auswahl der erweiterten Suchkriterien noch unsicher sind.)

6. **Nachdem Sie alle Kriterien für die Suche definiert haben, klicken Sie sowohl im Aufgabenbereich EINFACHE SUCHE (Schritt 3) als auch im Aufgabenbereich WEITERE SUCHOPTIONEN (Schritt 4) auf die Schaltfläche SUCHEN, um die Suche zu starten.**

Nachdem Sie eine Suche im Aufgabenbereich SUCHEN gestartet haben (unabhängig davon ob im Bereich EINFACHE SUCHE oder im Bereich WEITERE SUCHOPTIONEN), werden die Ergebnisse im Aufgabenbereich SUCHRESULTATE angezeigt. Hier werden alle Dateien aufgeführt, die den Suchkriterien entsprechen. Sie können hier eine bestimmte Arbeitsmappe auswählen, indem Sie auf den Dateinamen zeigen, um ihn zu markieren. Klicken Sie dann auf den nach unten zeigenden Pfeil hinter dem Dateinamen und wählen Sie aus dem daraufhin aufklappenden Menü den Befehl BEARBEITEN MIT MICROSOFT EXCEL.

4 ➤ Wie Sie Änderungen ohne Chaos durchführen

Wenn die Option BEARBEITEN MIT MICROSOFT EXCEL nicht verfügbar ist, da die Datei, die Sie ausgewählt haben, von Excel 2002 nicht als Arbeitsmappe identifiziert wird, versuchen Sie es mit der Option HYPERLINK IN DIE ZWISCHENABLAGE KOPIEREN. Öffnen Sie dann das Dialogfeld Öffnen (z.B. mit `Strg`+`O`) und fügen Sie die Verknüpfung (mit `Strg`+`V`) in das Textfeld DATEINAME ein, bevor Sie auf die Schaltfläche ÖFFNEN klicken.

Schnelle Suche installieren

Um die Suche nach Dateien noch schneller und effektiver zu machen, müssen Sie die Schnellsuchfunktion installieren (falls Sie das nicht bereits getan haben). Um diese Funktion zu installieren, klicken Sie im Aufgabenbereich EINFACHE SUCHE auf den Hyperlink INSTALLIEREN. (Wenn Sie schnelle Suche bereits installiert haben, wird dieser Hyperlink natürlich nicht mehr angezeigt.) Eine Warnmeldung wird angezeigt, die Sie darüber informiert, dass die schnelle Suche nicht gestartet werden kann, weil sie nicht installiert ist, und es wird gefragt, ob Sie sie jetzt installieren wollen. Natürlich klicken Sie auf JA. Legen Sie die CD-ROM zu Office XP in das CD-ROM-Laufwerk ein und klicken Sie auf OK, um die Installation auszuführen.

Nachdem die Funktion installiert ist, müssen Sie sie aktivieren. Klicken Sie dazu im Aufgabenbereich EINFACHE SUCHE auf den Hyperlink SUCHOPTIONEN (dort wo zuvor INSTALLIEREN stand). Wählen Sie dann im Dialogfeld INDEXDIENSTEINSTELLUNGEN die Option JA, INDEXDIENST AKTIVIEREN und klicken Sie dann auf OK.

Dateien – Eure Pässe, bitte!

Normalerweise zeigt Excel die Ordner und Dateien im Dialogfeld ÖFFNEN nur ganz knapp mit Ordner- oder Dateisymbol plus dem dazugehörigen Namen an.

Die Anzeige im Dialogfeld ÖFFNEN lässt sich jedoch kinderleicht ändern, indem Sie eine der folgenden Optionen aus dem Menü wählen, das angezeigt wird, wenn Sie in der Symbolleiste des Dialogfelds auf die Schaltfläche für Ansichten klicken (Abbildung 4.1):

✔ Wählen Sie DETAILS, um die Dateigröße in Kilobytes, den Dateityp und das Datum der letzten Änderung zusammen mit dem Dateisymbol und dem Dateinamen anzuzeigen (Abbildung 4.5).

✔ Wählen Sie EIGENSCHAFTEN, um Dateiinformationen neben dem Dateisymbol und dem Dateinamen anzuzeigen, sobald Sie die entsprechende Datei im Listenfeld markieren (Abbildung 4.6). (Wenn Sie Dateiinformationen für eine Datei erstellen wollen, markieren Sie die Datei im Dialogfeld ÖFFNEN und wählen im Menü zur Schaltfläche EXTRAS den Befehl EIGENSCHAFTEN. Klicken Sie dann im Dialogfeld EIGENSCHAFTEN auf das Register ZUSAMMENFASSUNG.)

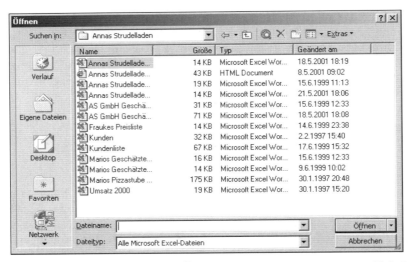

Abbildung 4.5: So sieht das Dialogfeld ÖFFNEN aus, nachdem Sie DETAILS gewählt haben.

Abbildung 4.6: So sieht das Dialogfeld ÖFFNEN in der Ansicht EIGENSCHAFTEN aus.

✔ Wählen Sie VORSCHAU, um eine Minivorschau anzuzeigen. Excel zeigt jeweils die linke obere Ecke des ersten Tabellenblatts (Abbildung 4.7). Sollten Sie sich wundern, dass diese Option bei Ihnen nicht funktioniert, dann könnte das daran liegen, dass Sie das Kontrollkästchen VORSCHAUGRAFIK SPEICHERN nicht aktiviert haben. Sie finden es ganz unten links auf der Registerkarte ZUSAMMENFASSUNG (im Menü DATEI den Befehl EIGENSCHAFTEN wählen).

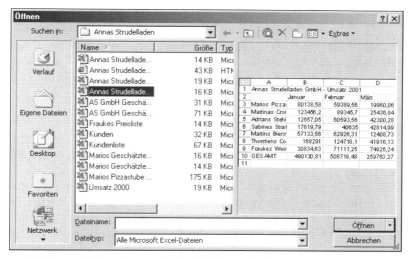

Abbildung 4.7: So sieht das Dialogfeld ÖFFNEN in der Ansicht VORSCHAU aus.

Was gibt es noch im Dialogfeld Öffnen?

Das Dialogfeld ÖFFNEN verfügt über eine Schaltfläche ÖFFNEN, zu der ein PopUp-Menü gehört, mit dem sich die ausgewählten Arbeitsmappen auf besondere Weise öffnen lassen:

✔ **SCHREIBGESCHÜTZT ÖFFNEN:** Dieser Befehl öffnet die Dokumente, die im Listenfeld des Dialogfelds ÖFFNEN markiert sind, als schreibgeschützte Dateien. Was heißt das denn nun schon wieder? Schreibgeschützt heißt, dass Sie die Dateien anschauen dürfen, aber – falls Sie in den Dateien herumfuschen – die Änderungen nicht speichern können. Und was machen Sie dann? Dann müssen Sie im Excel-Menü DATEI den Befehl SPEICHERN UNTER wählen und der Arbeitsmappe einen neuen Dateinamen geben (hierzu mehr in Kapitel 2 im Abschnitt *Jetzt wird gespeichert*).

✔ **ALS KOPIE ÖFFNEN:** Mit diesem Befehl öffnen Sie eine Kopie der Dateien, die Sie im Dialogfeld ÖFFNEN markiert haben. Eigentlich keine schlechte Sache, denn wenn Sie mal ein heilloses Durcheinander anrichten, können Sie immer wieder auf das Original zurückgreifen.

✔ **IM BROWSER ÖFFNEN:** Dieser Befehl öffnet die Arbeitsmappen, die als Webseiten gespeichert wurden (wird in Kapitel 10 beschrieben), in Ihrem persönlichen Lieblingsbrowser (beispielsweise im Microsoft Internet Explorer). Dieser Befehl ist natürlich nur verfügbar, wenn das Programm die ausgewählte Datei als HTML-Dokument erkennt.

ÖFFNEN UND REPARIEREN: Mit diesem Befehl können Sie mit etwas Glück beschädigte Arbeitsmappen reparieren, bevor diese in Excel geöffnet werden. Wenn Sie diesen Befehl wählen, wird ein Dialogfeld angezeigt, das Ihnen zwei Möglichkeiten anbietet: Excel kann entweder die beschädigte Datei reparieren und die wiederhergestellte Version öffnen oder Daten aus einer beschädigten Datei auslesen und diese in einer neuen Arbeitsmappe öffnen (die Sie wiederum mit dem Befehl SPEICHERN im Menü DATEI speichern können). Klicken Sie auf die Schaltfläche REPARIEREN, um die Datei wiederherzustellen und zu öffnen oder klicken Sie auf die Schaltfläche DATEN EXTRAHIEREN, wenn die Reparatur der Datei keinen Erfolg hatte.

Bitte rückgängig machen!

Bevor Sie nun in Ihrer wertvollen Arbeitsmappe mit der großen Änderungsaktion beginnen, sollten Sie – für alle Fälle – wissen, wie überaus hilfreich der Befehl RÜCKGÄNGIG im Menü BEARBEITEN sein kann. Zunächst einmal sei gesagt, dass es sich hierbei um das reinste Chamäleon handelt, denn der Befehl ändert sich je nach der von Ihnen gerade ausgeführten Aktion: Wenn Sie soeben den Inhalt einer Zelle mit dem Befehl LÖSCHEN im Menü BEARBEITEN entfernt haben, ändert sich der Befehl in RÜCKGÄNGIG: LÖSCHEN. Wenn Sie mit den Befehlen AUSSCHNEIDEN und EINFÜGEN (beide im Menü BEARBEITEN) Einträge in einen anderen Teil des Tabellenblatts verschoben haben, ändert sich der Befehl in RÜCKGÄNGIG: EINFÜGEN.

Hier noch zwei andere Möglichkeiten, den Befehl RÜCKGÄNGIG aufzurufen: Drücken Sie [Strg]+[Z] oder klicken Sie in der Standard-Symbolleiste auf die Schaltfläche für Rückgängig.

Wie gesagt, der Befehl RÜCKGÄNGIG im Menü BEARBEITEN ändert sich je nach der von Ihnen ausgeführten Aktion. Da der Befehl sich also nach jeder Aktion entsprechend wandelt, müssen Sie schnell reagieren, denn wenn Sie erst einmal den nächsten Befehl gewählt haben, können Sie den Fehler in Ihrem Tabellenblatt mit dem Befehl RÜCKGÄNGIG nicht mehr ausmerzen. In einem solchen Fall müssen Sie sich der Schaltfläche für Rückgängig in der Standard-Symbolleiste bedienen. Wenn Sie nämlich auf den Pfeil neben dieser Schaltfläche klicken, werden die Aktionen angezeigt, die Sie zuletzt ausgeführt haben. Klicken Sie auf den Befehl, der rückgängig gemacht werden soll, und Excel macht diesen und alle bis zu diesem Befehl in der Liste enthaltenen Aktionen auf einen Schlag rückgängig.

Das Rückgängigmachen rückgängig machen

Nachdem Sie auf eine der vielen Arten den Befehl RÜCKGÄNGIG gewählt haben, fügt Excel einen neuen Befehl im Menü BEARBEITEN ein: WIEDERHOLEN. Wenn Sie also einen Eintrag aus einer Zelle mit dem Unterbefehl ALLES des Befehls LÖSCHEN im Menü BEARBEITEN (kommen Sie noch mit?) löschen und anschließend im Menü BEARBEITEN den Befehl RÜCKGÄNGIG: INHALTE LÖSCHEN wählen, dann sehen Sie beim nächsten Öffnen des Menüs BEARBEITEN den folgenden Befehl direkt unter dem Befehl RÜCKGÄNGIG: WIEDERHOLEN: INHALTE LÖSCHEN STRG + Y

Wenn Sie diesen Befehl wählen, führt Excel den Befehl nochmals aus, den Sie gerade zuvor rückgängig gemacht haben. Das hört sich ein bisschen merkwürdig an. Diese Option ist aber äußerst nützlich, wenn Sie sich nicht entscheiden können, ob Sie eine bestimmte Änderung vornehmen sollen oder nicht. Schalten Sie also einfach zwischen den Befehlen RÜCKGÄNGIG und WIEDERHOLEN hin und her und lassen Sie sich so einmal den Zustand vorher und einmal nachher anzeigen.

Sie werden es sicher viel bequemer finden, mit den Schaltflächen RÜCKGÄNGIG und WIEDERHOLEN zu arbeiten, anstatt diese Befehle über die Menüleiste aufzurufen. Die beiden Schaltflächen finden Sie übrigens in der Standard-Symbolleiste; sie fallen durch ihre geschwungenen Pfeile angenehm auf. Es ist durchaus möglich, dass Sie die Schaltfläche WIEDERHOLEN, wenn Sie sie zum ersten Mal verwenden möchten, nicht in der Standard-Symbolleiste finden. Wenn nur die Schaltfläche RÜCKGÄNGIG angezeigt wird, dann müssen Sie die Schaltfläche WIEDERHOLEN über die Schaltfläche für *Optionen für Symbolleisten* (die mit den >>) auswählen.

Das Schöne an der RÜCKGÄNGIG-Funktion ist, dass man mehrere Aktionen auf einmal ungeschehen machen kann, wenn man in dem Dropdown-Listenfeld dieser Schaltfläche auf die Aktion klickt, die nicht hätte ausgeführt werden sollen. Dass hierbei alle anderen Aktionen, die Sie ausgeführt haben, bis Ihnen der Fehler aufgefallen ist, auch wieder rückgängig gemacht werden, müssen Sie leider in Kauf nehmen.

Wenn mit Rückgängig nichts mehr vorwärts geht

Jetzt glauben Sie bestimmt, dass bei so viel Netz und doppeltem Boden nichts mehr schief gehen kann. Nun, dann sollte ich Sie vielleicht wieder auf den Boden der Tatsachen zurückholen und Ihnen sagen, dass Sie mit RÜCKGÄNGIG nicht alles rückgängig machen können. Sie können zwar die letzte Löschung eines Zellinhalts oder das letzte Ausschneiden, Kopieren und Einfügen von Zellen widerrufen, nicht aber das Löschen einer Datei oder ein falsches Speichern. (Wenn Sie z.B. anstatt des Befehls SPEICHERN UNTER im Menü DATEI, mit dem Sie die bearbeitete Arbeitsmappe unter einem anderen Namen ablegen wollten, den Befehl SPEICHERN wählen und damit alle Änderungen als Teil des aktuellen Dokuments speichern – Pech gehabt!)

Leider teilt Excel Ihnen nicht mit, wann Sie im Begriff sind, etwas zu tun, von wo es kein Zurück mehr gibt. Erst wenn Sie das, was Sie nicht hätten tun sollen, ausgeführt haben, und Sie das Menü BEARBEITEN öffnen und hoffnungsfroh nun den Befehl RÜCKGÄNGIG: ... erwarten, wird ganz keck angezeigt: RÜCKGÄNGIG: NICHT MÖGLICH

Um dem Ganzen noch die Krone aufzusetzen, wird dieser ganz und gar nicht hilfreiche Befehl auch noch abgeblendet dargestellt, d.h., der Befehl kann noch nicht einmal gewählt werden – was natürlich auch nichts ändern würde!

Es gibt allerdings eine Ausnahme von dieser Regel, nämlich wenn das Programm Sie vor einer Änderung, die normalerweise nicht rückgängig gemacht werden kann, mit einer Meldung warnt. Wenn der Speicherplatz nur noch minimal ist und/oder die Änderung sich grundlegend auf das Tabellenblatt auswirken würde, dann erkennt Excel, dass es nicht in der Lage wäre, diese Änderung rückgängig zu machen. Das Programm meldet Ihnen dann, dass nicht genügend Speicherplatz vorhanden ist, um diese Aktion rückgängig zu machen, und fragt, ob

Sie fortfahren möchten. Wenn Sie auf die Schaltfläche JA klicken und die Bearbeitung damit abschließen, sollten Sie sich bewusst sein, dass es jetzt kein Pardon mehr gibt. Falls Sie später – zu spät – bemerken, dass Sie eine Zeile mit wichtigen Formeln gelöscht haben (die Sie vergessen haben, weil sie nicht angezeigt wurden), dann gibt es kein Zurück bzw. Rückgängig mehr. In diesem Fall hilft nur noch eins: Die Datei schließen und die Frage, ob Sie die Änderungen speichern wollen, entschieden verneinen!

Ziehen, bis zum Ablegen

Die bedeutendste Bearbeitungstechnik, die Sie unbedingt kennen sollten, heißt »Ziehen und Ablegen« oder auch Drag & Drop. Wie der Name irgendwie schon sagt, ist dies eine Maustechnik, die Sie einsetzen, um markierte Zellen *aufzunehmen* und an einer anderen Stelle im Tabellenblatt wieder *abzulegen*. In erster Linie verschiebt man mit »Ziehen und Ablegen« Zellinhalte im Tabellenblatt; Sie können aber auch markierte Zellen damit kopieren. (Falls Sie's nicht mehr, noch nicht oder noch nie wussten: ZIEHEN heißt, dass Sie ein Element markieren und die linke Maustaste gedrückt halten, während Sie die Maus bewegen, um das Element an die gewünschte Stelle zu verschieben.)

Um »Ziehen und Ablegen« zum Verschieben eines Zellbereichs (das geht immer nur mit *einem*) einzusetzen, gehen Sie so vor:

1. **Markieren Sie einen Zellbereich.**
2. **Setzen Sie den Mauszeiger auf einen Rand des markierten Bereichs.**

    Ihr Startzeichen wird gegeben, wenn sich der Mauszeiger in einen Vierfachpfeil verwandelt: Jetzt können Sie den Zellbereich an die neue Position im Tabellenblatt ziehen.

3. **Ziehen Sie den markierten Zellbereich zu seiner neuen Position.**

    Sie ziehen, indem Sie die Maustaste (in der Regel die linke) drücken und diese so lange gedrückt lassen, wie Sie die Maus bewegen.

    Während Sie ziehen, bewegen Sie nur die Umrisse des Zellbereichs. In einer kleinen QuickInfo sagt Excel Ihnen, wo Sie den Zellbereich ablegen würden, wenn Sie jetzt die Maus losließen. Ziehen Sie den Umriss weiter bis an die gewünschte Position.

4. **Lassen Sie die Maustaste los.**

    Die Zellinhalte dieses Zellbereichs werden an der neuen Position angezeigt, sobald Sie die Taste loslassen.

In den Abbildungen 4.8 und 4.9 sehen Sie, wie Sie mit »Ziehen und Ablegen« einen Zellbereich verschieben. In Abbildung 4.8 ist der Zellbereich A10:E10 markiert, der in die Zeile 12 verschoben werden soll, damit die Umsatzzahlen von zwei neuen Firmen (Silkes Pilspub und Gabys Pfannkuchenhaus) eingefügt werden können, die bei der Erstellung dieses Tabellenblatts noch nicht zu Annas Strudelladen GmbH gehörten. Abbildung 4.9 zeigt das Tabellenblatt nach dem Verschieben.

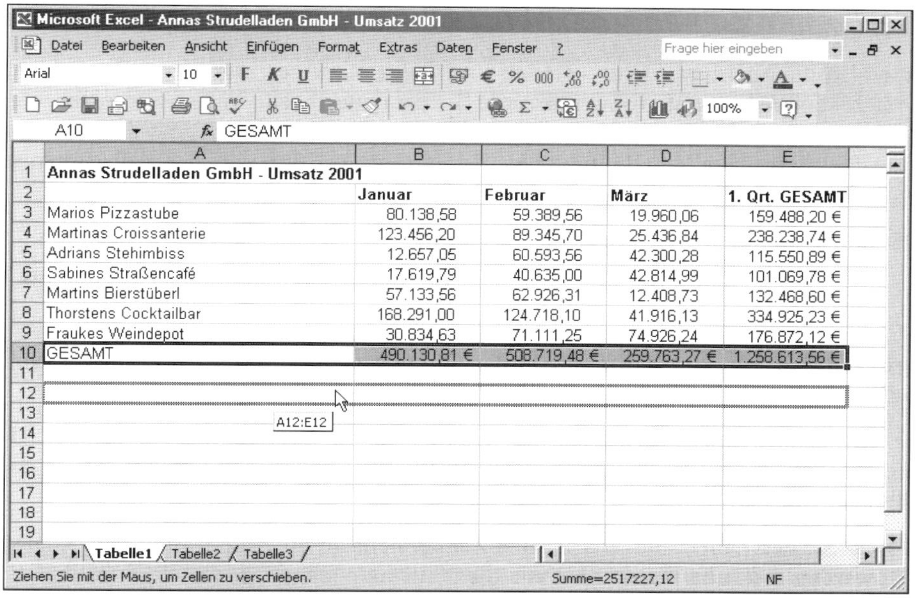

4 ➤ Wie Sie Änderungen ohne Chaos durchführen

Abbildung 4.8: Ein markierter Zellbereich wird an eine neue Position im Tabellenblatt gezogen.

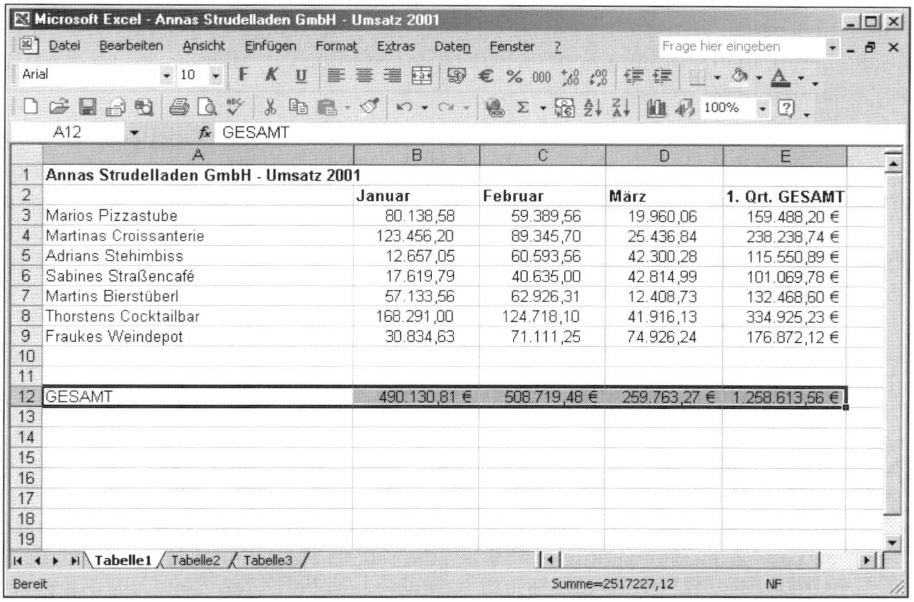

Abbildung 4.9: Das Tabellenblatt nach Ausführen der Aktion »Ziehen und Ablegen«

Kopieren mit Ziehen und Ablegen

Das war also die Sache mit dem »Ziehen und Ablegen«. Aber was, wenn Sie lieber einen Zellbereich kopieren möchten? Sie müssen z.B. eine neue Tabelle in demselben Tabellenblatt anlegen und wollen den Zellbereich mit der formatierten Überschrift und den Spaltenüberschriften für diese neue Tabelle kopieren. Spielen wir das Ganze mal für die Spaltenüberschriften durch:

1. **Markieren Sie den Zellbereich.**

   Wenn wir die Abbildungen 4.8 und 4.9 als Beispiel nehmen, müssten Sie den Zellbereich B2:E2 markieren.

2. **Drücken Sie [Strg], während Sie den Mauszeiger auf einen Rand des markierten Zellbereichs setzen.**

   Der Zeiger wird jetzt mit einem Pluszeichen (+) auf der rechten Seite dargestellt. Dies ist das Zeichen dafür, dass Sie mit »Ziehen und Ablegen« die markierten Zellen *kopieren* und nicht *verschieben*.

3. **Ziehen Sie den Umriss des markierten Zellbereichs an die Stelle, an der die Kopie abgelegt werden soll, und lassen Sie dann die Maustaste los.**

Darf ich mal eben dazwischen?

Wenn Sie einen neuen Eintrag in eine bereits belegte Zelle schreiben oder dorthin verschieben bzw. kopieren, überschreibt der neue Eintrag vollständig den alten, so als ob der alte Eintrag nie bestanden hätte.

Wenn Sie einen Zellbereich in einen stark frequentierten Bereich des Tabellenblatts verschieben oder kopieren wollen, ohne dabei versehentlich vorhandene Einträge zu überschreiben, drücken Sie [⇧], während Sie den markierten Bereich ziehen. (Wenn Sie kopieren, drücken Sie [⇧]+[Strg] während des Ziehens.) Anstatt einen rechteckigen Umriss des Zellbereichs zu ziehen, ziehen Sie jetzt einen schraffierten Balken, der je nach Position die Breite bzw. Höhe des markierten Bereichs darstellt. Wenn Sie diesen Balken auf dem Spalten- oder Zeilenrand positionieren, wo der Zellbereich eingefügt werden soll (Excel zeigt wieder in einer QuickInfo an, an welcher Position Sie sich befinden), lassen Sie die Maustaste los. Excel fügt den Zellbereich ein und verweist bestehende Einträge in benachbarte leere Zellen.

Was Ihnen natürlich auch passieren kann, wenn Sie einen Zellbereich an eine neue Position ziehen, ist, dass anstatt der Daten nur diese ########## angezeigt werden, da Excel die Spaltenbreite jetzt nicht wie beim Formatieren der Daten automatisch anpasst. Es ist aber ein Leichtes, diese ######### wieder verschwinden zu lassen. Doppelklicken Sie auf die rechte Spaltenbegrenzung und die Spalte wird in der Breite so angepasst, dass wieder alle Daten samt Währungszeichen angezeigt werden können.

> **Aber ich habe doch nur gemacht, was Sie gesagt haben ...**
> »Ziehen und Ablegen«, um Daten einzufügen, ist wohl eine der heikelsten Excel-Funktionen. Selbst wenn Sie alles richtig ausgeführt haben, wird manchmal ein Dialogfeld mit einer Meldung angezeigt, dass Excel jetzt die bestehenden Einträge überschreibt, anstatt sie zur Seite zu schieben. Klicken Sie in diesen Fall immer auf ABBRECHEN. Glücklicherweise bleiben Ihnen ja noch die Befehle AUSSCHNEIDEN und EINFÜGEN, mit denen es sich auch nicht schlecht arbeiten lässt. (Mehr dazu im Abschnitt *Man muss auch einfügen können* weiter unten in diesem Kapitel.)

Die Formel und das AutoAusfüllen

Sie sollten immer dann mit »Ziehen und Ablegen« arbeiten, wenn Sie mehrere angrenzende Zellen an eine andere Stelle im Tabellenblatt kopieren möchten. Es wird aber sicherlich häufiger vorkommen, dass Sie eine Formel, die Sie gerade erstellt haben, in eine Reihe angrenzender Zellen kopieren wollen, da dort dieselbe Berechnung durchgeführt werden soll (z.B. Errechnen der Gesamtsumme einer Zahlenreihe). Diese Art des Kopierens kann jedoch nicht mit »Ziehen und Ablegen« ausgeführt werden. Verwenden Sie hierzu die bereits in Kapitel 2 beschriebene AUTOAUSFÜLLEN-Funktion oder die Befehle KOPIEREN und EINFÜGEN (siehe *Man muss auch einfügen können* weiter unten in diesem Kapitel).

In den Abbildungen 4.10 und 4.11 habe ich mit AUTOAUSFÜLLEN eine Formel in einen Zellbereich kopiert. Abbildung 4.10 zeigt das Tabellenblatt mit den Umsatzzahlen für 2001 von Annas Strudelladen GmbH, nachdem ich in die Liste die beiden neuen Firmen Silkes Pilspub und Gabys Pfannkuchenhaus eingefügt habe. (Sehen Sie sich noch mal Abbildung 4.9 an, wenn Sie nicht mehr wissen, wie ich die Zeile mit den Gesamtsummen in die Zeile 12 verschoben habe.)

Leider hat Excel die Summenformeln nicht aktualisiert. Die SUMME-Funktion verwendet noch immer B3:B9 als Argument, obwohl doch mittlerweile die Zeilen 10 und 11 dazugehören. Die Zellen in Zeile 12 enthalten jedoch eine kleine Markierung in der linken oberen Ecke. Außerdem zeigt ein »Warnschild« an, dass hier irgendetwas nicht stimmt. Wie Sie in Abbildung 4.10 sehen, verbirgt sich hinter diesem Warnschild ein PopUp-Menü, das Abhilfe für diese missliche Lage schafft. Wählen Sie den Befehl BEZUG ERWEITERN, UM ZELLEN EINZUSCHLIESSEN und schon wird als neuer Bereich für die SUMME-Funktion B3:B11 angezeigt. Na also, es geht doch! Man muss nur ein bisschen nachhelfen. Dann habe ich das Ausfüllkästchen gezogen (der Mauszeiger nimmt die Form eines kleinen schwarzen Kreuzes an – siehe Tabelle 1.1 in Kapitel 1), um den Zellbereich C12:E12 (in den die Summenformel kopiert werden soll) zu markieren und die alte Formel mit der neuen zu überschreiben. Sehen Sie sich in Abbildung 4.11 in Zeile 12 den Zellbereich C12:E12 an: Die Gesamtumsätze für die Monate Februar und März sind jetzt im Tabellenblatt enthalten und auch die Quartalsumsätze in der Spalte 1. Qrt. GESAMT für Annas Strudelladen GmbH wurden mit der SUMME-Funktion aktualisiert.

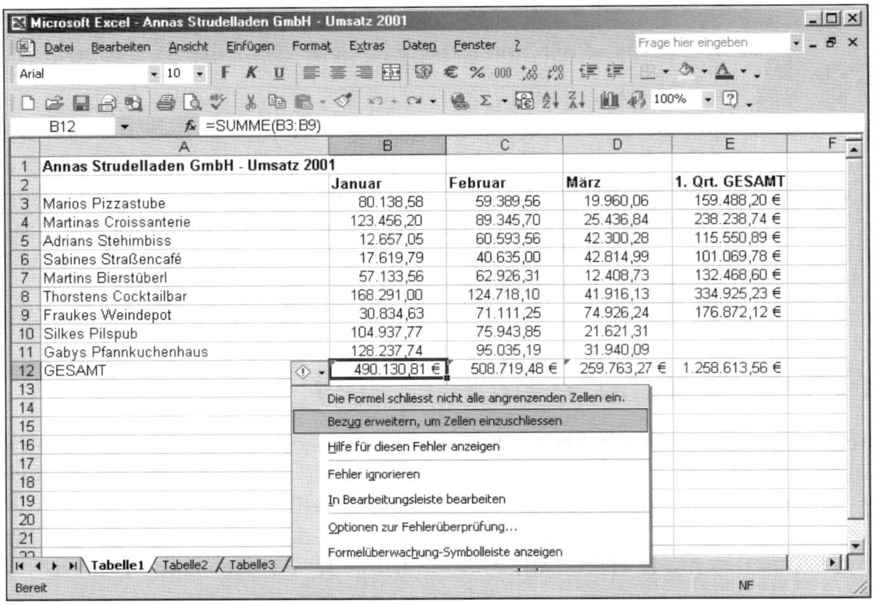

Abbildung 4.10: Zellen markieren und im PopUp-Menü den Befehl Bezug erweitern, um Zellen einzuschliessen *wählen*

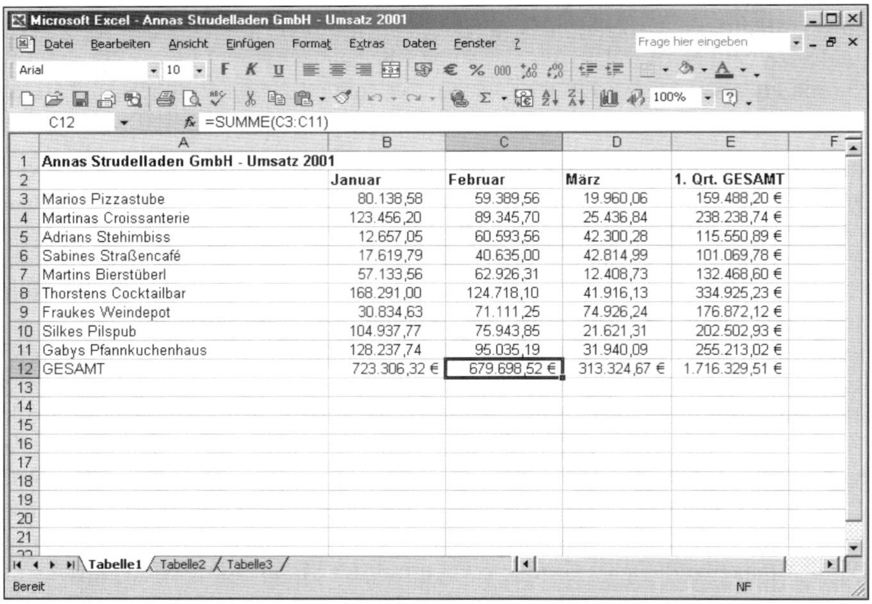

Abbildung 4.11: Das Tabellenblatt mit den aktualisierten Summenformeln

Alles relativ

In Abbildung 4.11 sehen Sie das Tabellenblatt, nachdem ich die Formel aus einer Zelle in den Zellbereich C12:E12 kopiert habe (Zelle C12 ist aktiv). Beim Kopieren der Formeln geht Excel folgendermaßen vor. Die Originalformel in Zelle B12 lautet:

=SUMME(B3:B11)

Wenn die Originalformel nach nebenan in Zelle C12 kopiert wird, ändert Excel die Formel und zeigt jetzt an:

=SUMME(C3:C11)

Excel passt also den Spaltenbezug an und ändert B in C, da ich von links nach rechts gezogen habe.

Wenn Sie eine Formel in einen Zellbereich kopieren, der sich über mehrere Zeilen innerhalb einer Spalte erstreckt, passt Excel die Zeilennummern anstatt der Spaltenbuchstaben an. Die Zelle E3 im Tabellenblatt mit den Umsatzzahlen von Annas Strudelladen GmbH enthält beispielsweise die Formel:

=SUMME(B3:D3)

Wenn Sie diese Formel in Zelle E4 kopieren, ändert Excel die Kopie der Formel in:

=SUMME(B4:D4)

Excel passt den Zeilenbezug der neuen Position in Zeile 4 an. Da Excel den Zellbezug in den kopierten Formeln relativ zur Kopierrichtung anpasst, werden die Zellbezüge auch als *relative Zellbezüge* bezeichnet.

Absolut richtig

Alle neuen Formeln, die Sie erstellen, enthalten automatisch relative Zellbezüge. Da die meisten Kopien, die Sie von Formeln erstellen, eine Anpassung der Zellbezüge erforderlich machen, brauchen Sie sich darüber keine weiteren Gedanken zu machen. Ab und zu werden Sie allerdings der berühmten Ausnahme begegnen und festlegen müssen, wann und wie Zellbezüge in Kopien angepasst werden sollen.

Eine der häufigsten Ausnahmen ist wohl, wenn Sie einen Bereich mit verschiedenen Werten mit einem Einzelwert vergleichen wollen, also wenn Sie beispielsweise berechnen wollen, welchen prozentualen Anteil ein bestimmter Bereich am Gesamtbereich hat. Angenommen, Sie wollen im Tabellenblatt mit den Umsätzen für Annas Strudelladen GmbH eine Formel erstellen und kopieren, die den prozentualen Anteil des jeweiligen Monatsumsatzes (aus den Zellen B12 bis D12) am Quartalsumsatz (aus Zelle E12) errechnet.

Weiter angenommen, Sie möchten diese Formeln in Zeile 14 des Tabellenblatts eingeben und dabei in Zelle B14 beginnen. Die Formel in Zelle B14 zur Berechnung des prozentualen Anteils des Januarumsatzes am Quartalsumsatz ist recht simpel:

=B12/E12

Diese Formel dividiert die Gesamtumsätze für Januar aus Zelle B12 durch den Quartalsumsatz in E12. Das war ein Kinderspiel, oder? Wenn Sie jetzt allerdings das Ausfüllkästchen eine Zelle nach rechts ziehen, um die Formel in Zelle C14 zu kopieren, lesen Sie in der Bearbeitungsleiste:

=C12/F12

Die Anpassung des ersten Zellbezugs von B12 nach C12 hat ja geklappt. Was man allerdings von der Anpassung des zweiten Zellbezugs von E12 auf F12 nicht behaupten kann. Nicht nur, dass dies keineswegs den gewünschten Anteil der Umsätze im Februar aus Zelle C12 am Umsatz des 1. Quartals aus Zelle E12 berechnet, das Ganze endet obendrein in C14 in der Fehlermeldung #DIV/0!.

Um Excel daran zu hindern, einen Zellbezug beim Kopieren einer Formel anzupassen, ändern Sie den relativen Zellbezug in einen absoluten. Wie? Nun, Sie drücken ganz einfach die Funktionstaste [F4], nachdem Sie die entsprechende Zelle markiert haben. Das Programm zeigt Ihnen den absoluten Zellbezug an, indem es $-Zeichen vor den Spaltenbuchstaben und die Zeilennummer einfügt. In Abbildung 4.12 enthält die Zelle B14 die korrekte Formel, die in den Zellbereich C14:D14 kopiert werden kann:

=B12/$E$12

Abbildung 4.13 zeigt das Tabellenblatt, nachdem diese Formel mit dem Ausfüllkästchen in den Zellbereich C14:D14 kopiert wurde. Die Zelle C14 ist markiert und in der Bearbeitungsleiste wird die folgende Formel angezeigt:

=C12/$E$12

Da in der ursprünglichen Formel E12 in $E$12 geändert wurde, enthalten jetzt alle Kopien denselben absoluten Zellbezug.

Wenn Sie aus Versehen eine Formel kopieren, in der ein oder mehrere Zellbezüge absolut hätten sein sollen, dann können Sie den Schaden mit den folgenden Schritten beheben:

1. **Doppelklicken Sie auf die Zelle, die die falsche Formel enthält, bzw. markieren Sie die Zelle und drücken Sie [F2], um sie zu bearbeiten.**

2. **Positionieren Sie die Einfügemarke vor dem relativen Zellbezug, der absolut werden soll.**

3. **Drücken Sie [F4].**

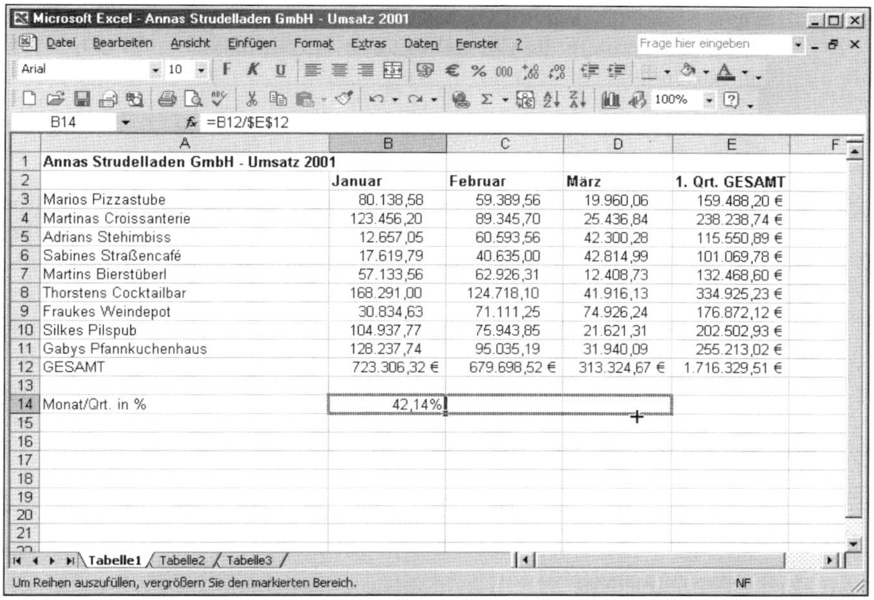

4 ➤ Wie Sie Änderungen ohne Chaos durchführen

Abbildung 4.12: Die Formel zum Berechnen des prozentualen Anteils der Monatsumsätze am Quartalsumsatz enthält einen absoluten Zellbezug.

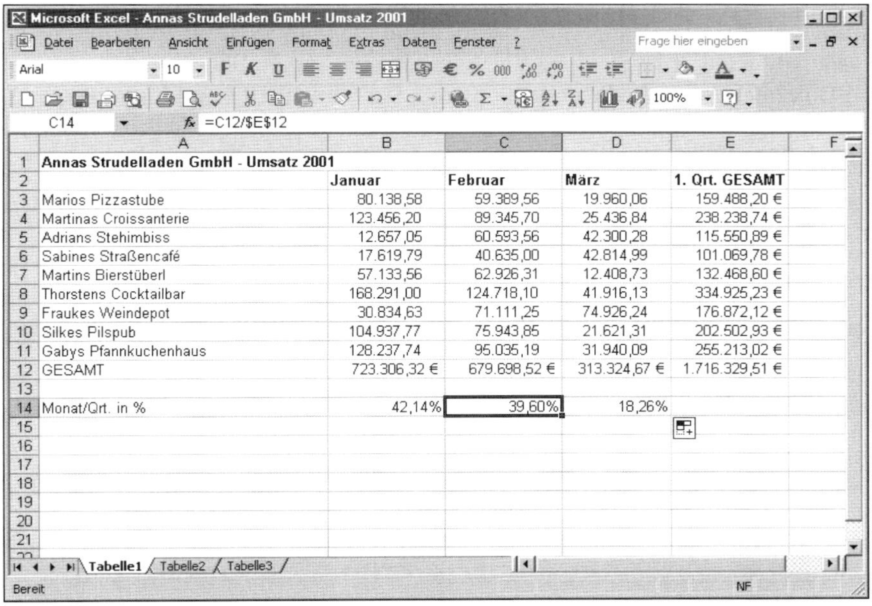

Abbildung 4.13: Das Tabellenblatt, nachdem ich die Formel mit den absoluten Zellbezügen kopiert habe

4. **Wenn Sie den Bearbeitungsvorgang abgeschlossen haben, drücken Sie ⏎ und kopieren dann die Formel mit dem Ausfüllkästchen in den betreffenden Zellbereich.**

   Jetzt ist der Schaden behoben, den die Formel mit dem relativen Zellbezug angerichtet hat.

Sie sollten F4 wirklich nur drücken, um einen Zellbezug – wie oben beschrieben – als absolut zu definieren. Wenn Sie F4 ein zweites Mal drücken, enden Sie mit einem gemischten Zellbezug, bei dem die Zeile absolut und die Spalte relativ ist (wie bei E$12). Wenn Sie F4 zum dritten Mal drücken, kommt es zu einer neuen Zellbezugsmischung, bei der die Spalte absolut und die Zeile relativ ist (wie bei $E12). Drücken Sie nun, weil es so schön ist, F4 ein viertes Mal, ändert Excel den Zellbezug wieder in relativ, also in E12. Sie sind jetzt wieder an der Ausgangssituation und können nun F4 wieder so lange drücken, bis Sie die gewünschte Mischung an Zellbezügen erhalten.

Man muss auch einfügen können

Anstatt mit »Ziehen und Ablegen« oder AUTOAUSFÜLLEN zu arbeiten, können Sie auch die allzeit bereiten Befehle AUSSCHNEIDEN, KOPIEREN und EINFÜGEN verwenden, um Daten in einem Tabellenblatt zu verschieben oder zu kopieren. Diese Befehle bedienen sich der elektronischen Zwischenablage, in der die Daten, die Sie ausschneiden oder kopieren, gespeichert werden, bis Sie sich dazu entschließen, diese Daten irgendwo einzufügen. Weil es diese hervorragende Einrichtung der Zwischenablage gibt, können Sie mit diesen Befehlen Daten auch in eine andere geöffnete Excel-Arbeitsmappe oder sogar in eine andere Windows-Anwendung (z.B. in ein Word-Dokument) verschieben oder kopieren. Das Verschieben und Kopieren von Daten in ein anderes als das aktuelle Dokument ist zwar auch mit »Ziehen und Ablegen« möglich, nicht jedoch mit AutoAusfüllen!

Um einen markierten Zellbereich mit den Befehlen AUSSCHNEIDEN und EINFÜGEN im Menü BEARBEITEN zu verschieben, gehen Sie folgendermaßen vor:

1. **Markieren Sie die Zellen, die verschoben werden sollen.**
2. **Klicken Sie auf die Schaltfläche für Ausschneiden in der Standard-Symbolleiste.**

   Falls Ihnen das lieber ist, können Sie auch im Kontextmenü für Zellen bzw. im Menü BEARBEITEN den Befehl AUSSCHNEIDEN wählen.

   Den Umweg über die Menüs und Schaltflächen können Sie sich sparen, indem Sie ganz einfach Strg+X drücken. Egal auf welche Weise Sie den Befehl AUSSCHNEIDEN aufrufen, Excel versieht in jedem Fall die markierten Zellen mit einem *Laufrahmen* (eine sich bewegende gestrichelte Linie, die den Zellbereich umgibt) und zeigt folgende Meldung in der Statusleiste an: Markieren Sie den Zielbereich und drücken Sie die Eingabetaste.

3. Markieren Sie die Zelle in der oberen linken Ecke des Zellbereichs, in dem die Daten dann abgelegt werden sollen.

4. **Drücken Sie** ⏎ , **um die Aktion abzuschließen.**

Wenn Ihnen keine Anstrengung zu viel ist, dann erzielen Sie dasselbe Ergebnis auch über die Menüleiste mit dem Befehl EINFÜGEN im Menü BEARBEITEN bzw. im Kontextmenü für Zellen oder ganz einfach durch Drücken von Strg + V . Last but not least, gibt es in der Standard-Symbolleiste auch noch die Schaltfläche für Einfügen.

Wenn Sie den Zielbereich festlegen, müssen Sie keinen leeren Zellbereich markieren, dessen Form und Größe den markierten Zellen entspricht, die Sie verschieben. Excel muss nur die Position der Zelle in der oberen linken Ecke des Zielbereichs kennen, um die restlichen Zellen unterzubringen.

Das Kopieren markierter Zellen mit den Befehlen KOPIEREN und EINFÜGEN verläuft nach demselben Schema wie das Ausschneiden und Einfügen. Nachdem Sie den zu kopierenden Zellbereich markiert haben, stehen Ihnen wieder viele Möglichkeiten offen, um die Daten in die Zwischenablage zu kopieren. Sie können nicht nur im Kontextmenü für Zellen bzw. im Menü BEARBEITEN den Befehl KOPIEREN wählen. Es gibt da auch noch die Tastenkombination Strg + C oder die Schaltfläche für Kopieren in der Standard-Symbolleiste.

Kopieren wird erst beim zweiten Mal schön

Wenn Sie einen markierten Zellbereich mit den Befehlen KOPIEREN und EINFÜGEN über die Zwischenablage kopiert haben, können Sie diese Daten beliebig oft einfügen. Sie müssen nur darauf achten, den ersten Kopiervorgang nicht mit ⏎ abzuschließen, sondern den Befehl EINFÜGEN (im Kontextmenü oder im Menü BEARBEITEN) zu wählen oder Strg + V zu drücken.

Wenn Sie den Befehl EINFÜGEN verwenden, um einen Kopiervorgang abzuschließen, kopiert Excel die markierten Zellen in den Zielbereich, ohne den Laufrahmen zu entfernen. Das heißt für Sie, dass Sie noch weitere Zielbereiche (in diesem oder einem anderen Dokument) wählen können.

Nachdem Sie die erste Zelle des nächsten Zielbereichs markiert haben, wählen Sie wiederum den Befehl EINFÜGEN. Sie können jetzt beliebig lange so weitermachen. Wenn Sie die letzte Kopie machen, drücken Sie ⏎ , anstatt den Befehl EINFÜGEN zu wählen. Sollten Sie statt ⏎ doch (in alter Gewohnheit) wieder EINFÜGEN gewählt haben, müssen Sie Esc drücken, um den Laufrahmen um den ursprünglichen Zellbereich zu entfernen.

Und noch mehr Optionen fürs Einfügen

Nachdem Sie in der Standard-Symbolleiste auf die Schaltfläche EINFÜGEN geklickt oder im Menü BEARBEITEN den Befehl EINFÜGEN gewählt haben, um Zelleinträge einzufügen, die Sie in die Zwischenablage kopiert haben (nicht solche, die Sie ausgeschnitten haben), wird die Schaltfläche für *Einfügen-Optionen* am Ende des eingefügten Zellbereichs angezeigt, die über ein eigenes PopUp-Menü verfügt. Klicken Sie auf den nach unten zeigenden Pfeil neben dieser Schaltfläche, um die folgenden Optionen zum Einfügen anzuzeigen:

- ✔ **ALLE FORMATE DER URSPRUNGSZELLEN BEIBEHALTEN:** Wenn Sie diese Option auswählen, kopiert Excel die Formatierung der Originalzellen und fügt diese in die Zielzellen (zusammen mit den kopierten Zelleinträgen) ein.
- ✔ **FORMATIERUNG DER ZIELZELLEN ÜBERNEHMEN:** Wenn Sie diese Option wählen, formatiert Excel die kopierten Einträge mit dem Format, das Sie dem Zielbereich zugewiesen haben.
- ✔ **WERTE:** Bei der Wahl dieser Option kopiert Excel nur die errechneten Werte aus Formeln aus dem Quellbereich in den Zielbereich. Der Zielbereich enthält danach also ausschließlich Beschriftungen und Werte, unabhängig davon, welche Formeln der Quellbereich enthält.
- ✔ **WERTE UND ZAHLENFORMATE:** Wenn Sie diese Option wählen, kopiert Excel die berechneten Werte zusammen mit ihrem Zahlenformat in den Zielbereich. Das bedeutet, dass sich alle sonstigen Formatierungen dem Zielbereich anpassen (gilt auch für kopierten Text) und Formeln in Vergessenheit geraten – nur das Zahlenformat des Quellbereichs überdauert diese Kopieraktion.
- ✔ **WERTE UND GESAMTE FORMATIERUNG:** Bei dieser Option kopiert Excel Text, Zahlen und berechnete Werte zusammen mit all ihren Formatierung aus dem Quellbereich in den Zielbereich. Mit anderen Worten: Im Zielbereich sieht alles so aus wie im Quellbereich, selbst wenn alle Originalformeln verloren gehen und nur die errechneten Werte kopiert werden.
- ✔ **BREITE DER URSPRUNGSSPALTE BEIBEHALTEN:** Wenn Sie diese Option wählen, wird die Spaltenbreite im Zielbereich genau so breit wie die im Quellbereich.
- ✔ **NUR FORMATIERUNG:** Bei dieser Option kopiert Excel nur die Formatierung (und nicht die Zelleinträge) vom Quellbereich in den Zielbereich.
- ✔ **ZELLEN VERKNÜPFEN:** Wählen Sie diese Option, wenn Formeln in den Zielbereich übernommen und mit dem Quellbereich verknüpft werden sollen, damit Änderungen, die Sie in den Zelleinträgen im Quellbereich vornehmen, sich auch direkt in den entsprechenden Zellen im Zielbereich widerspiegeln.

Auch beim Einfügen sollte man wählerisch sein

Excel kopiert in der Regel die gesamten Informationen, die der markierte Zellbereich enthält, d.h. Formatierungen ebenso wie Formeln, Text und sonstige Daten. Sie haben allerdings – wie im letzten Abschnitt beschrieben – über die Schaltfläche EINFÜGEN-Optionen die Möglichkeit festzulegen, ob nur der Zellinhalt (ohne Formatierung) oder nur die Formate (ohne den Zellinhalt) kopiert werden. Sie können sogar nur die Werte markierter Zellen kopieren, d.h.,

4 ➤ Wie Sie Änderungen ohne Chaos durchführen

Texteinträge und Werte werden kopiert, nicht aber Formeln oder Formate. (Das entspricht der Option WERTE, die ich im Abschnitt *Und noch mehr Optionen fürs Einfügen* beschrieben habe.) Wenn Sie Werte einfügen, werden alle in den markierten Zellen enthaltenen Formeln herausgefiltert und nur die errechneten Werte beibehalten – diese Werte werden im Zielzellbereich angezeigt, als ob sie manuell eingegeben worden wären.

Excel bietet aber mit dem Befehl INHALTE EINFÜGEN im Menü BEARBEITEN noch eine weitere Möglichkeit, das Einfügen von kopierten Zelleinträgen zu steuern. Im Dialogfeld INHALTE EINFÜGEN können Sie festlegen, welchen Inhalt des aktuellen Zellbereichs Sie einfügen möchten, und außerdem noch weitere Aktionen mit dem Einfügen verbinden:

- ✔ Standardmäßig wählt Excel das Optionsfeld ALLES im Gruppenfeld EINFÜGEN und fügt damit den gesamten Zellinhalt (Formeln, Formate etc.) des markierten Zellbereichs ein.
- ✔ Wählen Sie das Optionsfeld FORMELN im Gruppenfeld EINFÜGEN, um Text, Zahlen und Formeln des aktuell markierten Zellbereichs einzufügen, ohne dessen Format zu übernehmen.
- ✔ Wählen Sie das Optionsfeld WERTE im Gruppenfeld EINFÜGEN, um anstelle der Formeln nur die berechneten Werte aus dem markierten Zellbereich zu übernehmen.
- ✔ Wählen Sie das Optionsfeld FORMATE im Gruppenfeld EINFÜGEN, um lediglich die Formatierung des markierten Zellbereichs einzufügen. Alle anderen Zellinhalte bleiben bei dieser Option unberücksichtigt.
- ✔ Wählen Sie das Optionsfeld KOMMENTARE im Gruppenfeld EINFÜGEN, um nur die Kommentare der Zellen einzufügen (hierzu mehr in Kapitel 6).
- ✔ Wählen Sie das Optionsfeld GÜLTIGKEIT im Gruppenfeld EINFÜGEN, um nur die Gültigkeitskriterien in den Zellbereich einzufügen, die Sie mit dem Befehl GÜLTIGKEIT im Menü DATEN festgelegt haben. Mit diesem schicken Befehl legen Sie Gültigkeitskriterien für eine Zelle oder einen Zellbereich fest.
- ✔ Wählen Sie das Optionsfeld ALLES AUSSER RAHMEN im Gruppenfeld EINFÜGEN, um den gesamten Zellinhalt des markierten Zellbereichs ohne die dort verwendeten Rahmen einzufügen.
- ✔ Klicken Sie im Gruppenfeld EINFÜGEN auf das Optionsfeld SPALTENBREITE, um die Spaltenbreite des Zellbereichs, in den eingefügt werden soll, den aus der Zwischenablage einzufügenden Zellen anzupassen.
- ✔ Wählen Sie im Gruppenfeld EINFÜGEN die Option FORMELN UND ZAHLENFORMATE, um die Zahlenformate zu übernehmen, die den eingefügten Werten und Formeln zugewiesen sind.
- ✔ Wählen Sie im Gruppenfeld EINFÜGEN die Option WERTE UND ZAHLENFORMATE, um Formeln in ihre errechneten Werte zu konvertieren und die Zahlenformate zu übernehmen, die den eingefügten Werten zugewiesen sind.
- ✔ Standardmäßig ist im Gruppenfeld VORGANG das Optionsfeld KEINE aktiviert. Diese Auswahl soll signalisieren, dass Excel keine Rechenoperation zwischen den Daten, die Sie in der Zwischenablage abgelegt haben, und den Daten in dem Zellbereich, in den Sie einfügen wollen, ausführen wird.

- ✔ Wählen Sie das Optionsfeld ADDIEREN im Gruppenfeld VORGANG, um die Daten, die Sie in der Zwischenablage abgelegt haben, zu den Daten in dem Zellbereich, in den Sie einfügen wollen, zu addieren.

- ✔ Wählen Sie das Optionsfeld SUBTRAHIEREN im Gruppenfeld VORGANG, um die Daten, die Sie in der Zwischenablage abgelegt haben, von den Daten in dem Zellbereich, in den Sie einfügen wollen, zu subtrahieren.

- ✔ Wählen Sie das Optionsfeld MULTIPLIZIEREN im Gruppenfeld VORGANG, um die Daten, die Sie in der Zwischenablage abgelegt haben, mit den Daten in dem Zellbereich, in den Sie einfügen wollen, zu multiplizieren.

- ✔ Wählen Sie das Optionsfeld DIVIDIEREN im Gruppenfeld VORGANG, um die Daten in dem Zellbereich, in den Sie einfügen wollen, durch die Daten, die Sie in der Zwischenablage abgelegt haben, zu dividieren.

- ✔ Aktivieren Sie das Kontrollkästchen LEERZELLEN ÜBERSPRINGEN, wenn Sie vermeiden wollen, dass Werte im Einfügebereich durch Leerzellen im Kopierbereich ersetzt werden. Denn: Eine leere Zelle kann Ihre aktuellen Zellinhalte nicht überschreiben.

- ✔ Aktivieren Sie das Kontrollkästchen TRANSPONIEREN, wenn Excel die Ausrichtung der eingefügten Inhalte ändern soll. Beispiel: Die ursprünglichen Zellinhalte nehmen mehrere Zeilen in einer Spalte ein; die transponierten eingefügten Zellinhalte stehen in einer Zeile, die sich aber über mehrere Spalten erstreckt.

- ✔ Wählen Sie die Schaltfläche VERKNÜPFEN, wenn Sie Zellinhalte kopieren und gleichzeitig eine Verknüpfung zwischen den Kopien, die Sie einfügen, und den Originalinhalten herstellen möchten, damit es bei Änderungen im Original gleichzeitig zu einer Aktualisierung der eingefügten Kopien kommt.

Sie können die Optionen FORMELN, WERTE, KEINE RAHMENLINIEN, TRANSPONIEREN und VERKNÜPFUNG EINFÜGEN direkt über das Menü zur Schaltfläche für Einfügen in der Standard-Symbolleiste wählen, ohne das Dialogfeld INHALTE EINFÜGEN zu bemühen. Klicken Sie auf den nach unten zeigenden Pfeil neben der Schaltfläche EINFÜGEN, um das PopUp-Menü zu öffnen, und wählen Sie dann die gewünschte Option aus. Sie können über dieses Popup-Menü auch das Dialogfeld INHALTE EINFÜGEN öffnen, indem Sie ganz unten im Menü den Befehl INHALTE EINFÜGEN wählen.

Hinweis: Die Option KEINE RAHMENLINIEN (im Menü zur Schaltfläche EINFÜGEN in der Standard-Symbolleiste) entspricht der Option ALLES AUSSER RAHMEN im Dialogfeld INHALTE EINFÜGEN.

Einfügen mit dem Aufgabenbereich Zwischenablage

Excel 2002 kann ausgeschnittenen und kopierten Text mehrfach – um genau zu sein: 24 Mal – in der Zwischenablage ablegen. Das ist total praktisch. Sie können so nämlich noch Dinge aus der Zwischenablage in eine Arbeitsmappe kopieren, selbst wenn der Kopier- oder Verschiebevorgang bereits etwas länger zurückliegt.

Sobald Sie mehr als eine Zellauswahl ausschneiden oder kopieren und in die Zwischenablage ablegen, öffnet Excel 2002 den Aufgabenbereich ZWISCHENABLAGE und zeigt alle darin abgelegten Elemente an (Abbildung 4.14).

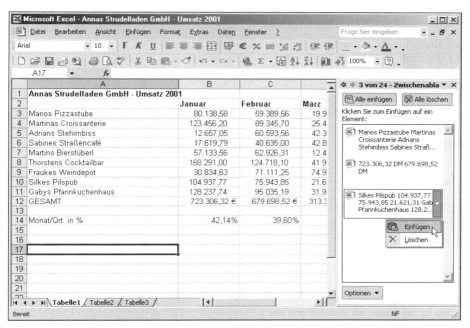

Abbildung 4.14: Der Aufgabenbereich ZWISCHENABLAGE wird geöffnet, sobald Sie mehr als ein Element ausschneiden oder kopieren.

Um irgendein Element (nicht das zuletzt ausgeschnittene oder kopierte) aus der Zwischenablage in eine Arbeitsmappe einzufügen, klicken Sie im Aufgabenbereich ZWISCHENABLAGE auf das entsprechende Element, um es in der Arbeitsmappe an der aktuellen Position des Zellcursors einzufügen.

Sie können alle Elemente, die in der Zwischenablage abgelegt sind, in die aktuelle Arbeitsmappe einfügen, indem Sie ganz oben im Aufgabenbereich ZWISCHENABLAGE auf die Schaltfläche ALLE EINFÜGEN klicken. Um alle Elemente aus der Zwischenablage zu entfernen, klicken Sie auf die Schaltfläche ALLE LÖSCHEN. Wenn Sie nur ein ganz bestimmtes Element aus der Zwischenablage entfernen wollen, zeigen Sie mit dem Mauszeiger auf das entsprechende Element, klicken dann rechts auf den nach unten zeigenden Pfeil und wählen anschließend im PopUp-Menü den Befehl LÖSCHEN (Abbildung 4.14).

Inhalt oder Zelle löschen, das ist hier die Frage

Ich kann natürlich der Bearbeitung von Daten in Excel kein ganzes Kapitel widmen, ohne Ihnen zum Schluss auch noch zu erzählen, wie Sie Einträge aus einem Tabellenblatt wieder entfernen können. Hierzu stehen Ihnen zwei Möglichkeiten zur Auswahl:

- ✔ **Zellinhalt löschen:** Sie können den Inhalt einer Zelle löschen, ohne damit die Zelle selbst aus dem Tabellenblatt zu entfernen, da sich dadurch die Struktur der angrenzenden Zellen ändern würde.

- ✔ **Zellen löschen:** Sie können jedoch auch die Zelle selbst löschen, wobei nicht nur der Inhalt und das Format der Zelle gelöscht werden, sondern die Zelle selbst aus dem Tabellenblatt entfernt wird. Wenn Sie eine Zelle löschen, muss Excel die Anordnung der Inhalte in den angrenzenden Zellen neu gestalten, um mögliche Lücken zu stopfen.

Inhalte löschen

Um den Inhalt eines Zellbereichs und nicht die Zellen selbst zu löschen, markieren Sie den Bereich und drücken `Entf` oder wählen im Menü BEARBEITEN den Befehl LÖSCHEN und dann den Unterbefehl INHALTE.

Wenn Sie allerdings mehr als den Inhalt eines Zellbereichs loswerden wollen, wählen Sie in diesem Untermenü einen der drei anderen Befehle, die Ihnen freundlicherweise angeboten werden:

- ✔ **ALLES:** Wählen Sie diesen Befehl, um einfach alles, d.h. Formate, Kommentare, Einträge, etc. aus der Zelle zu entfernen.

- ✔ **FORMATE:** Wählen Sie diesen Befehl, wenn Sie außer mit dem Format mit dem Inhalt der Zelle einverstanden sind.

- ✔ **KOMMENTARE:** Diesen Befehl sollten Sie wählen, falls Sie nur die Kommentare aus der Zelle entfernen möchten und alles andere beim Alten belassen wollen.

Das absolute Ende für einen Zellbereich

Um Zellen an sich und nicht nur deren Inhalte zu löschen, markieren Sie den Zellbereich und wählen im Kontextmenü der Zellen bzw. im Menü BEARBEITEN den Befehl ZELLEN LÖSCHEN. Das Dialogfeld LÖSCHEN wird geöffnet, in dem Sie festlegen können, in welche Richtung Excel die verbleibenden Zellen verschieben soll, um die entstehende Lücke zu schließen. Die folgenden Optionen stehen Ihnen zur Verfügung:

- ✔ **ZELLEN NACH LINKS VERSCHIEBEN:** Wählen Sie diese Option, damit Excel die Einträge aus den benachbarten Zellen auf der rechten Seite nach links verschiebt und so die Lücken schließt, wenn Sie den Zellbereich mit OK oder `↵` löschen.

- ✓ ZELLEN NACH OBEN VERSCHIEBEN: Wenn Sie diese Option wählen, werden die Einträge aus den unten angrenzenden Zeilen nach oben verschoben.

- ✓ GANZE ZEILE: Wenn Sie im markierten Zellbereich die Zeilen komplett löschen wollen, sollten Sie diese Option wählen.

- ✓ GANZE SPALTE: Wenn Sie die Spalten im markierten Zellbereich komplett löschen möchten, klicken Sie auf dieses Optionsfeld.

Wenn Sie bereits im Voraus wissen, dass Sie eine ganze Spalte oder Zeile aus dem Tabellenblatt löschen wollen, können Sie auf den Spaltenbuchstaben bzw. die Zeilennummer klicken, um die gesamte Spalte bzw. Zeile zu markieren, und dann den Befehl ZELLEN LÖSCHEN im Kontextmenü für Zellen bzw. im Menü BEARBEITEN wählen. Sie können auch mehrere Spalten oder Zeilen gleichzeitig löschen. Allerdings wird beim Löschen ganzer Spalten und Zeilen kein Dialogfeld mehr angezeigt (zu erkennen an den fehlenden drei Punkten hinter dem Befehl). Wenn Sie also ZELLEN LÖSCHEN wählen, nimmt das Geschehen sofort seinen Lauf.

Ganze Spalten und Zeilen aus einem Tabellenblatt zu löschen, ist eine riskante Angelegenheit. Sie sollten sich ganz sicher sein, dass diese Spalten und Zeilen nichts Wertvolles enthalten. Wenn Sie nämlich eine vollständige Zeile aus dem Tabellenblatt entfernen, löschen Sie alle *Daten in den Spalten A bis IV* in dieser Zeile (angezeigt werden ja immer nur einige wenige). Entsprechend gilt: Wenn Sie eine ganze Spalte löschen, entfernen Sie alle *Daten in den Zeilen 1 bis 65.536* in dieser Spalte. Das könnte gefährlich werden ...

Vorsicht, Bauarbeiten!

Es wird wahrscheinlich sehr häufig vorkommen, dass Sie neue Einträge in einen bereits belegten Bereich des Tabellenblatts einfügen müssen. Sie können hierzu neue Zellen in den Bereich einfügen, anstatt einzelne Zellbereiche zu verschieben und neu anzuordnen. Um einen Zellbereich einzufügen, markieren Sie die Zellen (von denen einige bereits belegt sein werden), an deren Stelle die neuen Zellen angezeigt werden sollen, und wählen dann den Befehl ZELLEN EINFÜGEN im Kontextmenü für Zellen bzw. den Befehl ZELLEN im Menü EINFÜGEN, um das Dialogfeld ZELLEN EINFÜGEN zu öffnen. Wenn Sie neue Zellen einfügen, können Sie bestimmen, in welche Richtung Excel die bestehenden Einträge verschieben soll:

- ✓ ZELLEN NACH RECHTS VERSCHIEBEN: Sollen die bestehenden Zelleinträge nach rechts verschoben werden, klicken Sie auf dieses Optionsfeld und wählen dann OK oder drücken ↵ .

- ✓ ZELLEN NACH UNTEN VERSCHIEBEN: Wenn das Programm die bestehenden Zellen nach unten verschieben soll, klicken Sie auf das Optionsfeld und wählen dann OK oder drücken ↵ . (Diese Option ist übrigens standardmäßig aktiviert.)

- ✓ GANZE ZEILE oder GANZE SPALTE: Ebenso wie beim Löschen von Zellen, können Sie beim Einfügen von Zellen mit dem Dialogfeld ZELLEN EINFÜGEN ganze Zeilen und Spalten in den Zellbereich einfügen. Klicken Sie hierzu auf das Optionsfeld GANZE ZEILE bzw. auf GANZE SPALTE.

Sie können auch ganze Spalten und Zeilen in einem Tabellenblatt einfügen, indem Sie eine oder mehrere Spalte(n) bzw. Zeile(n) markieren und dann im Menü EINFÜGEN den Befehl SPALTEN bzw. ZEILEN wählen, d.h., Sie brauchen das Dialogfeld ZELLEN EINFÜGEN gar nicht erst zu öffnen.

Denken Sie daran, dass sich – genau wie beim Löschen ganzer Spalten und Zeilen – das Einfügen ganzer Spalten und Zeilen auf das gesamte Tabellenblatt auswirkt und nicht nur auf den Teil, den Sie momentan auf dem Bildschirm sehen. Wenn Sie also nicht wissen, was alles noch in der großen Weite des Tabellenblatts verborgen ist, können Sie nicht mit Gewissheit sagen, ob sich das Einfügen nicht irgendwie auf Einträge in nicht angezeigten Bereichen auswirkt.

Letzte Rettung – die Rechtschreibprüfung

Ich denke, dass es Sie beruhigen wird zu wissen, dass Excel über eine Rechtschreibprüfung verfügt, die alle diese kleinen, mitunter peinlichen Rechtschreibfehler aufspürt und verbessert. Es gibt also keine Entschuldigung mehr für ein Tabellenblatt mit Tippfehlern in den Überschriften.

Um die Rechtschreibung in einem Tabellenblatt zu prüfen, wählen Sie entweder im Menü EXTRAS den Befehl RECHTSCHREIBUNG oder Sie klicken auf die Schaltfläche RECHTSCHREIBUNG in der Standard-Symbolleiste (die mit dem ABC und dem Häkchen) oder Sie drücken F7.

Egal, wie Sie die Sache angehen, Excel beginnt sofort mit der Rechtschreibprüfung aller Texteinträge im Tabellenblatt. Wenn das Programm auf ein unbekanntes Wort trifft, wird dieses im Dialogfeld RECHTSCHREIBUNG angezeigt (Abbildung 4.15).

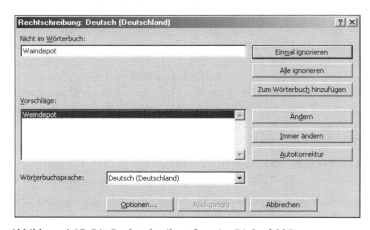

Abbildung 4.15: Die Rechtschreibprüfung im Dialogfeld RECHTSCHREIBUNG

Das Textfeld NICHT IM WÖRTERBUCH enthält das für Excel unbekannte Wort, wobei höchstwahrscheinlich richtige Wörter im Listenfeld VORSCHLÄGE angezeigt werden. Lassen Sie mich auch noch ein paar Worte über die Schaltflächen im Dialogfeld Rechtschreibung verlieren. Denn davon gibt es ja wirklich mehr als genug.

- ✔ **Einmal ignorieren** und **Alle ignorieren:** Wenn die Rechtschreibprüfung auf ein Wort stößt, das nicht im Wörterbuch enthalten ist, von dem Sie jedoch der Meinung sind, dass es vollkommen in Ordnung ist, dann klicken Sie auf Einmal ignorieren. Wenn die Rechtschreibprüfung Sie mit diesem Wort nicht mehr behelligen soll, dann klicken Sie auf Alle ignorieren.

- ✔ **Zum Wörterbuch hinzufügen:** Klicken Sie auf diese Schaltfläche, um ein (zumindest für Excel) unbekanntes Wort dem Standardwörterbuch Benutzer.dic oder einem benutzerdefinierten Wörterbuch hinzuzufügen, damit es die nächste Rechtschreibprüfung »besteht«.

- ✔ **Ändern:** Um das Wort im Textfeld Nicht im Wörterbuch durch das Wort im Listenfeld Vorschläge zu ersetzen, klicken Sie auf diese Schaltfläche.

- ✔ **Immer ändern:** Um alle Vorkommen dieses falsch geschriebenen Worts im Tabellenblatt zu ändern, klicken Sie auf diese Schaltfläche.

- ✔ **AutoKorrektur:** Wenn Excel von jetzt an den gerade angezeigten Fehler bereits bei der Eingabe automatisch durch den Vorschlag ersetzen soll, der im Listenfeld Vorschläge angezeigt wird, dann klicken Sie auf diese Schaltfläche. Das falsch geschriebene Wort und der Vorschlag werden daraufhin in die AutoKorrektur-Liste übernommen – mehr dazu in Kapitel 2 im Abschnitt *Einmal AutoKorrektur, bitte*.

- ✔ **Wörterbuchsprache:** Wenn Sie bei der Korrektur eine andere Sprache verwenden möchten (z.B. Englisch, wenn Sie englische Ausdrücke in einer Arbeitsmappe überprüfen wollen), dann klappen Sie hierzu dieses Dropdown-Listenfeld auf und wählen in der angezeigten Liste die gewünschte Wörterbuchsprache aus. Standardmäßig sind neben Deutsch Wörterbücher für Englisch, Französisch und Italienisch enthalten.

Mit der Rechtschreibprüfung werden nicht nur Wörter angezeigt, die nicht im integrierten oder im benutzerdefinierten Wörterbuch gefunden werden, sondern auch Wortwiederholungen in einem Zelleintrag (z.B. in in DM) oder Wörter mit eigenartiger Groß-/Kleinschreibung (z.B. UMSatz).

Sie können die Rechtschreibung auch nur für eine bestimmte Gruppe von Einträgen prüfen, indem Sie den Zellbereich markieren, bevor Sie im Menü Extras den Befehl Rechtschreibung wählen oder auf die Schaltfläche Rechtschreibung in der Standard-Symbolleiste klicken bzw. `F7` drücken.

Und jetzt alles aufs Papier gebracht (oder Druckversuch – der 101.)

In diesem Kapitel

▶ Einen Blick in die Seitenansicht von Excel werfen, um schon mal vorab zu prüfen, wie Ihre Daten auf dem Papier aussehen werden

▶ Mit der Schaltfläche für Drucken in der Standard-Symbolleiste das aktuelle Tabellenblatt im Handumdrehen an den Drucker schicken

▶ Alle Tabellenblätter einer Arbeitsmappe auf einen Streich drucken

▶ Nur einen ganz bestimmten Bereich des Tabellenblatts drucken

▶ Ein ganzes Tabellenblatt auf nur einer Seite drucken

▶ Vom Hochformat zum Querformat und umgekehrt wechseln

▶ Die Ränder für den Ausdruck ändern

▶ Ihren Ausdruck mit Kopf- und Fußzeilen informativer gestalten

▶ Auf jeder Druckseite die Spalten- und Zeilenköpfe wiederholen

▶ Selbst bestimmen, wo im Ausdruck eine neue Seite beginnen soll

▶ Die Formeln anstelle der Ergebnisse ausdrucken

---

*W*enn alles gesagt und getan ist, wird es höchste Zeit, die Daten aufs Papier zu bringen. Alles, was Sie sich bisher mühsam erarbeitet haben, Dateneingabe, Formatierungen, Formeleingabe etc., hat ja eigentlich hauptsächlich dem Zweck gedient, das Ganze irgendwann einmal schwarz auf weiß in Händen zu halten. In diesem Kapitel erfahren Sie endlich, wie Sie mit Excel drucken. Das wurde auch Zeit, oder? Wie Sie sehen werden, gilt es dabei nur ein paar Formalitäten einzuhalten, und schon erhalten Sie einen Topausdruck – und das bereits beim ersten Versuch (hoffentlich!).

Sie müssen sich lediglich ein bisschen mit der Seitenaufteilung von Excel beschäftigen und lernen, diese Ihren Wünschen entsprechend zu steuern. Angenommen, Sie möchten ein Dokument ausdrucken, das ca. zwei Druckseiten lang ist. Da Sie aber recht viele Spalten mit wichtigen Zahlen versehen haben, ist das Tabellenblatt nicht nur länger als eine Seite, sondern auch noch breiter. Wie um alles in der Welt soll das jemals in ordentlicher Form aus dem Drucker kommen? Excel muss also sowohl einen horizontalen Seitenumbruch (für die Länge) als auch einen vertikalen (für die Breite) durchführen.

Excel geht dabei folgendermaßen vor: Es druckt zuerst in vertikaler Richtung, d.h. alle Zeilen und so viele Spalten, wie auf eine Seite passen (z.B. A bis E). Sobald eine Seite bis unten voll geschrieben ist, wird eine neue Seite begonnen ... und das so lange, bis alle Zeilen mit den ersten Spalten gedruckt sind. Dann blättert Excel zurück zur ersten Zeile und springt nach rechts, um den zweiten Spaltenbereich (z.B. F bis K) für alle Zeilen zu drucken. Das Ganze wird so lange wiederholt, bis alle Daten gedruckt sind.

Wenn Excel seine Druckaufteilung vornimmt, käme es nie auf die Idee, die Daten innerhalb einer Zeile oder Spalte aufzuteilen. Passt eine Zeile nicht mehr aufs Papier, wird sie vollständig auf die nächste Seite geschrieben. Dasselbe gilt für die Spalten.

Sie haben nun mehrere Möglichkeiten, mit diesen Problemen fertig zu werden. Und Sie werden diese auch alle kennen lernen. Denn wenn Sie erst einmal gelernt haben, die Seitenaufteilung von Excel für Ihre Zwecke zu nutzen, dann muss nur noch der Drucker arbeiten. Sie selbst haben Ihre Schuldigkeit getan.

Eile mit Weile

Tun Sie sich und Ihrer Umwelt einen Gefallen. Verwenden Sie vor dem Drucken stets die wunderbare Einrichtung der Seitenansicht und retten Sie so im Laufe der Zeit ein bis zwei Wälder. In der Seitenansicht können Sie genau sehen, wie Excel Ihre Daten auf dem Papier verteilen wird. Sie haben in der Seitenansicht noch eine Chance, die Ränder anzupassen oder Seiteneinstellungen zu ändern. Schaut alles okay aus, können Sie direkt aus der Seitenansicht heraus drucken.

Um zur Seitenansicht zu gelangen, klicken Sie auf die Schaltfläche für *Seitenansicht* in der Standard-Symbolleiste (das ist die mit dem weißen Blatt Papier und der Lupe) oder wählen Sie den Befehl SEITENANSICHT im Menü DATEI. Excel wechselt in die Seitenansicht mit eigener Symbolleiste und zeigt alle Informationen der ersten Seite an. Jetzt können Sie zwar nichts mehr lesen, dafür sehen Sie aber genau, wie die erste Druckseite aussehen wird. In Abbildung 5.1 sehen Sie die Seitenansicht mit der ersten Seite eines fünfseitigen Dokuments und dem typischen Mauszeiger der Seitenansicht – dem Zoom-Zeiger (die Lupe).

Was machen Sie, wenn Sie doch zumindest ein bisschen von dem, was da geschrieben steht, lesen möchten, um sich im Tabellenblatt zu orientieren? Sie vergrößern einfach die Ansicht. Sie können die Darstellung bis zu 100 Prozent vergrößern, indem Sie auf die Schaltfläche ZOOM klicken. Alternativ können Sie auch mit dem Mauszeiger auf den Bereich zeigen, den Sie entziffern möchten (der Mauszeiger stellt in weiser Voraussicht eine Lupe dar), und auf eine beliebige Stelle klicken. Abbildung 5.2 zeigt eine Vergrößerung der ersten Seite unseres fünfseitigen Dokuments. Um diese Vergrößerung zu erhalten, klicken Sie mit der Lupe auf den oberen linken Bereich der Seite.

Nachdem Sie die Seite vergrößert haben, können Sie mit den Bildlaufleisten in Ruhe durch die Seiten blättern. Natürlich können Sie auch die Pfeiltasten [↑] und [↓] oder [Bild↑] bzw. [Bild↓] verwenden, um nach oben bzw. nach unten zu blättern, oder [←] und [→] bzw. [Strg]+[Bild↑] oder [Strg]+[Bild↓], um nach links bzw. nach rechts zu blättern.

5 ➤ Und jetzt alles aufs Papier gebracht

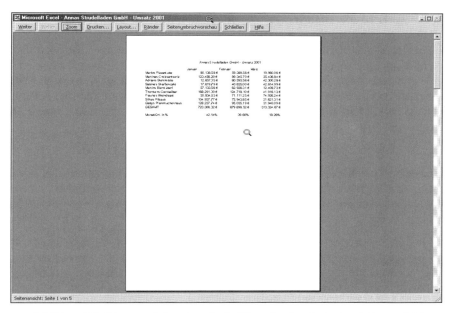

Abbildung 5.1: Die erste Seite eines fünfseitigen Ausdrucks in der Seitenansicht

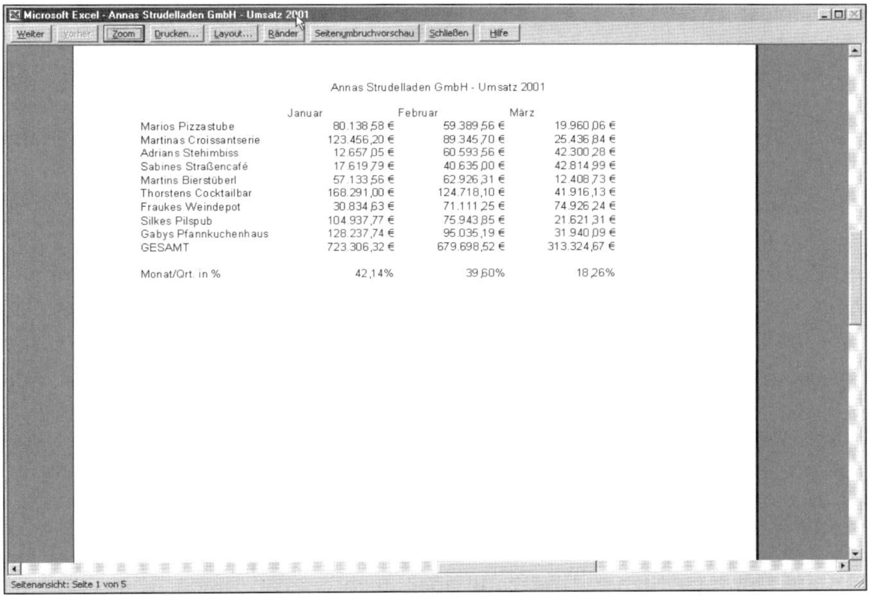

	Annas Strudelladen GmbH – Umsatz 2001		
	Januar	Februar	März
Marios Pizzastube	80.138,58 €	59.389,56 €	19.960,06 €
Martinas Croissantserie	123.456,20 €	89.345,70 €	25.436,84 €
Adrians Stehimbiss	12.657,05 €	60.593,56 €	42.300,28 €
Sabines Straßencafé	17.619,79 €	40.635,00 €	42.814,99 €
Martins Bierstüberl	57.133,56 €	62.926,31 €	12.408,73 €
Thorstens Cocktailbar	168.291,00 €	124.718,10 €	41.916,13 €
Fraukes Weindepot	30.834,63 €	71.111,25 €	74.926,24 €
Silkes Pilspub	104.937,77 €	75.943,85 €	21.621,31 €
Gabys Pfannkuchenhaus	128.237,74 €	95.035,19 €	31.940,09 €
GESAMT	723.306,32 €	679.698,52 €	313.324,67 €
Monat/Qrt. in %	42,14%	39,60%	18,26%

Abbildung 5.2: Die erste Seite in der Seitenansicht wurde durch Klicken auf den oberen linken Bereich vergrößert.

Wenn Sie die ganze Druckseite wieder anzeigen lassen möchten, klicken Sie auf eine beliebige Stelle im Fenster (mit dem Pfeil-Mauszeiger) bzw. wählen Sie erneut die Schaltfläche Zoom. Excel zeigt stets in der Statusleiste an, wie viele Seiten insgesamt gedruckt werden. Mit der Schaltfläche Weiter gelangen Sie zur nächsten, mit der Schaltfläche Vorher zur vorherigen Druckseite. (Letztere wird abgeblendet dargestellt, wenn Sie sich auf der ersten Seite befinden.) Alternativ drücken Sie ↓ oder Bild↓ , um zur nächsten Seite zu gelangen, und ↑ oder Bild↑ , um zur vorherigen Seite zurückzublättern. Das funktioniert aber nur, wenn die gesamte Druckseite angezeigt wird.

Wenn Sie alles überprüft haben, stehen Ihnen folgende Möglichkeiten offen:

- ✔ **Druckbereit:** Haben Sie alle Seiten für gut befunden, klicken Sie auf die Schaltfläche Drucken, um das Dialogfeld Drucken zu öffnen. Von dort aus gehen Ihre Daten dann endgültig an den Drucker. Mehr zu diesem Thema gibt's weiter unten im Abschnitt *Variationen zum Thema »Drucken«*.

- ✔ **Probleme beim Einrichten der Seiten:** Einige Dinge waren nicht okay? Na gut, dann klicken Sie auf die Schaltfläche Layout, um das Dialogfeld Seite einrichten zu öffnen. Dort können Sie jede Menge reparieren: Papierformat, Seitenreihenfolge, Seitenorientierung oder Ränder – ja sogar die Kopf- und/oder Fußzeile können Sie dort definieren bzw. ändern.

- ✔ **Probleme mit dem Seitenumbruch:** Wenn Ihnen was am Seitenumbruch nicht gefällt, klicken Sie auf die Schaltfläche Seitenumbruchvorschau. Das führt Sie zurück zum Arbeitsmappenfenster, in dem das Tabellenblatt etwas verkleinert angezeigt wird. Ziehen Sie die Seitenränder nach Lust und Laune mit der Maus, um so den Seitenumbruch zu ändern. Wenn Sie genug davon haben, wählen Sie im Menü Ansicht den Befehl Normal. Sollten Sie endlich zufrieden sein, drucken Sie die Tabelle mit dem Befehl Drucken im Menü Datei oder klicken Sie auf die Schaltfläche Drucken in der Standard-Symbolleiste. Mehr hierzu im Abschnitt *Alles an seinem Platz* weiter unten in diesem Kapitel.

- ✔ **Probleme mit den Rändern und der Spaltenbreite:** Wenn Sie mit den Rändern oder den Spaltenbreiten nicht einverstanden sind, klicken Sie in der Seitenansicht auf die Schaltfläche Ränder. Anschließend ziehen Sie einfach die Randmarkierungen (die Ihnen Excel jetzt nicht mehr vorenthält) an die gewünschten Positionen. Mehr zu diesem Thema ist weiter unten im Abschnitt *Marginales Denken ist angesagt*.

- ✔ **Probleme mit Tippfehlern:** Sollten Sie allerdings auf einen Tippfehler oder eine falsche Zahl stoßen, dann bleibt Ihnen nichts anderes übrig, als auf die Schaltfläche Schliessen zu klicken, um zur gewohnten Ansicht des Tabellenblatts zurückzuschalten. Denn nur dort können Sie Ihre Daten direkt bearbeiten.

- ✔ **Alles paletti und druckbereit:** Wenn Sie Ihre Änderungen im Tabellenblatt durchgeführt haben, müssen Sie nicht unbedingt zur Seitenansicht zurückschalten, es sei denn, Sie wollen auf Nummer Sicher gehen und alles noch einmal prüfen. Wenn Sie nur kleine Korrekturen vorgenommen haben, können Sie auch direkt den Befehl Drucken im Menü Datei wählen oder auf die Schaltfläche Drucken in der Standard-Symbolleiste klicken.

Wo hört die Seite auf, wo fängt die nächste an?

Wenn Sie aus der Seitenansicht in die normale Ansicht zurückschalten, zeigt Excel im Arbeitsmappenfenster automatisch an, wie es sich die Aufteilung der Daten auf den Seiten vorstellt. Dort, wo es eine neue Seite beginnen will (Kenner sprechen hier vom Seitenumbruch), wird eine gepunktete Linie angezeigt. Dies gilt sowohl für den vertikalen als auch für den horizontalen Umbruch.

Manchmal kann das ganz schön störend sein – immer diese Punkte. Das lässt sich abschalten. Wählen Sie im Menü EXTRAS den Befehl OPTIONEN und anschließend die Registerkarte ANSICHT. Deaktivieren Sie dort das Kontrollkästchen SEITENUMBRUCH. Einmal auf OK geklickt bzw. ⏎ gedrückt, und es ist Schluss mit den Punkten.

Drucken, wie es euch gefällt

Solange Sie Excels Standardeinstellungen für das Drucken verwenden, ist das Drucken eines Tabellenblatts ein Kinderspiel: Einmal auf die Schaltfläche DRUCKEN in der Standard-Symbolleiste klicken (nicht zu übersehen, dort wird ein Drucker dargestellt), und schon geht die Post ab. Alle Daten des aktuellen Blatts werden gedruckt, einschließlich Diagrammen und grafischen Objekten. Die Ausnahme bilden die Kommentare; sie werden nicht automatisch gedruckt. (In Kapitel 6 erfahren Sie alles, was Sie zu Kommentaren wissen sollten, und in Kapitel 8 kriegen Sie jede Menge Infos über Grafiken und Diagramme.)

Was passiert eigentlich beim Drucken? Wenn Sie auf die Schaltfläche DRUCKEN klicken, übergibt Excel die eigentliche Arbeit (den Druckjob) an die so genannte Druckwarteschlange von Windows. Diese ominöse Schlange fungiert als Bote zwischen Excel und Ihrem Drucker. Je nachdem, wie viel Sie drucken, kann die Übergabe an den Boten etwas Zeit in Anspruch nehmen. Excel hält Sie über ein Dialogfeld auf dem Laufenden (z.B. `Druckt Seite 2 von 100.`). Sobald das Dialogfeld verschwindet, können Sie wieder weiterarbeiten. (Excel ist dann unter Umständen ein bisschen schlapp, da die Warteschlange auch ihren Speicheranteil haben will.) Sollten Sie es sich jetzt doch noch anders überlegen, können Sie dem Druckjob durch Klicken auf ABBRECHEN den Garaus machen. Ansonsten wird der Druckjob jetzt an den Drucker übergeben. Auch das kann wieder etwas dauern. Also keine Sorge, wenn der Drucker nicht sofort reagiert.

Manchmal will man eigentlich nicht drucken und hat es aber trotzdem irgendwie geschafft, riesige Datenmengen an den Drucker zu schicken. (Denken Sie an den Wald.) Wenn man es schnell genug merkt, sind die Daten vielleicht erst in der Warteschlange gelandet oder nur zum Teil bereits von dort an den Drucker weitergeleitet worden. Dann lohnt es sich, den Druck abzubrechen. Und wo? Im Dialogfeld für Ihren Drucker.

Gehen Sie dabei folgendermaßen vor:

1. **Klicken Sie mit der rechten Maustaste in der Taskleiste von Windows ME auf das Druckersymbol (ganz rechts direkt neben der aktuellen Uhrzeit). Damit wird das Kontextmenü für den Drucker geöffnet.**

   Wenn Sie lediglich mit dem Mauszeiger auf das Druckersymbol zeigen (nicht klicken!), wird dort folgende QuickInfo angezeigt: `1 Dokument(e) für »benutzername« in Bearbeitung`.

2. **Wählen Sie im Kontextmenü für den Drucker den Befehl AKTIVE DRUCKER ÖFFNEN.**

   Damit öffnen Sie das Druckerfenster, in dem der Excel-Druckauftrag angezeigt wird.

3. **Markieren Sie den Excel-Druckauftrag, der gelöscht werden soll.**

4. **Wählen Sie im Menü DOKUMENT den Befehl DRUCKAUFTRAG ABBRECHEN.**

5. **Warten Sie, bis der Auftrag abgebrochen ist. (Kann 'ne Weile dauern.) Klicken Sie anschließend auf das X ganz rechts in der Titelleiste, um das Druckerfenster zu schließen.**

Variationen zum Thema »Drucken«

Wenn Sie einen Ausdruck über die Schaltfläche DRUCKEN in der Standard-Symbolleiste starten, geht Excel davon aus, dass Sie alle Daten des aktuellen Tabellenblatts drucken möchten, wobei keine Kommentare ausgegeben werden. Außerdem wird vorausgesetzt, dass Sie nur eine Kopie drucken möchten und dass Sie alle Standardseiteneinstellungen vorbehaltlos akzeptieren. Sobald eine dieser Vermutungen nicht mehr zutrifft, müssen Sie den Ausdruck über den Befehl DRUCKEN im Menü DATEI aktivieren. Denn nur so haben Sie die Möglichkeit, eigene Druckwünsche durchzusetzen – und zwar im Dialogfeld DRUCKEN (Abbildung 5.3).

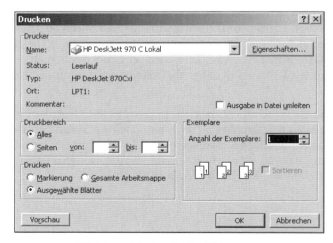

Abbildung 5.3: Das Dialogfeld DRUCKEN

Insgesamt führen gleich drei Wege zu diesem Dialogfeld:

- ✔ Drücken Sie [Strg]+[P]. (Das P steht für den englischen Befehlsnamen PRINT.)
- ✔ Wählen Sie im Menü DATEI den Befehl DRUCKEN.
- ✔ Drücken Sie [Strg]+[⇧]+[F12] (wenn Sie sich das merken können).

Die guten ins Töpfchen, die schlechten ...

Im Dialogfeld DRUCKEN können Sie ganz genau festlegen, was alles gedruckt werden soll. Außerdem können Sie dort bestimmen, mit wie vielen Kopien Sie Ihren Drucker belästigen möchten. Und hier die Auswahlmöglichkeiten:

- ✔ **ALLES:** Das ist der Standard. Excel druckt alle Daten Ihres Tabellenblatts. Dieses Optionsfeld brauchen Sie nur dann zu wählen, wenn Sie sich zuvor beim Drucken auf ein paar Seiten beschränkt haben.

- ✔ **SEITEN VON/BIS:** Manchmal möchten Sie vielleicht nur eine bestimmte Seite oder einen bestimmten Bereich drucken, die/den Sie geändert haben. Wenn Sie nur eine Seite drucken möchten, geben Sie die entsprechende Seitenzahl in den beiden Feldern VON und BIS ein. Logischerweise müssen Sie dann für das Drucken eines Seitenbereichs die erste Seite im Feld VON und die letzte Seite im Feld BIS eingeben.

- ✔ **MARKIERUNG:** Wählen Sie dieses Optionsfeld aus, wenn nur die Zellen gedruckt werden sollen, die Sie in Ihrer Arbeitsmappe markiert haben. Allerdings müssen Sie die Zellen zuerst markieren, bevor Sie das Dialogfeld DRUCKEN öffnen und das Optionsfeld auswählen.

- ✔ **AUSGEWÄHLTE BLÄTTER:** Dieses Optionsfeld ist standardmäßig ausgewählt. Das heißt, wenn Sie hier nichts ändern, werden immer die Tabellenblätter gedruckt, die in Ihrer Arbeitsmappe gerade markiert sind. In der Regel ist dies das Tabellenblatt, mit dem Sie gerade arbeiten. Wollen Sie mehrere Blätter gleichzeitig drucken, müssen Sie noch mal zurück in Ihre Arbeitsmappe. Klicken Sie dort mit gedrückter [Strg]-Taste auf die Register der Tabellenblätter, die Sie drucken möchten. Wenn Sie alle Blätter der Mappe drucken möchten, klicken Sie auf das erste Blattregister und anschließend mit gedrückter [⇧]-Taste auf das letzte Blattregister. Damit werden automatisch alle Tabellenblätter in der Arbeitsmappe markiert.

- ✔ **GESAMTE ARBEITSMAPPE:** Entscheiden Sie sich für dieses Optionsfeld, wenn Excel alle Daten in der Mappe drucken soll.

- ✔ **ANZAHL DER EXEMPLARE:** Manchmal möchten Sie für Ihre lieben KollegInnen gleich eine Kopie miterstellen. Kein Problem. Geben Sie im Textfeld ANZAHL DER EXEMPLARE einfach die Anzahl der gewünschten Kopien ein.

- ✔ **SORTIEREN:** Für den Fall, dass Sie mehrere Kopien drucken, brauchen Sie keine Angst zu haben, dass Sie die Seiten hinterher mühselig zusammensuchen müssen. Wenn Sie dieses Kontrollkästchen aktivieren, wird jede Datei einmal komplett gedruckt, dann noch einmal, dann noch einmal ... – eben so oft, wie Sie im Feld ANZAHL DER EXEMPLARE angegeben haben.

Wenn alles nach Ihren Wünschen eingestellt ist, klicken Sie auf OK oder drücken Sie ⏎. Wenn Sie Ihr Dokument sicherheitshalber vor dem Ausdruck noch einmal in der Seitenansicht sehen möchten, klicken Sie auf die Schaltfläche VORSCHAU. Und falls Sie das Ganze auf einem anderen Drucker ausgeben möchten (muss in Windows installiert sein), öffnen Sie das Dropdown-Listenfeld NAME (ganz oben im Dialogfeld) und wählen dort den Drucker aus. Sehr komfortabel!

Das mit dem Druckbereich muss noch geklärt werden

Excel verfügt über eine besondere Druckfunktion, mit der sich ein *Druckbereich* festlegen lässt. Dazu markieren Sie zunächst alle Zellen im Tabellenblatt, die Sie drucken möchten. Dann wählen Sie den Befehl DRUCKBEREICH im Menü DATEI und anschließend den Befehl DRUCKBEREICH FESTLEGEN. Wenn Sie nun auf die Schaltfläche DRUCKEN klicken oder den Befehl DRUCKEN im Menü DATEI wählen, wird genau dieser Druckbereich gedruckt – nicht mehr und nicht weniger. Auch wenn Sie versuchen, im Dialogfeld DRUCKEN irgendeinen anderen Bereich zum Drucken einzustellen – es hilft nichts! Der Druckbereich setzt sich durch!

Und wie werden Sie einen einmal festgelegten Druckbereich wieder los? Dazu wählen Sie den Befehl DRUCKBEREICH im Menü DATEI und anschließend den Befehl DRUCKBEREICH AUFHEBEN. Dann haben die Einstellungen im Dialogfeld DRUCKEN wieder das Sagen.

Sie können einen Druckbereich auch auf der Registerkarte TABELLE im Dialogfeld SEITE EINRICHTEN definieren bzw. löschen (mehr dazu gleich im nächsten Abschnitt). Um auf dieser Registerkarte den Druckbereich zu definieren, setzen Sie die Einfügemarke in das Textfeld DRUCKBEREICH und markieren dann den Zellbereich im Tabellenblatt. (Dieses Dialogfeld lässt sich mit der Schaltfläche DIALOG REDUZIEREN am Ende des Textfelds so minimieren, dass nur noch das Druckbereichfeld angezeigt wird!) Sollten Sie den Druckbereich in diesem Dialogfeld wieder loswerden wollen, brauchen Sie nur die Zelladressen im Textfeld DRUCKBEREICH zu markieren und Entf zu drücken.

Auf der Jagd nach der perfekten Seite

Wie ich bereits am Anfang dieses Kapitels angekündigt habe, ist die Steuerung der Seitenaufteilung die einzige Schwierigkeit beim Drucken. Gott sei Dank bietet das Dialogfeld SEITE EINRICHTEN jede Menge Möglichkeiten zu bestimmen, wo was wie gedruckt wird. Alle Wege führen nach Rom und einige zum Dialogfeld SEITE EINRICHTEN: Wählen Sie den Befehl SEITE EINRICHTEN im Menü DATEI oder klicken Sie auf die Schaltfläche LAYOUT in der Seitenansicht. Das Dialogfeld SEITE EINRICHTEN enthält gleich vier verschiedene Registerkarten: PAPIERFORMAT, SEITENRÄNDER, KOPFZEILE/FUSSZEILE und TABELLE.

Die Optionen auf der Registerkarte PAPIERFORMAT hängen davon ab, mit welchem Drucker Sie arbeiten. Wenn das Dialogfeld auf Ihrem Bildschirm also etwas anders aussieht als das in Abbildung 5.4, brauchen Sie sich keine Sorgen zu machen. In Abbildung 5.3 wurde der Drucker

HP DeskJet 970C als Drucker gewählt. (Alle in dieser Abbildung enthaltenen Optionen stehen auch zur Verfügung, wenn Sie mit einem HP LaserJet arbeiten.)

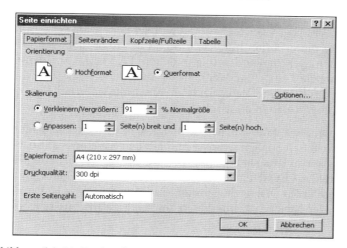

Abbildung 5.4: Die Registerkarte PAPIERFORMAT im Dialogfeld SEITE EINRICHTEN

Für nahezu alle Drucker können Sie auf der Registerkarte PAPIERFORMAT im Dialogfeld SEITE EINRICHTEN die Ausrichtung, die Größe des Ausdrucks, das Papierformat und die Druckqualität ändern. Folgende Optionen stehen Ihnen dort zur freien Verfügung:

✔ **ORIENTIERUNG:** Im HOCHFORMAT wird die kurze Seite des Papiers horizontal bedruckt. Im QUERFORMAT wird – na klar – die lange Seite des Papiers horizontal bedruckt. (Über das Für und Wider dieser beiden Möglichkeiten plaudere ich gleich noch im nächsten Abschnitt etwas ausführlicher.)

✔ **SKALIERUNG:** In diesem Bereich des Dialogfelds können Sie die Größe des Ausdrucks beeinflussen; ob alles auf weniger Seiten oder alles auf mehr Seiten – Sie haben die Wahl.

- **VERKLEINERN/VERGRÖSSERN:** Hier können Sie die Größe des Ausdrucks in Prozent angeben (ähnlich wie beim Zoomen auf dem Bildschirm). Wenn Sie einen Wert in das Textfeld eingeben, denken Sie dran, dass 100% die Normalgröße ist. Alles, was unter 100% liegt, verkleinert den Ausdruck. Das heißt, dass mehr Daten auf eine Seite passen. Alles über 100% vergrößert den Ausdruck, was wiederum bedeutet, dass Sie mehr Papier brauchen.

- **ANPASSEN:** Wenn Sie dieses Optionsfeld auswählen, versucht Excel, alle Daten auf eine einzige Seite (das ist die Standardeinstellung) oder auf die von Ihnen angegebene Anzahl von Seiten zu pressen (gleich mehr dazu im Abschnitt *Man quetsche alles auf eine Seite*).

✔ **PAPIERFORMAT:** In diesem Dropdown-Listenfeld können Sie eine Papiergröße auswählen. Die Liste enthält nur die Größen, mit denen Ihr Drucker etwas anfangen kann.

✔ **Druckqualität:** Für manche Drucker (z.B. Matrixdrucker) können Sie die Druckqualität einstellen – von der Rohfassung bis hin zum perfekten Superausdruck. Wählen Sie im Dropdown-Listenfeld aus, wie perfekt Ihr Ausdruck werden soll.

✔ **Erste Seitenzahl:** Hier legen Sie fest, mit welcher Seitenzahl der Ausdruck beginnen soll. Verwenden Sie diese Option nur, wenn Sie in der Kopf- oder Fußzeile eine Seitenzahl eingefügt haben. Der Standardeintrag in diesem Feld lautet AUTOMATISCH. Damit wird auf der ersten Seite die 1 eingefügt. Wenn Sie das so nicht wollen, geben Sie einfach eine Zahl Ihrer Wahl in das Feld ein. (Mehr hierzu im Abschnitt *Wenn der Kopf nicht weiß, was der Fuß macht* weiter unten in diesem Kapitel.)

✔ **Optionen:** Wenn Sie auf diese Schaltfläche klicken, wird ein Dialogfeld geöffnet, das jede Menge Eigenschaften zu dem Drucker enthält, den Sie eingestellt haben. Das Dialogfeld sieht von Drucker zu Drucker anders aus. Enthält Ihres vielleicht Register zu den Themen »Papier«, »Grafik«, »Geräteeinstellungen« oder »PostScript« (die Sprache der Laserdrucker)? Oder enthält Ihr Dialogfeld ganz andere Registerkarten? Ist ganz egal. Ein paar Optionen wird jeder haben. Und mit diesen können Sie dann zusätzliche Einstellungen für Ihren Drucker festlegen.

Wie wär's im Querformat?

Für die meisten Drucker (z.B. Matrix-, Laser- oder Tintenstrahldrucker) gibt es auf der Registerkarte PAPIERFORMAT im Dialogfeld SEITE EINRICHTEN ein Gruppenfeld für die Orientierung, in dem Sie zwischen Hoch- und Querformat wählen können. Normalerweise können Sie für diese Drucker auch die Optionen VERKLEINERN/VERGRÖSSERN und ANPASSEN verwenden, um die Größe des Ausdrucks zu bestimmen (siehe den folgenden Abschnitt). Sie geben einfach einen Prozentsatz für die Verkleinerung bzw. Vergrößerung an oder legen fest, ob alle Daten auf eine Seite gequetscht oder auf mehreren Seiten breitgetreten werden sollen.

Da viele Tabellenblätter breiter als hoch sind (denken Sie nur an ein Budgetblatt mit zwölf Monaten nebeneinander), kann es nur von Vorteil sein, wenn Ihr Drucker in der Lage ist, auch einmal quer zu denken, d.h. das Papier im Querformat zu bedrucken. (Pech, wenn Ihr Drucker das nicht kann.)

In Abbildung 5.5 sehen Sie das Seitenansichtsfenster mit der ersten Seite eines zukünftigen Ausdrucks im Querformat. In diesem Beispiel kann Excel vier Spalten mehr auf eine Seite bekommen als im Hochformat (vgl. Abbildung 5.1). Und die Anzahl der Seiten wird dadurch von fünf auf drei reduziert.

Man quetsche alles auf eine Seite

Es hängt von Ihrem Drucker ab, ob Sie die Option ANPASSEN verwenden können. Mithilfe dieser Option können Sie alle Daten Ihres Tabellenblatts auf eine Seite quetschen. Excel berechnet dabei automatisch, um wie viel es das Tabellenblatt verkleinern muss, damit alles auf einer Seite Platz hat.

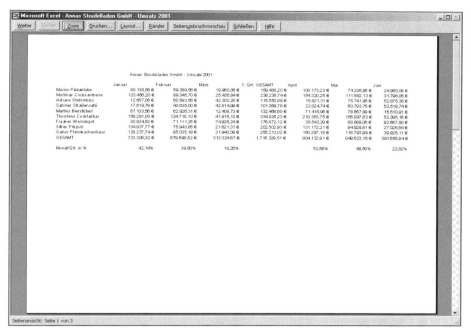

Abbildung 5.5: Die Seitenansicht mit einer Seite im Querformat

Sie werden dabei aber häufig in der Seitenansicht bemerken, dass es einfach zu klein geworden ist. Was nützt es, wenig Papier zu verbrauchen, wenn man das Ergebnis hinterher nicht mehr entziffern kann. Wenn es wirklich unleserlich ist, öffnen Sie erneut das Dialogfeld SEITE EINRICHTEN (Befehl SEITE EINRICHTEN im Menü DATEI wählen) und wechseln dann zur Registerkarte PAPIERFORMAT. Geben Sie eine höhere Anzahl Seiten für die Höhe oder Breite an. Bei einer recht breiten Tabelle geben Sie z.B. im Textfeld SEITE(N) BREIT 2 ein und belassen den Eintrag im Textfeld SEITE(N) HOCH bei 1. Bei einer recht langen Tabelle verfahren Sie genau umgekehrt.

Sollten Sie nach dem automatischen Anpassen einsehen, dass das Verkleinern des Tabellenblatts sinnlos ist, klicken Sie einfach auf das Optionsfeld VERKLEINERN/VERGRÖSSERN (es liegt direkt über dem Feld zum Anpassen der Größe) und geben dort in das Textfeld 100 ein – schon ist die alte Größe wiederhergestellt.

Marginales Denken ist angesagt

Wie ärgerlich, alles passt eigentlich recht gut auf eine Seite – nur die letzte Spalte flutscht auf eine zweite Seite. Dafür lohnt es sich fast gar nicht, ein Blatt Papier zu opfern. Kein Problem. Sie haben bei der Seitenplanung immer noch etwas Spielraum, da Excel standardmäßig oben und unten einen Rand von 2,5 cm und rechts und links einen Rand von 2 cm setzt. Wenn Sie nun den rechten und den linken Rand etwas kleiner machen, passt in den meisten Fällen der

Ausreißer (die letzte Spalte) doch noch auf die Seite. Reduzieren Sie den oberen und unteren Rand, wenn Sie ein paar Zeilen zu viel haben.

Sie können die Ränder auf zwei Arten ändern:

✔ Öffnen Sie das Dialogfeld SEITE EINRICHTEN (einfach im Menü DATEI den Befehl SEITE EINRICHTEN wählen oder in der Seitenansicht auf die Schaltfläche LAYOUT klicken) und klicken Sie auf das Register SEITENRÄNDER (Abbildung 5.6). Geben Sie dort die neuen Randeinstellungen in die Textfelder LINKS, RECHTS, OBEN und UNTEN ein.

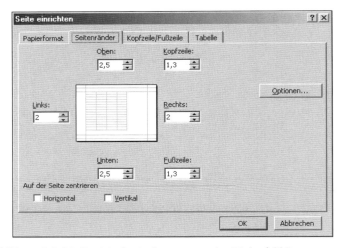

Abbildung 5.6: Die Registerkarte SEITENRÄNDER im Dialogfeld SEITE EINRICHTEN

✔ Öffnen Sie die Seitenansicht und klicken Sie dort auf die Schaltfläche RÄNDER. Ziehen Sie dann die Randmarkierungen in die gewünschte Richtung (Abbildung 5.7).

 Im Gruppenfeld AUF DER SEITE ZENTRIEREN auf der Registerkarte SEITENRÄNDER können Sie außerdem eine Seite innerhalb der aktuellen Ränder ausrichten. Mit HORIZONTAL wird die Seite zwischen dem linken und dem rechten, mit VERTIKAL zwischen dem oberen und dem unteren Seitenrand ausgerichtet.

Wenn Sie die Ränder in der Seitenansicht ändern, können Sie – falls alle Stricke reißen – auch noch die Spaltenbreite verändern (siehe auch Abbildung 5.7). Um einen Rand zu ändern, setzen Sie den Mauszeiger auf die betreffende Randmarkierung. (Der Mauszeiger wird zum Doppelpfeil.) Ziehen Sie dann die Markierung ganz einfach in die gewünschte Richtung. Sobald Sie die Maustaste loslassen, zeichnet Excel die Seite neu und berücksichtigt dabei die geänderten Randeinstellungen. Dabei kann es passieren, dass Sie Spalten oder Zeilen auf der aktuellen Seite »verlieren«. Aber mit etwas Übung bekommen Sie schnell ein Gefühl dafür, wie weit Sie gehen können. Die Spaltenbreite wird analog dazu geändert. Für jede Spalte zeigt Excel am oberen Seitenrand eine Markierung an, die Sie beliebig ziehen können.

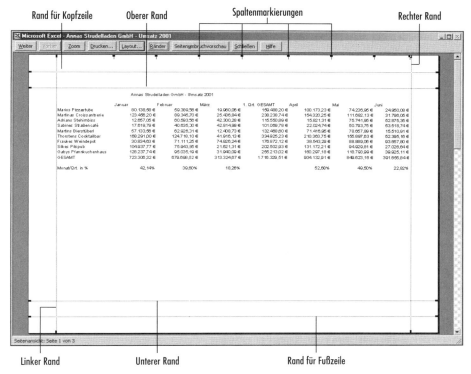

Abbildung 5.7: Die Seitenansicht, nachdem die Schaltfläche RÄNDER aktiviert wurde

Wenn der Kopf nicht weiß, was der Fuß macht

Kopf- und Fußzeilen sind ganz einfach Textzeilen, die im Ausdruck auf jeder Seite ganz oben bzw. ganz unten gedruckt werden. Dabei wird die Kopfzeile innerhalb des oberen Seitenrands und die Fußzeile innerhalb des unteren Seitenrands gedruckt. Beide werden innerhalb ihrer Randbegrenzung vertikal zentriert. Aber von allein geht nichts. Sie müssen Excel schon anweisen, jede neue Arbeitsmappe automatisch mit Kopf- oder Fußzeile auszustatten.

 Die Kopf- und Fußzeilen sind u.U. recht hilfreich, da sie Zusatzinformationen zum Dokument enthalten können, z.B. den Dateinamen, die Seitennummer, das Druckdatum oder die Druckuhrzeit.

Kopf- und Fußzeilen von der Stange

Wenn Sie eine Kopf- und/oder Fußzeile einfügen, rauswerfen oder ändern möchten, öffnen Sie zunächst das Dialogfeld SEITE EINRICHTEN (wer es vergessen hat: SEITEN EINRICHTEN im Menü

DATEI wählen) und klicken dann auf das Register KOPFZEILE/FUSSZEILE (Abbildung 5.8). Die beiden Dropdown-Listenfelder KOPFZEILE und FUSSZEILE enthalten eine Fülle von Daten, die Sie in die Kopf- und Fußzeilen einfügen können. Selbstverständlich können Sie diese Einträge auch kombinieren. Wer die Wahl hat, hat die Qual:

- **Name des Tabellenblatts:** Excel holt sich diese Information aus dem Blattregister. (In Kapitel 7 erfahren Sie, wie Sie ein Blattregister umbenennen.)
- **Name der Person, die das Tabellenblatt erstellt hat:** Diese Informationen stammen aus dem Textfeld BENUTZERNAME auf der Registerkarte ALLGEMEIN, wenn Sie den Befehl OPTIONEN im Menü EXTRAS wählen.
- **Seitenzahlen**
- **Aktuelles Datum**
- **Name der Arbeitsmappe**
- **und verschiedene Kombinationen aus diesen Angaben.**

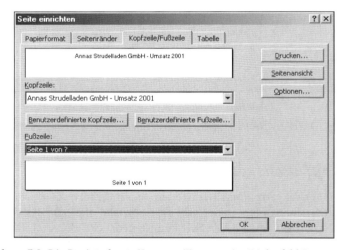

Abbildung 5.8: Die Registerkarte KOPFZEILE/FUSSZEILE im Dialogfeld SEITE EINRICHTEN

In Abbildung 5.8 sehen Sie die Registerkarte KOPFZEILE/FUSSZEILE im Dialogfeld SEITE EINRICHTEN, nachdem ich für die Kopfzeile den folgenden Eintrag gewählt habe:

`Annas Strudelladen GmbH - Umsatz 2001`

Für die Fußzeile habe ich mich für den folgenden Listeneintrag entschieden:

`Seite 1 von ?`

Bei dem Eintrag in der Kopfzeile handelt es sich um den Dateinamen der Arbeitsmappe. Excel ersetzt den Fußzeileneintrag `Seite 1 von ?` im Ausdruck durch die aktuelle Seitenzahl und die Gesamtanzahl der gedruckten Seiten. Diese Option können Sie sowohl im Dropdown-Listenfeld KOPFZEILE als auch im Dropdown-Listenfeld FUSSZEILE wählen.

In Abbildung 5.9 sehen Sie die erste Seite eines Dokuments in der Seitenansicht. Hier können Sie prüfen, was aus der Kopf- und Fußzeile im Ausdruck wird. In der Fußzeile sehen Sie den Eintrag Seite 1 von 3. Auf der zweiten Seite steht dann Seite 2 von 3 (was Sie natürlich in Abbildung 5.9 nicht sehen können).

Wenn Sie mehrere Elemente in die Kopf- oder Fußzeile eingefügt haben (z.B. links den Dateinamen, in der Mitte den Firmennamen und rechts das aktuelle Datum), dann können Sie in der Seitenansicht auch wunderbar sehen, wie die Kopf-/Fußzeilendaten in der Kopf- bzw. Fußzeile verteilt werden.

 Wenn Sie keine Kopf- und/oder keine Fußzeile in Ihrem Ausdruck haben möchten, klicken Sie einfach im Dialogfeld SEITE EINRICHTEN auf das Register KOPFZEILE/FUSSZEILE und wählen in einem oder in beiden Dropdown-Listenfeldern den Eintrag (KEINE) ganz oben in der Liste.

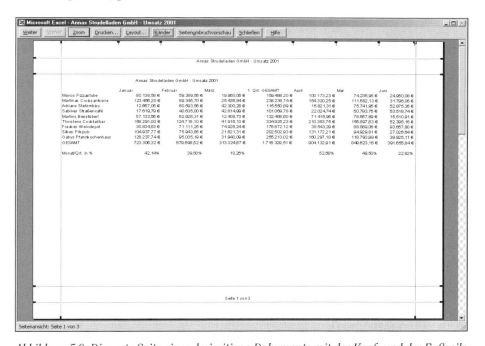

Abbildung 5.9: Die erste Seite eines dreiseitigen Dokuments mit der Kopf- und der Fußzeile

Kopf- und Fußzeilen selbst gemacht

Meistens reichen die Auswahlmöglichkeiten in den Dropdown-Listenfeldern KOPFZEILE und FUSSZEILE völlig aus. Aber hin und wieder kann es schon mal vorkommen, dass Sie Informationen in die Kopf- oder Fußzeilen einfügen möchten, die es dort nicht gibt oder die es dort nicht in der von Ihnen gewünschten Kombination gibt. Was tun? Sie wenden sich auf der Registerkarte KOPFZEILE/FUSSZEILE im Dialogfeld SEITE EINRICHTEN den Schaltflächen BENUTZERDEFINIERTE KOPFZEILE und BENUTZERDEFINIERTE FUSSZEILE zu. Mit Hilfe dieser Schaltflächen können Sie Kopf- und Fußzeilen nach Ihrem ganz persönlichen Geschmack erstellen.

In Abbildung 5.10 sehen Sie das Dialogfeld KOPFZEILE. Ich habe zuvor den Kopfzeileneintrag aus Abbildung 5.8 ausgewählt, anschließend auf die Schaltfläche BENUTZERDEFINIERTE KOPFZEILE geklickt und noch ein paar Veränderungen vorgenommen.

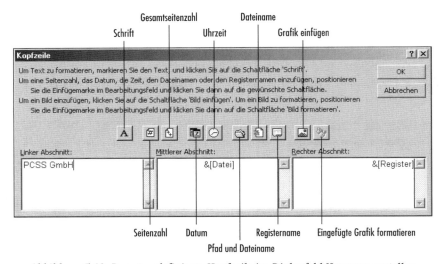

Abbildung 5.10: Benutzerdefinierte Kopfzeile im Dialogfeld KOPFZEILE erstellen

Wie Sie sehen, ist das Dialogfeld in drei Bereiche unterteilt: LINKER ABSCHNITT, MITTLERER ABSCHNITT und RECHTER ABSCHNITT. Alles, was Sie im linken Bereich eingeben, wird links in der Kopfzeile angezeigt. Alles, was Sie im mittleren Bereich eingeben, wird zentriert zwischen dem linken und rechten Rand dargestellt. Und alles, was Sie im rechten Bereich eingeben ... Sie wissen schon, oder?

Mit `Tab` wechseln Sie zwischen den drei Abschnitten der Kopfzeile und markieren den jeweiligen Bereichsinhalt. Stattdessen können Sie auch `Alt`+`L`, `Alt`+`M` bzw. `Alt`+`R` drücken. Wenn Sie `↵` drücken, fügen Sie einen Zeilenumbruch ein. Mit `Entf` können Sie den Inhalt eines Abschnitts löschen.

Wie Sie in Abbildung 5.10 sehen, gibt es in den Bereichen einige äußerst mysteriöse Codes mit so komischen &-Zeichen. In benutzerdefinierten Kopf- und Fußzeilen können Sie diese seltsamen Codes mit konkretem Text kombinieren. Um diese Codes in einen Bereich der Kopf- oder Fußzeile einzufügen, klicken Sie einfach auf die entsprechende Schaltfläche in der Schaltflächenreihe über den drei Bereichen. Es funktioniert so:

- ✔ **Schrift:** Wenn Sie auf die Schaltfläche ganz links klicken, können Sie für Ihre Kopf- und Fußzeilen die Schriftart, Schriftgröße und Schriftattribute ändern. Excel öffnet daraufhin das Dialogfeld SCHRIFT, in dem Sie sich austoben können.

- ✔ **Seitenzahl:** Klicken Sie auf die Schaltfläche SEITENZAHL. Excel schreibt daraufhin den Eintrag `&[Seite]` in den entsprechenden Bereich.

- ✔ **Gesamtseitenzahl:** Klicken Sie auf die Schaltfläche GESAMTSEITENZAHL, um den Code `&[Seiten]` einzufügen. Wenn Sie Excel dazu bringen möchten, die Information `Seite 1 von 3` in einer benutzerdefinierten Kopf- oder Fußzeile anzuzeigen, dann geben Sie zunächst das Wort `Seite` ein und drücken einmal die Leertaste. Klicken Sie anschließend auf die Schaltfläche SEITENZAHL, drücken Sie erneut die Leertaste, geben Sie `von` ein und drücken Sie noch mal die Leertaste. Klicken Sie abschließend auf die Schaltfläche GESAMTSEITENZAHL. Damit fabrizieren Sie folgenden Eintrag im entsprechenden Bereich: `Seite &[Seite] von &[Seiten]`.

- ✔ **Datum:** Wenn Sie auf die Schaltfläche DATUM klicken, wird der Code `&[Datum]` eingefügt. Im Ausdruck wird dann das entsprechende aktuelle Datum angezeigt.

- ✔ **Uhrzeit:** Analog zum Datum fügen Sie durch Klicken auf die Schaltfläche UHRZEIT den Code `&[Zeit]` ein. Im Ausdruck wird er dann durch die aktuelle Uhrzeit ersetzt.

- ✔ **Pfad und Dateiname:** Klicken Sie auf die Schaltfläche PFAD UND DATEINAMEN, um den Code `&[Pfad]&[Dateiname]` einzufügen. Dieser wird dann durch den Ordnerpfad und den Namen der Arbeitsmappe ersetzt.

- ✔ **Dateiname:** Klicken Sie auf die Schaltfläche DATEINAMEN, um den Arbeitsmappennamen in Form von `&[Datei]` einzufügen. Im Ausdruck wird hier dann der Arbeitsmappenname – sprich der Dateiname – eingefügt.

- ✔ **Registername:** Und dann gibt es da noch die Schaltfläche REGISTERNAMEN. Wenn Sie darauf klicken, wird der Code `&[Register]` eingefügt. Im Ausdruck wird dann der Name des Tabellenblatts angezeigt.

- ✔ **Grafik einfügen:** Durch Klicken auf die Schaltfläche GRAFIK EINFÜGEN zaubern Sie den Code `&[Grafik]` in Ihre Kopf- oder Fußzeile. Anschließend wird das Dialogfeld GRAFIK EINFÜGEN geöffnet, in dem Sie eine Grafik auswählen können. Standardmäßig zeigt dieses Dialogfeld alle Bilder im Ordner EIGENE BILDER.

- ✔ **Grafik formatieren:** Mit dieser letzten Schaltfläche können Sie keinen Code produzieren. Stattdessen wird damit das Dialogfeld GRAFIK FORMATIEREN geöffnet, in dem Sie Optionen für die zuvor eingefügte Grafik wählen können. Enthält die Kopf- oder Fußzeile noch keine Grafik, können Sie diese Schaltfläche nicht zum Leben erwecken.

Wenn Sie alles im Dialogfeld KOPFZEILE erledigt haben, klicken Sie auf OK, um das Dialogfeld zu schließen. Danach befinden Sie sich wieder auf der Registerkarte KOPFZEILE/FUSSZEILE im Dialogfeld SEITE EINRICHTEN. In den Vorschaufeldern können Sie prüfen, was Sie so angestellt haben.

Der Tabelle zeigen, wo's langgeht

Eine Registerkarte müssen wir noch durchkauen: die Registerkarte TABELLE (Abbildung 5.11). Sie enthält eine Flut von Optionen für den Ausdruck, die Sie sicherlich hier und da gebrauchen können:

✔ **DRUCKBEREICH:** Hier wird der aktuelle Druckbereich angezeigt, den Sie mit dem Unterbefehl DRUCKBEREICH FESTLEGEN zum Befehl DRUCKBEREICH im Menü DATEI (puh) festgelegt haben. Hier können Sie also noch in letzter Sekunde einen anderen Bereich zum Drucken definieren. Setzen Sie dazu die Einfügemarke in das Textfeld und markieren Sie im Tabellenblatt die gewünschten Zellen. Wer es gerne etwas komplizierter hat, gibt den Zellbereich oder die Bereichsnamen (keine Angst, das lernen Sie in Kapitel 6) in das Textfeld ein. Und stellen Sie sich vor, Sie können dort auch mehrere, nicht zusammenhängende Bereiche eingeben (z.B. A1:G72;K50:M75). Die Bereiche trennen Sie einfach durch ein Semikolon voneinander ab. Dann weiß Excel Bescheid. Wenn Ihnen beim Markieren der Zellen das Dialogfeld im Weg ist, dann können Sie es mit einem Klick auf die Schaltfläche DIALOG REDUZIEREN (ganz rechts im Textfeld – das komische Feld mit dem roten Pfeil) auf die Größe des Textfelds für den Druckbereich verkleinern.

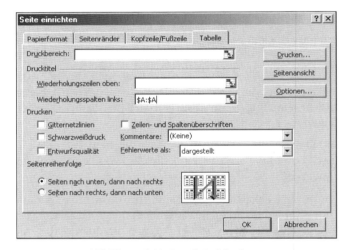

Abbildung 5.11: Drucktitel festlegen

 Wann braucht man denn den komischen Druckbereich? Nun, Sie könnten ja vielleicht einen Bereich in Ihrer Arbeitsmappe haben, der ziemlich oft gedruckt werden soll. Und Sie wollen nicht jedes Mal diesen Bereich markieren und das Optionsfeld MARKIERUNG im Dialogfeld DRUCKEN aktivieren. Warum auch, wenn es so viel einfacher geht.

✔ **DRUCKTITEL:** Legen Sie in diesem Gruppenfeld fest, welche Zeilen und Spalten auf jeder Seite wiederholt werden sollen.

- **Wiederholungszeilen oben:** Mit dieser Option legen Sie einen Drucktitel fest. Das heißt, Sie geben an, welche Zeilen auf jeder Seite oben als eine Art Titel gedruckt werden sollen (gleich mehr dazu im nächsten Abschnitt). Setzen Sie die Einfügemarke in das Textfeld und geben Sie den Zeilenbezug ein (z.B. $2:$3) oder ziehen Sie mit der Maus über die entsprechenden Zeilen. Im letzteren Fall wird das Dialogfeld auf das Feld Wiederholungszeilen oben reduziert. Dasselbe erreichen Sie auch, wenn Sie auf die Schaltfläche für Dialog reduzieren (die mit dem kleinen roten Pfeil drin) am Ende des Textfelds klicken.

- **Wiederholungsspalten links:** Das ist das Drucktitelpendant für die Spalten. Alle Spalten, die Sie hier angeben, werden auf jeder Seite links gedruckt (gleich mehr dazu im nächsten Abschnitt). Setzen Sie die Einfügemarke in das Textfeld und geben Sie den Spaltenbezug ein (z.B. $A:$B) oder ziehen Sie mit der Maus über die entsprechenden Spalten. Im letzteren Fall wird das Dialogfeld auf das Feld Wiederholungsspalten links reduziert. Dasselbe erreichen Sie auch, wenn Sie auf die Schaltfläche Dialog reduzieren (die mit dem kleinen roten Pfeil drin) am Ende des Textfelds klicken.

✔ **Drucken:** Jonglieren Sie mit den folgenden Kontrollkästchen und Dropdown-Listenfeldern, um Formatoptionen zu aktivieren, Kommentare anzuzeigen und die Anzeige von Fehlerwerten zu definieren.

- **Gitternetzlinien:** Mit diesem Kontrollkästchen können Sie bestimmen, ob die Gitternetzlinien der Zellen gedruckt bzw. nicht gedruckt werden sollen.

- **Schwarzweissdruck:** Wenn Sie dieses Kontrollkästchen aktivieren, druckt Excel die verschiedenen Farben, die Sie Zellbereichen zwecks optischer Gestaltung zugewiesen haben, in Schwarzweiß. »Geht mich nichts an«, werden Sie sagen: »Ich habe eh keinen Farbdrucker.« Es könnte Sie aber doch etwas angehen: Wenn Sie dieses Kontrollkästchen nämlich nicht aktivieren, werden die verschiedenen Farben im Ausdruck in Graustufen umgesetzt. Und das sieht auch recht hübsch aus.

- **Entwurfsqualität:** Aktivieren Sie dieses Kontrollkästchen, wenn es mal ganz schnell mit dem Ausdruck gehen soll. Gitternetzlinien werden dann grundsätzlich nicht gedruckt (egal, ob das entsprechende Kontrollkästchen aktiviert ist) und Grafiken werden ebenfalls ignoriert.

- **Zeilen- und Spaltenüberschriften:** Aktivieren Sie dieses Kontrollkästchen, wenn die Zeilennummern und Spaltenbuchstaben ebenfalls gedruckt werden sollen. Das hat den Vorteil, dass Sie auch im Ausdruck genau nachvollziehen können, in welchen Zellen sich die entsprechenden Daten befinden. Mehr Infos zu diesem Thema gibt es im Abschnitt *Auch Formeln wollen gedruckt werden* am Ende dieses Kapitels.

- **Kommentare:** Diese Option macht natürlich nur Sinn, wenn Ihre Tabelle Kommentare enthält und Sie diese auch drucken möchten. (Mehr zu Kommentaren in Kapitel 6.) Wählen Sie dazu im Dropdown-Listenfeld Kommentare den Eintrag Am Ende des Blattes oder Wie auf dem Blatt angezeigt. Im ersten Fall werden alle Kommentare »kommentarlos« am Ende des Ausdrucks hintereinander aufgelistet. Im zweiten Fall werden nur die Kommentare gedruckt, die aktuell im Tabellenblatt angezeigt werden. (Wie gesagt, Kapitel 6, Abschnitt *Elektronische Kommentare*, weiß mehr dazu.)

- **FEHLERWERTE ALS:** Wenn Sie im Dropdown-Listenfeld FEHLERWERTE ALS den Eintrag <LEER>, -- oder #NV wählen, werden die Fehlerwerte nicht so gedruckt, wie sie in der Arbeitsmappe dargestellt werden. (In Kapitel 2 wird ausführlich über mögliche Fehlerwerte und deren Bedeutung berichtet.) Stattdessen ersetzt Excel alle Fehlerwerte in durcheinander geratenen Formeln durch leere Zellen (wenn Sie sich für die Option <LEER> entschieden haben), durch Bindestriche (wenn die Option -- der Eintrag Ihrer Wahl war) oder durch #NV, was wiederum selbst ein Fehlerwert ist (wenn die Option #NV das ist, was Sie haben wollen).

✔ **SEITENREIHENFOLGE:** Wählen Sie eine der beiden folgenden Optionen, um eine Druckreihenfolge für Ihre Seiten festzulegen.

- **SEITEN NACH UNTEN, DANN NACH RECHTS:** Mit diesem Optionsfeld legen Sie fest, dass in einem mehrseitigen Dokument zuerst von oben nach unten und dann von links nach rechts gedruckt wird. Das ist die Standardeinstellung in Excel.

- **SEITEN NACH RECHTS, DANN NACH UNTEN:** Mit diesem Optionsfeld legen Sie fest, dass in einem mehrseitigen Dokument zuerst von links nach rechts und dann von oben nach unten gedruckt wird.

Jeder hat Anspruch auf einen Titel

Sie erinnern sich noch? Sie können auf dem Bildschirm Zeilen und Spalten »einfrieren« oder – korrekt gesagt – fixieren, damit Sie beliebig im Tabellenblatt blättern können, ohne den Überblick zu verlieren. Dasselbe ist auch beim Ausdruck möglich. Sie können einen Drucktitel definieren – nicht zu verwechseln mit der Kopfzeile des Dokuments. Die Kopfzeile befindet sich über dem oberen Seitenrand, während der Drucktitel zu den Daten des eigentlichen Tabellenblatts zählt. Sie können Zeilen und Spalten als Drucktitel definieren. Im Fall von Zeilen wird der Drucktitel stets direkt oberhalb der ersten Daten und im Falle von Spalten links neben den ersten Daten ausgegeben.

Und so legen Sie einen Drucktitel für den Ausdruck fest:

1. **Öffnen Sie das Dialogfeld SEITE EINRICHTEN und klicken Sie dort auf das Register TABELLE.**

    In Abbildung 5.11 sehen Sie die Registerkarte TABELLE. Wenn Sie Zeilen als Drucktitel definieren möchten, fahren Sie mit Schritt 2a fort, im Fall von Spalten mit Schritt 2b.

2a. **Setzen Sie die Einfügemarke in das Textfeld WIEDERHOLUNGSZEILEN OBEN und ziehen Sie dann mit der Maus über die Zeilen, deren Inhalt oben auf jeder Seite gedruckt werden soll. Das Dialogfeld wird auf das Feld WIEDERHOLUNGSZEILEN OBEN reduziert. Dasselbe erreichen Sie auch, wenn Sie auf die Schaltfläche DIALOG REDUZIEREN (die mit dem kleinen roten Pfeil drin) am Ende des Textfelds klicken.**

Zur Not müssen Sie das Dialogfeld SEITE EINRICHTEN in eine andere Ecke zerren, um die gewünschten Zeilen erspähen zu können.

Haben Sie gesehen, dass Excel beim Ziehen mit der Maus um den Drucktitel einen Laufrahmen setzt – eine gepunktete Linie, die »herumläuft«? Sie soll den Titel und den Rest optisch voneinander trennen und Ihnen als Orientierung dienen.

2b. Im Fall von Spalten aktivieren Sie das Textfeld WIEDERHOLUNGSSPALTEN LINKS und ziehen dann über den Spaltenbereich, der auf jeder Seite links gedruckt werden soll. Das Dialogfeld wird auf das Feld WIEDERHOLUNGSSPALTEN LINKS reduziert. Dasselbe erreichen Sie auch, wenn Sie auf die Schaltfläche DIALOG REDUZIEREN (die mit dem kleinen roten Pfeil drin) am Ende des Textfelds klicken.

In Abbildung 5.11 habe ich Spalte A der Arbeitsmappe ANNAS STRUDELLADEN GMBH – UMSATZ 2001 (vgl. Abbildung 5.12) als Drucktitel ausgewählt. Folglich steht im Textfeld WIEDERHOLUNGSSPALTEN LINKS der Eintrag $A:$A.

3. Wählen Sie OK oder drücken Sie ⏎.

Sobald das Dialogfeld SEITE EINRICHTEN verschwindet, verduftet auch der Laufrahmen.

In Abbildung 5.11 wurde die Spalte A, die die Filialen von Annas Strudelladen enthält, als Drucktitel definiert. Abbildung 5.12 zeigt die Seitenansicht mit der zweiten Seite des Ausdrucks. Wie Sie sehen können, wird Spalte A wiederholt.

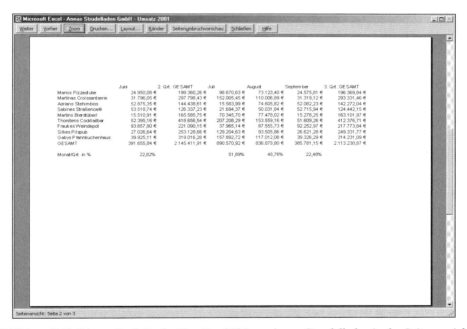

Abbildung 5.12: Die zweite Seite der Umsätze 2001 von Annas Strudelladen in der Seitenansicht mit dem Drucktitel aus Abbildung 5.11

Wenn Sie genug von den Drucktiteln haben, können Sie sie einfach entfernen, indem Sie im Dialogfeld SEITE EINRICHTEN auf das Register TABELLE klicken und die Einträge in den Textfeldern WIEDERHOLUNGSZEILEN OBEN und WIEDERHOLUNGSSPALTEN LINKS löschen. Auf OK klicken, und weg ist der Drucktitel.

Alles an seinem Platz

Wenn Excel Ihre Daten auf die Druckseiten verteilt, nimmt es natürlich keine Rücksicht darauf, was eigentlich zusammengehört und folglich nicht auf zwei Druckseiten verteilt werden sollte.

In Abbildung 5.13 sehen Sie ein typisches Beispiel für einen sinnlosen vertikalen Umbruch in einem Tabellenblatt. Aber dagegen lässt sich was tun. Was genau stört denn hier? Seite 2 beginnt mit dem letzten Monat des zweiten Quartals. Ne! So wollen wir das nicht. Die Monate eines Quartals und ihre Zusammenfassung gehören zusammen auf eine Seite. Excel würde aber zwischen den Spalten G und H einen vertikalen Seitenumbruch ausführen. Nicht mit mir! So geht es nun doch nicht. Lieber verschwenden Sie ein bisschen Platz und haben dafür alle Daten für das zweite Quartal auf einer Seite. Das heißt, der vertikale Seitenumbruch soll zwischen den Spalten E und F eingefügt werden. (Dieses Beispiel geht davon aus, dass alle anderen Möglichkeiten zum Anpassen des Umbruchs versagt haben.)

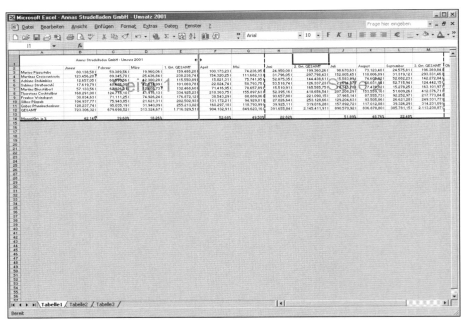

Abbildung 5.13: Die Seitenumbruchslinie wird so verschoben, dass jeweils die Umsätze eines Quartals auf einer Seite stehen.

An die Arbeit! Einen vertikalen Seitenumbruch selbst definieren, das geht so:

1. **Wählen Sie im Menü Ansicht den Befehl Seitenumbruchvorschau.**

   Die Seitenumbruchvorschau wird geöffnet. Dort werden alle Daten verkleinert angezeigt (ca. 60% der Normalanzeige). Die Seitenzahlen sind in großen hellgrauen Buchstaben unterlegt und die Seitenumbrüche sind an den fetten Linien zwischen den Zeilen und Spalten im Tabellenblatt zu erkennen.

2. **Klicken Sie auf OK oder drücken Sie ⏎ , um den störenden Willkommensbildschirm zu schließen. Den kriegen Sie übrigens jetzt immer zu sehen, es sei denn, Sie aktivieren dort das Kontrollkästchen, das dafür sorgt, dass Sie dieses Dialogfeld endgültig los sind.**

3. **Zeigen Sie auf die Seitenumbruchslinie (die fette, Sie wissen schon), die Sie anpassen möchten. Wenn sich der Mauszeiger dienstbeflissen in einen horizontalen Doppelpfeil wandelt, drücken Sie die linke Maustaste und ziehen die fette Linie bis zur gewünschten Spalte (bzw. Zeile). Dann lassen Sie die Maustaste wieder los.**

   In Abbildung 5.13 bin ich beispielsweise gerade dabei, die Seitenumbruchslinie zwischen Seite 1 und 2 um zwei Spalten nach links zu verschieben. Der Umbruch soll zwischen den Spalten E und F stattfinden, damit das gesamte zweite Quartal friedlich nach Seite 2 von dannen ziehen kann. Das Ergebnis sehen Sie in Abbildung 5.14.

4. **Wenn alle Umbruchslinien so stehen, wie Sie sie haben wollen, wählen Sie den Befehl Normal im Menü Ansicht. Alle Zahlen noch da? Dann kann ja gedruckt werden, oder?**

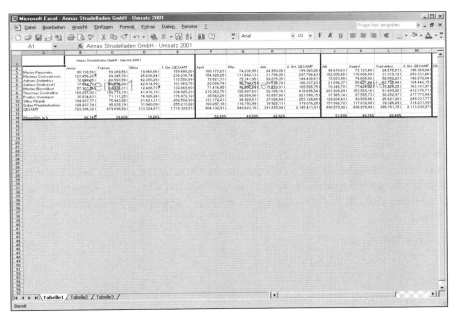

Abbildung 5.14: Jetzt sitzt der Seitenumbruch. Jedes Quartal wird übersichtlich auf einer Seite dargestellt.

Auch Formeln wollen gedruckt werden

Jetzt wissen Sie nur noch nicht, wie man Formeln anstelle der berechneten Werte ausdrucken kann. Wozu? Das kann manchmal ganz nützlich sein, wenn Sie in einem recht großen Tabellenblatt mit vielen Formeln rechnen und irgendwann feststellen: Da ist ein Fehler drin. Wenn man alles schwarz auf weiß sieht, besteht eher die Möglichkeit, eine fehlerhafte Formel zu finden. Dazu ist es aber nötig, die Formeln selbst aufs Papier zu bringen.

Zunächst müssen im Tabellenblatt die Formeln anstelle ihrer berechneten Werte stehen:

1. **Wählen Sie dazu den Befehl OPTIONEN im Menü EXTRAS.**
2. **Klicken Sie dort auf das Register ANSICHT.**
3. **Aktivieren Sie im Gruppenfeld FENSTEROPTIONEN das Kontrollkästchen FORMELN.**
4. **Klicken Sie auf OK bzw. drücken Sie ⏎.**

Nun zeigt Excel im Tabellenblatt alle Formeln an, wie sie ansonsten nur in der Bearbeitungsleiste zu sehen sind. Excel vergrößert dabei automatisch die Spaltenbreite, da Formeln in der Regel länger sind als berechnete Werte.

Sie können bequem und einfach zwischen der normalen Darstellung des Zellinhalts und der Formeldarstellung hin- und herschalten, indem Sie Strg + # drücken.

Nun kann gedruckt werden. Es empfiehlt sich, die Zeilen- und Spaltenköpfe ebenfalls auszudrucken, damit Sie Zellbezüge in den Formeln im Ausdruck leichter verfolgen können. Klicken Sie dazu auf der Registerkarte TABELLE im Dialogfeld SEITE EINRICHTEN auf das Kontrollkästchen ZEILEN- UND SPALTENÜBERSCHRIFTEN.

Wenn Sie die Formeln in einem Tabellenblatt anzeigen lassen, werden alle Einträge – Text, Werte und Formeln – linksbündig und ohne ein Zahlenformat angezeigt.

Wenn Sie das Tabellenblatt mit seinen Formeln gedruckt und hoffentlich auch den Fehler in der Formel gefunden haben, können Sie zur normalen Anzeige (ohne Formeln) zurückschalten, indem Sie auf der Registerkarte ANSICHT im Dialogfeld OPTIONEN das Kontrollkästchen FORMELN deaktivieren. Auf OK klicken oder ⏎ drücken und weg sind die Formeln. Strg + # tut's natürlich auch.

Viel Spaß beim Drucken.

Teil III
Den Daten auf der Spur

»Smartes Diagramm, Frank, aber nicht unbedingt nötig, oder?«

In diesem Teil ...

Wir wissen alle zur Genüge, wie lebenswichtig und schwierig zugleich es heutzutage ist, stets alles im Griff zu haben. Worauf ich damit hinauswill ist, dass auch die Organisation der Arbeitsmappen, die Sie in Excel 2002 erstellen, von ziemlicher Bedeutung und gelegentlich auch nicht minder problembehaftet ist.

In Teil III geht's in Medias Res und Sie werden erfahren, wie Sie stets, ob nun beim Erstellen oder Bearbeiten eines Tabellenblatts, Oberwasser behalten. In Kapitel 6 lernen Sie, die Daten in einem Tabellenblatt nicht aus den Augen zu verlieren, und Kapitel 7 geht sogar so weit, Ihnen zu zeigen, wie Sie Informationen von einem Tabellenblatt zum anderen – ja sogar von einer Arbeitsmappe zur anderen – schieben.

Wie Sie Ihre Daten in den Griff kriegen

In diesem Kapitel

- Mit der Zoom-Funktion das Tabellenblatt in der Bildschirmanzeige vergrößern oder verkleinern
- Ein Dokumentfenster in zwei oder vier Ausschnitte teilen
- Spalten und Zeilen auf dem Bildschirm als Überschriften »einfrieren«
- In Zellen Kommentare einfügen
- Daten im Tabellenblatt aufspüren und ersetzen
- Zellbereichen allgemein verständliche Namen zuweisen
- Selbst entscheiden können, wann ein Tabellenblatt neu berechnet wird
- Ein Tabellenblatt vor unbefugten Änderungen schützen

Sie wissen ja mittlerweile, dass das Excel-Tabellenblatt Ihnen unsagbar viel Raum für die Unterbringung Ihrer Daten bietet und dass obendrein jede Arbeitsmappe drei von diesen netten Blättchen enthält. Da Ihr Bildschirm Sie aber nur jeweils einen kleinen Ausschnitt von diesem großen Blatt sehen lässt, kann es manchmal zum Problem werden, den Überblick über die Daten zu behalten.

Das Excel-Tabellenblatt verwendet zwar ein zusammenhängendes Zellkoordinatensystem, mit dem Sie sich in dem großen Tabellenblatt zurechtfinden können. Sie werden aber sicherlich zugeben, dass die Bezeichnungen A1, B2 etc. zwar äußerst logisch, jedoch für den menschlichen Denkapparat schwer zu behalten sind. Ich meine damit, dass »Gehe zu Zelle IV88« bei weitem nicht die Aussagekraft besitzt wie »Gehe zur Ecke Badstraße und Turmgasse«. Denken Sie mal darüber nach, wie schwierig es ist, sich eine vernünftige Eselsbrücke für den Abschreibungsplan 2001 und dessen Standort im Zellbereich AC50:AN75 einfallen zu lassen.

In diesem Kapitel lernen Sie, welche Möglichkeiten Ihnen im Kampf gegen das plötzliche Nicht-mehr-Auffinden von Daten zur Verfügung stehen. Zunächst einmal erfahren Sie, wie Sie die Anzeigegröße für ein Tabellenblatt ändern, indem Sie die Anzeige vergrößern oder verkleinern, wie Sie das Dokumentfenster in mehrere kleine Ausschnitte unterteilen und bestimmte Zeilen und Spalten für immer und ewig auf dem Bildschirm fixieren.

Aber damit noch nicht genug! Sie werden auch erfahren, wie Sie Zellen mit Kommentaren versehen, Zellbereichen beschreibende, allgemein verständliche Namen zuweisen und mit den Befehlen SUCHEN und ERSETZEN arbeiten, um Einträge irgendwo im Tabellenblatt zu finden und, falls erforderlich, zu ersetzen. Zu guter Letzt erzähle ich Ihnen dann, wie Sie Excel dazu bringen, das Tabellenblatt neu zu berechnen, und wie Sie eingrenzen können, wo Änderungen durchgeführt werden sollen.

Zoom, zoom, zoom, Fenster zoom herum

Der Chef hat gesagt, es gibt keinen 21-Zoll-Bildschirm für Ihren Rechner. Na, und jetzt? Den ganzen Tag quälen Sie sich und Ihre Augen damit, die Daten in den winzigen Zellen zu lesen, oder führen wilde Bildläufe durch, um eine Tabelle zu suchen, die heute einfach nicht aufzufinden ist. Bleiben Sie gelassen, schließlich gibt es die Zoom-Funktion, die Sie wie ein Vergrößerungsglas zum Vergrößern und Verkleinern einsetzen können.

In Abbildung 6.1 sehen Sie ein Tabellenblatt in der Vergrößerungsstufe 200%, d.h., die Darstellung ist doppelt so groß wie normal. Um ein Tabellenblatt derart zu vergrößern, klicken Sie auf den Pfeil der Schaltfläche für Zoom in der Standard-Symbolleiste und wählen dort den Eintrag 200%. (Wenn Sie's lieber etwas umständlicher mögen, können Sie auch im Menü ANSICHT den Befehl ZOOM wählen. Im Dialogfeld ZOOM klicken Sie dann im Gruppenfeld VERGRÖSSERN/VERKLEINERN auf das Optionsfeld 200%. (Glauben Sie wirklich, dass sich dieser Aufwand lohnt?) Um jetzt die Daten in diesen Zellen zu lesen, werden Sie noch nicht einmal Ihre Lesebrille brauchen! Das einzige Problem mit der 200%igen Vergrößerungsstufe ist, dass Sie nur wenige Zellen gleichzeitig sehen können.

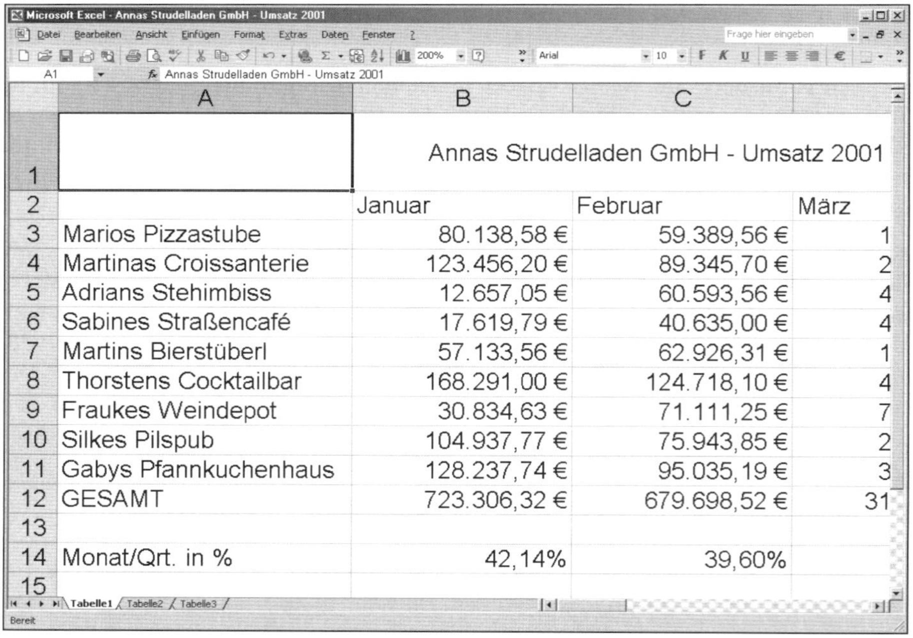

	A	B	C	
1		Annas Strudelladen GmbH - Umsatz 2001		
2		Januar	Februar	März
3	Marios Pizzastube	80.138,58 €	59.389,56 €	1
4	Martinas Croissanterie	123.456,20 €	89.345,70 €	2
5	Adrians Stehimbiss	12.657,05 €	60.593,56 €	4
6	Sabines Straßencafé	17.619,79 €	40.635,00 €	4
7	Martins Bierstüberl	57.133,56 €	62.926,31 €	1
8	Thorstens Cocktailbar	168.291,00 €	124.718,10 €	4
9	Fraukes Weindepot	30.834,63 €	71.111,25 €	7
10	Silkes Pilspub	104.937,77 €	75.943,85 €	2
11	Gabys Pfannkuchenhaus	128.237,74 €	95.035,19 €	3
12	GESAMT	723.306,32 €	679.698,52 €	31
13				
14	Monat/Qrt. in %	42,14%	39,60%	
15				

Abbildung 6.1: So sieht das Tabellenblatt in der Vergrößerungsstufe 200% aus.

Abbildung 6.2 zeigt wieder das Tabellenblatt aus Abbildung 6.1, jetzt allerdings in der Vergrößerungsstufe 25% (etwa ein Viertel der normalen Größe). Um die Anzeige auf diese Größe zu verkleinern, klicken Sie wieder in der Standard-Symbolleiste auf den Pfeil der

Schaltfläche ZOOM und wählen dort die Einstellung 25% (falls Sie es nicht lassen können, steht es Ihnen jedoch ohne weiteres frei, das Dialogfeld ZOOM zu öffnen und auf das Optionsfeld 25% zu klicken).

Nun ja, bei dieser Größe können Sie dann wenigstens sicher sein, dass Sie garantiert nichts lesen können. Aus dieser Vogelperspektive können Sie jedoch auf einen Blick erkennen, wie sich die Daten in Ihrem Tabellenblatt verteilen.

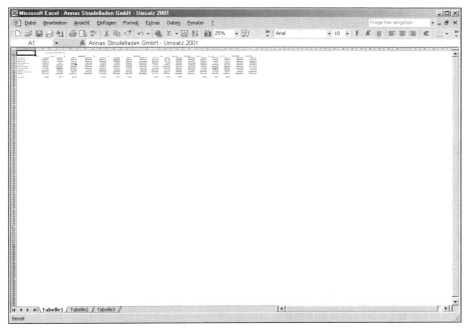

Abbildung 6.2: Darf's auch etwas kleiner sein? Das Tabellenblatt in der Vergrößerungsstufe 25%

Der Befehl ZOOM bzw. die Schaltfläche ZOOM verfügt über fünf integrierte Vergrößerungsstufen (200%, 100% (das ist die normale Bildschirmanzeige), 75%, 50% und 25%). Wenn Sie andere Vergrößerungen einstellen möchten, verwenden Sie eine der beiden folgenden Optionen:

✔ Wenn Sie Vergrößerungsstufen einstellen wollen, die zwischen den vorgegebenen liegen (z.B. 150% oder 85%) oder größer bzw. kleiner als die größte bzw. die kleinste Stufe sind (z.B. 400% oder 10%), setzen Sie die Einfügemarke in die Schaltfläche ZOOM in der Standard-Symbolleiste und geben dort die gewünschte Vergrößerungsstufe ein. Jetzt brauchen Sie nur noch ⏎ zu drücken. Im Dialogfeld ZOOM geben Sie die gewünschte Größe im Textfeld neben dem Optionsfeld BENUTZERDEFINIERT ein.

✔ Wenn Sie nicht wissen, welche Vergrößerung Sie eingeben sollen, um einen bestimmten Zellbereich auf dem Bildschirm anzuzeigen, markieren Sie den Zellbereich und wählen in der Schaltfläche ZOOM den Eintrag MARKIERUNG. Sie können stattdessen auch das Dialogfeld

ZOOM öffnen, auf das Optionsfeld AN MARKIERUNG ANPASSEN klicken und dann OK wählen oder ⏎ drücken. Excel berechnet daraufhin, welche Vergrößerung benötigt wird, um den gesamten aktuell markierten Zellbereich auf dem Bildschirm anzeigen zu können. Das ist doch was, oder?

Sie können die ZOOM-Funktion auch dazu verwenden, zu einem anderen Zellbereich im Tabellenblatt zu hüpfen. Wählen Sie zuerst eine kleine Vergrößerungsstufe, z.B. 50%. Suchen Sie dann den gewünschten Zellbereich heraus und markieren Sie eine dieser Zellen. Zoomen Sie dann noch einmal, dieses Mal mit der Einstellung 100%. Wenn Excel die Anzeige wieder auf Normalgröße zurückstellt, wird die von Ihnen markierte Zelle und der dazugehörige Zellbereich auf dem Bildschirm angezeigt.

Wer klopft da an mein Unterfenster?

Auch wenn Sie sich mit Vergrößern und Verkleinern einen Überblick über Ihr Tabellenblatt verschaffen, können Sie damit noch lange nicht zwei separate Bereiche so anordnen, dass Sie die darin enthaltenen Daten auf dem Bildschirm vergleichen können (zumindest nicht in einer Größe, in der Sie die Daten auch lesen können). Um das zu erreichen, teilen Sie das Dokumentfenster in mehrere Unterfenster bzw. Ausschnitte und blättern dann in jedem Ausschnitt so lange, bis alle Daten, die verglichen werden sollen, dort angezeigt werden.

Das Teilen des Fensters ist eine der leichtesten Übungen. Abbildung 6.3 zeigt die prognostizierte Gewinn- und Verlustrechnung für Marios Pizzastube, bei der ich das Tabellenblattfenster horizontal in zwei Ausschnitte unterteilt und im zweiten Ausschnitt zur Zeile 21 bis 26 geblättert habe. Jeder Ausschnitt verfügt über eine eigene vertikale Bildlaufleiste, mit deren Hilfe Sie verschiedene Teile des Tabellenblatts anzeigen können.

Um ein Tabellenblatt horizontal in zwei Ausschnitte zu teilen, ziehen Sie das Teilungsfeld, das sich direkt über dem oberen Bildlaufpfeil in der vertikalen Bildlaufleiste befindet, nach unten, bis das Fenster so aufgeteilt ist, wie es Ihnen gefällt. Das hört sich jetzt vielleicht etwas kompliziert an, ist aber eigentlich ganz einfach:

1. **Klicken Sie auf das vertikale Teilungsfeld und halten Sie die Maustaste gedrückt.**

    Der Mauszeiger ändert seine Form in einen Doppelpfeil.

2. **Ziehen Sie nach unten, bis Sie bei der Zeile sind, an der das Dokumentfenster geteilt werden soll.**

    Beim Ziehen wird ein grauer Balken im Dokumentfenster angezeigt, der stets die aktuelle Zeile markiert, in der das Fenster geteilt wird, wenn Sie die Maustaste loslassen.

3. **Lassen Sie die Maustaste los.**

    Excel unterteilt das Fenster an der aktuellen Position des Mauszeigers in zwei horizontale Ausschnitte und fügt in den neuen Ausschnitt eine vertikale Bildlaufleiste ein.

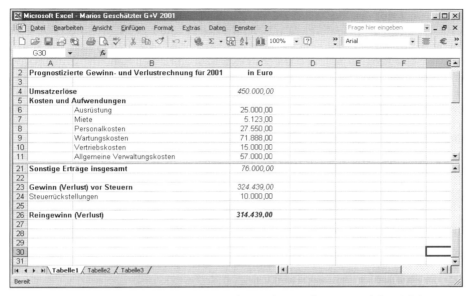

Abbildung 6.3: Das Tabellenblatt in einem geteilten Dokumentfenster, nachdem ich im unteren Ausschnitt mit der Bildlaufleiste nach unten geblättert habe.

Sie können das Dokumentfenster auch vertikal unterteilen. Das geht so:

1. **Klicken Sie auf das Teilungsfeld am rechten Rand der horizontalen Bildlaufleiste.**
2. **Ziehen Sie nach links, bis Sie die Spalte erreicht haben, an der das Fenster unterteilt werden soll.**
3. **Lassen Sie die Maustaste los.**

   Excel unterteilt das Fenster an dieser Spalte und stattet den neuen Ausschnitt mit einer eigenen horizontalen Bildlaufleiste aus.

Verwechseln Sie das Teilungsfeld nicht mit dem Registerteilungsfeld zwischen den Blattregistern und der horizontalen Bildlaufleiste. Sie ziehen das Registerteilungsfeld nach rechts, um zusätzliche Blattregister anzuzeigen, bzw. nach links, um mit einer größeren horizontalen Bildlaufleiste zu arbeiten. Zur Sicherheit noch mal: An der rechten Seite der horizontalen Bildlaufleiste befindet sich das Teilungsfeld, mit dem Sie das Dokumentfenster vertikal in zwei Ausschnitte teilen.

 Wenn Sie die Ausschnitte stören, können Sie sie ganz einfach verschwinden lassen, indem Sie irgendwo auf den Bildschirmteiler doppelklicken, der das Fenster unterteilt.

Wenn Ihnen das mit der Zieherei des Teilungsfelds nicht gefällt, können Sie ein Dokumentfenster auch mit dem Befehl TEILEN im Menü FENSTER unterteilen. Wenn Sie diesen Befehl wählen, wird durch die Position des Zellcursors bestimmt, an welcher Stelle das Fenster unterteilt wird. Das Programm teilt das Fenster vertikal am linken Rand des Cursors und horizontal am oberen Rand. Wenn das Fenster nur in zwei Ausschnitte unterteilt werden soll, setzen Sie den Zellcursor entweder in die erste Spalte der gewünschten Zeile (um in dieser Zeile eine Unterteilung in zwei horizontale Ausschnitte vorzunehmen) oder in die erste Zeile der gewünschten Spalte (um in dieser Spalte eine Unterteilung in zwei vertikale Ausschnitte vorzunehmen).

Wenn Sie den Zellcursor irgendwo in die Mitte der auf dem Bildschirm angezeigten Zellen setzen und den Befehl TEILEN im Menü FENSTER wählen, teilt Excel das Fenster in vier Ausschnitte – einmal am linken Cursorrand und einmal am oberen Cursorrand. Grau ist alle Theorie. Also, in der Praxis könnte das so aussehen: Angenommen, der Zellcursor befindet sich in Zelle C6. Sie wählen den Befehl TEILEN im Menü FENSTER und was passiert? Das aktuelle Dokumentfenster wird zerstückelt – horizontal zwischen Zeile 5 und 6 und vertikal zwischen Spalte B und C. Das Ganze können Sie sich in Abbildung 6.4 genauer ansehen.

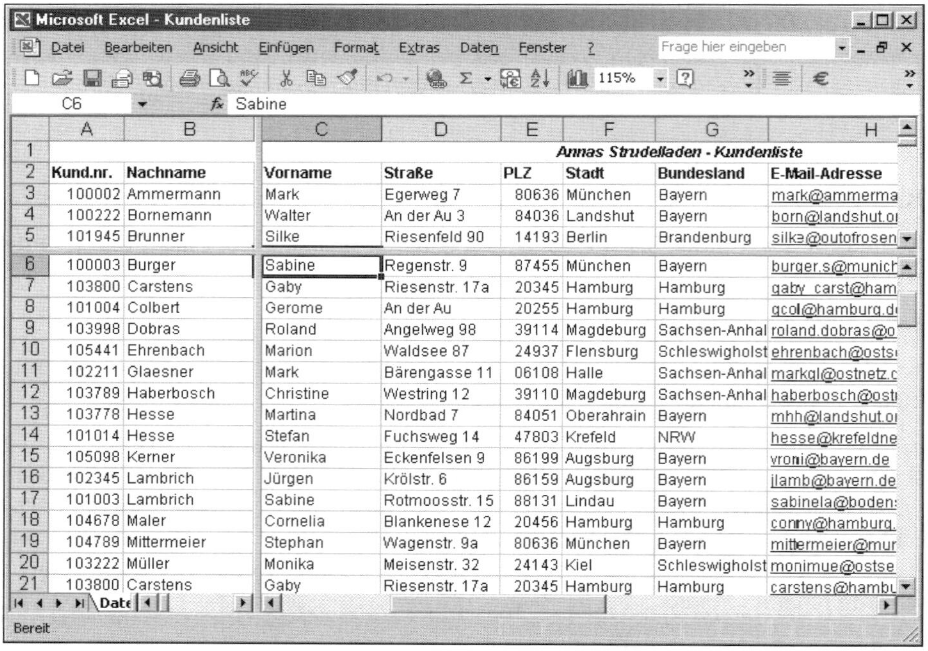

Abbildung 6.4: So wird das Fenster in vier Ausschnitte aufgeteilt, wenn vor der Wahl des Befehls TEILEN im Menü FENSTER die Zelle C6 markiert ist.

Wenn Sie den Zellcursor auf die Zelle A1 setzen und den Befehl TEILEN im Menü FENSTER wählen, dann teilt Excel das Fenster ungefähr in der Mitte der Bildschirmanzeige in vier Ausschnitte.

Wenn das Fenster in Ausschnitte unterteilt ist, können Sie von einem Ausschnitt zum nächsten hüpfen, indem Sie entweder auf eine Zelle im entsprechenden Ausschnitt klicken oder ⇧+F6 drücken. (Sie hüpfen damit entgegen dem Uhrzeigersinn von Ausschnitt zu Ausschnitt.) Um die Ausschnitte wieder zu entfernen, wählen Sie den Befehl TEILUNG AUFHEBEN im Menü FENSTER.

Festgemauert in meinem Fenster sitzt die Überschrift

Ausschnitte sind eine tolle Sache, wenn man verschiedene Teile desselben Tabellenblatts anzeigen lassen will, die man normalerweise nicht gleichzeitig betrachten könnte. Und da gibt es noch eine andere Art von Ausschnitt, die so genannten *fixierten Ausschnitte*. Was heißt das denn schon wieder? Sie können mithilfe von fixierten Ausschnitten Überschriften in den oberen Zeilen und ersten Spalten »festmauern«, »einfrieren«, »fixieren« ... – nennen Sie das, wie Sie wollen –, damit sie stets auf dem Bildschirm angezeigt werden, ungeachtet dessen, wie oft und wie weit Sie im Tabellenblatt blättern. Derart fixierte Überschriften sind besonders hilfreich, wenn Sie mit einer Tabelle arbeiten, die mehr Daten enthält, als auf dem Bildschirm angezeigt werden können.

In Abbildung 6.5 sehen Sie so eine Tabelle. Das Tabellenblatt mit der Kundenliste enthält mehr Zeilen und Spalten, als Sie auf einmal anzeigen lassen können (es sei denn durch Verkleinern, aber dann wird's unleserlich).

Werden nun im Dokumentfenster die ersten zwei Zeilen fixiert, so können Sie die oberen zwei Zeilen mit der Tabellenüberschrift und den Spaltenüberschriften auf dem Bildschirm anzeigen lassen, während Sie im restlichen Tabellenblatt nach oben oder unten blättern, um die verschiedenen Kundendaten zu prüfen. Wenn Sie im Fenster dann noch die ersten zwei Spalten fixieren, bleiben auch die Kundennummer und der Nachname auf dem Bildschirm »kleben«, wenn Sie nach rechts oder nach links blättern.

Abbildung 6.5 zeigt die Kundenliste, nachdem im Fenster die ersten zwei Spalten und die ersten zwei Zeilen fixiert wurden. Sie wollen wissen, wie das geht? Dann bitte:

1. **Positionieren Sie den Zellcursor in Zelle C3.**
2. **Wählen Sie im Menü FENSTER den Befehl FENSTER FIXIEREN.**

    Excel fixiert den Ausschnitt oberhalb der Zeile 3 und den Ausschnitt links von Spalte C.

Die Rahmen der fixierten Ausschnitte werden als Linie und nicht wie bei den herkömmlichen Ausschnitten als schmaler Balken dargestellt.

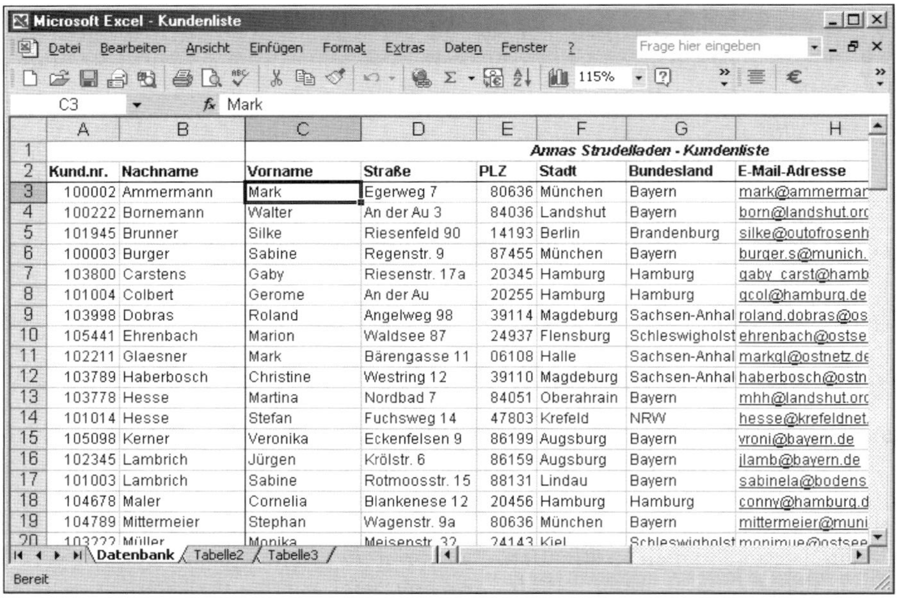

Excel 2002 für Dummies

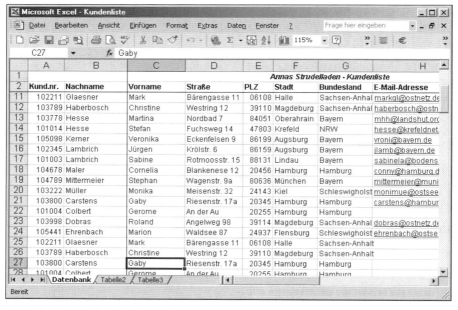

Abbildung 6.5: In den fixierten Ausschnitten stehen die Tabellenüberschrift und die Spaltenüberschriften sowie die Kundennummern und Nachnamen festgemauert auf dem Bildschirm.

Abbildung 6.6: Blättern Sie in der Kundenliste nach unten, um weitere Zeilen des Tabellenblatts anzuzeigen.

In Abbildung 6.6 sehen Sie, was passiert, wenn Sie nach dem Fixieren der Ausschnitte im Tabellenblatt blättern. In dieser Abbildung habe ich so lange geblättert, bis die Zeilen 11 bis 27 auf dem Bildschirm angezeigt werden. Da der horizontale Ausschnitt mit der Überschrift des Tabellenblatts und mit den Spaltenüberschriften in den Zeilen 1 und 2 fixiert ist, hat der Bildlauf auf sie überhaupt keinen Einfluss.

In Abbildung 6.7 sehen Sie, was passiert, wenn Sie nach rechts blättern, sodass die Spalten E bis J zu sehen sind. Die fixierten Spalten A und B lassen sich hiervon nicht beirren und werden weiterhin auf dem Bildschirm angezeigt. Ohne die Informationen in diesen Spalten hätten Sie ganz schöne Schwierigkeiten, die Daten zuzuordnen!

Um die Fixierung der Ausschnitte aufzuheben, wählen Sie den Befehl FIXIERUNG AUFHEBEN im Menü FENSTER.

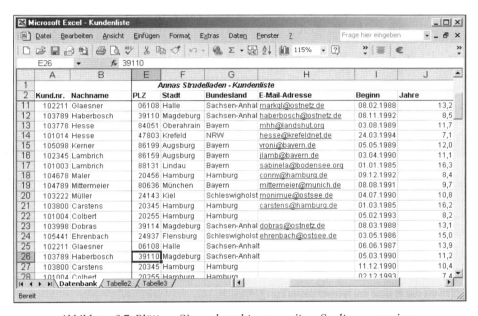

Abbildung 6.7: Blättern Sie nach rechts, um weitere Spalten anzuzeigen.

Elektronische Kommentare

Mit Excel können Sie in Zellen *Kommentare* erstellen. Sie können sich beispielsweise selbst einen Kommentar schreiben, dass Sie eine bestimmte Zahl nochmals überprüfen müssen, bevor Sie das Tabellenblatt drucken, oder dass Sie daran denken sollten, dass ein bestimmter Wert nur ein Schätzwert ist. Vielleicht hinterlegen Sie aber auch einen Kommentar, um einen Geburtstag oder eine Einladung nicht zu vergessen.

Ein Kommentar kann also dazu dienen, Sie an etwas zu erinnern, das Sie getan haben oder noch tun müssen; Sie können damit jedoch auch die Position markieren, an der Sie sich gerade in einem großen Tabellenblatt befinden. Wenn Sie dann das nächste Mal dieses Tabellenblatt bearbeiten, können Sie über die Position des Kommentars schnell die Stelle wieder finden, an der Sie mit Ihrer Arbeit aufgehört haben.

So bekommt die Zelle ihren Kommentar

Um in eine Zelle einen Kommentar einzufügen, machen Sie Folgendes:

1. **Markieren Sie die Zelle, in die Sie den Kommentar einfügen möchten.**
2. **Wählen Sie im Menü EINFÜGEN den Befehl KOMMENTAR.**

   Ein kleines Textfeld (wie in Abbildung 6.8) wird angezeigt, das bereits den Namen des Benutzers oder der Benutzerin enthält. (Diesen Namen holt sich Excel aus dem Eintrag im Textfeld BENUTZERNAME, das sich auf der Registerkarte ALLGEMEIN des Dialogfelds OPTIONEN befindet, das Sie im Menü EXTRAS mit dem Befehl OPTIONEN öffnen! Alle Klarheiten beseitigt?)

3. **Geben Sie den Text Ihres Kommentars in das Textfeld ein.**

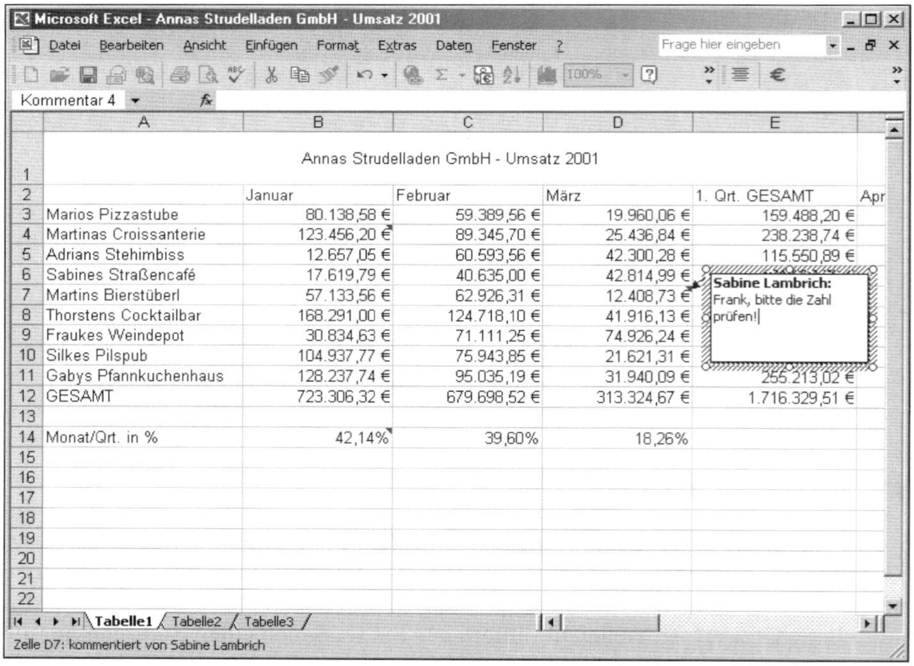

Abbildung 6.8: Geben Sie den Kommentar zu einer Zelle in dieses Textfeld ein.

4. **Wenn Sie die Eingabe Ihres Kommentars beendet haben, klicken Sie auf eine beliebige Stelle im Tabellenblatt.**

   Wenn eine Zelle einen Kommentar enthält, wird dies mit einem winzigen Dreieck (rot bei einem Farbbildschirm) in der oberen rechten Ecke der Zelle angezeigt.

5. **Um den Kommentar in einer Zelle anzuzeigen, zeigen Sie mit dem Mauszeiger auf die Zelle mit dem kleinen Dreieck.**

Kommentare in Überarbeitung

Wenn Sie in einer Arbeitsmappe jede Menge Tabellenblätter haben, die die verschiedensten Kommentare enthalten, ist es sicherlich ein bisschen mühsam, auf jeden einzelnen mit dem Mauszeiger zu zeigen, um ihn lesen zu können. Für diese Fälle steht der Befehl KOMMENTARE im Menü ANSICHT zur Verfügung. Damit zeigen Sie auf einen Schlag alle Kommentare in der Arbeitsmappe an und bekommen obendrein noch die Überarbeiten-Symbolleiste eingeblendet (Abbildung 6.9).

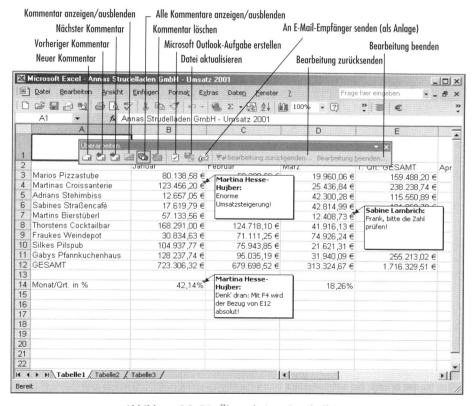

Abbildung 6.9: Die Überarbeiten-Symbolleiste

In der Überarbeiten-Symbolleiste können Sie dann auf die Schaltflächen für *Nächster Kommentar* und *Vorheriger Kommentar* klicken, um zwischen den einzelnen Kommentaren hin und her zu wechseln. Wenn Sie beim letzten Kommentar in der Arbeitsmappe angekommen sind, erhalten Sie eine Meldung, in der abgefragt wird, ob mit der Überprüfung der Kommentare wieder von vorne begonnen werden soll. Falls Sie das möchten, wählen Sie OK und fahren mit der Überarbeitung fort. Nach getaner Arbeit lassen sich die Kommentare natürlich auch wieder ausblenden. Klicken Sie dafür einfach in der Überarbeiten-Symbolleiste auf die Schaltfläche für *Alle Kommentare ausblenden*. Wenn Sie diese Symbolleiste bereits wieder geschlossen haben, können Sie auch noch mal den Befehl KOMMENTARE im Menü ANSICHT wählen.

Was man mit Kommentaren so alles machen kann

Es gibt eine ganze Reihe von Methoden, um den Inhalt eines Kommentars zu bearbeiten. Welche Methode angewendet werden kann, hängt davon ab, ob der Kommentar bereits angezeigt wird oder nicht. Wenn er im Tabellenblatt angezeigt wird, dann bearbeiten Sie ihn, indem Sie mit dem I-Mauszeiger in das Textfeld des Kommentars klicken. Aus dem I-Mauszeiger wird daraufhin eine Einfügemarke, das Textfeld wird markiert und erhält einen schraffierten Rahmen mit Ziehpunkten, mit denen die Größe des Textfelds verändert werden kann. Bearbeiten Sie jetzt einfach den Kommentar und klicken Sie dann auf irgendeine Zelle im Tabellenblatt, um die Markierung für den Kommentar wieder aufzuheben.

Wird der Kommentar noch nicht angezeigt, dann müssen Sie die Zelle markieren, die den Kommentar enthält. Wählen Sie dann im Menü EINFÜGEN den Befehl KOMMENTAR BEARBEITEN bzw. im Kontextmenü der Zelle (wissen Sie es noch? – mit der rechten Maustaste auf die Zelle klicken) den Befehl KOMMENTAR BEARBEITEN.

Falls Sie den Kommentar nicht direkt neben der Zelle, sondern irgendwo anders in der Arbeitsmappe anzeigen wollen, markieren Sie den Kommentar und setzen den Mauszeiger auf einen der vier Ränder des Textfelds. Sobald aus dem Mauszeiger ein Vierfachpfeil wird, ziehen Sie das gesamte Textfeld an die neue Position im Tabellenblatt. Wenn Sie jetzt die Maustaste loslassen, sehen Sie, dass Excel die Linie mit dem Pfeil, der das Textfeld mit dem roten Dreieck in der oberen rechten Zellecke verbindet, neu zeichnet.

Sie können auch die Größe dieses Textfelds verändern. Dazu markieren Sie den Kommentar, setzen den Mauszeiger auf einen der Ziehpunkte und ziehen dann in die gewünschte Richtung (zur Mitte des Textfelds, um es zu verkleinern, bzw. von der Mitte weg, um es zu vergrößern). Sobald Sie die Maustaste loslassen, wird das Textfeld neu gezeichnet. Wenn Sie die Größe und die Form des Textfelds ändern, umbricht Excel automatisch den Kommentartext so, dass dieser in die neue Form und Größe des Textfelds passt.

Aber auch die Schrift für den Kommentar lässt sich natürlich ändern. Klicken Sie dazu auf den Kommentar und wählen Sie im Menü FORMAT den Befehl KOMMENTAR. Das Dialogfeld KOMMENTAR FORMATIEREN wird geöffnet, das nur die Registerkarte SCHRIFT enthält (dieselbe wie im Dialogfeld ZELLEN FORMATIEREN – Abbildung 3.15). Ändern Sie hier die Schriftart, Schriftgröße, Schriftfarbe etc. für den markierten Kommentar.

Ein Kommentar lässt sich natürlich auch wieder löschen. Markieren Sie dazu die Zelle, die den Kommentar enthält und wählen Sie im Menü BEARBEITEN den Befehl LÖSCHEN und im angezeigten Untermenü den Befehl KOMMENTARE. Falls Ihnen das jetzt zu umständlich war, nehmen Sie den Befehl KOMMENTAR LÖSCHEN aus dem Kontextmenü der Zelle. Der Kommentar wird samt rotem Dreieck aus der Zelle entfernt.

Für die Bearbeitung der Kommentare lässt sich auch die Zeichnen-Symbolleiste ganz gut verwenden. Hiermit können Sie für das Textfeld die Hintergrundfarbe ändern oder auch eine neue Form oder Schattierung auswählen. (Kapitel 8 weiß im Abschnitt *Frei wie ein Vogel (nicht zugeordneter Text)* mehr dazu.)

Der Kommentar im Ausdruck

Wenn Sie ein Tabellenblatt drucken, dann können Sie die Kommentare zusammen mit den ausgewählten Daten im Tabellenblatt drucken. Sie brauchen dazu nur im Dialogfeld SEITE EINRICHTEN auf der Registerkarte TABELLE im Listenfeld KOMMENTARE eine Option auszuwählen. Wenn Sie wissen wollen, was es mit den Optionen AM ENDE DES BLATTES bzw. WIE AUF DEM BLATT ANGEZEIGT auf sich hat, dann lesen Sie in Kapitel 5 den Abschnitt *Der Tabelle zeigen, wo's langgeht*.

Wie heißt denn die Zelle?

Wenn Sie Zellen und Zellbereichen allgemein verständliche Namen zuweisen, werden Sie sehr viel länger den Überblick über den Verbleib wichtiger Daten in einer Arbeitsmappe behalten. Anstatt sich also zu bemühen, die merkwürdigen Zellkoordinaten mit bestimmten Informationen in Verbindung zu bringen, merken Sie sich einfach einen Namen. Mithilfe von Namen können Sie sogar den Druckbereich festlegen. Außerdem können Sie die Namen in anderen Office XP-Programmen einsetzen, z.B. in Word oder in Access. Und damit nicht genug! Nachdem Sie einen Namen für eine Zelle oder einen Zellbereich festgelegt haben, können Sie ihn mit der Gehe-zu-Funktion anwählen und sogleich zum gewünschten Zellbereich springen.

Das Kind beim Namen nennen

Wenn Sie einen Namen für eine Zelle oder einen Zellbereich festlegen, sollten Sie sich an die folgenden kleinen Regeln halten:

- ✔ Der Name muss mit einem Buchstaben, nicht mit einer Zahl beginnen, also `Gewinn2001` (nicht `2001Gewinn`).

- ✔ Der Name darf keine Leerzeichen enthalten. Statt eines Leerzeichens verwenden Sie beispielsweise den Unterstrich (_), um die Bestandteile des Namens zu kennzeichnen (z.B. `Gewinn_2001`).

- ✔ Der Name darf weder Zahlen noch Zellbezügen im aktuellen Tabellenblatt ähneln. Sie können z.B. eine Zelle nicht Q1 nennen, da dies ein Zellbezug ist. Verwenden Sie stattdessen Q1_Gesamt.

Und so legen Sie einen Namen für eine Zelle oder einen Zellbereich fest:

1. **Markieren Sie die Zelle oder den Zellbereich.**
2. **Klicken Sie im Namensfeld (das ist das Feld ganz links in der Bearbeitungsleiste) auf die Zelladresse der aktuell markierten Zelle bzw. des aktuell markierten Zellbereichs.**

   Die ganze Zelladresse wird jetzt im Namensfeld hervorgehoben dargestellt.
3. **Geben Sie den Namen für die markierte Zelle bzw. den markierten Zellbereich in das Namensfeld ein.**

   Schauen Sie sich noch mal die obige Liste an, um sicherzugehen, dass Sie dem Zellbereich keinen ungültigen Namen zuweisen.
4. **Drücken Sie ⏎.**

Wenn Sie jetzt eine benannte Zelle oder einen benannten Zellbereich in einem Tabellenblatt markieren wollen, klicken Sie im Dropdown-Listenfeld des Namensfelds auf den entsprechenden Namen. Sie öffnen dieses Listenfeld, indem Sie auf den nach unten zeigenden Pfeil gleich rechts neben der Zelladresse klicken.

Dasselbe passiert, wenn Sie F5 drücken oder den Befehl GEHE ZU im Menü BEARBEITEN wählen. Daraufhin wird das Dialogfeld GEHE ZU geöffnet (Abbildung 6.10). Doppelklicken Sie auf den gewünschten Namen im Listenfeld GEHE ZU (bzw. markieren Sie den Namen und wählen Sie OK oder drücken Sie ⏎). Excel setzt den Zellcursor direkt auf die benannte Zelle bzw. markiert den benannten Zellbereich.

Abbildung 6.10: Das Dialogfeld GEHE ZU

Auch Formeln haben einen Namen

Mit Zellnamen lassen sich Zellen nicht nur hervorragend aufspüren, mit ihrer Hilfe können Sie auch Formeln »lesbarer« machen. Gehen wir mal davon aus, dass Sie in der Zelle K3 eine ganz simple Formel eingegeben haben, die die Stunden, die Sie für einen Kunden tätig waren (in Zelle I3), mit Ihrem Stundensatz (in Zelle J3) multipliziert, um auszurechnen, wie viel Sie dem Kunden in Rechnung stellen können. Normalerweise würden Sie diese Formel in Zelle K3 so eingeben:

=I3*J3

Wenn Sie jedoch die Zelle I3 Stunden und die Zelle J3 Stundensatz genannt haben, dann können Sie als Formel in K3 auch eingeben:

=Stunden*Stundensatz

Es lässt sich wohl nicht bestreiten, dass man sich unter der Formel =Stunden*Stundensatz sehr viel mehr vorstellen kann als unter =I3*J3.

Wenn Sie von dieser Möglichkeit Formeln zu gestalten, angetan sind, dann steht hier, wie's funktioniert:

1. **Geben Sie Ihren Zellen Namen, so wie Sie es bereits gelernt haben. (Jetzt kontrolliere ich, ob Sie auch aufgepasst haben!)**

   Geben Sie für dieses Beispiel der Zelle I3 den Namen Stunden und der Zelle J3 den Namen Stundensatz.

2. **Setzen Sie den Zellcursor in die Zelle, in der die Formel angezeigt werden soll.**

   Setzen Sie den Zellcursor also in Zelle K3.

3. **Beginnen Sie die Formel mit dem Gleichheitszeichen (=).**

4. **Markieren Sie die erste Zelle, auf die sich die Formel bezieht, indem Sie entweder darauf klicken oder den Zellcursor dort positionieren.**

   Wählen Sie in diesem Fall I3, indem Sie auf diese Zelle klicken.

5. **Geben Sie den mathematischen Operator ein, der in der Formel verwendet werden soll.**

   Für dieses Beispiel geben Sie das Sternchen (*) als Multiplikationszeichen ein. (Kapitel 2 enthält eine Liste mit weiteren mathematischen Operatoren.)

6. **Markieren Sie die zweite Zelle, auf die sich die Formel bezieht, wie in Schritt 4 beschrieben.**

   Wählen Sie in diesem Fall J3, indem Sie auf diese Zelle klicken.

7. **Klicken Sie in der Bearbeitungsleiste auf die Schaltfläche E**INGEBEN** (die mit dem Häkchen) oder drücken Sie ⏎, um die Formel zu beenden.**

   Wenn Sie alle Schritte ausgeführt haben, dann schreibt Excel in Zelle K3 die Formel =Stunden*Stundensatz.

Formeln, die Zellnamen enthalten, lassen sich mit dem Ausfüllkästchen nicht in andere Zellen einer Spalte oder Zeile kopieren. (Mehr dazu in Kapitel 4 unter *Die Formel und das AutoAusfüllen*.) Wenn Sie eine Formel kopieren, die im Original Zellnamen statt Zelladressen enthält, dann kopiert Excel diese Formel, ohne dabei die Zellbezüge an die neuen Zeilen und Spalten anzupassen.

Wie heißt denn die Konstante?

Manchen Formeln greifen auf Konstanten zurück, die sich so gut wie nie ändern, z.B. 16% für die Mehrwertsteuer oder 10% für einen Rabatt. Wenn Sie nun derartige Konstanten nicht jedes Mal wieder per Hand in eine Formel eingeben oder zu Fuß in einer Formel auf die entsprechende Zelle verweisen möchten, erstellen Sie einfach einen Namen, der den entsprechenden Wert enthält, und arbeiten dann effektiv und schlau mit diesem Namen in Ihren Formeln.

Angenommen, Sie möchten eine Konstante mit dem klangvollen Namen Mehrwertsteuer erstellen. Dann tun Sie Folgendes:

1. **Wählen Sie im Menü** EINFÜGEN **den Befehl** NAMEN **und danach den Unterbefehl** DEFINIEREN**, um das Dialogfeld** NAMEN DEFINIEREN **zu öffnen.**

2. **Im Dialogfeld** NAMEN DEFINIEREN **geben Sie dann den Namen (z.B.** Mehrwertsteuer**) in das Textfeld** NAMEN IN DER ARBEITSMAPPE **ein.**

3. **Klicken Sie auf das Textfeld** BEZIEHT SICH AUF **und ersetzen Sie dort die aktuelle Zelladresse durch den Wert** 16%**.**

4. **Klicken Sie auf die Schaltfläche** HINZUFÜGEN**, um diesen neuen Namen dem Tabellenblatt hinzuzufügen.**

5. **Jetzt noch schnell auf OK klicken und die Sache ist geritzt.**

Nachdem Sie einer Konstanten auf die obige Weise einen Namen verpasst haben, können Sie diesen in Formeln, die Sie in Ihrem Tabellenblatt erstellen, auf folgende Arten verwenden:

✔ Tippen Sie den Namen der Konstanten in einer Formel genau an der Stelle ein, an der der entsprechende Wert benötigt wird.

✔ Fügen Sie den Namen der Konstanten über das Menü genau an der Stelle ein, an der Sie den Wert benötigen. Wählen Sie dazu im Menü EINFÜGEN den Befehl NAMEN und anschließend den Befehl EINFÜGEN. Jetzt noch im Dialogfeld NAMEN EINFÜGEN auf den korrekten Namen doppelklicken und schon wird in der Formel richtig gerechnet.

Formeln, die Zellnamen enthalten, lassen sich mit dem Ausfüllkästchen nicht in andere Zellen einer Spalte oder Zeile kopieren. (Mehr dazu in Kapitel 4 unter *Die Formel und das AutoAusfüllen*.) Wenn Sie eine Formel kopieren, die im Original Zellnamen statt Zelladressen enthält, dann kopiert Excel diese Formel, ohne dabei die Zellbezüge an die neuen Zeilen und Spalten anzupassen.

Denken Sie dran: Wenn Sie der Konstanten im Dialogfeld NAMEN DEFINIEREN einen anderen Wert zuweisen, rechnen alle Formeln, in denen die Konstante bereits enthalten ist, mit dem neuen aktuellen Wert.

Wer suchet, der findet

Wenn alle anderen Bemühungen, einen bestimmten Zelleintrag zu finden, bereits fehlgeschlagen sind, sollten Sie Excels Suchfunktion aktivieren, um diese Daten in Ihrem Tabellenblatt aufzuspüren. Wählen Sie im Menü BEARBEITEN den Befehl SUCHEN oder drücken Sie [Strg]+[F] oder [⇧]+[F5] – wie Sie sehen, Sie haben die Qual der Wahl. Das Dialogfeld SUCHEN UND ERSETZEN, wie in Abbildung 6.11 gezeigt, wird geöffnet. Schreiben Sie den Text oder die Werte, die Sie suchen, in das Textfeld SUCHEN NACH und wählen Sie anschließend WEITERSUCHEN oder drücken Sie [↵], um die Suche zu starten. Klicken Sie auf die Schaltfläche OPTIONEN, um das Dialogfeld nach unten aufzuklappen und weitere Auswahlmöglichkeiten hervorzuzaubern (siehe auch Abbildung 6.11).

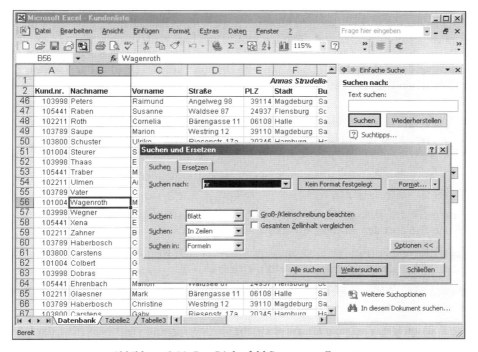

Abbildung 6.11: Das Dialogfeld SUCHEN UND ERSETZEN

229

Eine andere Art von Suchfenster kann über den neuen Aufgabenbereich SUCHEN hervorgekramt werden. Von dort aus gelangen Sie ebenfalls zum oben beschriebenen Dialogfeld SUCHEN UND ERSETZEN. Wählen Sie dazu im Aufgabenbereich SUCHEN ganz unten im Fenster den Hyperlink IN DIESEM DOKUMENT SUCHEN. (Für den Fall, dass der Aufgabenbereich SUCHEN nicht in Sicht ist: Er kann mit dem Befehl SUCHEN im Menü DATEI geöffnet werden.)

Wenn Sie nach einem Eintrag suchen, achten Sie bei Ihrer Eingabe in das Textfeld SUCHEN NACH darauf, ob der Text oder der Wert ein vollständiger Zelleintrag ist oder nur einen Ausschnitt aus einem Zelleintrag darstellt. In Abbildung 6.11 ist im Textfeld SUCHEN NACH nr eingegeben. Da das Kontrollkästchen GESAMTEN ZELLINHALT VERGLEICHEN nicht aktiviert ist, findet Excel

- ✔ den Eintrag nr im Feldnamen Kund.nr in Zelle A2 sowie
- ✔ den Eintrag nr in Wagenroth in Zelle B57.

Wenn Sie vor Suchbeginn das Kontrollkästchen GESAMTEN ZELLINHALT VERGLEICHEN aktiviert hätten, hätte Excel keinen Eintrag gefunden, da die beiden zuvor gefundenen Einträge den Ausdruck nr ja nur als Bestandteile des Zelleintrags enthalten.

Wenn Sie nach Text suchen, können Sie auch festlegen, ob Excel bei der Suche auf die Groß- bzw. Kleinschreibung achten soll. Standardmäßig legt Excel auf diesen kleinen (aber oft wichtigen) Unterschied keinen Wert. Ist es aber für die Eingrenzung Ihres Suchbegriffs erforderlich, dass Excel zwischen der Groß- und Kleinschreibung unterscheidet, dann sollten Sie das Kontrollkästchen GROSS-/KLEINSCHREIBUNG BEACHTEN aktivieren.

Sollte der Text oder der Wert, nach dem Sie suchen, bestimmte Formate enthalten, so können Sie diese Darstellung bei der Suche miteinschließen.

Damit Excel neben dem Inhalt auch nach übereinstimmender Darstellung sucht, tun Sie Folgendes:

1. **Öffnen Sie im Dialogfeld SUCHEN UND ERSETZEN das Dropdown-Listenfeld FORMAT und wählen Sie dort den Eintrag FORMAT VON ZELLE WÄHLEN.**

    Das Dialogfeld SUCHEN UND ERSETZEN verabschiedet sich vorübergehend. Stattdessen hängt Excel an den Mauszeiger so eine Art Pipette dran.

2. **Klicken Sie mit dem Pipetten-Mauszeiger auf die Zelle im Tabellenblatt, die die Formate enthält, nach denen Sie suchen möchten.**

    Das Dialogfeld SUCHEN UND ERSETZEN taucht wieder auf und weiß nun über die Formate, nach denen Sie suchen möchten, Bescheid.

Wenn Sie die zu suchenden Formate lieber in einem Dialogfeld direkt auswählen möchten – nämlich im Dialogfeld FORMAT SUCHEN (das identisch mit dem Dialogfeld ZELLEN FORMATIEREN ist) –, gehen Sie folgendermaßen vor:

1. Öffnen Sie im Dialogfeld SUCHEN UND ERSETZEN das Dropdown-Listenfeld FORMAT und wählen Sie dort den Eintrag FORMAT.
2. Toben Sie sich dann im Dialogfeld FORMAT SUCHEN auf der Vielzahl von Registerkarten aus und aktivieren Sie die Formatoptionen, nach denen gesucht werden soll. Beenden Sie das Ganze durch Klicken auf OK.

Sobald Sie sich für die Suche nach bestimmten Formaten auf die eine oder die andere Art entschieden haben, wird aus der Schaltfläche KEIN FORMAT FESTLEGEN die Schaltfläche VORSCHAU. Darin wird das Wort Vorschau angezeigt, das wiederum mehr oder weniger in der Schrift und mit den Schriftoptionen dargestellt ist, die Sie zuvor für die Suche festgelegt haben.

Wenn Sie in einem Tabellenblatt nach Werten suchen, denken Sie immer an den Unterschied zwischen Formeln und Werten. In Abbildung 6.7 wird z.B. in Zelle J11 der Kundenliste der Wert 13,2 angezeigt. Wenn Sie jedoch 13,2 in das Textfeld SUCHEN NACH eingeben und dann ⏎ drücken, um die Suche zu starten, wird sofort eine Meldung angezeigt, dass Excel keine übereinstimmenden Daten finden kann.

Excel konnte den Wert 13,2 in Zelle J11 nicht finden, da dieser Wert mit der folgenden Formel errechnet wurde und Excel standardmäßig in den Formeln (d.h. nicht in den Werten selbst) nach einer Übereinstimmung sucht:

=(JETZT()-I11)/365

Um nach dem Wert 13,2, der in J11 mit dieser Formel errechnet wurde, zu suchen, markieren Sie im Dropdown-Listenfeld SUCHEN IN den Eintrag WERTE. Standardmäßig ist hier die Option FORMELN aktiviert.

Wenn Sie nach Text oder Werten in Kommentaren suchen möchten, markieren Sie in diesem Listenfeld den Eintrag KOMMENTARE.

Wenn Sie nicht wissen, wie ein Wort oder ein Name korrekt geschrieben wird oder wie ein Wert oder eine Formel genau lautet, dann können Sie Platzhalterzeichen verwenden. Nehmen Sie das Fragezeichen (?) für ein einzelnes unbekanntes Zeichen und das Sternchen (*) für eine beliebige Anzahl unbekannter Zeichen.

Versuchen Sie's mal: Geben Sie die folgenden Zeichen in das Textfeld SUCHEN NACH ein und markieren Sie im Dropdown-Listenfeld SUCHEN IN die Option WERTE.

7*4

Excel findet damit Zellen, die Werte wie 74, 704 und 75234 oder Texteinträge wie Badstr. 73 4. Stock enthalten.

Wenn Sie tatsächlich einmal nach einem (Multiplikations-)Sternchen suchen wollen, stellen Sie dem Sternchen eine Tilde voran:

~*4

Auf diese Weise können Sie nach einer Formel suchen, in der mit 4 multipliziert wird.

Wenn Sie den folgenden Eintrag im Textfeld SUCHEN NACH verwenden, werden Zelleinträge wie Jan, Januar, Juni etc. gefunden:

J?n*

 In der Regel sucht Excel nur im aktuellen Tabellenblatt nach dem von Ihnen eingegebenen Suchtext. Wenn das Programm alle Tabellenblätter einer Arbeitsmappe durchsuchen soll, öffnen Sie das erste Dropdown-Listenfeld SUCHEN und wählen dort den Eintrag ARBEITSMAPPE.

Wenn Excel eine Zelle im Tabellenblatt findet, die den gesuchten Text oder Wert enthält, wird diese Zelle markiert. Das Dialogfeld SUCHEN UND ERSETZEN bleibt geöffnet. (Sollte es die Sicht auf die gesuchte Zelle versperren, ziehen Sie es einfach auf die Seite.) Um die nächste Übereinstimmung zu suchen, wählen Sie die Schaltfläche WEITERSUCHEN oder drücken Sie ⏎.

Excel sucht normalerweise die Zeilen von oben nach unten durch. Wenn Sie jedoch lieber spaltenweise suchen möchten, markieren Sie im zweiten Dropdown-Listenfeld SUCHEN den Eintrag IN SPALTEN. Wenn Sie einen zuvor gefundenen Eintrag nochmals anzeigen lassen wollen, drücken Sie ⇧ und klicken dabei auf die Schaltfläche WEITERSUCHEN.

Passen Sie auf bei Zellersatzteilen!

Wenn Sie einen Zelleintrag nur suchen, um ihn anschließend durch etwas anderes zu ersetzen, können Sie diesen Vorgang automatisch ablaufen lassen, indem Sie den Befehl ERSETZEN im Menü BEARBEITEN wählen oder Strg+H drücken. Wenn Sie sich bereits im Dialogfeld SUCHEN UND ERSETZEN auf der Registerkarte SUCHEN tummeln, können Sie dort auch einfach auf das Register ERSETZEN klicken. Auf der Registerkarte ERSETZEN geben Sie im Textfeld SUCHEN NACH den Wert oder Text ein, der ersetzt werden soll, und in das Textfeld ERSETZEN DURCH den Wert oder Text ein, durch den ersetzt werden soll.

Wenn Sie den Ersatztext eingeben, müssen Sie darauf achten, den Text genau so zu schreiben, wie er auf dem Bildschirm angezeigt werden soll. Mit anderen Worten: Wenn Sie jedes Mal, wenn Jan im Tabellenblatt steht, dies durch Januar ersetzen möchten, muss Folgendes im Textfeld ERSETZEN DURCH stehen:

Januar

Denken Sie daran, dass Sie im Textfeld ERSETZEN DURCH auf die genaue Groß- oder Kleinschreibung eines Worts achten müssen, auch wenn Sie im Textfeld SUCHEN NACH hierauf keine Rücksicht zu nehmen brauchen (immer vorausgesetzt natürlich, dass das Kontrollkästchen GROSS-/KLEINSCHREIBUNG BEACHTEN nicht aktiviert ist).

Nachdem Sie eingegeben haben, was gesucht und durch was ersetzt werden soll, lassen Sie Excel die übereinstimmenden Einträge im Tabellenblatt entweder von Fall zu Fall (auf ERSETZEN klicken) oder alle in einem Arbeitsgang ersetzen (auf ALLE ERSETZEN klicken). In Abbildung 6.12 können Sie sich einen guten Überblick darüber verschaffen.

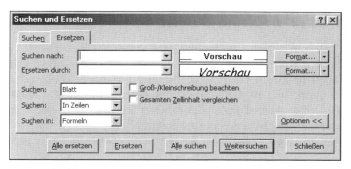

Abbildung 6.12: Hier werden gerade Formate ersetzt.

Seien Sie vorsichtig mit der Wahl der Schaltfläche ALLE ERSETZEN. Ihr ganzes Tabellenblatt kann mit einem Mal durcheinander gewirbelt werden, wenn Sie damit – nichts Böses ahnend – Werte, Teile von Formeln oder Zeichen in Überschriften ersetzen, die Sie eigentlich gar nicht ersetzen wollten. Als Vorsichtsmaßnahme lege ich Ihnen folgende goldene Regel ans Herz:

Führen Sie niemals die Funktion ALLE ERSETZEN in einem nicht gespeicherten Dokument durch!

Vergewissern Sie sich vor dem Ersetzen auch, dass das Kontrollkästchen GESAMTEN ZELLINHALT VERGLEICHEN aktiviert ist. Es könnte Ihnen eine ganze Reihe ungewollter Änderungen bescheren, wenn Sie dieses Kontrollkästchen nicht aktivieren und Sie wirklich nur ganze Zelleinträge ersetzen wollen.

Wenn Sie aber tatsächlich einmal einen Wurm reingebracht haben, wählen Sie den Befehl RÜCKGÄNGIG im Menü BEARBEITEN (bzw. drücken Sie [Strg]+[Z]), um das Tabellenblatt wieder in seinen alten Zustand zu versetzen. Wenn Sie das Problem erst zu spät erkennen und nichts mehr rückgängig gemacht werden kann, schließen Sie das Dokument, ohne es zu speichern, und öffnen dann die vor dem Ersetzen gespeicherte Version. Was für ein Glück, dass Sie dies gelesen haben!

Wenn Excel Ihnen die gefundenen Einträge zuerst anzeigen soll, klicken Sie auf die Schaltfläche WEITERSUCHEN oder drücken Sie [↵]. Excel markiert dann die nächste Zelle, die den Text oder Wert enthält, den Sie im Textfeld SUCHEN NACH eingegeben haben. Soll Excel den markierten Text ersetzen, dann klicken Sie auf die Schaltfläche ERSETZEN. Falls Sie gerade diese Übereinstimmung nicht ersetzen wollen, klicken Sie auf WEITERSUCHEN, um mit der Suche fortzufahren. Um das Dialogfeld SUCHEN UND ERSETZEN zu schließen, weil der Suchen-und-Ersetzen-Vorgang für Sie beendet ist, klicken Sie kurz entschlossen auf SCHLIESSEN.

Berechnen oder nicht berechnen

Die Suche nach Daten in einem Tabellenblatt ist zwar zugegebenermaßen außerordentlich wichtig; sie ist aber nur eine der Möglichkeiten, die Daten in den Griff zu kriegen. In wirklich umfangreichen Tabellenblättern kann es z.B. interessant sein, die Neuberechnung von Einträgen manuell zu steuern. Dies ist dann von Vorteil, wenn durch das ständige Neuberechnen geänderter oder neu eingegebener Daten das Arbeiten mit Excel nur noch im Schneckentempo vorangeht. Wenn Sie diese Neuberechnung erst durchführen lassen, wenn Sie das Tabellenblatt speichern oder drucken wollen, werden Sie von dererlei Verzögerungen nichts mitbekommen.

Um die Neuberechnung manuell zu steuern, wählen Sie den Befehl OPTIONEN im Menü EXTRAS und klicken dann im Dialogfeld OPTIONEN auf das Register BERECHNUNG (siehe auch Abbildung 6.13). Wählen Sie dann im Gruppenfeld BERECHNUNG das Optionsfeld MANUELL. Deaktivieren Sie auf keinen Fall das Kontrollkästchen VOR DEM SPEICHERN NEU BERECHNEN (d.h., in dem Kästchen *muss* ein Häkchen sein!), damit Excel automatisch alle Formeln neu berechnet, wenn Sie das Tabellenblatt speichern. Wenn Sie dieses Kontrollkästchen aktiviert lassen, können Sie davon ausgehen, dass Sie stets die aktuellsten Werte in Ihrer Arbeitsmappe speichern.

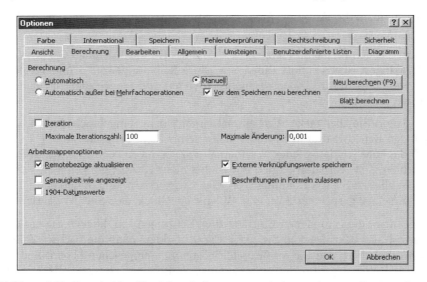

Abbildung 6.13: Entscheiden Sie sich zwischen automatischer und manueller Berechnung.

Wenn Sie das Optionsfeld MANUELL aktiviert haben, wird in der Statusleiste die Meldung Berechnen angezeigt, sobald Sie im Tabellenblatt eine Änderung vornehmen, die sich irgendwie auf die aktuellen Werte Ihrer Formeln auswirkt. Die Meldung Berechnen will Sie darauf aufmerksam machen, dass Excel die Formeln aktualisieren, d.h. neu berechnen, sollte, bevor Sie die Arbeitsmappe speichern oder drucken.

Um die Formeln in einem Tabellenblatt neu zu berechnen, drücken Sie [F9] oder klicken Sie auf die Schaltfläche Neu berechnen (F9) auf der Registerkarte Berechnung im Dialogfeld Optionen.

Excel berechnet daraufhin alle Formeln in allen geöffneten Tabellenblättern der Arbeitsmappe neu. Falls Sie Änderungen nur im aktuellen Tabellenblatt vorgenommen haben und nicht warten wollen, bis Excel jedes einzelne Tabellenblatt neu berechnet hat, können Sie die Neuberechnung auf das aktuelle Tabellenblatt beschränken, indem Sie auf der Registerkarte Berechnung im Dialogfeld Optionen auf die Schaltfläche Blatt berechnen klicken oder [⇧]+[F9] drücken.

Schützen Sie sich!

Sobald Sie ein Tabellenblatt so gut wie fertig gestellt haben, d.h. die Formeln überprüft und den Text nochmals gelesen haben, möchten Sie Ihr Dokument doch sicherlich gern vor unplanmäßigen Änderungen schützen.

Jede Zelle in einem Tabellenblatt kann *gesperrt* bzw. *nicht gesperrt* werden. Standardmäßig sind alle Zellen eines Tabellenblatts gesperrt. Das Sperren muss sozusagen nur noch aktiviert werden. Wenn Sie die folgenden Schritte ausführen, dann sind Ihre Daten so sicher wie in Abrahams Schoß.

1. **Wählen Sie im Menü Extras den Befehl Schutz und dann im angezeigten Untermenü den Befehl Blatt schützen.**

   Excel öffnet das Dialogfeld Blatt schützen (siehe Abbildung 6.14), in dem Sie die Kontrollkästchen aktivieren, deren Funktionen auch in einem geschützten Tabellenblatt verfügbar sein sollen. Standardmäßig sind das Kontrollkästchen Arbeitsblatt und Inhalt gesperrter Zellen schützen ganz oben im Dialogfeld sowie die beiden Kontrollkästchen Gesperrte Zellen auswählen und Nicht gesperrte Zellen auswählen im darunter liegenden Listenfeld Alle Benutzer dieses Arbeitsblattes dürfen aktiviert.

2. **(Optional) Aktivieren Sie bei Bedarf die Kontrollkästchen im Listenfeld Alle Benutzer dieses Arbeitsblattes dürfen, deren Funktionen auch in einem geschützten Tabellenblatt aktiv sein sollen.**

3. **Wenn Sie ein Kennwort zuweisen wollen, das eingegeben werden muss, bevor der Schutz für ein Tabellenblatt wieder entfernt werden kann, dann geben Sie ein Kennwort in das Textfeld Kennwort zum Aufheben des Blattschutzes ein.**

4. **Klicken Sie auf OK oder drücken Sie [↵].**

   Wenn Sie ein Kennwort eingegeben haben, wird anschließend das Dialogfeld Kennwort bestätigen geöffnet. Geben Sie hier das Kennwort erneut ein und achten Sie dabei darauf, es genau so zu schreiben wie im Textfeld Kennwort zum Aufheben des Blattschutzes im Dialogfeld Blatt schützen. Klicken Sie dann auf OK oder drücken Sie [↵].

Abbildung 6.14: All diese Funktionen können Sie in Ihrem Tabellenblatt schützen.

Sie können auch noch einen Schritt weitergehen und das gesamte Layout der Tabellenblätter in einer Arbeitsmappe schützen. Das geht so:

1. **Wählen Sie im Menü E**XTRAS **den Befehl S**CHUTZ **und dann im angezeigten Untermenü den Befehl A**RBEITSMAPPE SCHÜTZEN**.**

    Excel öffnet das Dialogfeld ARBEITSMAPPE SCHÜTZEN, in dem das Kontrollkästchen STRUKTUR bereits aktiviert ist, das Kontrollkästchen FENSTER jedoch nicht. Wenn Sie die Struktur einer Arbeitsmappe schützen, können die Tabellenblätter z.B. nicht mehr gelöscht oder neu angeordnet werden. Die Fenster in einer Arbeitsmappe zu schützen, ist dann sinnvoll, wenn Sie Fenster eingerichtet haben (was ich im nächsten Kapitel beschreiben werde).

2. **Wenn Sie ein Kennwort zuweisen wollen, das eingegeben werden muss, bevor der Schutz für eine Arbeitsmappe wieder entfernt werden kann, dann geben Sie ein Kennwort in das Textfeld K**ENNWORT (OPTIONAL) **ein.**

3. **Klicken Sie auf OK oder drücken Sie** ⏎ **.**

    Wenn Sie ein Kennwort eingegeben haben, wird anschließend das Dialogfeld KENNWORT BESTÄTIGEN geöffnet. Geben Sie hier das Kennwort erneut ein und achten Sie dabei darauf, es genau so zu schreiben wie im Textfeld KENNWORT (OPTIONAL) im Dialogfeld ARBEITSMAPPE SCHÜTZEN. Klicken Sie dann auf OK oder drücken Sie ⏎ .

Wenn Sie den Befehl BLATT SCHÜTZEN im Untermenü des Befehls SCHUTZ wählen, können in diesem Tabellenblatt die Inhalte der Zellen nicht mehr verändert werden, mit Ausnahme der Funktionen, die Sie im Listenfeld ALLE BENUTZER DIESES ARBEITSBLATTES DÜRFEN explizit aktiviert haben (siehe weiter oben). Ist die Arbeitsmappe geschützt, scheitern alle Versuche, an ihrem Layout etwas zu verändern.

Wenn Sie versuchen, einen Eintrag in einer gesperrten Zelle zu bearbeiten oder zu ersetzen, zeigt Excel eine Warnmeldung an, dass Sie versuchen, eine Zelle oder ein Diagramm zu ändern, die bzw. das schreibgeschützt ist.

In der Regel wird es nicht in Ihrer Absicht liegen, in den Tabellenblättern einer Arbeitsmappe alle Zellen vor Änderungen zu schützen, sondern nur bestimmte Bereiche. In einem Budget-Tabellenblatt möchten Sie vielleicht alle Zellen schützen, die Überschriften und Formeln enthalten, und Änderungen in den Zellen zulassen, in die Sie die Budgetzahlen eingeben. Mit dieser Vorsichtsmaßnahme verhindern Sie, dass Sie aus Versehen eine Überschrift oder eine Formel aus dem Tabellenblatt löschen, bloß weil Sie einen Wert in eine falsche Zelle eingeben. (Das kommt häufiger vor, als Sie denken ...!)

Wenn Sie also bestimmte Zellen nicht sperren wollen, um sie auch dann noch ändern zu können, wenn Sie das Blatt geschützt haben, gehen Sie folgendermaßen vor:

1. **Markieren Sie die Zellen, die weiterhin geändert werden dürfen.**

2. **Wählen Sie im Menü EXTRAS den Befehl SCHUTZ und anschließend den Befehl BENUTZER DÜRFEN BEREICHE BEARBEITEN.**

3. **Klicken Sie im Dialogfeld BENUTZERBERECHTIGUNGEN ZUM BEARBEITEN VON BEREICHEN auf die Schaltfläche NEU.**

4. **(Optional) Wenn Sie für den Bereich, der ungeschützt bleiben soll, einen beschreibenderen Namen als den von Excel vorgeschlagenen Namen BEREICH1 vergeben möchten, schreiben Sie den neuen Namen einfach im Dialogfeld NEUER BEREICH in das Textfeld TITEL.**

Denken Sie beim Eingeben von Namen an den Unterstrich zwischen einzelnen Wörtern. Leerzeichen sind hier leider nicht erlaubt.

5. **Prüfen Sie im Textfeld BEZIEHT SICH AUF ZELLEN den enthaltenen Zellbereich, um sicherzustellen, dass auch tatsächlich genau die Zellen enthalten sind, die nicht geschützt werden sollen – nicht mehr und nicht weniger.**

    Sollten Sie feststellen, dass der Zellbereich einer Überarbeitung bedarf, drücken Sie `Tab`, um das Textfeld auszuwählen, und ziehen dann mit dem Mauszeiger umher, um den korrekten Zellbereich zu markieren. Beim Ziehen »zieht« sich Excel automatisch auf die Größe des Textfelds BEZIEHT SICH AUF ZELLEN zurück. Sobald Sie die Maustaste loslassen, kriegt es seine Originalgröße wieder.

6. **(Optional) Wenn Sie den Bereich mit einem Kennwort schützen möchten (damit nur die BenutzerInnen Änderungen im Tabellenblatt vornehmen können, die über das Kennwort Bescheid wissen), drücken Sie so lange `Tab`, bis Sie das Textfeld KENNWORT DES BEREICHES erreicht haben. Geben Sie nun ein Kennwort ein.**

Sie werden im Dialogfeld KENNWORT BESTÄTIGEN aufgefordert, das Kennwort noch einmal einzugeben und zu bestätigen.

7. **Klicken Sie auf OK, um das Dialogfeld NEUER BEREICH zu schließen.**

   Jetzt befinden Sie sich wieder im Dialogfeld BENUTZERBERECHTIGUNGEN ZUM BEARBEITEN VON BEREICHEN.

8. **(Optional) Falls es noch weitere Bereiche gibt, die nicht gesperrt werden sollen, klicken Sie wieder auf die Schaltfläche NEU und wiederholen die Schritte 4 bis 7.**

9. **Haben Sie alles freigegeben, was in einem geschützten Tabellenblatt bearbeitet werden kann, klicken Sie auf die Schaltfläche BLATTSCHUTZ, um das Dialogfeld BLATT SCHÜTZEN zu öffnen.**

   Hier können Sie noch ein Kennwort für das Tabellenblatt definieren und bestimmen, welche Funktionen im geschützten Tabellenblatt verfügbar bleiben sollen (mehr hierzu am Anfang dieses Abschnitts).

Um den Schutz für das aktuelle Tabellenblatt oder die Arbeitsmappe wieder aufzuheben und Änderungen sowohl in gesperrten als auch in nicht gesperrten Zellen durchführen zu können, wählen Sie den Befehl BLATTSCHUTZ AUFHEBEN bzw. ARBEITSMAPPENSCHUTZ AUFHEBEN im Untermenü zum Befehl SCHUTZ im Menü EXTRAS. Wenn Sie ein Kennwort für den Schutz der Arbeitsmappe oder des Tabellenblatts eingegeben haben, müssen Sie dieses jetzt in das Textfeld KENNWORT im Dialogfeld BLATTSCHUTZ AUFHEBEN bzw. ARBEITSMAPPENSCHUTZ AUFHEBEN eingeben.

Schützen und freigeben

Wenn Sie eine Arbeitsmappe erstellen, deren Inhalt von verschiedenen Benutzern in Ihrem Netzwerk aktualisiert wird, dann können Sie mit dem neuen Befehl ARBEITSMAPPE SCHÜTZEN UND FREIGEBEN arbeiten. Diesen Befehl finden Sie im Untermenü des Befehls SCHUTZ im Menü EXTRAS. (Das haben Sie sich fast gedacht, oder?) Hiermit stellen Sie absolut sicher, dass Excel alle Änderungen verfolgt und dass niemand – sei es absichtlich oder unbewusst (man will ja niemandem etwas unterstellen) – diese Überwachungsfunktion wieder ausschaltet. Alles, was Sie zum Schutz der Arbeitsmappe tun müssen, ist das Kontrollkästchen FREIGABE MIT ÄNDERUNGSPROTOKOLL im Dialogfeld FREIGEGEBENE ARBEITSMAPPE SCHÜTZEN zu aktivieren, das angezeigt wird, wenn Sie den Befehl wählen. Nachdem Sie dieses Kontrollkästchen aktiviert haben, können Sie noch ein weiteres Hindernis einbauen und im Textfeld KENNWORT (OPTIONAL) ein Kennwort vergeben. Auf diese Weise erhalten nur diejenigen Zugriff auf Ihre Arbeitsmappe, die das richtige Kennwort wissen.

Mit mehreren Tabellenblättern jonglieren

In diesem Kapitel

▶ Zwischen verschiedenen Tabellenblättern in einer Arbeitsmappe hin und her springen

▶ Tabellenblätter in eine Arbeitsmappe einfügen

▶ Tabellenblätter aus einer Arbeitsmappe löschen

▶ Mehrere Tabellenblätter markieren, um sie anschließend auf einen Schlag zu bearbeiten

▶ Blattregister mit klangvollen Namen versehen

▶ Tabellenblätter in einer Arbeitsmappe neu anordnen

▶ Verschiedene Tabellenblätter in unterschiedliche Fenster setzen und alle gleichzeitig am Bildschirm anzeigen

▶ Ein Tabellenblatt aus einer Arbeitsmappe in eine andere kopieren oder verschieben

▶ Formeln fabrizieren, die sich auf Werte in anderen Tabellenblättern einer Arbeitsmappe beziehen

---

Solange Sie noch ein(e) blutige(r) Anfänger(in) im Umgang mit Tabellen sind, haben Sie wahrscheinlich genug damit zu tun, ein einziges Tabellenblatt in den Griff zu bekommen. Allein der Gedanke an das Arbeiten mit mehreren Tabellenblättern bringt Sie schon zum Schwitzen. Sobald Sie aber etwas sicherer geworden sind, werden Sie feststellen, dass das Arbeiten mit mehreren Tabellenblättern in einer Arbeitsmappe auch nichts anderes ist als das Arbeiten mit einem.

 Verwechseln Sie das Tabellenblatt nicht mit der Arbeitsmappe. Die *Arbeitsmappe* stellt das gesamte Dokument (die Datei) dar, das Sie öffnen und speichern, kopieren oder löschen etc. Jede Arbeitsmappe (= jede Datei) enthält standardmäßig drei leere *Tabellenblätter*. Stellen Sie sich diese drei leeren Tabellenblätter wie drei leere normale Blätter in einem Ringbuch vor, die Sie beschreiben, herausreißen etc. können. Damit Sie sich nicht in den drei Tabellenblättern verirren, ist jedes Tabellenblatt mit einem Blattregister versehen (TABELLE1 bis TABELLE3). Die Blätter entsprechen in etwa den Registerblättern in einem herkömmlichen Ringbuch. Sie sehen: Es ist alles mehr oder weniger so wie im wirklichen Leben.

Was ich an Tabellenblättern so liebe

Bevor Sie erfahren, *wie* Sie mit mehreren Tabellenblättern in Excel arbeiten, sollte ich vielleicht zunächst erklären, *warum* man so etwas überhaupt tun sollte. Angenommen, Sie haben ein Bündel von Tabellenblättern erstellt, die alle thematisch zusammengehören und deshalb auch in derselben Arbeitsmappe abgelegt werden sollten. Nehmen wir beispielsweise Annas Strudelladen mit seinen Firmen. Jede Firma hat ihr eigenes Tabellenblatt in der Arbeitsmappe AS GMBH GESCHÄTZTER G+V 2001. In jedem einzelnen Tabellenblatt werden die Jahresumsätze pro Firma dokumentiert. Dadurch, dass Sie die Daten aller Firmen in einer Arbeitsmappe verwalten, haben Sie folgende Vorteile:

- ✔ Sie haben im Handumdrehen neue Tabellenblätter erstellt, da Sie die allgemein gültigen Daten, die in jedem Tabellenblatt vorkommen, nur einmal in der Arbeitsmappe eingeben müssen. (Mehr Infos zu diesem Thema gibt es im Abschnitt *Gruppenarbeit (oder alle für einen)* weiter unten in diesem Kapitel.)
- ✔ Sie können Makros, die Ihnen beim Erstellen des ersten Tabellenblatts geholfen haben, mit der aktuellen Arbeitsmappe verknüpfen. Warum denn das? Ganz einfach: Dadurch stehen die Makros auch in allen anderen Tabellenblättern der Arbeitsmappe zur Verfügung. Ein Makro enthält eine Abfolge von häufig ausgeführten, sich wiederholenden Aufgaben und Berechnungen, die Sie aufgezeichnet haben, um sie ganz einfach mit einem Mausklick wieder abzurufen.
- ✔ In Windeseile haben Sie die Umsätze der einzelnen Unternehmen miteinander verglichen. (Mehr hierzu finden Sie im Abschnitt *In Tabellenblättern fensterln* weiter unten in diesem Kapitel.)
- ✔ Sie können alle Tabellenblätter der Arbeitsmappe in einem Aufwasch drucken. (In Kapitel 5 habe ich beschrieben, wie Sie die gesamte Arbeitsmappe oder nur ganz bestimmte Tabellenblätter drucken.)
- ✔ Eine grafische Darstellung der Zahlen aller Tabellenblätter – nichts leichter als das. Infos hierzu finden Sie in Kapitel 8.
- ✔ Das Zusammenfassen der Daten aller Tabellenblätter einer Arbeitsmappe, z.B. nach Quartals- oder Jahresumsätzen, ist ein Kinderspiel. (Infos zu diesem Thema finden Sie im Abschnitt *Fassen wir zusammen!* weiter unten in diesem Kapitel.)

Blatt für Blatt aneinander gereiht

Ein kurzes Resümee: Jede Arbeitsmappe enthält drei Tabellenblätter mit den fantasievollen Bezeichnungen TABELLE1 bis TABELLE3. Diese Namen werden unten im Arbeitsmappenfenster in der Registerleiste angezeigt. Um nun zu einem anderen Tabellenblatt zu springen, klicken Sie einfach auf das entsprechende Register. Excel zeigt sofort diensteifrig das gewählte Tabellenblatt auf dem Bildschirm an. Und Sie wissen stets, mit welchem Tabellenblatt Sie gerade arbeiten, da das entsprechende Blattregister weiß statt grau und der Registername fett dargestellt ist.

7 ➤ Mit mehreren Tabellenblättern jonglieren

 Um mithilfe der Tastatur zum nächsten Tabellenblatt zu springen, drücken Sie [Strg]+[Bild ↓]. Zum vorherigen Tabellenblatt gelangen Sie durch Drücken von [Strg]+[Bild ↑]. Das Nette an diesen Tastenkombinationen ist, dass sie auch dann funktionieren, wenn das nächste bzw. das vorherige Tabellenblatt noch gar nicht in Sichtweite ist.

Wenn Sie eine ganze Reihe von Tabellenblättern eingefügt haben (mehr dazu später), werden wahrscheinlich nicht alle Blattregister gleichzeitig angezeigt. Praktisch, wie Excel nun mal denkt, stellt es deshalb eine Registerleiste mit Registerlaufpfeilen zur Verfügung, mit denen Sie wie mit den Bildlaufleisten blättern können (Abbildung 7.1).

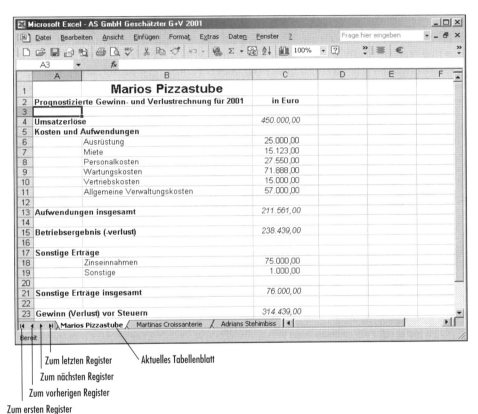

Abbildung 7.1: Haben Sie jede Menge Tabellenblätter eingefügt? Dann können Sie mit den Registerlaufpfeilen gemütlich durch die Register blättern.

✔ Wenn Sie auf den nach rechts zeigenden Registerlaufpfeil klicken, werden die nächsten Register angezeigt, die rechts in der Registerleiste stehen. Wenn Sie dabei [⇧] gedrückt halten, geht das Blättern gleich ein bisschen flotter, weil Excel dann stets ein paar Register gleichzeitig weiter nach rechts blättert.

✔ Mit dem nach links zeigenden Registerlaufpfeil blättern Sie analog dazu nach links. Mit gedrückter ⇧-Taste geht's analog flott und gleichzeitig ein paar Register nach links.

✔ Und da gibt es dann auch noch zwei Pfeile mit einem senkrechten Strich davor: Mit der nach rechts zeigenden Variante wird die letzte Registergruppe (einschließlich letztes Register) angezeigt. Mit der nach links zeigenden Variante kriegen Sie analog dazu die erste Registergruppe (einschließlich erstes Register) zu Gesicht.

 Bitte denken Sie stets daran: Das Blättern, um ein Register in der Registerleiste sichtbar zu machen, hat nichts mit dem Aktivieren eines Registers zu tun. Wenn das gewünschte Register endlich sichtbar geworden ist, müssen Sie trotzdem anschließend noch darauf klicken, um es zu aktivieren.

Damit das Hin- und Herhüpfen zwischen vielen Registern nicht zu kompliziert wird, gibt es noch das Registerteilungsfeld (Abbildung 7.2) ganz rechts in der Registerleiste. Damit können Sie die Registerleiste verlängern. Der Nachteil dabei ist, dass Sie dadurch die horizontale Bildlaufleiste verkürzen. Wenn Sie später wieder die Originallänge der Registerleiste herstellen wollen, doppelklicken Sie einfach auf das Registerteilungsfeld.

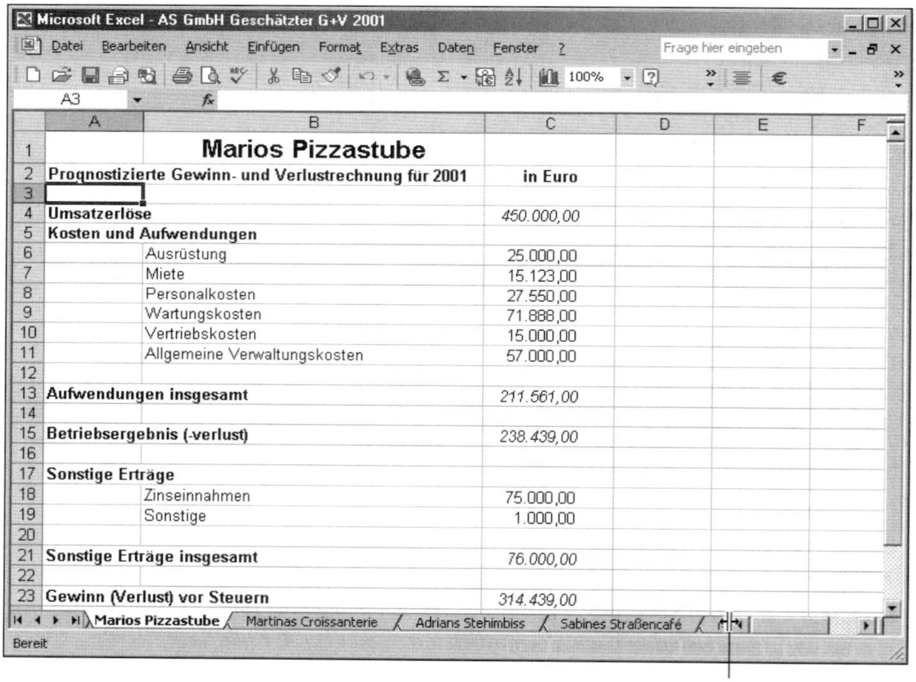

Abbildung 7.2: Mit dem Registerteilungsfeld können Sie die Registerleiste verlängern. Dadurch büßt aber die horizontale Bildlaufleiste an Länge ein.

Gruppenarbeit (oder alle für einen)

Wenn Sie also auf ein Blattregister klicken, wird das entsprechende Tabellenblatt angezeigt und Sie können es nach Herzenslust bearbeiten. Was ist aber, wenn Sie in allen Tabellenblättern dieselben Änderungen vornehmen möchten. Jedes Blatt einzeln? Das kann nicht sein, oder? Nein! Sie können Gott sei Dank mehrere Blattregister markieren. Alles, was Sie anschließend ändern, wird in allen markierten Tabellenblättern übernommen.

Angenommen, Sie müssen drei Tabellenblätter in einer neuen Arbeitsmappe erstellen. Alle Blätter sollen die 12 Monatsnamen in Zeile 3 ab Spalte B enthalten. Bevor Sie auch nur irgendetwas eingeben, markieren Sie zunächst die drei Blattregister (TABELLE1, TABELLE2 und TABELLE3). Danach geben Sie im aktuellen Tabellenblatt in Zelle B3 `Januar` ein und ziehen das Ausfüllkästchen bis zur Zelle M3. Wer es nicht glauben will, der wechsle zum Tabellenblatt 2 oder 3. Unglaublich, aber wahr! Excel hat die Monatsnamen in allen drei Tabellenblättern an der gleichen Position eingefügt. Ganz schön clever, was?

Und noch ein Beispiel: Angenommen, Sie arbeiten in einer anderen Arbeitsmappe und wollen dort die Tabellenblätter TABELLE2 und TABELLE3 loswerden. Sie könnten nun natürlich auf das Register TABELLE2 klicken und den Befehl BLATT LÖSCHEN im Menü BEARBEITEN wählen und dann auf das Register TABELLE3 klicken und den Befehl erneut wählen. Zu umständlich! Markieren Sie die beiden Register und eliminieren Sie sie in einem einzigen Schritt mit dem Befehl BLATT LÖSCHEN im Menü BEARBEITEN.

Jetzt habe ich so viel über das Markieren von Blattregistern erzählt. Aber Sie wissen wahrscheinlich immer noch nicht, wie das geht. Nun, dem kann abgeholfen werden:

✔ Wenn Sie eine Gruppe nebeneinander liegender Register markieren wollen, klicken Sie auf das erste Register und blättern in der Registerleiste so lange nach rechts, bis das letzte Register sichtbar wird, das Sie markieren möchten. Klicken Sie dann mit gedrückter ⇧-Taste auf das letzte Register. Damit werden das erste Register, das letzte Register und alle Register zwischen dem ersten und dem letzten markiert.

✔ Wenn die zu markierenden Register nicht nebeneinander liegen, klicken Sie auf das erste Register. Danach halten Sie `Strg` gedrückt und klicken nacheinander auf alle gewünschten Register.

✔ Wenn Sie gleich alle Register der Arbeitsmappe auf einen Schlag markieren möchten, klicken Sie mit der rechten Maustaste auf das Register des Tabellenblatts, das anschließend das aktive Blatt sein soll. Im Kontextmenü für die Register schnell den Befehl ALLE BLÄTTER AUSWÄHLEN gewählt, und schon sind alle Register markiert und das Register, auf das Sie mit der rechten Maustaste geklickt haben, ist das aktuelle.

Damit Sie auch wissen, welche Register markiert und welches Register das aktive ist, stellt Excel alle markierten Register in Weiß dar. Der Name des aktuellen Registers ist zusätzlich fett geschrieben. Außerdem wird in der Titelleiste der Arbeitsmappe hinter dem Dateinamen noch `[Gruppe]` angezeigt.

Um nach der Bearbeitung aller markierten Register die Markierung wieder aufzuheben, klicken Sie einfach auf ein nicht markiertes – sprich: graues – Register. Der Befehl GRUPPIERUNG AUFHEBEN im Kontextmenü für die Register tut's auch. Oder klicken Sie mit gedrückter ⇧-Taste auf das aktuelle Blattregister.

Mal mehr, mal weniger

Vielleicht werden Sie die drei Tabellenblätter der Arbeitsmappe überhaupt nicht brauchen. Es kann aber durchaus Fälle geben, in denen Sie bedeutend mehr brauchen (wenn Sie beispielsweise die Daten eines Unternehmens mit 20 Niederlassungen oder das Budget für 30 Abteilungen verwalten wollen).

Aber das ist mit Excel kein Problem. Sie können jederzeit Tabellenblätter in eine Arbeitsmappe einfügen (böse Zungen behaupten, bis zu 255 Stück!) oder aus der Mappe löschen.

Um die Arbeitsmappe mit einem neuen Tabellenblatt zu verschönern, gehen Sie folgendermaßen vor:

1. **Markieren Sie das Register, vor dem das neue Tabellenblatt eingefügt werden soll.**

2a. **Wählen Sie danach im Menü EINFÜGEN den Befehl TABELLENBLATT – schwupp, da ist es schon – und Sie haben bereits alles erledigt.**

2b. **Alternativ dazu können Sie auch den Befehl EINFÜGEN im Kontextmenü für die Register wählen.**

    Daraufhin wird das Dialogfeld EINFÜGEN geöffnet. Auf der Registerkarte ALLGEMEIN können Sie dann wählen, welche Art von Blatt Sie einfügen möchten. Also entweder TABELLENBLATT, DIAGRAMM, MICROSOFT EXCEL 4.0-MAKROVORLAGE, INTERNATIONALE MAKROVORLAGE oder MICROSOFT EXCEL 5.0-DIALOG. Und weiter geht's mit Schritt 3.

3. **Wählen Sie im Dialogfeld EINFÜGEN auf der Registerkarte ALLGEMEIN den Eintrag TABELLENBLATT. Drücken Sie nun ↵ oder wählen Sie OK und schon wird das neue Tabellenblatt eingefügt.**

Wenn Sie gleich mehrere Tabellenblätter auf einen Schlag einfügen wollen, markieren Sie eine Gruppe von Registern (genau so viele Register, wie Sie einfügen wollen). Denken Sie auch daran, dass die neuen Blätter vor dem ersten markierten Register eingefügt werden. Wählen Sie danach den Befehl TABELLENBLATT im Menü EINFÜGEN.

Jetzt fehlt noch das Löschen von Tabellenblättern, und das geht so:

1. **Markieren Sie das Register des Tabellenblatts, das gelöscht werden soll.**

2. **Wählen Sie dann den Befehl BLATT LÖSCHEN im Menü BEARBEITEN. Der Befehl LÖSCHEN im Kontextmenü für die Register tut's auch.**

    Excel zeigt daraufhin eine Furcht erregende Meldung an, die besagt, dass das Blatt endgültig verloren geht.

3. **Wenn Sie sich absolut sicher sind, dass Sie das Blatt nicht mehr brauchen, klicken Sie tapfer auf OK.**

Halten Sie sich aber stets vor Augen, dass Sie es hier mit einem der Fälle zu tun haben, bei denen der Befehl RÜCKGÄNGIG im Menü BEARBEITEN nicht verfügbar ist.

Und als Allerletztes gibt es da noch das Löschen mehrerer Arbeitsblätter. Markieren Sie alle gewünschten Register und wählen Sie dann den Befehl BLATT LÖSCHEN im Menü BEARBEITEN oder den Befehl LÖSCHEN im Kontextmenü für die Register. Auch hier erscheint diese schreckliche Meldung, die Sie mit OK bestätigen, wenn es Ihnen wirklich ernst damit ist.

Sollten Sie feststellen, dass Sie immer wieder Tabellenblätter einfügen oder löschen müssen, wäre es vielleicht an der Zeit, die Standardzahl von drei Tabellenblättern zu ändern. Ja, das geht! Um diese magische Zahl in eine für Sie realistische Zahl umzuwandeln, wählen Sie den Befehl OPTIONEN im Menü EXTRAS und klicken auf das Register ALLGEMEIN. Dort gibt es das Feld BLÄTTER IN NEUER ARBEITSMAPPE, in dem Sie die Standardanzahl von Tabellenblättern in einer Arbeitsmappe ändern können (von 1 bis 255).

Jedem Register seinen Namen

Sind wir mal ehrlich: Die Namen, die Excel standardmäßig für die Blattregister vergibt, sind nicht gerade das Gelbe vom Ei. TABELLE1 bis TABELLE3 – wer soll da noch wissen, was wo geschrieben steht. Das können Sie ändern. Sie haben die Möglichkeit, die Register einfach umzubenennen. Jeder Registername darf aber nicht länger als 31 Zeichen sein. Das müsste aber in den meisten Fällen reichen, oder?

Und so benennen Sie Ihre Register um:

1. **Doppelklicken Sie auf das entsprechende Register oder klicken Sie mit der rechten Maustaste auf das gewünschte Register und wählen Sie dann den Befehl UMBENENNEN im Kontextmenü für die Register.**

    In beiden Fällen wird der Name des Blattregisters markiert.

2. **Überschreiben Sie den aktuellen Namen.**
3. **Klicken Sie auf OK.**

    Der neue Blattregistername wird nun angezeigt.

> **Einige gute Gründe dafür, warum Sie sich bei den Registernamen kurz fassen sollten**
>
> Auch wenn Excel Ihnen erlaubt, Registernamen mit bis zu 31 Zeichen (einschließlich Leerzeichen) zu vergeben, sollten Sie das nicht schamlos ausnutzen und zwar aus folgenden Gründen:
>
> ✔ Je länger der Registername, umso länger auch das Register selbst. Der Name muss ja irgendwie angezeigt werden. Und je länger das Register, umso weniger Register können in der Leiste angezeigt werden. Dies wiederum hat zur Folge, dass Sie ständig in der Registerleiste blättern müssen, weil dort ja nur so wenig Register angezeigt werden können. Das war der erste Grund.
>
> ✔ Nun zum zweiten: Wenn Sie Formeln erstellen, die auf Zellen verweisen, die sich in verschiedenen Tabellenblättern befinden (ein Beispiel dafür finden Sie im Abschnitt *Fassen wir zusammen!* weiter unten in diesem Kapitel), verwendet Excel als Zellbezug unter anderem die Registernamen. (Denn wie soll Excel denn sonst zwischen der Zelle C1 in TABELLE1 und der in TABELLE2 unterscheiden?) Wenn Sie nun mit ellenlangen Registernamen arbeiten, werden auch Ihre Formeln dementsprechend lang. Das kann ganz schön anstrengend sein, wenn man mal einen Fehler in einer Formel sucht.
>
> Also, in der Kürze liegt die Würze!

Jedem Register seine Farbe

In Excel 2002 können Sie endlich etwas Farbe in Ihre grauen Register bringen. Andere Farbe – andere Bedeutung. So können Sie beispielsweise rote Register für Tabellenblätter mit Ausgaben und blaue Register für Tabellenblätter mit Einnahmen verwenden.

Um ein Register einzufärben, klicken Sie mit der rechten Maustaste darauf und wählen aus dem Kontextmenü für das Register den Befehl REGISTERFARBE. Damit kommt das Dialogfeld FARBIGES REGISTER zum Zuge. Klicken Sie dort auf die Farbe, die das Register erhalten soll, und anschließend auf OK. Das Dialogfeld FARBIGES REGISTER verabschiedet sich. Zurück bleibt das Register, dessen Name tatsächlich mit der gewählten Farbe unterstrichen ist. Sobald Sie ein anderes Register markieren, füllt die zugewiesene Farbe das gesamte, jetzt nicht mehr aktive Register. Der Name des Registers wird entweder in Weiß oder in Schwarz angezeigt. Das hängt von der gewählten Farbe ab – was man besser lesen kann.

Wenn Sie genug Farbe gesehen haben, klicken Sie mit der rechten Maustaste auf das farbige Register, wählen im Kontextmenü für das Register den Befehl REGISTERFARBE und entscheiden sich im Dialogfeld FARBIGES REGISTER ganz oben für die Option KEINE FARBE. Klicken auf OK – Farbe ade.

7 ➤ Mit mehreren Tabellenblättern jonglieren

Tabellenblätter nach Belieben anordnen

Manchmal werden Sie vielleicht bemerken, dass es besser wäre, wenn Ihre Tabellenblätter in der Arbeitsmappe anders angeordnet wären. Damit wären wir wieder beim guten alten *Ziehen und Ablegen* bzw. *Drag & Drop*. Sie können ein Blattregister problemlos an eine andere Position in der Registerleiste verschieben. Der Mauszeiger nimmt beim Ziehen die Form einer Seite mit Eselsohr in der oberen rechten Ecke an. Zusätzlich wird beim Ziehen die zukünftige Position der Registermarke durch einen kleinen nach unten zeigenden Pfeil verdeutlicht (Abbildung 7.3). Sobald Sie die Maustaste loslassen, ordnet Excel die Tabellenblätter Ihren Wünschen entsprechend neu an. Das gezogene Tabellenblatt wird genau dort eingefügt, wo Sie es »fallen gelassen« haben (Abbildung 7.4).

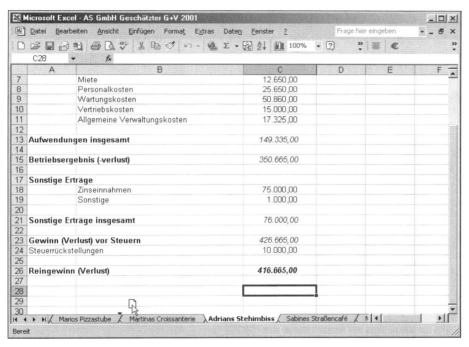

Abbildung 7.3: Die Blätter in der Arbeitsmappe AS GMBH GESCHÄTZTER G+V 2001 werden neu angeordnet: Das Tabellenblatt ADRIANS STEHIMBISS rutscht vor das Tabellenblatt MARTINAS CROISSANTERIE (siehe auch Abbildung 7.4).

 Wenn Sie beim Ziehen eines Registers [Strg] gedrückt halten, fügt Excel eine Kopie des entsprechenden Tabellenblatts ein, sobald Sie die Maustaste loslassen. Damit Sie auch ja wissen, dass Sie ein Register kopieren und nicht verschieben, enthält der Blattmauszeiger (nicht: Blattlauszeiger) zusätzlich ein Pluszeichen. Was macht Excel nach dem Kopieren mit dem Registernamen? Es hängt an den Namen des kopierten Tabellenblatts einfach (2) an. Wenn Sie beispielsweise

TABELLE5 kopieren, erhält die Kopie den Namen TABELLE5 (2). Anschließend können Sie für das Register einen etwas verständlicheren Namen vergeben (siehe *Jedem Tabellenblatt seinen Namen* weiter oben in diesem Kapitel).

 Sie können auch Tabellenblätter von einem Teil einer Arbeitsmappe in einen anderen Teil mithilfe des Befehls VERSCHIEBEN/KOPIEREN im Kontextmenü für das Register der gewählten Tabellenblätter verschieben oder kopieren. Mit diesem Befehl wird das Dialogfeld VERSCHIEBEN ODER KOPIEREN geöffnet. Klicken Sie dort im Listenfeld EINFÜGEN VOR auf den Namen des Tabellenblatts, vor dem das aktuelle Tabellenblatt eingefügt werden soll.

Soll das aktuelle Tabellenblatt verschoben werden, klicken Sie jetzt einfach auf OK. Soll es kopiert werden, dann müssen Sie noch das Kontrollkästchen KOPIE ERSTELLEN aktivieren, bevor Sie auf OK klicken. Im Fall einer Kopie nummeriert Excel Blattnamen der Kopie bzw. der Kopien fortlaufend. Die erste Kopie eines Tabellenblatts mit Namen GESAMTEINNAHMEN lautet dann GESAMTEINNAHMEN (2), die zweite Kopie GESAMTEINNAHMEN (3) usw. Und genau diese Namen werden auch auf den entsprechenden Registern angezeigt.

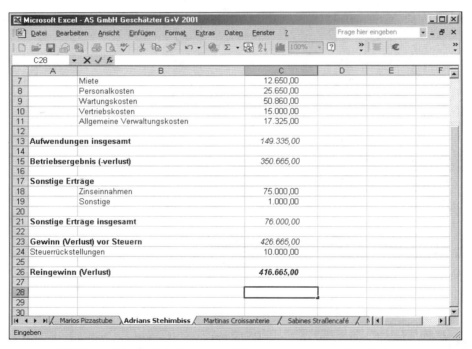

Abbildung 7.4: Die Arbeitsmappe mit ihren neu angeordneten Registern

In Tabellenblättern »fensterln«

Genauso wie Sie ein einzelnes Tabellenblatt in mehrere Ausschnitte unterteilen können (siehe Kapitel 6), ist es auch möglich, eine Arbeitsmappe in mehrere Tabellenblätterausschnitte aufzuteilen und diese Ausschnitte anschließend beliebig anzuordnen.

Dazu müssen Sie einfach neue Dokumentfenster öffnen (zusätzlich zu dem, das automatisch geöffnet wird, wenn Sie eine Arbeitsmappe laden) und anschließend jedem Fenster ein Tabellenblatt zuweisen. Folgende Schritte sind dafür notwendig:

1. **Wählen Sie im Menü FENSTER den Befehl NEUES FENSTER, um ein zweites Fenster für die aktive Arbeitsmappe zu öffnen.**
2. **Klicken Sie auf das Register des Tabellenblatts, das im neuen Fenster angezeigt werden soll.**

    Das zweite Fenster erkennen Sie an dem Zusatz :2 hinter dem Arbeitsmappennamen in der Titelleiste.

3. **Wählen Sie erneut im Menü FENSTER den Befehl NEUES FENSTER, um ein drittes Fenster für die aktive Arbeitsmappe zu öffnen.**

    Dreimal dürfen Sie raten, welchen Zusatz dieser Name in der Titelleiste enthält.

4. **Klicken Sie auf das Register des Tabellenblatts, das im dritten Fenster angezeigt werden soll.**
5. **Öffnen Sie so viele neue Fenster, wie Sie benötigen, und weisen Sie ihnen die entsprechenden Tabellenblätter zu.**

    So, hoffentlich hat diese mühselige Vorarbeit auch etwas gebracht.

6. **Wählen Sie im Menü FENSTER den Befehl FENSTER ANORDNEN.**

    Noch etwas Geduld. Jetzt wird erst einmal das Dialogfeld FENSTER ANORDNEN geöffnet.

7. **Wählen Sie eine Option für die Fensterdarstellung aus und bestätigen Sie mit OK.**

Folgende Optionen stehen im Dialogfeld FENSTER ANORDNEN zu Ihren Diensten:

- ✔ **UNTERTEILT:** Wenn Sie das Optionsfeld UNTERTEILT auswählen, ordnet Excel alle geöffneten Fenster neben- und untereinander an, sodass sie alle auf den Bildschirm passen. Dies bedeutet, dass Sie von jedem Fenster einen kleinen Ausschnitt sehen können. In Abbildung 7.5 sehen Sie ein Beispiel mit drei Fenstern in dieser Anordnung.
- ✔ **HORIZONTAL:** Mit dem Optionsfeld HORIZONTAL können Sie alle Fenster untereinander anzeigen lassen. Ein Beispiel für diese Konstellation sehen Sie in Abbildung 7.6 (ebenfalls mit drei Fenstern).
- ✔ **VERTIKAL:** Was horizontal geht, muss auch vertikal möglich sein. Entscheiden Sie sich für das Optionsfeld VERTIKAL, um alle Fenster nebeneinander anzeigen zu lassen. Ein Beispiel dafür finden Sie in Abbildung 7.7.

Excel 2002 für Dummies

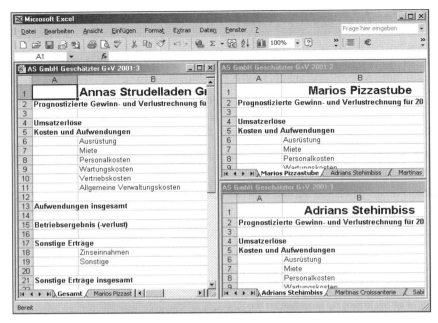

Abbildung 7.5: Fensterln in unterteilter Anordnung

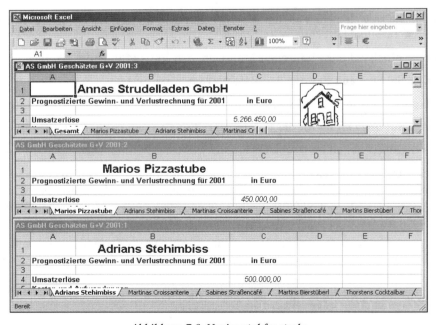

Abbildung 7.6: Horizontal fensterln

7 ➤ Mit mehreren Tabellenblättern jonglieren

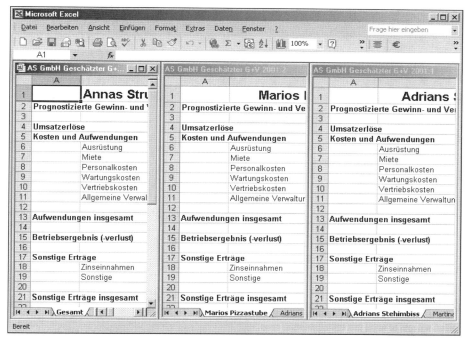

Abbildung 7.7: Vertikal fensterln

✔ **ÜBERLAPPEND:** Last but not least gibt es da noch das Optionsfeld ÜBERLAPPEND. Damit werden die Fenster übereinander gestapelt, sodass von allen Fenstern nur die Titelleiste sichtbar ist. Die Ausnahme stellt natürlich das oberste Fenster dar. Von ihm sieht man alles (Abbildung 7.8).

✔ **FENSTER DER AKTIVEN ARBEITSMAPPE:** Dann wäre da auch noch das Kontrollkästchen FENSTER DER AKTIVEN ARBEITSMAPPE. Wenn Sie es aktivieren, zeigt Excel nur die Fenster an, die Sie für die aktuelle Arbeitsmappe geöffnet haben. Sollten Sie beispielsweise drei Arbeitsmappen und für jede Arbeitsmappe drei Fenster geöffnet haben, werden normalerweise alle diese Fenster angezeigt. (Ja, ja, das geht schon. Ihr Rechner braucht dafür nur genügend Arbeitsspeicher.) Wenn Sie jedoch das Kontrollkästchen aktivieren, werden nur die drei Fenster der aktuellen Arbeitsmappe angezeigt.

Haben Sie alles auf die eine oder andere Art angeordnet, müssen Sie nur auf das Fenster klicken, das Sie bearbeiten möchten. Im Fall der überlappenden Darstellung klicken Sie einfach auf die entsprechende Titelleiste. Sie können auch über die Windows-Taskleiste zwischen den verschiedenen Fenstern wechseln. Wenn dort auf den Schaltflächen aus Platzmangel nicht der komplette Name angezeigt werden kann (Sie müssen ja schließlich wissen, ob ganz hinten nun :1, :2 oder :3 steht), dann zeigen Sie einfach mit der Maus darauf und schon sehen Sie eine QuickInfo mit dem vollständigen Namen.

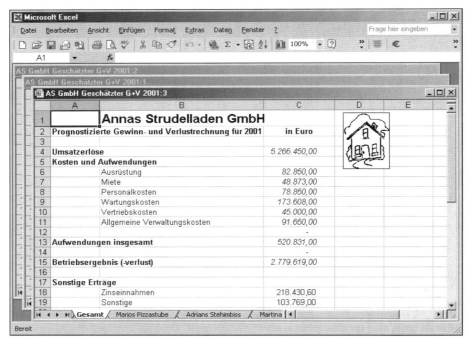

Abbildung 7.8: Fensterln in überlappender Anordnung

Bei unterteilt, horizontal oder vertikal angeordneten Fenstern erkennen Sie das aktive Fenster an der dunkel hervorgehobenen Titelleiste und den eingeblendeten Bildlaufleisten. Wenn Sie in der überlappenden Darstellung auf eine Titelleiste klicken, wird das entsprechende Fenster in den Vordergrund geholt. Außerdem ist auch hier die Titelleiste dunkel hervorgehoben und die Bildlaufleisten sind eingeblendet.

Wenn Sie vorübergehend mehr von einem bestimmten Fenster sehen möchten, klicken Sie auf seine Schaltfläche MAXIMIEREN in der oberen rechten Ecke des Fensters (das vorletzte Symbol). Haben Sie alles gesehen, was Sie wollten, klicken Sie auf die Schaltfläche WIEDERHERSTELLEN (die mit den zwei Rechtecken – sprich zwei Fenstern), um zur vorherigen Fenstergröße zurückzuschalten.

 Um das nächste der unterteilt, horizontal, vertikal oder überlappend angeordneten Fenster zu aktivieren, drücken Sie [Strg]+[F6]. Zum vorherigen Fenster springen Sie durch Drücken von [Strg]+[⇧]+[F6]. Diese beiden Möglichkeiten funktionieren selbst dann, wenn die Fenster als Vollbild angezeigt werden.

Sobald Sie eines der ach so sorgfältig angeordneten Fenster schließen (auf das entsprechende Systemmenüfeld doppelklicken oder auf das X ganz rechts in der Titelleiste klicken oder [Strg]+[F4] bzw. [Strg]+[W]) drücken), ist es vorbei mit der Ordnung, da Excel die Lücke nicht automatisch auffüllt. Dasselbe Problem tritt auf, wenn Sie nachträglich ein neues Fenster mit dem Befehl NEUES FENSTER im Menü FENSTER öffnen. Hier entsteht zwar keine Lücke, das neue Fenster wird aber einfach über die bereits geöffneten Fenster geklatscht.

Egal, ob Lücke oder aufdringliches neues Fenster: Mit dem Befehl ANORDNEN im Menü FENSTER können Sie dem Chaos Einhalt gebieten. Sie müssen sich natürlich erneut im Dialogfeld ANORDNEN für eine Darstellungsform entscheiden bzw. die zuvor gewählte mit OK bestätigen.

Versuchen Sie ja nicht, irgendein Fenster mit dem Befehl SCHLIESSEN im Menü DATEI loszuwerden. Damit schließen Sie die Arbeitsmappe und verlieren alle Fenster, die Sie mühselig geöffnet und angeordnet haben.

Wenn Sie die Arbeitsmappe speichern, merkt sich Excel auch die aktuelle Fensteranordnung. Dies bedeutet, dass Sie genau dieselbe Anordnung wieder auf dem Bildschirm sehen, wenn Sie die Datei erneut öffnen. Sollten Sie dies nicht wollen, schließen Sie alle nicht benötigten Fenster (auf die entsprechenden Systemmenüfelder doppelklicken oder Fenster aktivieren und danach [Strg]+[F4] drücken). Vergrößern Sie das letzte Fenster anschließend zum Vollbild und klicken Sie auf das Register des Blatts, mit dem Sie später weiterarbeiten wollen. Jetzt dürfen Sie endlich speichern. Wenn Sie die Arbeitsmappe das nächste Mal laden, können Sie sofort loslegen.

Von Arbeitsmappe zu Arbeitsmappe

Es wird Ihnen sicherlich auch mal passieren, dass Sie ein Tabellenblatt in eine andere Arbeitsmappe verschieben oder kopieren möchten. Und das geht so:

1. **Öffnen Sie sowohl die Arbeitsmappe, die die zu verschiebenden bzw. zu kopierenden Tabellenblätter enthält, als auch die Arbeitsmappe, in die die Blätter verschoben bzw. kopiert werden sollen.**

   Verwenden Sie dazu die Schaltfläche für Öffnen in der Standard-Symbolleiste oder wählen Sie im Menü DATEI den Befehl ÖFFNEN. ([Strg]+[O] wäre eine dritte Möglichkeit.)

2. **Aktivieren Sie die Arbeitsmappe, die die Tabellenblätter enthält, die Sie verschieben oder kopieren möchten.**

   Um die Arbeitsmappe mit den Tabellenblättern auszuwählen, die verschoben oder kopiert werden sollen, wählen Sie deren Namen unten im Menü FENSTER aus.

3. **Markieren Sie die Blattregister der Tabellenblätter, die verschoben oder kopiert werden sollen.**

   Um ein einzelnes Tabellenblatt zu markieren, klicken Sie einfach auf das entsprechende Register. Mehrere benachbarte Blätter markieren Sie, indem Sie auf das erste Register und mit gedrückter [⇧]-Taste auf das letzte Register klicken. Liegen die Tabellenblätter nicht nebeneinander, klicken Sie auf das erste Register und mit gedrückter [Strg]-Taste auf alle weiteren Register.

4. **Wählen Sie im Menü BEARBEITEN den Befehl BLATT VERSCHIEBEN/KOPIEREN oder den Befehl VERSCHIEBEN/KOPIEREN im Kontextmenü für die Register.**

   In beiden Fällen wird das Dialogfeld VERSCHIEBEN ODER KOPIEREN geöffnet (Abbildung 7.9). Dort müssen Sie sich endgültig entscheiden, ob Sie verschieben oder kopieren möchten und wohin Sie kopieren bzw. verschieben möchten.

5. **Wählen Sie im Dropdown-Listenfeld ZUR MAPPE die Arbeitsmappe aus, in die die markierten Tabellenblätter verschoben bzw. kopiert werden sollen.**

   Sollen die Blätter in eine brandneue Arbeitsmappe verschoben werden, wählen Sie im Dropdown-Listenfeld den Eintrag (NEUE ARBEITSMAPPE).

6. **Im Listenfeld EINFÜGEN VOR müssen Sie sich entscheiden, vor welchem Tabellenblatt die markierten Tabellenblätter eingefügt werden sollen. Sollen sie ganz hinten in der Arbeitsmappe landen, wählen Sie den Eintrag (ANS ENDE STELLEN) aus dem Listenfeld.**

7. **Aktivieren Sie das Kontrollkästchen KOPIE ERSTELLEN, wenn die Tabellenblätter kopiert anstatt verschoben werden sollen.**

8. **Wählen Sie OK oder drücken Sie ⏎.**

   Die markierten Tabellenblätter werden in die angegebene Arbeitsmappe verschoben bzw. kopiert.

Abbildung 7.9: Das Dialogfeld VERSCHIEBEN ODER KOPIEREN, in dem Sie die Arbeitsmappe wählen, in die die Tabellenblätter verschoben bzw. kopiert werden sollen

Wenn Sie den direkten Kontakt zu Blättern und Mappen bevorzugen, können Sie Tabellenblätter auch durch Ziehen und Ablegen in andere Arbeitsmappen verschieben oder kopieren. Das funktioniert auch mit mehreren Blättern. Prüfen Sie vor dem Ziehen aber noch einmal genau, ob Sie wirklich die Register der Blätter markiert haben, die verschoben bzw. kopiert werden sollen.

7 ➤ Mit mehreren Tabellenblättern jonglieren

Wenn Sie also ein Tabellenblatt oder mehrere von dieser Sorte mit der Maus in eine andere Arbeitsmappe ziehen möchten, müssen Sie beide Arbeitsmappen öffnen und sie mit dem Befehl ANORDNEN im Menü FENSTER nebeneinander oder untereinander anordnen. Außerdem darf das Kontrollkästchen FENSTER DER AKTIVEN ARBEITSMAPPE im Dialogfeld ANORDNEN keinesfalls aktiviert sein.

Haben Sie die Arbeitsmappenfenster angeordnet, ziehen Sie die entsprechenden Blattregister aus dem einen Fenster heraus und legen sie im anderen Arbeitsmappenfenster ab. So viel zum Verschieben. Halten Sie beim Ziehen [Strg] gedrückt, werden die markierten Blätter kopiert. Der kleine nach unten zeigende Pfeil in der Registerleiste zeigt an, an welcher Stelle die Tabellenblätter eingefügt werden, wenn Sie die Maustaste loslassen.

Sicherheitshalber sollte ich Sie noch auf etwas hinweisen: Dieses ganze Hin- und Hergeziehe von Arbeitsmappe zu Arbeitsmappe gehört leider zu den Aktionen, die *nicht* mit dem Befehl RÜCKGÄNGIG im Menü BEARBEITEN rückgängig gemacht werden können. (Falls Sie nicht mehr wissen, wovon ich spreche, wenden Sie sich an Kapitel 4.) Sobald Sie ein Tabellenblatt in der verkehrten Arbeitsmappe womöglich noch an der verkehrten Position »fallen« lassen, müssen Sie selbst dafür sorgen, dass das Tabellenblatt seinen korrekten Hafen sicher erreicht.

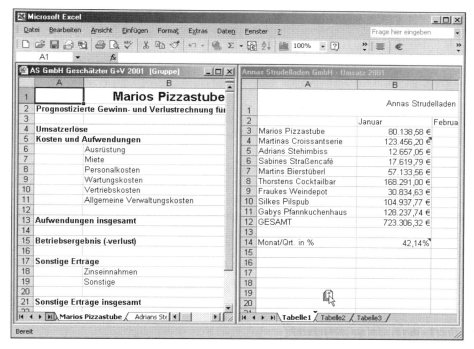

Abbildung 7.10: Die Tabellenblätter MARIOS PIZZASTUBE und ADRIANS STEHIMBISS werden mit der Maus in die Arbeitsmappe ANNAS STRUDELLADEN GMBH – UMSATZ 2001 gezogen.

In den Abbildungen 7.10 und 7.11 sehen Sie, wie einfach es ist, Tabellenblätter mit der Maus in eine andere Arbeitsmappe zu verschieben oder zu kopieren.

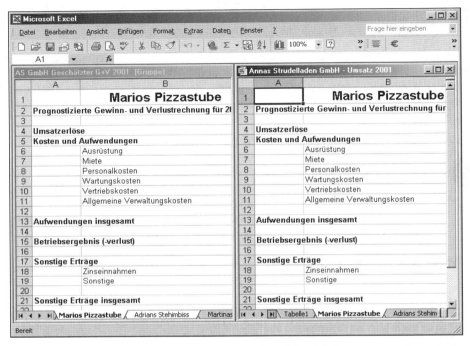

Abbildung 7.11: Die Tabellenblätter MARIOS PIZZASTUBE und ADRIANS STEHIMBISS wurden zwischen die Tabellenblätter TABELLE1 und TABELLE2 in die Arbeitsmappe ANNAS STRUDELLADEN GMBH – UMSATZ 2001 eingefügt.

In Abbildung 7.10 sind zwei Arbeitsmappen bereits geöffnet, ANNAS STRUDELLADEN GMBH – UMSATZ 2001 rechts und AS GMBH GESCHÄTZTER G+V 2001 links (wurden mit dem Befehl ANORDNEN/UNTERTEILT im Menü FENSTER so angeordnet). Ich will nun die beiden Tabellenblätter MARIOS PIZZASTUBE und ADRIANS STEHIMBISS aus der Arbeitsmappe AS GMBH GESCHÄTZTER G+V 2001 in die Arbeitsmappe ANNAS STRUDELLADEN GMBH – UMSATZ 2001 kopieren. Dazu markiere ich die beiden Register und ziehe sie mit gedrückter [Strg]-Taste in die Arbeitsmappe ANNAS STRUDELLADEN GMBH – UMSATZ 2001 über das Register TABELLE2. Der kleine Pfeil zeigt genau zwischen die Register TABELLE1 und TABELLE2.

Fassen wir zusammen!

Wie immer kommen am Schluss die interessanten Dinge. Ich möchte Ihnen in diesem Abschnitt die faszinierende Welt des Zusammenfassens von Tabellenblättern zeigen. Sie können nämlich

7 ► Mit mehreren Tabellenblättern jonglieren

ein ganzes Bündel von verschiedenen Tabellenblättern einer Arbeitsmappe in einem separaten Tabellenblatt zusammenfassen. (ExpertInnen sprechen hier auch von *Konsolidieren*.)

Am besten erkläre ich das Ganze an einem Beispiel. Ich werde in den folgenden Schritten erklären, wie ich das zusammenfassende Tabellenblatt mit dem Namen GESAMT in der Arbeitsmappe AS GMBH GESCHÄTZTER G+V 2001 erstellt habe, in dem die voraussichtlichen Gewinne und Verluste aller Firmen von Annas Strudelladen für das Jahr 2001 zusammengefasst sind.

Da die Arbeitsmappe AS GMBH GESCHÄTZTER G+V 2001mit den voraussichtlichen Gewinnen und Verlusten aller Firmen bereits existiert, ist das Zusammenfassen ein Kinderspiel. Gehen Sie folgendermaßen vor:

1. **Fügen Sie zunächst ein neues Tabellenblatt vor allen bereits vorhandenen Tabellenblättern ein und benennen Sie das Blatt von TABELLE1 in GESAMT um.**

    Wer vergessen hat, wie's geht, sollte dieses Kapitel noch einmal lesen.

2. **Geben Sie nun den Titel für das neue Tabellenblatt in B1 ein:** `Annas Strudelladen GmbH` **und den Text** `in Euro` **in Zelle C2.**

    Markieren Sie dazu die Zelle B1 bzw. C2 und geben Sie den Text ein.

3. **Kopieren Sie die Zeilenbeschriftungen (mit den Gewinnen und Verlusten) aus dem Tabellenblatt MARIOS PIZZASTUBE in das Tabellenblatt GESAMT.**

    Markieren Sie einfach den Zellbereich A2:B26 im Tabellenblatt MARIOS PIZZASTUBE und drücken Sie `Strg`+`C`. Klicken Sie dann auf das Register GESAMT und markieren Sie dort die Zelle A2. Anschließend müssen Sie nur noch `↵` drücken.

Nun sind Sie bereit, die Summenformel in die Zelle C4 einzugeben. Mit dieser Formel werden die Erlöse aller Firmen berechnet:

1. **Markieren Sie im Tabellenblatt GESAMT die Zelle C4 und klicken Sie auf die Schaltfläche AUTOSUMME in der Standard-Symbolleiste.**

    Excel fügt den Eintrag `=SUMME()` in C4 ein. Die Einfügemarke befindet sich einsatzbereit zwischen den runden Klammern.

2. **Klicken Sie auf das Register MARIOS PIZZASTUBE und markieren Sie in diesem Tabellenblatt die Zelle C4 mit den Umsatzerlösen von Marios Pizzastube.**

    In der Bearbeitungsleiste wird nun Folgendes angezeigt: `=SUMME('Marios Pizzastube'!C4)`

3. **Geben Sie ein Semikolon (;) ein (damit beginnen Sie ein neues Argument) und klicken Sie auf das Register MARTINAS CROISSANTERIE (oder welches Register auch immer nach all dem Hin- und Hergeschiebe in Ihrer Arbeitsmappe kommt). Markieren Sie auch dort C4, um die Erlöse für Adrian auszuwählen.**

    In der Bearbeitungsleiste wird nun Folgendes angezeigt: `=SUMME('Marios Pizzastube'!C4;'Martinas Croissanterie'!C4)`

4. **Das Ganze wiederholen Sie für alle weiteren Firmen.**

   In der Bearbeitungsleiste wird letztendlich die Riesenformel aus Abbildung 7.12 angezeigt.

5. **So, die Formel hätten wir. Jetzt müssen Sie nur noch ⏎ drücken.**

   Abbildung 7.12 zeigt das Ergebnis. In Zelle C4 des Tabellenblatts Gesamt werden die Erlöse aller Firmen addiert. In der Bearbeitungsleiste sehen Sie die imposante Summenformel dazu.

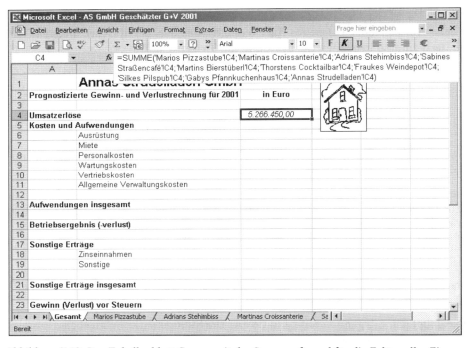

Abbildung 7.12: Das Tabellenblatt Gesamt mit der Summenformel für die Erlöse aller Firmen von Annas Strudelladen

Nun müssen Sie nur noch mithilfe des Ausfüllkästchens die Formel bis runter in Zelle C26 kopieren (so weit runter stehen Formeln):

1. **C4 ist immer noch markiert. Ziehen Sie dort das Ausfüllkästchen bis runter in Zelle C26. Damit werden die entsprechenden Werte für alle Firmen addiert.**

2. **Löschen Sie anschließend die Summenformel in den Zellen C5, C12, C14, C16 etc., kurzum in allen Zellen, die weder Einnahmen noch Ausgaben enthalten.**

In Abbildung 7.13 sehen Sie den ersten Teil des Zusammenfassungsblatts, nachdem die Formel aus Zelle C4 kopiert und in den entsprechenden Zellen wieder gelöscht wurde.

Ich finde das Tabellenblatt GESAMT sieht nach recht viel Arbeit und Aufwand aus. Damit kann man schon Leute beeindrucken. Und dabei war alles recht einfach. Aber das Beste an der Sache habe ich noch gar nicht erwähnt: Die Formeln im Tabellenblatt GESAMT sind mit den entsprechenden Werten in den anderen Tabellenblättern verknüpft. Was heißt das? Nun, sobald Sie einen Wert in einem der anderen Tabellenblättern für die Firmen ändern, wird das Tabellenblatt GESAMT automatisch aktualisiert und zeigt die allerneuesten Werte an. Das nenne ich Service!

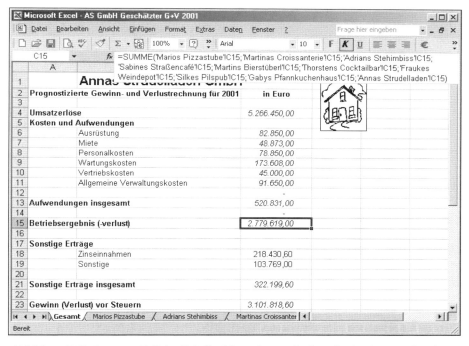

Abbildung 7.13: Der erste Teil des Tabellenblatts GESAMT, in dem die Gewinne und Verluste der Firmen von Annas Strudelladen zusammengefasst sind

Teil IV

Ein Leben nach den Tabellenblättern

»Nicht zu glauben! Das Muffindiagramm ist genauso unverständlich wie die Nussschneckengrafik und das Plätzchendiagramm. Kannst du nicht mal – wie jeder andere Mensch auch – ein stinknormales Tortendiagramm erstellen?«

In diesem Teil ...

Sie entdecken, dass man mit Excel mehr als nur Kalkulationen durchführen kann. Zuerst erfahren Sie in Kapitel 8, wie einfach Sie Freunde, Bekannte und Kollegen mit eindrucksvollen Diagrammen und Grafiken begeistern und sogar überzeugen können. Diagramme bringen Leben in Ihre nüchternen Zahlen. Anschließend lernen Sie in Kapitel 9, wie Sie Ihre riesigen Mengen an Fakten und Zahlen pflegen und verwalten. Sie sortieren Ihre Daten nach beliebigen Kriterien, suchen nach bestimmten Informationen und filtern die Daten heraus, die Sie gerade benötigen. Kapitel 10 plaudert ein wenig über Tipps und Tricks zum Erstellen von Hyperlinks und zum Speichern von Tabellenblättern als Webseiten (HTML-Format). Alles in allem sind Sie danach bestens vorbereitet, falls Sie jemals die Grenzen der Tabellenblätter überschreiten müssen bzw. wollen.

Ein Bild sagt mehr als tausend Worte

In diesem Kapitel

- Mit dem Diagramm-Assistenten ein Diagramm zaubern
- Mit der Diagramm-Symbolleiste ein Diagramm auf den Kopf stellen
- Ein Diagramm mit einem Textfeld und einem Pfeil informativer gestalten
- Die Diagrammachsen aufpeppen
- Ihre Arbeitsmappen mit ClipArts und sonstigen grafischen Objekten verschönern
- Mit den Zeichenwerkzeugen in Ihren Diagrammen und Tabellenblättern herummalen
- Diagramme ohne die restlichen Tabellendaten drucken

»*E*in Bild sagt mehr als tausend Worte« (bzw. mehr als tausend Zahlen). Wenn Sie Ihre Tabellenblätter mit Diagrammen versehen, wecken Sie damit nicht nur das Interesse des Betrachters, sondern betonen auch die Trends und Besonderheiten, die ansonsten vielleicht nicht sofort (oder nie) ersichtlich wären. Mit Excel ist die grafische Darstellung von Zahlenmaterial ein Kinderspiel. Experimentieren Sie einfach mit verschiedenen Diagrammtypen, bis Sie die aussagekräftigste Darstellungsform für Ihre Daten gefunden haben – das Bild, das mehr sagt als tausend Zahlen.

Erinnern Sie sich noch an Ihre Schulzeit? An den Algebralehrer, der mühsam versuchte, Ihnen beizubringen, wie man Gleichungen mithilfe verschiedener x- und y-Achsenwerte grafisch aufs Papier bringt? Wahrscheinlich hatten Sie damals auch Interessanteres zu tun und haben nicht im Traum daran gedacht, dass Sie diesen »Mist« tatsächlich einmal brauchen könnten.

Nun, man sollte niemals »nie« sagen. Denn obwohl Excel die meiste Arbeit beim Umsetzen von Zahlen in Grafiken übernimmt, müssen Sie doch wenigstens die x- und die y-Achse voneinander unterscheiden können, um Excel, falls nötig, zu korrigieren, wenn das Ergebnis nicht Ihren Vorstellungen entspricht. Zur Erinnerung: Die x-Achse ist die horizontale, die y-Achse die vertikale Achse.

In der Regel werden in Diagrammen mit zwei Achsen die Rubriken entlang der x-Achse geschrieben, während die y-Achse die dazugehörigen Datenreihenwerte enthält. Man bezeichnet die x-Achse auch als Zeitachse, da in einem Diagramm Werte häufig über einen Zeitraum – Monate, Quartale, Jahre etc. – dargestellt werden.

Diagramme aus dem Nichts zaubern

Das reicht zunächst an Hintergrundinformationen. Kommen wir gleich zur Sache. Das Erstellen eines Diagramms im Tabellenblatt ist mit Excel ein Kinderspiel, da das Programm den so genannten Diagramm-Assistenten zur Verfügung stellt. Dieser Assistent führt Sie in vier Schritten zu Ihrem ersten, beeindruckenden neuen Diagramm.

Bevor Sie den Diagramm-Assistenten aufrufen, sollten Sie auf jeden Fall den Zellbereich markieren, der die Informationen für das Diagramm enthält. Damit das Ergebnis Ihren Vorstellungen entsprechen kann, sollten die Daten in einem normalen rechteckigen Tabellenformat angeordnet sein (so wie in Abbildung 8.1).

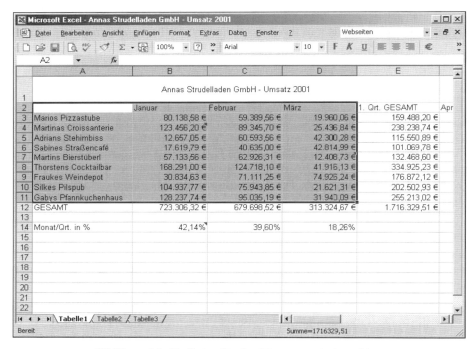

Abbildung 8.1: Die Daten für das Diagramm sind markiert.

Wenn Sie ein Diagramm mit einer x- und einer y-Achse erstellen (das ist bei den meisten Diagrammen so), verwendet der Diagramm-Assistent normalerweise die Spaltenbeschriftungen des gewählten Bereichs als Rubrikentext (entlang der x-Achse). Hat Ihre Tabelle Zeilenbeschriftungen, dann nimmt der Diagramm-Assistent diese als Text für die Legende (wenn Sie sich entschließen sollten, eine Legende anzeigen zu lassen). Mit der Legende wird deutlich gemacht, welche Punkte, Säulen oder Balken im Diagramm zu welchen Werten in der Tabelle gehören. Etwas verwirrend – aber das wird schon.

Nachdem Sie alle Daten für das Diagramm markiert haben, gehen Sie folgendermaßen vor:

1. **Klicken Sie in der Standard-Symbolleiste auf die Schaltfläche für den Diagramm-Assistenten, um den ersten Bildschirm des Diagramm-Assistenten zu öffnen.**

   Das ist die Schaltfläche mit dem Säulendiagramm. Wenn Sie darauf klicken, wird automatisch das Dialogfeld mit der langatmigen Bezeichnung DIAGRAMM-ASSISTENT - SCHRITT 1 VON 4 - DIAGRAMMTYP geöffnet (Abbildung 8.2).

Abbildung 8.2: Das Dialogfeld DIAGRAMM-ASSISTENT - SCHRITT 1 VON 4 - DIAGRAMMTYP

2. **Wenn Sie einen anderen Diagrammtyp als das Standardsäulendiagramm erstellen möchten, wählen Sie einen im Listenfeld DIAGRAMMTYP und/oder DIAGRAMMUNTERTYP aus. Es gibt ja genug davon.**

   Klicken Sie dazu einfach auf den Diagrammtyp, der Ihnen gefällt, und anschließend auf eine Variante des gewählten Typs. Wenn Sie auf die Schaltfläche SCHALTFLÄCHE GEDRÜCKT HALTEN FÜR BEISPIEL klicken und die Maustaste gedrückt halten, kriegen Sie ein Beispiel für den gewählten Diagrammtyp zu sehen.

3. **Klicken Sie auf WEITER oder drücken Sie ⏎, um zum Dialogfeld mit dem noch schrecklicheren Namen DIAGRAMM-ASSISTENT - SCHRITT 2 VON 4 - DIAGRAMMQUELLDATEN zu gelangen.**

   Das Dialogfeld sieht so ähnlich wie das in Abbildung 8.3 aus. Dort können Sie den Datenbereich, der grafisch dargestellt werden soll, noch einmal korrigieren oder ganz neu markieren (falls Sie es am Anfang vergessen haben). Außerdem bestimmen Sie hier, ob die Datenreihen aus den Zeilen oder den Spalten gebildet werden sollen.

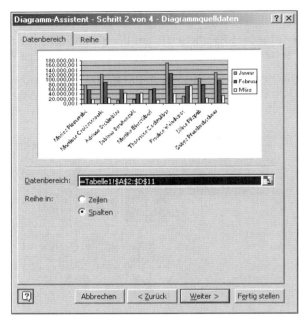

Abbildung 8.3: Das Dialogfeld Diagramm-Assistent - Schritt 2 von 4 - Diagrammquelldaten

Wenn Sie dieses Dialogfeld zu Gesicht kriegen, wird alles, was Sie zuvor im Tabellenblatt markiert haben, von diesem berühmt-berüchtigten Laufrahmen umzingelt. Damit aber nicht genug. Der markierte Bereich wird auch noch auf der Registerkarte Datenbereich im Textfeld Datenbereich als Formel mit absoluten Bezügen angezeigt. Ziemlich abschreckend. Wenn Sie sich den Datenbereich anders vorgestellt haben, dann können Sie entweder wieder wie wild im Tabellenblatt markieren oder die Angabe im Textfeld Datenbereich zu Fuß ändern.

Sollte das Assistenten-Dialogfeld im Weg sein, können Sie es auf die Größe des Textfelds Datenbereich schrumpfen lassen, indem Sie auf die Schaltfläche mit dem roten Pfeil am Ende des Textfelds klicken. Sobald Sie im Tabellenblatt anfangen, mit der Maus zu ziehen, wird das Dialogfeld sowieso automatisch auf eben dieses Textfeld reduziert. Sobald Sie die Maustaste wieder loslassen, ist das vollständige Dialogfeld wieder da. Service ist eben alles!

4. **Prüfen Sie also den Datenbereich im Textfeld Datenbereich und ändern Sie ihn, falls nötig.**

Der Diagramm-Assistent macht in der Regel aus jeder Wertespalte des markierten Bereichs eine *Datenreihe* im Diagramm. In der *Legende* (das ist das Feld mit den Erläuterungen der Farben oder Muster, die im Diagramm verwendet werden) werden wiederum die verschiedenen Datenreihen aufgeschlüsselt.

Für die markierten Daten in Abbildung 8.1 bedeutet dies, dass jede Säule im Säulendiagramm jeweils einen Monatsumsatz darstellt und dass die Monatsumsätze pro Firma zusammengefasst sind. Wenn Sie möchten, können Sie die Datenreihen nach Zeilen anstatt nach Spalten bilden. Aktivieren Sie dazu einfach das Optionsfeld ZEILEN. Dann stellt jede Säule eine der Firmen dar, die wiederum nach Monaten zusammengefasst werden.

Wenn das Diagramm die Datenreihen spaltenweise verwenden soll (was in unserem Beispiel der Fall ist), nimmt der Diagramm-Assistent die Einträge in der ersten Spalte (die Zeilenüberschriften im Bereich A3:A11) als Beschriftungen für die x-Achse (die so genannte *Rubrikenachse*). Die Einträge der ersten Zeile (die Spaltenbeschriftungen im Bereich B2:D2) werden automatisch als Überschriften für die Legende eingesetzt.

Wenn Sie noch irgendwelche Namen oder Zellen in den Datenreihen ändern möchten, klicken Sie auf das Register REIHE. Dort kann noch einiges über den Haufen geworfen werden.

5. **Klicken Sie auf WEITER oder drücken Sie ⏎, um zum Dialogfeld DIAGRAMM-ASSISTENT - SCHRITT 3 VON 4 - DIAGRAMMOPTIONEN zu gelangen.**

Dieses Dialogfeld sehen Sie in Abbildung 8.4. Wahnsinn! Da wird was geboten. Hier legen Sie u.a. fest, wie der Diagrammtitel lautet, ob Gitternetzlinien verwendet werden sollen, wo die Legende hin soll, ob Datenbeschriftungen neben den Datenreihen angezeigt werden sollen oder ob eine Datentabelle unterhalb des Diagramms mit den Diagrammwerten eingefügt werden soll.

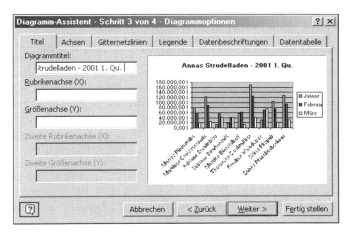

Abbildung 8.4: Das Dialogfeld DIAGRAMM-ASSISTENT - SCHRITT 3 VON 4 - DIAGRAMMOPTIONEN

6. **Klicken Sie auf ein Register Ihrer Wahl (TITEL, ACHSEN, GITTERNETZLINIEN, LEGENDE, DATENBESCHRIFTUNGEN oder DATENTABELLE) und jonglieren Sie mit den Einstellungen.**

7. **Klicken Sie auf WEITER oder drücken Sie ⏎, um zum letzten Dialogfeld DIAGRAMM-ASSISTENT - SCHRITT 4 VON 4 - DIAGRAMMPLATZIERUNG zu gelangen.**

   Das sehen Sie in Abbildung 8.5. Hier bestimmen Sie, ob das Diagramm in einem extra Diagrammblatt oder als Objekt in einem Tabellenblatt der aktuellen Arbeitsmappe eingefügt werden soll.

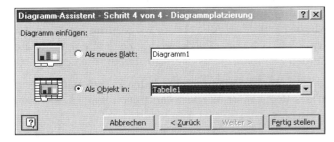

Abbildung 8.5: Das Dialogfeld DIAGRAMM-ASSISTENT - SCHRITT 4 VON 4 - DIAGRAMMPLATZIERUNG

8a. **Soll das Diagramm sein eigenes Zuhause in einem Diagrammblatt bekommen, klicken Sie auf ALS NEUES BLATT und geben – wenn Sie wollen – in das Feld daneben einen Namen für das Diagrammblatt ein. (DIAGRAMM1, DIAGRAMM2 etc. ist doch arg langweilig.)**

8b. **Soll das Diagramm in ein Tabellenblatt der aktuellen Arbeitsmappe eingefügt werden, dann ist die Option ALS OBJEKT IN gefragt. Anschließend legen Sie im Feld daneben noch fest, welches Tabellenblatt die Ehre haben soll.**

9. **Klicken Sie auf FERTIG STELLEN, um den Diagramm-Assistenten zu entlassen.**

   Wenn Sie sich für die Option ALS NEUES BLATT entschieden haben, setzt Excel das Diagramm in sein Diagrammblatt und zaubert die Diagramm-Symbolleiste auf den Bildschirm, damit Sie gleich weiterwerkeln können. Haben Sie die Option ALS OBJEKT IN gewählt, wird das Diagramm im entsprechenden Tabellenblatt eingefügt. Die Diagramm-Symbolleiste ist auch schon da und das Diagramm ist markiert, damit es gleich weitergehen kann. In Abbildung 8.6 sehen Sie, wie der Umsatz für Annas Strudelladen im ersten Quartal 2001 grafisch umgesetzt wurde. Ganz nett, oder?

Mal größer, mal kleiner, mal hier, mal dort

Wenn Sie erst einmal ein Diagramm in Ihr Tabellenblatt eingefügt haben, können Sie dessen Position und Größe sofort problemlos ändern, da es nach dem Erstellen noch markiert ist. (Dass ein grafisches Objekt markiert ist, erkennen Sie an den *Ziehpunkten* – die kleinen Quadrate – auf der Objektumrandung.) Sobald Sie ein Diagramm erstellt haben, wird die Diagramm-Symbolleiste »frei schwebend« im Dokumentfenster eingeblendet.

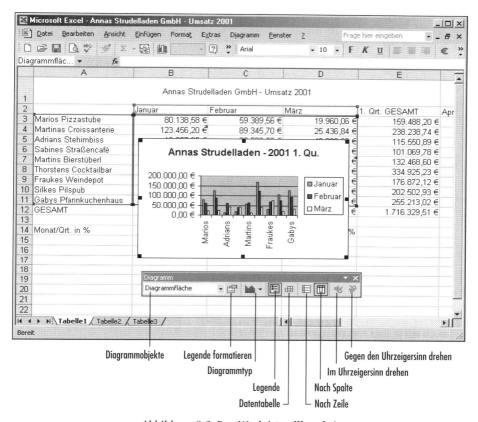

Abbildung 8.6: Das Werk ist vollbracht!

- ✔ Um das Diagramm zu verschieben, setzen Sie den Mauszeiger in das Diagramm und ziehen es an eine neue Position.

- ✔ Wenn Sie das Diagramm vergrößern oder verkleinern möchten (weil es vielleicht viel zu groß oder viel zu klein im Vergleich zur Tabelle ist), zeigen Sie mit dem Mauszeiger auf einen der Ziehpunkte. Daraufhin wird der Mauszeiger zu einem Doppelpfeil. Ziehen Sie die gewählte Seite bzw. Ecke (hängt davon ab, welchen Ziehpunkt Sie gewählt haben) in die gewünschte Richtung, um das Diagramm zu vergrößern bzw. zu verkleinern.

Stimmen Größe und Position mit Ihren Wünschen überein, verankern Sie das Diagramm im Tabellenblatt, indem Sie seine Markierung aufheben. (Klicken Sie dazu auf eine beliebige Stelle außerhalb des Diagramms.) Die Ziehpunkte und die Diagramm-Symbolleiste verschwinden daraufhin. Um das Diagramm erneut zu markieren (weil Sie Größe, Position etc. ändern möchten), klicken Sie einfach auf eine beliebige Stelle im Diagramm.

> *Fertigdiagramme*
>
> Wenn Sie für den Diagramm-Assistenten und seine vier Dialogfelder keine Zeit haben, können Sie auch ein fix und fertiges Säulendiagramm auf die Schnelle in Ihrem Tabellenblatt fabrizieren. Markieren Sie dazu den Datenbereich, der dargestellt werden soll, klicken Sie in der Standard-Symbolleiste auf die Schaltfläche DIAGRAMM-Assistent und verabschieden Sie sich auch schon gleich wieder vom Assistenten, indem Sie auf die Schaltfläche FERTIG STELLEN klicken.
>
> Und wenn Sie ein Diagramm im eigenen Diagrammblatt erstellen wollen, geht es sogar noch schneller: Darzustellenden Bereich markieren und `F11` drücken. Schwupp, Ihre Daten werden in einem neuen Diagrammblatt als Säulendiagramm angezeigt.

Die Diagramm-Symbolleiste auf das Diagramm hetzen

Nachdem Sie das Diagramm erstellt haben, können Sie es mit den Schaltflächen der Diagramm-Symbolleiste (ist weiter oben in Abbildung 8.6 zu sehen) auf den Kopf stellen. Denken Sie dran: Diese Symbolleiste taucht immer dann auf, wenn Sie das Diagramm im Tabellenblatt markieren. Ist das Diagramm erst einmal markiert, können Sie mithilfe der Diagramm-Symbolleiste Folgendes damit anstellen:

- ✔ **Diagrammobjekte:** Um das Element des Diagramms zu markieren, das Sie bearbeiten möchten, klicken Sie auf den nach unten zeigenden Pfeil des DropDown-Listenfelds für Diagrammobjekte – gleich die erste Schaltfläche in der Diagramm-Symbolleiste. Wählen Sie dann das gewünschte Objekt in der Liste aus. Natürlich können Sie auch mit der Maus direkt auf das entsprechende Element im Diagramm klicken. Wenn Sie getroffen haben, wird der Objektname automatisch im ersten Listenfeld der Diagramm-Symbolleiste angezeigt.

- ✔ **Formatieren:** Okay, jetzt ist geklärt, um welches Objekt es sich dreht – dann kann das Formatieren ja losgehen. Klicken Sie auf die Schaltfläche FORMATIEREN und schon stehen Ihnen quasi alle Möglichkeiten offen. Wie die Schaltfläche FORMATIEREN genau heißt, hängt davon ab, für welches Diagrammobjekt Sie sich entschieden haben. Haben Sie beispielsweise als Objekt die Diagrammfläche gewählt, dann handelt es sich um die Schaltlfäche für Diagrammfläche formatieren. Das sehen Sie, wenn Sie mit dem Mauszeiger ein kleines Päuschen auf der Schaltfläche einlegen. Dann wird die so genannte QuickInfo angezeigt, die wiederum den Namen für die Schaltfläche enthält. Sie haben die Legende als Objekt gewählt? Dreimal dürfen Sie raten! Richtig! Jetzt meldet sich die Schaltfläche als Schaltfläche für Legende formatieren zu Wort.

- ✔ **Diagrammtyp:** Wenn Ihnen die ewigen Säulen (oder was auch immer Sie verwenden) zum Hals raushängen, dann klicken Sie auf den nach unten zeigenden Pfeil der dritten Schaltfläche in der Diagramm-Symbolleiste. Klapp – eine Liste mit verschiedenen Diagrammtypen fällt Ihnen entgegen.

- ✔ **Legende:** Klicken Sie auf diese Schaltfläche, um die Legende ein- bzw. auszublenden.
- ✔ **Datentabelle:** Klicken Sie auf diese Schaltfläche, um eine Tabelle mit den Werten, die im Diagramm dargestellt werden, einzufügen bzw. zu entfernen. (In Abbildung 8.7 habe ich so eine Tabelle für das Diagramm in der Umsatz 2001-Datei reingebastelt.)
- ✔ **Nach Zeile:** Ein Klick darauf, und schon werden die Datenreihen nach den Zeilen im markierten Datenbereich gebildet.
- ✔ **Nach Spalte:** Ein Klick darauf, und schon werden die Datenreihen nach den Spalten im markierten Datenbereich gebildet.
- ✔ **Im Uhrzeigersinn drehen:** Diese Schaltfläche funktioniert nur, wenn Sie die x- oder die y-Achse als Objekt ausgewählt haben. Das ist der Fall? Nun, dann klicken Sie mal drauf. Die Achsenbeschriftungen werden um 45 Grad nach rechts unten gedreht (so wie die Buchstaben auf der Schaltfläche).
- ✔ **Gegen den Uhrzeigersinn drehen:** Dasselbe wie bei der Schaltfläche IM UHRZEIGERSINN DREHEN – nur dass hier der Text nach links oben gedreht wird. Logisch, oder?

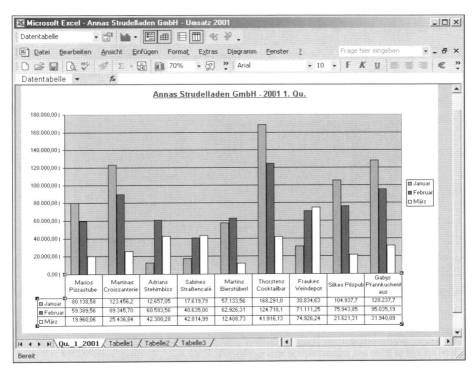

Abbildung 8.7: Ein etwas aufgepepptes Säulendiagramm mit einer Datentabelle für die Umsätze des ersten Quartals

Das Diagramm direkt im Tabellenblatt bearbeiten

Also, wenn Sie mal so auf die Schnelle ein bestimmtes Element des Diagramms bearbeiten möchten (um z.B. eine andere Schrift für den Titel zu wählen oder um die Legende neu zu positionieren), dann doppelklicken Sie auf das entsprechende Element (z.B. auf den Titel, die Legende etc.). Excel markiert es dann brav und öffnet ein speziell für das markierte Objekt zugeschnittenes Formatdialogfeld. Sie haben auf die Legende doppelgeklickt? Wenn Sie gut gezielt haben, wird jetzt das Dialogfeld LEGENDE FORMATIEREN mit seinen drei Registern MUSTER, SCHRIFT und PLATZIERUNG angezeigt (Abbildung 8.8). Jede Registerkarte ist voll von Optionen, mit denen Sie alles Mögliche vera(u)nstalten können.

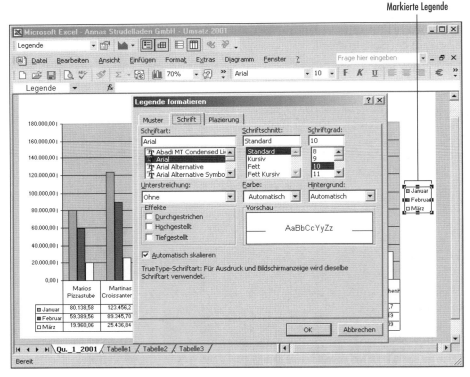

Abbildung 8.8: Wenn Sie beispielsweise auf die Legende doppelklicken, wird das Dialogfeld LEGENDE FORMATIEREN geöffnet.

Es reicht auch, wenn Sie einen Diagrammteil nur markieren, um ihn zu bearbeiten. Ich habe ein paar Punkte zusammengestellt, die dabei von Interesse sein könnten:

✔ Klicken Sie einfach auf das gewünschte Element. Die QuickInfo hilft Ihnen dabei, das richtige Teil zu erwischen. Ist manchmal gar nicht so einfach.

- ✓ Ein markiertes Element erkennen Sie an den komischen »eckigen« Punkten – den so genannten Ziehpunkten. (Die Legende in Abbildung 8.8 schmückt sich gerade damit.) Manche Elemente können über die Ziehpunkte vergrößert, verkleinert oder gedreht werden.

- ✓ Sie können bei einigen markierten Elementen auch auf deren Mitte zeigen und das Element mit gedrückter Maustaste von hinnen nach dannen ziehen.

- ✓ Ein Kontextmenü für das Element gefällig? Nichts leichter als das. Klicken Sie einfach mit der rechten Maustaste auf das gewünschte Element. Den Befehl, der Sie dort interessiert, wählen Sie dann wieder mit der linken Maustaste.

- ✓ Weg mit dem markierten Element? ⌈Entf⌉ drücken!

Wenn Sie ein Element durch Klicken markieren, können Sie mit den Pfeiltasten ↑ und ↓ gemütlich durch alle vorhandenen Elemente blättern. Mit ← und → wechseln Sie innerhalb einer Gruppe, z.B. von der Größenachse zur Rubrikenachse.

Noch etwas zum Diagrammtitel. Wenn er markiert ist, können Sie ihn mit gedrückter Maustaste verschieben. Außerdem können Sie den Titel in mehrere Zeilen aufteilen. Im Dialogfeld DIAGRAMMTITEL FORMATIEREN gibt es dann im Register AUSRICHTUNG verschiedenen Möglichkeiten, die einzelnen Zeilen auszurichten.

Um einen Zeilenumbruch im Titel einzufügen, setzen Sie die Einfügemarke an die gewünschte Stelle und drücken ⌐⌐. So einfach, dass man schon gar nicht mehr darauf kommt.

Aber nicht nur mit dem Titel lässt es sich spielen. Auch für die Datenreihen, die Legende und die beiden Achsen stehen im Kontextmenü jede Menge Befehle zum Ausprobieren zur Verfügung.

Diagrammoptionen wie Sand am Meer

Wenn Sie in Ihrem Diagramm grundlegende Änderungen durchführen möchten, empfiehlt sich hierfür das Dialogfeld DIAGRAMMOPTIONEN. Es enthält dieselben Registerkarten und Optionen wie das Dialogfeld DIAGRAMM-ASSISTENT - SCHRITT 3 VON 4 - DIAGRAMMOPTIONEN (Abbildung 8.4). Wie kommen Sie dahin? Sie wählen den Befehl DIAGRAMMOPTIONEN im Menü DIAGRAMM. Sie können auch mit der rechten Maustaste irgendwo im Diagramm klicken (aber ohne dabei ein bestimmtes Objekt zu treffen) und im Kontextmenü den Befehl DIAGRAMMOPTIONEN wählen.

Mensch! Wahnsinn! Gleich sechs Registerkarten! Jedenfalls bei einem Säulendiagramm. Und das alles können Sie dort erledigen:

- ✓ TITEL: Fügen Sie einen neuen Titel hinzu oder werden Sie alte Titel los. Es gibt ja gleich mehrere in einem Diagramm – für das Diagramm, die x- und die y-Achse.

- ✓ ACHSEN: Hier legen Sie fest, ob neben bzw. unter den Achsen eine Achsenbeschriftung angezeigt werden soll. Auch die kleinen Strichen auf den Achsen können Sie verschwinden lassen.

✔ **Gitternetzlinien:** Blenden Sie Haupt- und Hilfsgitternetzlinien ein bzw. aus. Das funktioniert sowohl für die Rubriken- als auch für die Größenachse.

✔ **Legende:** Legende ja oder nein, und wenn ja, wohin!

✔ **Datenbeschriftungen:** Hier können Sie Beschriftungen für die einzelnen Datenreihen ein- und ausblenden.

✔ **Datentabelle:** Datentabelle ja oder nein. In Abbildung 8.7 sehen Sie ein Beispiel dafür.

Frei wie ein Vogel (nicht zugeordneter Text)

Das Diagramm in Abbildung 8.9 zeigt weitere Darstellungsmöglichkeiten. Die sollten für Sie kein Problem sein. Hier sehen Sie erneut das Diagramm für den Umsatz des ersten Quartals von Annas Strudelladen in der Flächenvariante. Außerdem habe ich ein Textfeld eingefügt. Ein Pfeil zeigt begeistert auf die guten Umsätze von Thorstens Cocktailbar. Auch von der y-Achse konnte ich nicht die Finger lassen. Ich habe das Währungssymbol vorangestellt und die Anzeige etwas vergrößert, damit man die Taler – äh, die Euros – besser erkennen kann.

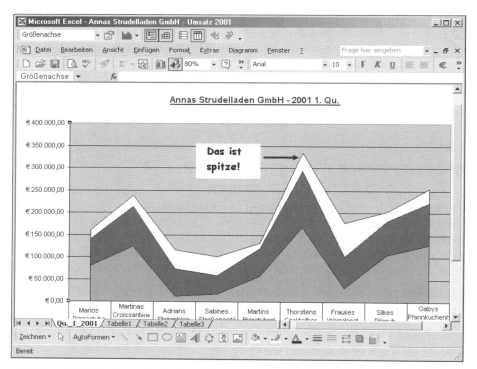

Abbildung 8.9: Hier habe ich ein Textfeld mit einem Pfeil eingefügt und in der y-Achse das Währungssymbol zur Abwechslung mal vorangestellt.

Wie kommt nun das Textfeld in das Diagramm? Also, Sie klicken auf die Schaltfläche für Zeichnen in der Standard-Symbolleiste, um die Zeichnen-Symbolleiste zu öffnen. Die Zeichnen-Symbolleiste macht sich automatisch unten im Arbeitsmappenfenster breit. Wenn Sie also jetzt in der Zeichnen-Symbolleiste auf die Schaltfläche für Textfeld klicken, ändert der Mauszeiger seine Form in einen länglichen vertikalen Strich mit kurzer horizontaler Linie, mit dem Sie erst einmal das Textfeld im Diagramm- oder Tabellenblatt aufziehen. Wenn Sie nur klicken, zeichnet Excel ein kleines Textfeld; wenn Sie aber mit gedrückter Maustaste ziehen und die Maustaste anschließend loslassen, kriegt das Textfeld die von Ihnen vorgegebene Form.

Abbildung 8.10: Die Zeichnen-Symbolleiste

Sobald Sie die Maustaste losgelassen haben, springt die Einfügemarke an den Anfang des Textfelds und Sie können sofort mit der Eingabe loslegen. Hack, hack – wenn das Ende einer Zeile im Textfeld erreicht ist, umbricht Excel die Zeile automatisch. (Wissen Sie's noch? Mit ⏎ können Sie einen Zeilenumbruch auch erzwingen.) Sobald Sie sich alles von der Seele geschrieben haben, klicken Sie auf eine beliebige Stelle außerhalb des Textfelds.

Anschließend können Sie ein Textfeld in einem Diagramm- oder Tabellenblatt folgendermaßen verunstalten:

- ✔ Sie können das Textfeld an eine andere Stelle setzen, indem Sie es einfach hinter sich herziehen.

- ✔ Sie können die Größe des Textfelds ändern, indem Sie den entsprechenden Ziehpunkt nach innen oder nach außen ziehen.

- ✔ Um den Rahmen zu ändern oder gänzlich zu eliminieren, markieren Sie den Rahmen des Textfelds und klicken in der Diagramm-Symbolleiste auf die Schaltfläche für Ausgewähltes Objekt formatieren. Strg+1 tut's auch. Hilfe! So viele Register. Also, klicken Sie auf das Register FARBEN UND LINIEN. Wählen Sie dann im DropDown-Listenfeld FARBE die Option KEINE LINIE, um einem vorhandenen Rahmen den Garaus zu machen.

- ✔ Vertikaler Text gefällig? Einfach den Rahmen des Textfelds markieren und Strg+1 drücken. Hier ist die Registerkarte AUSRICHTUNG zuständig. Aktivieren Sie sie und lassen Sie Ihren Text zur Abwechslung mal von oben nach unten laufen.

- ✔ Wie wäre es mit einem hübschen Schatten? Nichts leichter als das. Markieren Sie den Rahmen des Textfelds, klicken Sie in der Zeichnen-Symbolleiste auf die Schaltfläche für Schatten (die zweite von rechts) und wählen Sie aus, was Ihnen gefällt.

- ✔ Und dann gäbe es da noch 3D. Markieren Sie den Rahmen des Textfelds und klicken Sie in der Zeichnen-Symbolleiste auf die Schaltfläche für *3D* (die allerallerletzte). Da ist bestimmt was für Sie dabei.

Wenn Sie einem bestimmten Bereich des Diagramms Text zuordnen, möchten Sie sicherlich auch noch einen Pfeil einfügen, der direkt auf das Diagrammelement zeigt, das Sie mit dem Textfeld beschreiben. Klicken Sie dazu in der Zeichnen-Symbolleiste auf die Schaltfläche für *Pfeil* (die mit dem Pfeil drauf, was sonst). Ziehen Sie das Fadenkreuz anschließend vom geplanten Ende des Pfeils (d.h. das Ende ohne Pfeilspitze) an die Stelle, an der die Pfeilspitze gesetzt werden soll.

Excel zeichnet sofort einen Pfeil. Dieser bleibt gleich markiert, damit Sie ihn bearbeiten können (zwei Ziehpunkte, einer an jedem Ende). Folgendes können Sie Ihrem neuen Pfeil antun:

- ✔ Um den Pfeil zu verschieben, ziehen Sie ihn einfach an die gewünschte Position.

- ✔ Um die Länge des Pfeils zu ändern, ziehen Sie einen der beiden Ziehpunkte.

- ✔ Beim Ändern der Länge können Sie auch die Pfeilrichtung ändern, indem Sie den Mauszeiger um den nicht bewegten Ziehpunkt drehen.

- ✔ Last but not least können Sie auch noch die Form der Pfeilspitze und die Dicke des Schafts ändern. Klicken Sie dazu in der Zeichnen-Symbolleiste auf die Schaltfläche für Pfeilart und suchen Sie sich was Hübsches aus. Was? Farbe, Linienstärke etc. ist auch noch nicht das, was Sie sich vorstellen? Dann wählen Sie im PopUp-Menü der Schaltfläche für *Pfeilart* den letzten Eintrag WEITERE PFEILE. Das Dialogfeld AUTOFORM FORMATIEREN kommt dann ins Spiel. (Der Befehl AUSGEWÄHLTES OBJEKT im Menü FORMAT tut's auch.) Nun können Sie loslegen.

x- und y-Achsen aufpeppen

Wenn Sie ziemlich viele Werte in einem Diagramm darstellen, kümmert sich Excel recht wenig darum, wie diese Werte auf der y-Achse (bzw. im Fall von Balkendiagrammen auf der x-Achse) dargestellt werden. Da kann es einen manchmal richtig grausen. Das muss geändert werden, und zwar so:

1. **Doppelklicken Sie im Diagramm auf die x- oder die y-Achse oder markieren Sie eine Achse und wählen Sie im Menü FORMAT den Befehl MARKIERTE ACHSE.**

    Excel zaubert das Dialogfeld ACHSEN FORMATIEREN auf den Bildschirm, das mit seinen fünf Registern (MUSTER, SKALIERUNG, SCHRIFT, ZAHLEN und AUSRICHTUNG) protzt.

2. Um die Darstellung der Unterteilungsstriche auf der Achse zu ändern, wenden Sie sich vertrauensvoll an die Registerkarte MUSTER. Die liegt eh oben auf, wenn Sie das Dialogfeld öffnen.

3. Sie interessieren sich mehr für den Wertebereich auf der Achse? Dafür ist die Registerkarte SKALIERUNG zuständig.

4. Um die Schrift für die Achsenbeschriftungen zu ändern, entscheiden Sie sich für die Registerkarte SCHRIFT und ändern dort die Optionen nach Lust und Laune.

5. Für das Format der Zahlen der markierten Achse ist die Registerkarte ZAHLEN zuständig. Sie wählen dort einfach eine Zahlenkategorie, legen die Anzahl der Dezimalstellen fest und entscheiden sich eventuell noch für ein Währungssymbol.

   Um beispielsweise die Zahlen im Währungsformat ohne Dezimalstellen anzuzeigen, wählen Sie auf der Registerkarte ZAHLEN im Listenfeld KATEGORIE den Eintrag WÄHRUNG und geben 0 im Textfeld DEZIMALSTELLEN ein.

6. Für die Ausrichtung (Neigung) der Achsenbeschriftungen bleibt dann wohl nur noch die Registerkarte AUSRICHTUNG übrig. Hier legen Sie zunächst fest, ob der Text horizontal oder vertikal angezeigt werden soll. Einfach auf das entsprechende Beispielfeld klicken. Danach bestimmen Sie den Winkel. Geben Sie ihn entweder direkt in das Textfeld GRAD ein oder klicken Sie im Beispielfeld nach Belieben, um sich das Ganze erst einmal in Ruhe anzusehen.

7. Klicken Sie auf OK oder drücken Sie ⏎, um das Dialogfeld ACHSEN FORMATIEREN zu schließen und die Änderungen zu übernehmen.

Danach zeichnet Excel die Achse des Diagramms sofort neu, um Ihre Änderungen auf dem Bildschirm anzuzeigen. Haben Sie sich z.B. für ein neues Zahlenformat entschieden, werden alle Zahlen der markierten Achse entsprechend angepasst.

Diagrammwerte im Tabellenblatt ändern

Wenn Sie alle Änderungen im Diagramm ausgeführt haben, wollen Sie sicherlich zum Tabellenblatt zurückkehren. Klicken Sie dazu einfach auf eine Stelle außerhalb des Diagramms. Jetzt können Sie sich wieder frei in Ihrem Tabellenblatt bewegen. Sie sollten aber stets an Folgendes denken: Wenn Sie den Zellcursor im Tabellenblatt mit den Pfeiltasten verschieben, verschwindet der Cursor, sobald Sie eine Zelle markieren, die sich hinter dem Diagramm verbirgt. Und natürlich erwischen Sie zwangsläufig das Diagramm, wenn Sie versuchen, eine solche Zelle mit der Maus zu markieren.

Die Werte im Tabellenblatt, die im Diagramm dargestellt werden, pflegen mit dem Diagramm einen intensiven Kontakt. Dies bedeutet, dass das Diagramm automatisch aktualisiert wird, wenn Sie Werte im Tabellenblatt ändern.

Ein Tabellenblatt ohne grafische Objekte ist wie ein ...

Diagramme sind nicht die einzigen grafischen Objekte, die Sie in Ihren Tabellenblättern einsetzen können. Sie können Ihr Tabellenblatt mit Zeichnungen, Textfeldern, ja sogar mit richtigen Bildern schmücken, z.B. mit gescannten Fotos oder Zeichnungen aus anderen Programmen oder mit grafischen Schmuckstücken aus dem Internet.

ClipArts in Hülle und Fülle

Wenn Sie Ihre Arbeitsmappe mit ClipArts verschönern möchten, wählen Sie im Menü EINFÜGEN den Befehl GRAFIK und dann den Befehl CLIPART.

Excel 2002 zeigt stolz seinen neuen Aufgabenbereich CLIP ART EINFÜGEN (den Sie in Abbildung 8.11 bewundern können). Dort können Sie nach jeglicher Form von »Kunst« suchen. Um dabei erfolgreich zu sein, gehen Sie folgendermaßen vor:

1. **Klicken Sie oben im Aufgabenbereich auf das Textfeld TEXT SUCHEN und geben Sie ein oder mehrere Schlüsselwörter für den ClipArt-Typ ein, den Sie suchen.**

   Versuchen Sie es am besten mit ziemlich allgemeinen Begriffen, wie Bäume, Blumen, Menschen, Häuser etc. Sollten Sie bei Ihrer Recherche auf die Datenfülle des Internets zugreifen wollen, empfiehlt sich die Eingabe eines englischen Begriffs, da die Design Gallery von Microsoft, bei der Sie unweigerlich landen, nur dieser Sprache mächtig ist.

Abbildung 8.11: Microsoft Office proudly presents: der neue Aufgabenbereich CLIP ART EINFÜGEN.

2. **(Optional) Öffnen Sie das DropDown-Listenfeld Suchen in und deaktivieren Sie die Kontrollkästchen vor den Sammlungen, in denen Sie nicht suchen möchten.**

Standardmäßig durchforstet Excel alle Sammlungen nach dem von Ihnen eingegebenen Suchbegriff – auch die Sammlungen im Web.

3. **(Optional) Wenn Sie sich bei Ihrer Suche auf ClipArts beschränken möchten, öffnen Sie das DropDown-Listenfeld Ergebnisse und deaktivieren die Kontrollkästchen Alle Media-typen, Fotos, Filme und Sounds.**

Wenn Sie die Auswahl noch weiter eingrenzen wollen, klicken Sie auf das Pluszeichen vor dem Eintrag Clip Art, um die möglichen Dateiformate anzuzeigen. Deaktivieren Sie in der Liste alle Dateiformate, mit denen Sie nichts zu tun haben wollen.

4. **Klicken Sie auf die Schaltfläche Suchen, um die Suche zu starten.**

Sobald der Startschuss gefallen ist, durchsucht Excel alle im DropDown-Listenfeld aktivierten Sammlungen und zeigt das Ergebnis im Aufgabenbereich Clip Art einfügen an (wie Abbildung 8.12 beweist). Um nun aus der hoffentlich reichen Auswahl ein ganz bestimmtes ClipArt in Ihre Arbeitsmappe einzufügen, klicken Sie einfach darauf oder – für alle, die es umständlich lieben – zeigen Sie darauf und klicken Sie auf den dann angezeigten Pfeil, um aus der ausgeklappten Liste den Befehl Einfügen zu wählen.

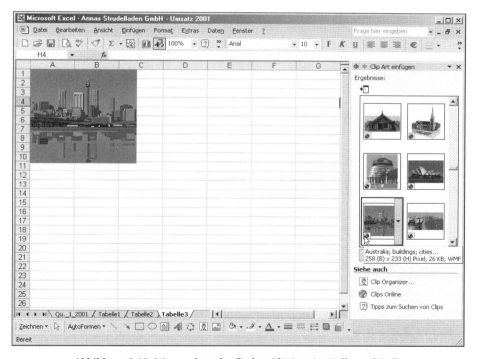

Abbildung 8.12: Wer suchet, der findet: ClipArts in Hülle und Fülle

Bevor Sie sich auf die Suche nach ClipArts machen, sollten Sie Ihre Clips mit dem Clip Organizer von Office XP indizieren. Klicken Sie dazu unten im Aufgabenbereich CLIP ART EINFÜGEN auf den Hyperlink CLIP ORGANIZER. Der Clip Organizer meldet sich daraufhin mit dem Dialogfeld CLIPS ZUM ORGANIZER HINZUFÜGEN zu Wort. Geben Sie den Startschuss und lassen Sie ihn Ihre Clips nach Schlüsselwörter organisieren.

 Wenn Sie feststellen, dass Sie ein ganz bestimmtes ClipArt immer wieder mal vergeblich suchen, dann sollten Sie sich mal dessen Schlüsselwörter vornehmen. Klicken Sie dazu auf den nach unten zeigenden Pfeil des ClipArt-Symbols (zugegebenermaßen müssen Sie es dazu zunächst einmal finden) und wählen Sie im dann aufklappenden Menü den Befehl SCHLÜSSELWÖRTER BEARBEITEN. Der wiederum führt Sie zum Dialogfeld SCHLÜSSELWÖRTER. Geben Sie dort im Textfeld SCHLÜSSELWORT einen Begriff Ihrer Wahl ein und klicken Sie auf HINZUFÜGEN, um ihn aufzunehmen. Wenn Sie ein ClipArt gefunden haben, das dem, was Sie eigentlich suchen, ziemlich nahe kommt, dann klicken Sie auf dessen nach unten zeigenden Pfeil und wählen den Befehl ÄHNLICHE FORMATVORLAGE SUCHEN.

Grafiken aus anderen Anwendungen mopsen

Wenn Sie sich für ein grafisches Objekt interessieren, das mit einer anderen Anwendung erstellt wurde, dann wenden Sie sich wieder vertrauensvoll an den Befehl GRAFIK im Menü EINFÜGEN und wählen den Unterbefehl AUS DATEI. Markieren Sie anschließend die entsprechende Datei im Dialogfeld GRAFIK EINFÜGEN. Und das war es auch schon. Das Dialogfeld GRAFIK EINFÜGEN funktioniert übrigens genauso wie das Dialogfeld zum Öffnen von Arbeitsmappen.

Ist eine Grafik, die Sie unbedingt haben wollen, nicht als Datei vorhanden, sondern lediglich Bestandteil eines mit einer anderen Anwendung erstellten Dokuments, markieren Sie die Grafik, kopieren sie in die Zwischenablage (mit dem Befehl KOPIEREN im Menü BEARBEITEN oder durch Drücken von [Strg]+[C]) und fügen sie in Ihrem Tabellenblatt an der gewünschten Position ein (mit dem Befehl EINFÜGEN im Menü BEARBEITEN oder durch Drücken von [Strg]+[V]).

Selbst ist die Frau/der Mann

Wer's nicht vorgefertigt von der Stange mag, der wende sich vertrauensvoll an die Zeichnen-Symbolleiste. Sie enthält ein Sortiment von Werkzeugen, mit denen Sie eine Vielzahl von leeren oder gefüllten Formen zeichnen können, z.B. Rechtecke, Quadrate, Ellipsen, Kreise und – nicht zu vergessen – gerade Linien und Bögen. Um Quadrate und Kreise zu fabrizieren, bedienen Sie sich der Rechteck- und Ellipsenwerkzeuge und halten beim Zeichnen [⇧] gedrückt.

In der Zeichnen-Symbolleiste gibt es außerdem ein ganz tolles Werkzeug – *AutoFormen* genannt. Hinter dieser Bezeichnung verbergen sich Massen von bereits fertigen Formen und Linien. Um da ranzukommen, klicken Sie einfach in der Zeichnen-Symbolleiste auf die Schaltfläche AUTOFORMEN und entscheiden sich zunächst mal für eine der Kategorien (LINIEN,

VERBINDUNGEN, STANDARDFORMEN, BLOCKPFEILE, FLUSSDIAGRAMM, STERNE UND BANNER sowie LEGENDEN). Jede Kategorie hat wiederum einiges zu bieten. Wer die Wahl hat, hat die Qual.

Anscheinend haben sich einige Leute bei Microsoft beschwert, dass es nicht genügend Auto-Formen gibt. Denn es gibt noch eine weitere Kategorie mit der Bezeichnung WEITERE AUTOFORMEN. Damit gelangen Sie in den Aufgabenbereich CLIP ART EINFÜGEN, der dann jede Menge zusätzlicher AutoFormen anzeigt. Das ist was für echte Nimmersatts!

WordArt vom Feinsten

Sollten Ihnen all die Linien und Formen der Schaltfläche AUTOFORMEN immer noch nicht genügen, versuchen Sie mal was ganz Ausgeflipptes. Und zwar können Sie in der Zeichnen-Symbolleiste mit der Schaltfläche für *WordArt* bizarr geformten Text in Ihr Tabellenblatt reinholen. Dazu gehen Sie folgendermaßen vor:

1. **Markieren Sie die Zelle im Tabellenblatt, in die der WordArt-Text eingefügt werden soll.**

   Da auch der WordArt-Text zur Gattung der grafischen Objekte gehört, können Sie den Text nach dem Erstellen beliebig vergrößern und im Tabellenblatt umherziehen.

2. **Klicken Sie in der Zeichnen-Symbolleiste auf die Schaltfläche WORDART. (Das ist die mit dem schrägen A drin.)**

   Sofort wird das Dialogfeld WORDART-KATALOG geöffnet (Abbildung 8.13).

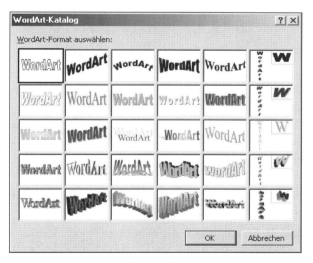

Abbildung 8.13: Der WordArt-Katalog

3. **Klicken Sie auf das Bildchen, das Ihnen am besten gefällt, und danach auf OK.**

   Das Dialogfeld WORDART-TEXT BEARBEITEN steht zu Ihren Diensten. Dort geben Sie den Text ein, der im Tabellenblatt eingefügt werden soll.

4. **Schreiben Sie in das Textfeld TEXT den Text, der Ihr Tabellenblatt schmücken soll.**

   Sobald Sie damit loslegen, wird anstelle von `Ihr Text` der von Ihnen eingegebene Text angezeigt.

5. **Wählen Sie bei Bedarf im DropDown-Listenfeld SCHRIFTART eine Schriftart und im DropDown-Listenfeld SCHRIFTGRAD eine Schriftgröße aus.**

6. **Klicken Sie auf OK oder drücken Sie ⏎.**

   Excel zeichnet voll Schwung und Elan den WordArt-Text an der angegebenen Position in das Tabellenblatt. Und die WordArt-Symbolleiste gesellt sich ebenfalls dazu (Abbildung 8.14). Mit den Schaltflächen der WordArt-Symbolleiste kann das Ganze noch mehr aufgepeppt werden – für die Unersättlichen unter den LeserInnen.

Abbildung 8.14: WordArt-Text im Tabellenblatt – das macht was her, oder?

7. **Wenn Größe, Form und Formate passen, klicken Sie auf eine andere Zelle im Tabellenblatt, um das WordArt-Objekt zu deaktivieren.**

   Wenn Sie auf eine Stelle außerhalb des WordArt-Objekts klicken, wird nicht nur der WordArt-Text deaktiviert, sondern auch die WordArt-Symbolleiste ausgeblendet. Falls Sie sie wieder brauchen, markieren Sie einfach das WordArt-Objekt.

Organisieren Sie sich in Organigrammen

Neu in der Zeichnen-Symbolleiste von Excel 2002 ist die Schaltfläche für *Schematische Darstellung oder Organigramm einfügen* (ist weiter oben in Abbildung 8.10 zu sehen). Mit dieser Schaltfläche können Sie schnell und einfach Ihre Tabellenblätter mit Organigrammen verschönern. Einmal darauf geklickt und schon wird das Dialogfeld DIAGRAMMSAMMLUNG angezeigt (siehe Abbildung 8.15). Markieren Sie dort den gewünschten Diagrammtyp und bestätigen Sie mit OK.

Abbildung 8.15: Organigramme zu Ihren Diensten

Excel fügt eine Art Gerüst für den gewählten Diagrammtyp in das Tabellenblatt ein. Jedes Kästchen, jede Zeile, jeder Kreis ... enthält automatisch den Eintrag `Text durch Klicken hinzufügen`. Halten Sie sich an diese einfache Anweisung: Klicken Sie auf die einzelnen Organigrammelemente und geben Sie den Namen oder den Status einer Person oder eines Ortes ein. (Ein Beispiel dazu ist in Abbildung 8.16 zu sehen.)

Um ein weiteres Element auf derselben Organisationsebene einzufügen, auf der sich das aktuell markierte Element befindet, öffnen Sie in der Organigramm-Symbolleiste das DropDown-Listenfeld der Schaltfläche für *Form einfügen und wählen* dort den Eintrag KOLLEGIN. Wenn Sie eine untergeordnete Ebene für die Ebene des aktuell markierten Elements einfügen wollen, ist der Eintrag UNTERGEBENE zuständig. Mit dem Eintrag ASSISTENT fabrizieren Sie ebenso eine Unterebene, aber nur zum aktuell markierten Element. Die anderen Elemente derselben Ebene kriegen die neue Unterebene nicht. Was in Worten so kompliziert und unverständlich klingt, wird in den kleinen grafischen Symbolen vor den jeweiligen Befehlen so einfach und verständlich dargestellt. »Ein Bild sagt mehr als ...«

Um das Aussehen Ihres Organigramms zu optimieren, klicken Sie in der Organigramm-Symbolleiste auf die Schaltfläche AUTOFORMAT und wählen dann im Dialogfeld ORGANIGRAMMTYPKATALOG (was für ein Wort, und dann noch in Kapitälchen!) einen Diagrammstil für das Organigramm aus. Wenn Sie das DropDown-Listenfeld

der Schaltfläche für *Layout* aufklappen, gibt es da unter anderem die Option ORGA-
NIGRAMM AN INHALT ANPASSEN. Damit passen Sie die Formen dem eingegebenen Text
an. Mit der Option ORGANIGRAMM ERWEITERN vergrößern Sie die Organigrammfläche,
damit alles, was Sie in das Organigramm gepackt haben, auch locker Platz hat.

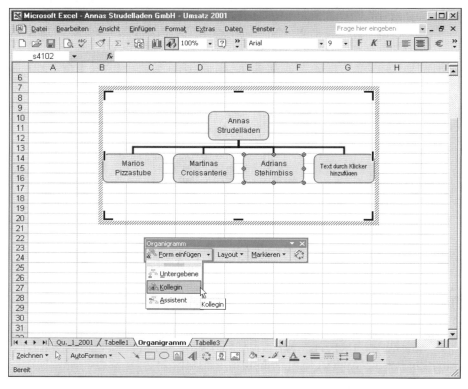

Abbildung 8.16: Organigramme auf Trab gebracht

Eins vor dem anderen

Falls Sie es nicht bemerkt haben: Grafische Objekte schweben sozusagen auf den Zellen des
Tabellenblatts. Die meisten grafischen Objekte (einschließlich Diagramme) sind undurchsich-
tig. Das heißt, sie verdecken die Informationen in den darunter liegenden Zellen. Wenn Sie
ein grafisches Objekt auf einem anderen grafischen Objekt positionieren, verdeckt das obere
das untere. Es ist also wichtig, stets zu prüfen, ob ein grafisches Objekt andere Objekte bzw.
Zellinformationen, die Sie anzeigen lassen möchten, verdeckt.

Auf der anderen Seite kann man durch Überlagerungen von Objekten interessante Effekte zaubern, z.B. wenn Sie ein durchsichtiges Objekt über ein undurchsichtiges legen. Probleme gibt es nur, wenn das undurchsichtige über dem durchsichtigen Objekt liegt. In diesem Fall müssen Sie die beiden vertauschen. Dies geht ganz einfach. Klicken Sie zunächst mit der rechten Maustaste auf das undurchsichtige Objekt und wählen Sie anschließend im Kontextmenü den Befehl REIHENFOLGE und dann den Befehl IN DEN HINTERGRUND. Parallel dazu gibt es natürlich auch den Befehl IN DEN VORDERGRUND.

Und dann gibt es noch Gruppen von grafischen Objekten. Wenn Sie beispielsweise mehrere grafische Objekte zusammen bearbeiten wollen (verschieben oder die Farbe ändern etc.) oder wenn mehrere grafische Objekte einfach zusammengehören (z.B. ein Textfeld mit dem dazugehörigen Pfeil), dann empfiehlt es sich, diese Objekte zu gruppieren. Sie markieren dazu einfach die betreffenden Objekte, die zu einer Gruppe gehören sollen (mit gedrückter ⇧ - Taste auf alle Objekte klicken), wählen dann im Kontextmenü den Befehl GRUPPIERUNG und dann noch mal den Befehl GRUPPIERUNG. Wenn Sie anschließend auf ein beliebiges Objekt der Mammutgruppe klicken, werden automatisch alle Gruppenbestandteile markiert (drum herum tauchen die berühmten Ziehpunkte auf). (Übrigens: Wenn Sie dann noch einmal auf eines der Gruppenobjekte klicken, wird es separat mit etwas dunkleren Ziehpunkten markiert.)

Sollten Sie sich zu einem späteren Zeitpunkt gegen die Gruppe entscheiden, ist es kein Problem, die Gruppierung wieder aufzuheben. Sie markieren einfach das gruppierte Objekt und wählen im Kontextmenü den Befehl GRUPPIERUNG und dann den Befehl GRUPPIERUNG AUFHEBEN.

Mal sichtbar, mal unsichtbar

Eigentlich müssen Sie jetzt nur noch eines über grafische Objekte im Tabellenblatt wissen: Wie kann man sie zeitweise verschwinden lassen? Wenn Sie Ihr Tabellenblatt mit den verschiedensten grafischen Objekten elegant geschmückt haben, kann es passieren, dass Sie bei jeder Änderung im Tabellenblatt ziemlich lange warten müssen, bis der Bildschirm wieder aufgebaut wird. Dies liegt daran, dass Excel jede Grafik neu zeichnen muss, auch wenn Sie nur ein bisschen im Tabellenblatt blättern. Bevor Sie das ganz verrückt macht, sollten Sie entweder alle grafischen Objekte (einschließlich Diagrammen) ausblenden oder durch graue Rechtecke (so genannte Platzhalter) ersetzen. Letztere kennzeichnen dann weiterhin die Positionen der Objekte im Tabellenblatt, benötigen aber bedeutend weniger Zeit beim Neuzeichnen.

Um die grafischen Objekte zu verbergen oder durch graue Platzhalter zu ersetzen, wählen Sie den Befehl OPTIONEN im Menü EXTRAS und klicken anschließend auf das Register ANSICHT. Und genau dort finden Sie das Gruppenfeld OBJEKTE, mit dessen Hilfe Sie die lästigen grafischen Objekte vorübergehend loswerden können. Klicken Sie auf das Optionsfeld ALLE AUSBLENDEN, um die Grafiken zu verbergen, bzw. auf PLATZHALTER ANZEIGEN, um die Objekte in der Anzeige durch graue Rechtecke zu ersetzen. Letzteres ist die sicherste Lösung, da Sie so immer genau wissen, wie sich Zelländerungen im Tabellenblatt auf die grafischen Objekte auswirken.

Wenn Sie das Tabellenblatt drucken möchten, müssen Sie die grafischen Objekte wieder sichtbar machen. Wählen Sie dazu erneut den Befehl Optionen im Menü Extras und klicken Sie auf das Register Ansicht. Mit Alle anzeigen ist die Welt dann wieder in Ordnung.

Nur die Grafik schwarz auf weiß

Manchmal möchten Sie vielleicht nur ein ganz bestimmtes grafisches Objekt im Tabellenblatt drucken. Alle Daten oder sonstiges Zeug sollen im Ausdruck ignoriert werden. Wie bereits erwähnt, müssen alle grafischen Objekte vor dem Ausdruck angezeigt werden. Denn was nicht da ist, kann auch nicht gedruckt werden. Klicken Sie dann auf die Grafik, die gedruckt werden soll. Wählen Sie anschließend den Befehl Drucken im Menü Datei oder drücken Sie Strg+P oder klicken Sie auf die Schaltfläche für Drucken in der Standard-Symbolleiste.

Wenn Sie ein Diagramm markiert und den Befehl Drucken im Menü Datei gewählt haben, ist im Gruppenfeld Drucken bereits die Option Markiertes Diagramm aktiviert. Standardmäßig wird das Diagramm so gedruckt, dass die ganze Seite gefüllt wird. Sicherheitshalber sollten Sie in der Seitenansicht prüfen, wie das Ganze aussieht.

Sollte sich in der Seitenansicht herausstellen, dass Sie die Größe oder die Ausrichtung für den Ausdruck ändern müssen, wählen Sie die Schaltfläche Layout. Für die Ausrichtung und die Papiergröße ist dann die Registerkarte Papierformat zuständig. Sobald in der Seitenansicht alles okay aussieht, klicken Sie beherzt auf Drucken, um den Ausdruck zu starten.

Zahlen und Fakten griffbereit

In diesem Kapitel

- Eine Datenbank in Excel einrichten
- Eine Datenmaske für eine Datenbank erstellen
- Datensätze mit der Maske hinzufügen
- Datensätze mit der Maske suchen, bearbeiten und löschen
- Datensätze einer Datenbank sortieren
- Datensätze einer Datenbank filtern
- Selbst geschnitzte Kriterien für das Filtern von Datensätzen verwenden

Bis jetzt haben alle Tabellen, mit denen Sie sich beschäftigt haben, den Zweck verfolgt, einfache Berechnungen durchführen zu können (z.B. die Summenberechnung von Verkaufszahlen pro Monat oder Quartal). Anschließend wurden die Informationen in einer aussagekräftigen Form dargestellt. Mit Excel können Sie aber noch eine andere Art von Arbeitsblatt erstellen: eine *Datenbank*. Datenbanken dienen weniger der Berechnung von neuen Werten als dem Speichern von Informationen in einer einheitlichen Form. Sie können z.B. eine Datenbank erstellen, die die Namen und Adressen Ihrer Kunden oder alle wichtigen Fakten über Ihre Angestellten enthält.

Was genau ist eigentlich eine Datenbank?

Ob Sie es glauben oder nicht: Sie wissen bereits alles Nötige, um eine Datenbank aufzubauen, da dies im Prinzip wie bei einem Tabellenblatt funktioniert. Sie beginnen mit der Eingabe einer Zeile mit Spaltenüberschriften (in der Datenbanksprache werden diese Überschriften *Feldnamen* genannt). Diese Überschriften bezeichnen die verschiedenen Elemente, die Sie in der Datenbank speichern möchten (z.B. Vorname, Nachname, Straße, Stadt etc.). Unterhalb der Feldnamen geben Sie die einzelnen Informationen in die entsprechenden Spalten ein.

Jede Spalte enthält stets denselben Informationstyp, z.B. den Firmennamen oder eine Telefonnummer. Die Zellen in der Datenbank werden als *Felder* bezeichnet. Jede Zeile enthält die gesamten Informationen über eine bestimmte Person oder Sache (je nachdem, welche Daten Sie in Ihrer Datenbank ablegen). Diese Gesamtinformation (in einer Zeile) bezeichnet man als einen *Datensatz* innerhalb der Datenbank. Jeder Datensatz (Zeile) enthält mehrere Felder (Spalten). So viel zur Terminologie.

Eine Datenbank dient aber nicht nur der Aufbewahrung riesiger Datenmengen. Mit Excel ist es ein Leichtes, Ihre Daten zu organisieren und auszuwerten. Im Nu haben Sie nur die Informationen herausgefiltert, die Sie aktuell benötigen.

Sie haben z.B. Ihre Kunden in der Datenbank alphabetisch nach Firmennamen sortiert eingegeben. Jetzt wollen Sie aber, dass die Firmennamen zusätzlich nach Bundesländern und Städtenamen sortiert werden. Kein Problem. Sie sortieren Ihre Datenbank zunächst nach Bundesländern, dann nach Städtenamen und abschließend nach Firmennamen.

Die Maske, hinter der sich Ihre Daten verbergen

Der Datenbankaufbau und die Datenbankpflege ist dank der *Datenmaske* von Excel ein Kinderspiel. Mithilfe dieser Maske fügen Sie Datensätze in die Datenbank ein und bearbeiten oder löschen sie. Um eine Maske für eine neue Datenbank zu erstellen, geben Sie die Zeile mit den Spaltenüberschriften – die Feldnamen – und einen Beispieldatensatz in die darunter liegende Zeile ein (Abbildung 9.1).

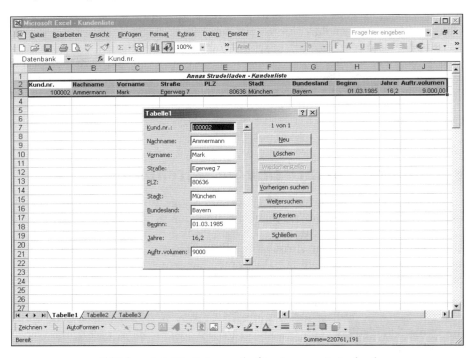

Abbildung 9.1: Die Datenmaske für eine neue Datenbank

Formatieren Sie jeden Feldeintrag so, wie alle folgenden Felder dargestellt werden sollen. Markieren Sie anschließend die beiden Zeilen und wählen Sie im Menü DATEN den Befehl MASKE.

Sobald Sie den Befehl MASKE gewählt haben, analysiert Excel die Zeile mit den Feldnamen und listet diese links in der Maske auf, die Excel aus dem Nichts gezaubert hat. Abbildung 9.1 zeigt die Datenmaske für die neue Datenbank. Sie sieht wie ein individuell angepasstes Dialogfeld aus. Die Eingaben, die Sie zuvor für den ersten Datensatz durchgeführt haben, sind bereits in der Maske enthalten. Rechts neben den Daten enthält die Maske eine Reihe von Schaltflächen, mit denen Sie Datensätze hinzufügen oder löschen bzw. nach bestimmten Datensätzen suchen können. Oberhalb der ersten Schaltfläche NEU zeigt die Maske die Nummer des aktuellen Datensatzes sowie die Gesamtzahl der enthaltenen Datensätze an (in diesem Beispiel 1 von 1).

Vergessen Sie nicht, die Daten des ersten Datensatzes (ebenso wie die Feldnamen) so zu formatieren, wie Sie sie gerne hätten. Denn alle Formate, die Sie dem ersten Datensatz zuweisen, werden in allen folgenden Datensätzen automatisch übernommen. Diesen Service sollte man echt nutzen.

Datenmaske nur aus Feldnamen erstellen

Sie haben außerdem die Möglichkeit, eine Datenmaske anhand einer völlig leeren Datenbank zu erstellen. Sie müssen lediglich eine Zeile mit Feldnamen eingeben und diese vor dem Erstellen markieren. Wenn Sie auf diese Weise vorgehen, zeigt Excel erst mal eine Meldung an, die besagt, dass Excel die Zeile mit den Spaltenbeschriftungen nicht erkennen kann. Klicken Sie einfach auf OK, damit Excel die markierte Zeile als Spaltenbeschriftung anerkennt. Etwas verwirrend, aber es funktioniert. Excel erstellt eine leere Datenmaske, die lediglich die von Ihnen markierten Feldnamen enthält.

Das Erstellen einer leeren Datenmaske ist keine gute Idee, wenn Sie in der Datenmaske mit berechneten Feldern arbeiten möchten. (Das sind die Felder, deren Inhalte auf einer Formelberechnung anstelle eines manuellen Eintrags basieren.) Im Fall von berechneten Feldern müssen Sie nämlich die Berechnungsformel in das entsprechende Feld des ersten Datensatzes eingeben, bevor Sie den Befehl MASKE im Menü DATEN wählen. Excel ist übrigens so clever, dass es zwischen normalen Einträgen und berechneten Feldern unterscheiden kann. Und wie wissen Sie, was ein berechnetes Feld ist? Ganz einfach! Excel zeigt in der Datenmaske für berechnete Felder kein Textfeld an, sondern nur den Feldnamen. Ist ja logisch: Für etwas, was automatisch berechnet werden muss, braucht man nichts einzugeben.

Je mehr, desto besser: Neue Datensätze einfügen

Nachdem Sie die Datenmaske mit dem ersten Datensatz erstellt haben, können Sie mithilfe der Maske beliebig viele weitere Datensätze eingeben. Das Verfahren ist ganz einfach. Wenn Sie auf die Schaltfläche NEU klicken, zeigt Excel eine leere Eingabemaske an (und gibt rechts oben in der Maske NEUER DATENSATZ aus). Sie müssen nun lediglich die Maske mit Ihren Daten füllen.

Geben Sie die Daten für das erste Feld ein. Anschließend drücken Sie die ⌈Tab⌉-Taste, um zum nächsten Feld des Datensatzes zu springen.

 Vorsicht – nicht ⌈↵⌉ drücken! Sonst wird der neue Datensatz – unvollständig wie er ist – in die Datenbank eingefügt.

Geben Sie die Daten für jedes Feld ein und drücken Sie jedes Mal ⌈Tab⌉, um zum nächsten Feld zu gelangen.

- ✔ Wenn Sie einen Fehler bei der Eingabe gemacht haben oder einen Eintrag in einem vorherigen Feld bearbeiten möchten, drücken Sie die Tastenkombination ⌈⇧⌉+⌈Tab⌉. Damit springen Sie ein Feld zurück.
- ✔ Um einen bereits vorhandenen Eintrag in einem Feld zu überschreiben, geben Sie einfach die neuen Daten ein.
- ✔ Um nur einige Zeichen im Feld zu bearbeiten, drücken Sie ⌈←⌉ oder setzen die Einfügemarke an die gewünschte Stelle und bearbeiten die Eingabe.

Bei der Dateneingabe sollten Sie darauf achten, die Daten in einem einheitlichen Format zu schreiben. Wenn Sie eine Zahl mit führenden Nullen eingeben müssen, z.B. die Vorwahl einer Telefonnummer, geben Sie ein Apostroph (') vor der ersten Null ein. Dadurch wird die Zahl wie eine Texteingabe behandelt und die führenden Nullen werden angezeigt, ansonsten nicht.

Wenn Sie in ein Feld immer wieder dieselben Daten eingeben müssen, z.B. immer dasselbe Bundesland, ist es natürlich ziemlich ermüdend für jeden neuen Datensatz im Feld BUNDESLAND beispielsweise Baden-Württemberg eingeben zu müssen. Auch hierfür bietet Excel eine Lösung. Drücken Sie im entsprechenden Feld (also z.B. im Feld BUNDESLAND) einfach ⌈Strg⌉+⌈Ä⌉ und schon wird der Eintrag im Feld aus dem vorherigen Datensatz übernommen. Très comfortable!

Drücken Sie ⌈↓⌉, wenn Sie alle Daten für den neuen Datensatz eingegeben haben. Stattdessen können Sie auch ⌈↵⌉ drücken oder auf die Schaltfläche NEU klicken (Abbildung 9.2). Excel fügt dann den neuen Datensatz unterhalb des letzten Datensatzes der Datenbank ein und zeigt wieder eine leere Datenbankmaske an, in die Sie den nächsten Datensatz eingeben können (Abbildung 9.3).

Haben Sie alle Datensätze eingegeben, drücken Sie ⌈Esc⌉ oder klicken auf die Schaltfläche SCHLIESSEN, um die Datenmaske auszublenden. Wählen Sie dann den Befehl SPEICHERN im Menü DATEI oder klicken Sie auf die Schaltfläche SPEICHERN in der Standard-Symbolleiste.

9 ➤ Zahlen und Fakten griffbereit

Abbildung 9.2: Dateneingabe des zweiten Datensatzes

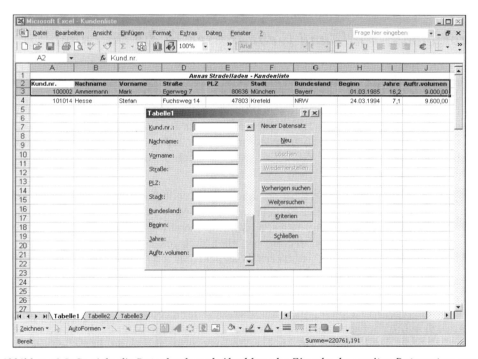

Abbildung 9.3: So sieht die Datenbank nach Abschluss der Eingabe des zweiten Datensatzes aus.

Wie bringe ich Excel dazu, ein Feld zu berechnen?

Wenn der Inhalt eines bestimmten Felds berechnet werden soll, geben Sie im ersten Datensatz die Formel für das Feld ein. Excel kopiert die Formel dieses Felds in jeden neuen Datensatz, den Sie einfügen.

In unserer Beispieldatenbank wird z.B. das Feld Jahre in Zelle I3 berechnet. Die Formel lautet: =(JETZT()-H3)/365. Damit wird die Anzahl von Jahren berechnet, die Ihre Kunden schon bei Ihnen einkaufen. In der Formel wird das aktuelle Datum durch die Funktion JETZT ausgegeben. Anschließend wird vom aktuellen Datum das Datum des ersten Auftrags abgezogen und durch 365 geteilt. Wie Sie vielleicht bereits bemerkt haben, fügt Excel das berechnete Feld Jahre in die Datenmaske ein, stellt aber kein Textfeld zur Verfügung. (Berechnete Felder können nicht bearbeitet werden.) Für jeden neuen Datensatz berechnet Excel das Ergebnis für das Feld Jahre. Das Ergebnis wird zwar in der Maske angezeigt, kann dort aber nicht geändert werden.

So kommen E-Mail- und Webadressen in die Datenbank

Wenn es Ihnen nicht zu viel Arbeit macht, sollten Sie E-Mail- und Webadressen direkt in die Zellen des Arbeitsblatts eingeben. Auf diese Weise fügen Sie nämlich funktionierende Hyperlinks in die Felder der Datenbank ein. Probieren Sie's aus. Sobald Sie mit der Eingabe der E-Mail- oder Webadresse fertig sind, wandelt Excel die Adresse in einen aktiven Hyperlink um. (Alles so schön blau hier!) Damit Excel aktive Hyperlinks aus Ihren E-Mail-Adressen erstellen kann, müssen Sie sich natürlich an gewisse Formalitäten halten. Eine E-Mail-Adresse sollte in etwa so aussehen: adrian9697@swingnet.de. Und auch für die Webadresse erwartet Excel eine gewisse Form: http://www.vmi-Buch.de.

Wunder kann Excel allerdings auch nicht vollbringen. Das Programm erkennt zwar, ob es sich bei der Eingabe um eine E-Mail- oder Webadresse handelt, allerdings nicht, ob die Adresse auch stimmt. Excel wandelt Ihre Eingabe also nur in einen Hyperlink um, der Sie per Mausklick ins E-Mail-Programm bringt oder gleich in die Weiten des Internets schickt. Sie sind jedoch dafür verantwortlich, dass Ihre Eingaben korrekt sind, damit Sie auch da landen, wo Sie hin wollen.

Nachdem Sie nun die Spalte mit den E-Mail- oder Webadressen in ein Hyperlink-Feld der Datenbank eingegeben haben, können Sie über diese Links Mails verschicken oder Informationen aus dem Internet abrufen. In Abbildung 9.4 sehen Sie die Datenbank mit der neu eingefügten Spalte mit den E-Mail-Adressen. Da alle Hyperlinks aktiv sind, brauchen Sie nur auf den jeweiligen Eintrag in der Datenbank zu klicken und schon startet Excel Ihr E-Mail-Programm (z.B. Outlook Express), in dem im Formularkopf bereits die E-Mail-Adresse eingetragen ist. Kein schlechter Service, oder?

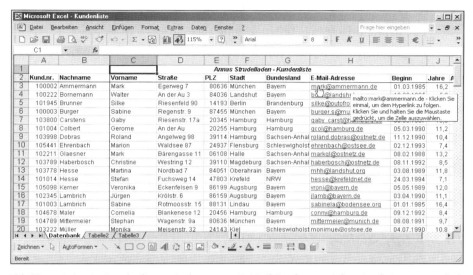

Abbildung 9.4: Die Kundenliste mit der neuen E-Mail-Spalte gespickt mit aktiven Hyperlinks

 Hyperlink-Felder sind beispielsweise in einer Lieferantendatenbank ganz nützlich. Sie können dort die Adresse der Website des Unternehmens ablegen. Dann können Sie immer mal wieder einen Ausflug dorthin unternehmen, um zu sehen, ob vielleicht neue Produkte auf dem Markt sind, die Sie dann auch gleich bestellen können. In einer Kundendatenbank richten Sie wiederum ein Hyperlink-Feld für die E-Mail-Adressen der Kunden ein. So können Sie ihnen schnell mal eine Mail mit den neuesten Angeboten senden.

Datensätze suchen, bearbeiten und löschen

Wenn Sie Ihre riesigen Datenbestände eingegeben haben, wird es Zeit, etwas damit anzufangen. Sie können nun z.B. nach einem bestimmten Datensatz suchen und dort gegebenenfalls Änderungen vornehmen oder den gefundenen Datensatz komplett aus der Datenbank löschen.

✔ Blättern Sie zum Datensatz, den Sie bearbeiten möchten. In Tabelle 9.1 und den beiden folgenden Abschnitten gibt es ein paar nützliche Tipps dazu.

✔ Um Felder des aktuell angezeigten Datensatzes zu bearbeiten, markieren Sie das gewünschte Feld ([Tab] oder [⇧]+[Tab] drücken) und überschreiben den alten Inhalt.

✔ Wenn Sie den Feldeintrag nicht komplett überschreiben möchten, drücken Sie [←] oder [→] bzw. klicken auf den Text und bearbeiten den Eintrag nach Belieben.

✔ Um den Inhalt eines Felds komplett zu löschen, markieren Sie das Feld und drücken dann [Entf].

Sie können auch einen ganzen Datensatz löschen, indem Sie auf die Schaltfläche LÖSCHEN klicken. Excel gibt daraufhin folgende Warnmeldung aus:

`Angezeigter Datensatz wird endgültig gelöscht.`

Wenn Sie diese Warnung mit OK bestätigen, wird der Datensatz gelöscht. Wählen Sie ABBRECHEN, wenn Sie den Datensatz nicht löschen wollen. Der Datensatz bleibt dann unverändert in der Datenbank erhalten.

Wenn Sie einen Datensatz mit der Schaltfläche LÖSCHEN eliminiert haben, lässt sich das nicht mehr mit dem Befehl RÜCKGÄNGIG im Menü BEARBEITEN beheben. Excel meint es also wirklich ernst mit dieser Warnung. Die Daten werden endgültig gelöscht. Bevor Sie alte Datensätze löschen, sollten Sie immer eine Sicherungskopie Ihres Tabellenblatts mit der Datenbank erstellen. So kann nichts passieren.

Scroll me up, Scotty

Wenn Sie nach getaner Arbeit gemütlich in der Datenmaske durch Ihre Datensätze blättern möchten, können Sie dies auf verschiedene Weise tun. Falls Sie die Datenmaske bereits geschlossen haben, markieren Sie eine Zelle in der Datenbank und wählen den Befehl MASKE im Menü DATEN. Sie haben jetzt die Wahl zwischen der Bildlaufleiste rechts neben den Feldnamen und verschiedenen Tastenkombinationen (eine Zusammenfassung dazu finden Sie in Tabelle 9.1).

- ✔ Um zum nächsten Datensatz in der Datenbank zu gelangen, drücken Sie ↓ bzw. ↵ oder klicken auf den nach unten zeigenden Pfeil in der Bildlaufleiste.

- ✔ Um zum vorherigen Datensatz in der Datenbank zu springen, drücken Sie ↑ bzw. ⇧ + ↵ oder klicken auf den nach oben zeigenden Pfeil in der Bildlaufleiste.

- ✔ Den Sprung zum allerersten Datensatz schaffen Sie durch Drücken von Strg + ↑ bzw. Strg + Bild ↑ oder durch Ziehen des Bildlauffelds ganz nach oben in der Bildlaufleiste.

- ✔ Und zum letzten Datensatz machen Sie einen Riesensprung, indem Sie Strg + ↓ bzw. Strg + Bild ↓ drücken oder das Bildlauffeld ganz nach unten in der Bildlaufleiste ziehen. (Um präzise zu sein, befinden Sie sich dann schon hinter dem letzten Datensatz – für diejenigen, die es ganz genau nehmen.)

Tasten	Ergebnis
↓ bzw. ↵ drücken, auf den nach unten zeigenden Pfeil in der Bildlaufleiste klicken oder die Schaltfläche WEITERSUCHEN wählen	Springt zum nächsten Datensatz in der Datenbank und markiert dasselbe Feld wie zuvor
↑ bzw. ⇧ + ↵ drücken, auf den nach oben zeigenden Pfeil in der Bildlaufleiste klicken oder die Schaltfläche VORHERIGEN SUCHEN wählen	Springt zum vorherigen Datensatz in der Datenbank und markiert dasselbe Feld wie zuvor

Tasten	Ergebnis
`Bild ↓` drücken	Springt zehn Datensätze in der Datenbank nach unten
`Bild ↑` drücken	Springt zehn Datensätze in der Datenbank nach oben
`Strg`+`↑` oder `Strg`+`Bild ↑` drücken oder das Bildlauffeld in der Bildlaufleiste ganz nach oben ziehen	Springt zum allerersten Datensatz in der Datenbank
`Strg`+`↓` oder `Strg`+`Bild ↓` drücken oder das Bildlauffeld in der Bildlaufleiste ganz nach unten ziehen	Springt zum allerletzten Datensatz in der Datenbank

Tabelle 9.1: So blättern Sie am geschicktesten durch die Datensätze.

Heureka! Ich hab's gefunden!

Bei sehr großen Datenbeständen kann es schwierig werden, einen bestimmten Datensatz zu finden, wenn man datensatzweise in der Datenbank blättert oder in Zehnerschritten in der Datenbank umherspringt. Statt Zeit mit mühseligem Blättern zu verschwenden, können Sie mithilfe der Schaltfläche KRITERIEN gezielt nach einem bestimmten Datensatz suchen.

Wenn Sie auf die Schaltfläche KRITERIEN klicken, zeigt Excel die leere Datenmaske an (anstelle der Datensatznummer wird nun das Wort SUCHKRITERIEN oben rechts im Dialogfeld angezeigt). Nun können Sie die Kriterien, anhand derer gesucht werden soll, in die leeren Textfelder eingeben.

Angenommen, Sie möchten Ihrem Kunden Gerome Colbert einen besonderen Rabatt für den nächsten Kauf einräumen. (Er hat in letzter Zeit so viel gekauft. Das war längst überfällig.) Sie möchten nun aber nochmals prüfen, wie hoch sein Auftragsvolumen wirklich war. Und Sie können nirgends seine Kundennummer ausfindig machen. Sie wissen lediglich, dass er in Hamburg wohnt, und Sie sind sich ziemlich sicher, dass sein Name mit C und nicht mit K geschrieben wird.

Diese Informationen schränken die Suche also auf alle Datensätze ein, die den Eintrag Hamburg im Feld STADT enthalten und im Feld NACHNAME als ersten Buchstaben ein C aufweisen. Klicken Sie also in der Datenmaske auf die Schaltfläche KRITERIEN und geben Sie Folgendes in das Textfeld für das Feld NACHNAME ein:

C*

In das Textfeld für das Feld STADT geben Sie Folgendes ein:

Hamburg

Bei der Eingabe von Suchkriterien können Sie wieder einmal mit den Platzhaltern ? (Fragezeichen) und * (Sternchen) arbeiten. Sie haben diese bereits im Zusammenhang mit dem Befehl SUCHEN im Menü BEARBEITEN eingesetzt. (Mehr Infos hierzu in Kapitel 6.)

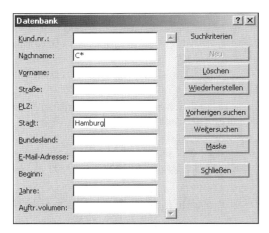

Abbildung 9.5: Die Datenmaske nach der Eingabe der Suchkriterien

Klicken Sie nun auf die Schaltfläche WEITERSUCHEN bzw. drücken Sie ⏎. Excel zeigt in der Datenmaske den ersten Datensatz an, der einen mit C beginnenden Nachnamen und die Stadt Hamburg enthält. Wie Sie in Abbildung 9.6 sehen können, ist der erste Datensatz, der mit diesen Suchkriterien übereinstimmt, der Datensatz für Gaby Carstens. (Deren Auftragsvolumen ist ja auch nicht schlecht.) Das heißt, Sie müssen weitersuchen. Klicken Sie noch einmal auf die Schaltfläche WEITERSUCHEN bzw. drücken Sie ⏎. Abbildung 9.7 zeigt endlich den Datensatz für Gerome Colbert. Das Auftragsvolumen beträgt 11.000 €. Gut zu wissen. Beim nächsten Auftrag werden Sie ihm einen besonderen Rabatt einräumen. Kleine Geschenke erhalten die Freundschaft. Wenn Sie möchten, können Sie diesen Datensatz jetzt auch bearbeiten. Vielleicht hat sich ja die E-Mail-Adresse geändert? Sobald Sie auf die Schaltfläche SCHLIESSEN klicken, wird der Datensatz mit den Änderungen gespeichert.

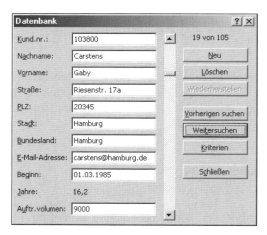

Abbildung 9.6: Die Datenmaske zeigt den ersten Datensatz an, der die Suchkriterien erfüllt.

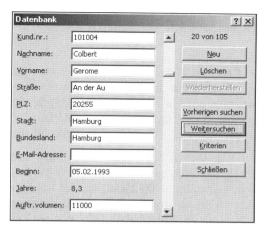

Abbildung 9.7: Treffer! Der gesuchte Datensatz wird angezeigt.

Folgende Operatoren können Sie bei der Eingabe von Suchkriterien einsetzen, um einen bestimmten Datensatz in der Datenbank ausfindig zu machen:

Operator	Aufgabe
=	Gleich
>	Größer als
>=	Größer oder gleich
<	Kleiner als
<=	Kleiner oder gleich
<>	Ungleich

Um z.B. nur die Datensätze anzeigen zu lassen, die ein Auftragsvolumen von weniger als 5.000 € enthalten, geben Sie im Textfeld des Felds AUFTR.VOLUMEN <5000 ein und klicken dann auf die Schaltfläche WEITERSUCHEN.

Wenn mehrere Datensätze mit den Suchkriterien übereinstimmen, müssen Sie unter Umständen mehrmals auf WEITERSUCHEN bzw. VORHERIGEN SUCHEN klicken, um den gewünschten Datensatz zu finden. Stimmt kein Datensatz mit den Suchkriterien überein, gibt Ihr Rechner ein Piepsen von sich, wenn Sie auf eine der beiden Schaltflächen klicken.

Wenn es nötig ist, die Suchkriterien zu ändern, klicken Sie auf KRITERIEN, um die Daten aus der Datenmaske auszublenden. Klicken Sie dann auf die Schaltfläche LÖSCHEN, um alle bereits definierten Suchkriterien außer Kraft zu setzen. Wollen Sie nur ein Suchkriterium ändern (die anderen sollen weiterhin gelten), dann markieren Sie das entsprechende Suchkriterienfeld und löschen dessen Inhalt, bevor Sie ein neues Suchkriterium eingeben. Wenn Sie zum aktuellen Datensatz zurückschalten möchten, ohne eine Suche zu starten, klicken Sie auf die Schaltfläche MASKE. (MASKE wird anstelle von KRITERIEN angezeigt, wenn Sie zuvor auf KRITERIEN geklickt haben.)

Daten von A bis Z (oder wie bringe ich Ordnung in das Chaos)

Jede Datenbank, die Sie in Excel erstellen, wird irgendein System für die Pflege und Anzeige der Datensätze aufweisen. Je nach Datenbank sind die Datensätze z.B. alphabetisch nach Nachnamen oder Firmennamen oder in numerischer Reihenfolge sortiert. In der Beispieldatenbank in diesem Kapitel sind die Datensätze gerade alphabetisch nach Nachnamen sortiert. Eine andere Möglichkeit wäre eine numerische Reihenfolge nach Kundennummer.

Wenn Sie damit beginnen, Ihre Datensätze in eine neue Datenbank einzugeben, steckt bestimmt ein System in der Reihenfolge der Eingabe. Später werden Sie aber sicherlich mit Bedauern feststellen, dass es keine Möglichkeit gibt, weitere Datensätze an einer bestimmten Stelle einzufügen. Wann immer Sie mit der Schaltfläche NEU einen neuen Datensatz einfügen, wird dieser gnadenlos an das Ende der Datenbank in einer neuen Zeile eingefügt.

Was bedeutet das in der Praxis? Wenn Sie zu Beginn Ihre Datensätze alphabetisch nach Firmennamen sortiert eingegeben haben (ABC GmbH bis Zitrus AG), werden Sie Schwierigkeiten mit Ihrem neuen Kunden Dach&Ziegel bekommen. Excel setzt diesen neuen Datensatz an das Ende der Datenbank hinter die Firma Zitrus AG. Da hat er aber gar nichts zu suchen. Das Chaos beginnt.

Selbst wenn Sie es schaffen, die Reihenfolge Ihrer Datensätze einigermaßen sinnvoll beizubehalten: Was passiert, wenn Sie einmal Ihre Datensätze nach anderen Gesichtspunkten untersuchen und darstellen müssen?

Wenn Sie z.B. normalerweise Ihre Datenbank nach Firmennamen alphabetisch geordnet haben, ist es manchmal sinnvoll – z.B. bei einer Mailingaktion –, die Datensätze nach Postleitzahlen zu sortieren. Wenn Sie für Ihre Außendienstler eine Liste erstellen möchten, aus der hervorgeht, welche Kunden in welchen Gebieten sitzen, benötigen Sie eine Sortierung nach Verkaufsgebieten und vielleicht noch zusätzlich nach Städten.

Wie es scheint, ist die flexible Anordnung der Datensätze das A und O für das Arbeiten mit Ihren Daten. Und dafür steht Ihnen der Befehl SORTIEREN im Menü DATEN zur Verfügung. Wenn Sie erst einmal das Prinzip verstanden haben, stehen Ihnen alle Sortiermöglichkeiten offen.

Damit Excel korrekt sortieren kann, muss es wissen, welche Felder als Schlüssel für die neue Anordnung verwendet werden sollen. (Deshalb werden diese Felder auch als *Sortierschlüssel* oder als *Schlüsselfelder* bezeichnet.) Außerdem müssen Sie die Sortierreihenfolge festlegen. Sie können hierbei zwischen AUFSTEIGEND und ABSTEIGEND wählen.

- ✔ In der aufsteigenden Sortierfolge werden alle Texteinträge in alphabetischer Ordnung (von A bis Z) und alle Werte in numerischer Reihenfolge (kleinster Wert bis größter Wert) geordnet.

- ✔ In der absteigenden Sortierfolge ist es genau umgekehrt – die alphabetische Sortierung erfolgt von Z bis A und die numerische Reihenfolge beginnt mit dem größten Wert und endet mit dem kleinsten.

Wenn Sie eine Datenbank sortieren, können Sie bis zu drei Felder (Sortierschlüssel) definieren, nach denen sortiert werden soll. Bei jedem Schlüssel können Sie zusätzlich zwischen aufsteigender und absteigender Folge wählen. Das Sortieren nach mehr als einem Schlüssel ist nur dann nötig, wenn das Feld, nach dem Sie sortieren möchten (in der Datenbanksprache wird es als *Primärschlüssel* bezeichnet), doppelte Einträge enthält, die Sie zusätzlich nach einem anderen Schlüssel sortieren möchten. (Wenn Sie für die Duplikate keine zusätzliche Sortierart festlegen, zeigt Excel diese in der Reihenfolge an, in der sie eingegeben wurden.)

Das beste und einleuchtendste Beispiel für das Sortieren mit mehreren Sortierschlüsseln lautet folgendermaßen: Sie arbeiten mit einer riesigen Datenbank, die Sie in alphabetischer Ordnung nach Nachnamen sortieren möchten. Je größer die Datenbank, umso wahrscheinlicher das Vorkommen von identischen Nachnamen. Denken Sie nur an all die Meiers, Müllers, Hubers etc. Wenn Sie für das Sortieren nur den Schlüssel NACHNAME bestimmen, werden alle Meiers, Müllers und Hubers etc. in der Reihenfolge sortiert, in der Sie sie eingegeben haben. Damit auch hier eine sinnvolle Ordnung zustande kommt, sollten Sie einen zweiten Sortierschlüssel, den Vornamen, verwenden. Damit ist absolut gewährleistet, dass Monika Müller vor Richard Müller und Sabine Walter nach Astrid Walter steht. Und so soll es schließlich auch sein.

Sie wollen die Datensätze Ihrer Excel-Datenbank auch sortieren? Na dann los!

1. **Markieren Sie den ersten Feldnamen der Datenbank.**
2. **Wählen Sie im Menü DATEN den Befehl SORTIEREN.**

    Excel markiert alle Datensätze der Datenbank (ohne die erste Zeile mit den Feldnamen) und öffnet das Dialogfeld SORTIEREN (Abbildung 9.8). Standardmäßig wird der erste Feldname im DropDown-Listenfeld SORTIEREN NACH angezeigt. Außerdem ist das Optionsfeld AUFSTEIGEND aktiviert.

3. **Wählen Sie im DropDown-Listenfeld SORTIEREN NACH, den Feldnamen aus, nach dem die Datensätze sortiert werden sollen.**

    Wenn Ihnen die absteigende Sortierfolge lieber ist, aktivieren Sie das Optionsfeld ABSTEIGEND.

4. **Wenn Sie den Verdacht hegen, dass es Duplikate geben könnte, wählen Sie auch noch einen Feldnamen im DropDown-Listenfeld ANSCHLIESSEND NACH aus. Entscheiden Sie sich auch hier für eine Sortierfolge.**
5. **Wenn es ganz hart kommt, definieren Sie eben auch noch einen dritten Sortierschlüssel und legen die Sortierfolge fest.**
6. **Wählen Sie OK oder drücken Sie ⏎.**

    Excel sortiert die markierten Datensätze. Sollten Sie feststellen, dass Sie nicht nach dem gewünschten Feld sortiert haben, können Sie, schwupp, alles mit dem Befehl RÜCKGÄNGIG im Menü BEARBEITEN oder durch Drücken von Strg+Z widerrufen. Die alte Ordnung ist wiederhergestellt.

Aufsteigend und absteigend

Wenn Sie für ein Schlüsselfeld, das recht viele verschiedenartige Einträge enthält, die aufsteigende Sortierfolge wählen, sortiert Excel zuerst alle Zahlen (kleinste bis größte), danach alle Texteinträge (A bis Z) und abschließend die logischen Werte (zuerst WAHR, dann FALSCH), dann Fehlerwerte und ganz zum Schluss leere Zellen. Bei der absteigenden Sortierfolge sieht es folgendermaßen aus: Zuerst Zahlen (größte bis kleinste), danach Texteinträge (Z bis A), dann die logischen Werte (zuerst FALSCH, dann WAHR) ...

Wenn Sie gerade dabei sind, alles für das Sortieren Ihrer Datenbank einzurichten, achten Sie darauf, dass Sie nicht aus Versehen im Dialogfeld SORTIEREN auf das Optionsfeld KEINE ÜBERSCHRIFT klicken (ist in Abbildung 9.8 zu sehen). Wenn Sie das nämlich tun, werden die Feldnamen einfach mitsortiert. Und das wäre doch doof, oder? Mehr zu diesem Thema finden Sie im Abschnitt *Nicht nur Datenbanken lassen sich sortieren*.

Abbildung 9.8 zeigt das Dialogfeld SORTIEREN, nachdem ich zwei Sortierschlüssel für die Kundendatenbank definiert habe. Folgendes soll passieren: Alle Datensätze werden in aufsteigender Folge nach Nachnamen und anschließend ebenfalls in aufsteigender Folge nach Vornamen sortiert. Abbildung 9.9 zeigt das Ergebnis.

Abbildung 9.8: Zwei Sortierschlüssel für das Sortieren nach Nach- und Vornamen in aufsteigender Folge

Sie können das Sortieren auch mit den Schaltflächen für Aufsteigend sortieren (die mit dem A über dem Z) und für Absteigend sortieren (die mit dem Z über dem A) in der Standard-Symbolleiste starten.

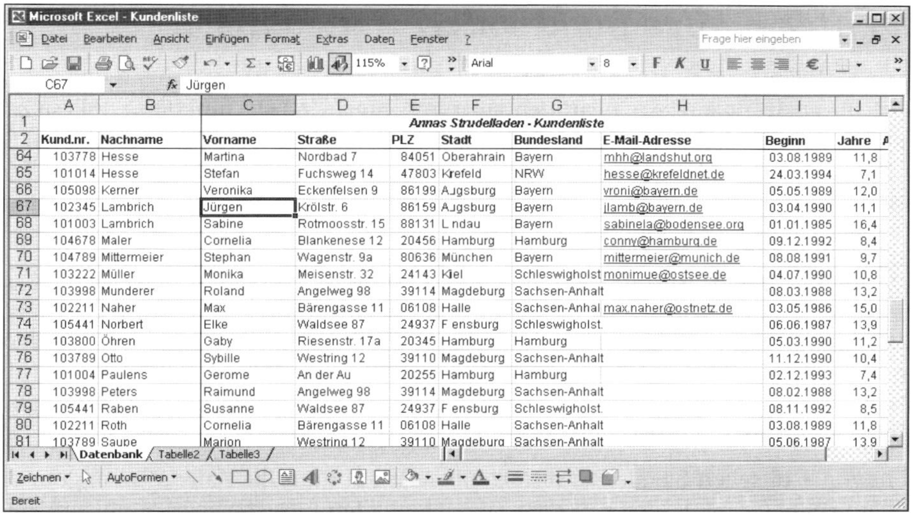

9 ➤ Zahlen und Fakten griffbereit

Abbildung 9.9: Es hat geklappt. Die Datenbank ist jetzt alphabetisch sowohl nach Nachnamen als auch innerhalb der Duplikate nach Vornamen sortiert.

✔ Wenn Sie die Datenbank nach einem bestimmten Feld in aufsteigender Folge sortieren möchten, markieren Sie es und klicken dann auf die Schaltfläche AUFSTEIGEND SORTIEREN.

✔ Wenn Sie die Datenbank nach einem bestimmten Feld absteigend sortieren möchten, markieren Sie es und klicken dann auf die Schaltfläche ABSTEIGEND SORTIEREN.

Nicht nur Datenbanken lassen sich sortieren

Der Befehl SORTIEREN ist nicht nur für die Datensätze in Datenbanken zuständig. Sie können so gut wie alles in geordnete Form bringen, sei es Text oder seien es Zahlen. Beim Sortieren müssen Sie lediglich darauf achten, dass alle Zellen markiert sind, die sortiert werden sollen. Erst dann ist es ratsam, den Befehl SORTIEREN zu wählen. Excel nimmt automatisch an, dass die erste Zeile des markierten Zellbereichs eine Art Überschrift enthält. Deshalb schließt es stets die erste Zeile vom Sortieren aus, ohne überhaupt nachzufragen, ob es so recht ist. Wenn Sie also die erste Zeile des markierten Bereichs mitsortieren wollen, müssen Sie dies Excel explizit mitteilen, indem Sie im Dialogfeld SORTIEREN das Optionsfeld KEINE ÜBERSCHRIFT aktivieren.

Wenn Sie die Datensätze spaltenweise oder zeilenweise sortieren wollen, dann klicken Sie im Dialogfeld SORTIEREN auf die Schaltfläche OPTIONEN. Im Gruppenfeld ORIENTIERUNG gibt's die Optionsfelder SPALTEN SORTIEREN und ZEILEN SORTIEREN. Wählen Sie aus, was Ihnen passt, und klicken Sie anschließend auf OK.

AutoFilter – alles funktioniert automatisch

Mit der AutoFilter-Funktion von Excel ist es ein Kinderspiel, Datensätze auszublenden und nur noch die anzuzeigen, die Sie wirklich sehen möchten. Und wie funktioniert diese Zauberfunktion? Sie setzen den Cursor in ein beliebiges Feld der Datenbank. Danach wählen Sie im Menü DATEN den Befehl FILTER. Ein Untermenü klappt auf. Dort wählen Sie den Eintrag AUTOFILTER. Fantastisch! Excel versieht alle Zellen, die Feldnamen enthalten, mit einem DropDown-Listenfeld (Abbildung 9.10).

Um nun die Datenbank so zu filtern, dass nur noch die gewünschten Datensätze angezeigt werden, öffnen Sie das entsprechende DropDown-Listenfeld. Und, welch Wunder! Es enthält alle Einträge der Datenbank für das entsprechende Feld. Markieren Sie in der Liste den Eintrag, nach dem Sie filtern möchten. Excel zeigt danach nur noch die Datensätze an, die den von Ihnen gewählten Eintrag im entsprechenden Feld enthalten. Alle anderen Datensätze verschwinden, wenn auch nur vorübergehend.

In Abbildung 9.10 sehen Sie die Beispieldatenbank, in der nur die Datensätze angezeigt werden, die im Feld BUNDESLAND den Eintrag Bayern enthalten. Das war überhaupt kein Aufwand. Ich habe einfach das DropDown-Listenfeld des Felds BUNDESLAND geöffnet und den Eintrag für Bayern markiert. Das war's!

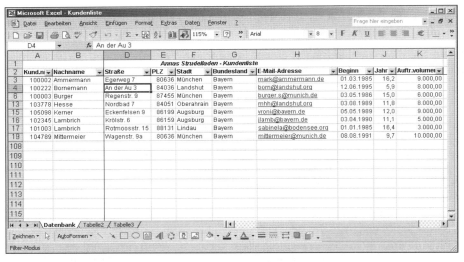

Abbildung 9.10: Die gefilterte Datenbank: Nur die Datensätze, die den Eintrag Bayern enthalten, werden angezeigt.

 Wenn Sie endlich nur die Datensätze auf dem Bildschirm sehen, die Sie gerade brauchen, können Sie sie nach rechts im aktuellen Tabellenblatt (oder besser noch: in ein anderes Tabellenblatt) kopieren. Markieren Sie dazu einfach die entsprechenden Zellen und wählen Sie im Menü BEARBEITEN den Befehl KOPIEREN. ($\boxed{\text{Strg}}$+$\boxed{\text{C}}$ tut's auch.) Danach markieren Sie die Zelle, ab der die kopierten Datensätze eingefügt werden sollen, und drücken ⏎. Wenn Sie wollen, können Sie jetzt beispielsweise wieder alle Datensätze anzeigen oder einen anderen Filter wählen.

Sollten Sie nach dem Filtern feststellen, dass immer noch zu viele Datensätze angezeigt werden, filtern Sie einfach nach Lust und Laune weiter. Angenommen, Sie haben nach dem Bundesland Bayern sortiert und dieser Filterversuch hat Ihnen hunderte von Datensätzen auf dem Bildschirm beschert. Das ist zu viel! Sie wollen das Ganze etwas einschränken und filtern noch einmal: dieses Mal im DropDown-Listenfeld STADT nach dem Eintrag München.

Irgendwann werden Sie von der Filterei genug haben und wieder alle Datensätze anzeigen wollen. Wählen Sie dazu einfach den Befehl FILTER im Menü DATEN und dort im Untermenü den Befehl ALLE ANZEIGEN.

Wenn Sie mehrfach gefiltert haben, können Sie das Filtern auch schrittweise aufheben. Öffnen Sie dazu das DropDown-Listenfeld, in dem Sie vorher einen Filter definiert haben. Wählen Sie dort den allerersten Eintrag in der Liste (ALLE).

Wenn Sie nur nach einem Eintrag gefiltert haben, ist dieses Verfahren mit dem Befehl ALLE ANZEIGEN identisch.

Nur die Top 10 bitte

Und dann gibt es da noch den AutoFilter mit der schönen Bezeichnung TOP 10. Verwenden Sie diesen Filter für numerische Felder, um beispielsweise die zehn höchsten oder die zehn niedrigsten Werte anzuzeigen. Um diese Top 10 zu Gesicht zu kriegen, gehen Sie folgendermaßen vor:

1. **Wählen Sie im Menü DATEN den Befehl FILTER und danach im Untermenü den Befehl AUTOFILTER.**

    Das hatten wir ja bereits.

2. **Öffnen Sie das DropDown-Listenfeld, das Sie zum Filtern verwenden möchten.**

    Auch das ist nichts Neues.

3. **Wählen Sie im DropDown-Listenfeld den Eintrag (TOP 10).**

    Na also! Das Dialogfeld TOP-10-AUTOFILTER macht sich auf dem Bildschirm breit (Abbildung 9.11).

4. **Wenn Sie sich nicht für die »Besten«, sondern für die »Schlechtesten« interessieren, dann wählen Sie im ersten DropDown-Listenfeld den Eintrag UNTERSTEN.**

5. **Um mehr als zehn Datensätze anzeigen zu lassen, geben Sie einfach die gewünschte Zahl im daneben liegenden Textfeld ein.**

6. Wenn Sie ganz clever sind und die ersten oder letzten zehn Prozent eines Felds sehen möchten, dann tauschen Sie im zweiten DropDown-Listenfeld den Eintrag ELEMENTE gegen den Eintrag PROZENT aus.

7. Mit OK geht's los.

Abbildung 9.11: Das Dialogfeld TOP-10-AUTOFORMAT

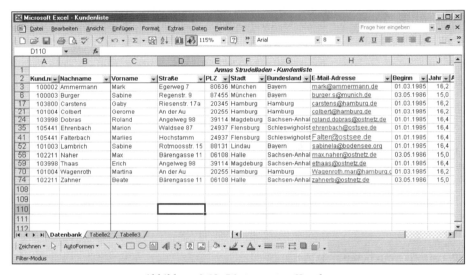

Abbildung 9.12: Die treuesten Kunden

Selbst geschnitzte AutoFilter

Alles schön und gut! Was macht man aber, wenn man beim AutoFiltern etwas flexibler sein und nicht nach einem ganz präzisen Eintrag filtern will? Keine Sorge – auch das ist kein Problem. Sie erstellen einfach einen so genannten benutzerdefinierten AutoFilter, z.B. einen, der nach allen Nachnamen filtert, die mit M anfangen, oder einen, der nach einem Zahlenbereich filtert, z.B. einem Auftragsvolumen zwischen 3.000 und 10.000 €.

Also, Sie öffnen ein DropDown-Listenfeld für einen Feldnamen und wählen dort den Eintrag (BENUTZERDEFINIERT). Excel zeigt hurtig das Dialogfeld BENUTZERDEFINIERTER AUTOFILTER an (Abbildung 9.13).

9 ► Zahlen und Fakten griffbereit

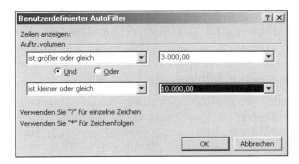

Abbildung 9.13: Das Dialogfeld BENUTZERDEFINIERTER AUTOFILTER

Zunächst müssen Sie dort einen Operator im ersten DropDown-Listenfeld auswählen. In Tabelle 9.2 finden Sie weitere Infos zu diesem Thema. Geben Sie danach im Textfeld rechts daneben den Wert (Text oder Zahl) ein, nach dem gefiltert werden soll. Das DropDown-Listenfeld enthält alle Einträge der Datenbank im entsprechenden Feld. Sie können auch wie beim normalen AutoFiltern einen Eintrag in der Liste auswählen.

Aufgabe	Beispiel	Ergebnis
ENTSPRICHT	Nachname=D*	Alle Datensätze, deren Nachname mit dem Buchstaben D beginnt
ENTSPRICHT NICHT	Stadt<>Hamburg	Alle Datensätze, die nicht den Eintrag Hamburg enthalten
IST GRÖSSER ALS	PLZ>80636	Alle Datensätze, deren Postleitzahl größer als 80636 ist
IST GRÖSSER ODER GLEICH	Beginn>=1.1.85	Alle Datensätze, deren erster Auftrag ab dem 1.1.85 erfolgt
IST KLEINER ALS	Auftr.volumen<5000	Alle Datensätze, deren Auftragsvolumen unter 5.000 € liegt
IST KLEINER ODER GLEICH	Auftr.volumen<=3000	Alle Datensätze, deren Auftragsvolumen 3.000 € oder weniger beträgt
BEGINNT MIT	Beginnt mit D	Alle Datensätze, deren Einträge in diesem Feld mit D anfangen
BEGINNT NICHT MIT	Beginnt nicht mit D	Alle Datensätze, deren Einträge in diesem Feld nicht mit D anfangen
ENDET MIT	Endet mit er	Alle Datensätze, deren Einträge in diesem Feld mit er enden
ENDET NICHT MIT	Endet nicht mit er	Alle Datensätze, deren Einträge in diesem Feld nicht mit er enden
ENTHÄLT	Enthält Sabine	Alle Datensätze, die in diesem Feld den Namen Sabine enthalten
ENTHÄLT NICHT	Enthält nicht Sabine	Alle Datensätze, die nicht in diesem Feld den Namen Sabine enthalten

Tabelle 9.2: Die wichtigsten Operatoren für benutzerdefinierte AutoFilter

Wenn Sie Ihre Datensätze lediglich nach einem bestimmten Feldeintrag mit einem bestimmten Operator filtern möchten, dann können Sie jetzt OK wählen oder ⏎ drücken. Das Beste haben Sie dann aber versäumt. Sie können nämlich im Dialogfeld BENUTZERDEFINIERTER AUTOFILTER auch festlegen, dass die Datenbank nach einem bestimmten Bereich gefiltert werden soll oder dass eines von zwei Kriterien erfüllt sein muss.

Einen Wertebereich definieren Sie folgendermaßen: Wählen Sie im ersten DropDown-Listenfeld für Operatoren den Eintrag IST GRÖSSER oder IST GRÖSSER ODER GLEICH. Danach wählen Sie den niedrigsten (bzw. ersten) Wert des Bereichs aus oder geben ihn ein. Vergewissern Sie sich, dass das Optionsfeld UND aktiviert ist, und wählen Sie im zweiten DropDown-Listenfeld für Operatoren den Eintrag IST KLEINER oder IST KLEINER ODER GLEICH. Zu guter Letzt geben Sie den höchsten (bzw. letzten) Wert des Bereichs im Textfeld ein oder wählen ihn dort aus.

Das war die graue Theorie. In den Abbildungen 9.13 und 9.14 sehen Sie, wie das in der Praxis funktioniert. In der Kundendatenbank sollen nur die Datensätze angezeigt werden, deren Auftragsvolumen zwischen 3.000 und 10.000 € liegt. Abbildung 9.13 zeigt, wie der Bereich definiert wird. Als erster Operator wird IST GRÖSSER ODER GLEICH gewählt. Der niedrigste Wert im Text lautet 3000. Das Optionsfeld UND ist aktiviert. Als zweiten Operator habe ich IST KLEINER ODER GLEICH gewählt und als höchsten Wert 10000 eingegeben. In Abbildung 9.14 sehen Sie das Ergebnis.

Und dann gibt es noch die Entweder-oder-Möglichkeit. Das heißt, ein Eintrag soll entweder dies oder das sein. Meistens werden dafür die Operatoren ENTSPRICHT und ENTSPRICHT NICHT verwendet. Im ersten Textfeld muss die eine Möglichkeit, im zweiten Textfeld die andere Möglichkeit stehen. Und: ODER muss aktiviert sein.

Angenommen, Sie möchten die Datenbank so filtern, dass nur die Datensätze für Bayern und Sachsen-Anhalt angezeigt werden. Als Erstes wählen Sie den ersten Operator ENTSPRICHT und geben im Textfeld daneben Bayern ein. Anschließend aktivieren Sie das Optionsfeld ODER. (Das ist der entscheidende Punkt!) Danach wählen Sie als zweiten Operator ebenfalls ENTSPRICHT und geben im Textfeld daneben Sachsen-Anhalt ein. Sobald Sie OK wählen oder ⏎ drücken, werden nur die Datensätze angezeigt, die im Feld BUNDESLAND den Eintrag Bayern oder Sachsen-Anhalt enthalten.

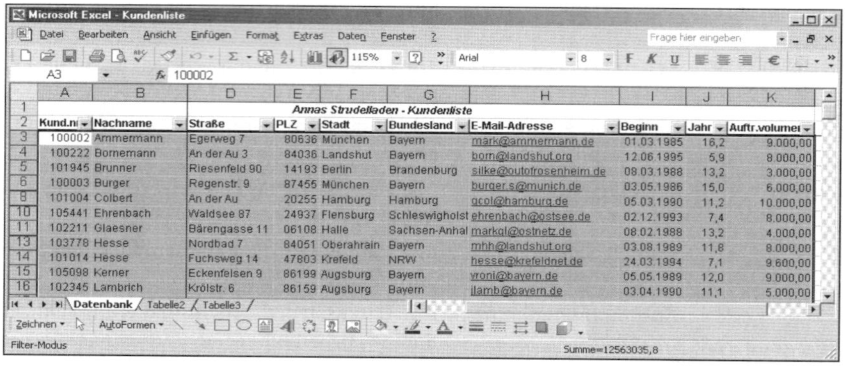

Abbildung 9.14: Der benutzerdefinierte AutoFilter hat funktioniert.

Von Hyperlinks und Webseiten

In diesem Kapitel

- Einen Hyperlink erstellen, der auf ein anderes Office-Dokument, eine andere Excel-Arbeitsmappe, ein anderes Tabellenblatt oder einen anderen Zellbereich verweist
- Einen Hyperlink erstellen, der auf eine Webseite verweist
- die Formatvorlagen von Hyperlinks und so genannten besuchten Hyperlinks bearbeiten
- Die Daten und Diagramme eines Excel-Tabellenblatts als statische Webseiten speichern
- Webseiten mit interaktiven Daten und Diagrammen fabrizieren
- Webseiten mit Ihren Daten und Diagrammen im Webseiten-Editor Ihrer Wahl oder in Word 2002 bearbeiten
- Tabellenblätter via E-Mail in die weite Welt verschicken

Nachdem nun quasi Hinz und Kunz das Internetfieber gepackt hat und das World Wide Web zur größten Erfindung aller Zeiten ausgerufen wurde, wen wundert es da, dass auch Excel bestens auf dieses Thema vorbereitet ist. Haben Sie schon mal was von *Hyperlinks* gehört, die Sie in Ihre Tabellenblätter einfügen können? Oder von der Möglichkeit, Ihre Tabellendaten in *Webseiten* umzuwandeln, die Sie über Webserver der Allgemeinheit zugänglich machen können?

Von was ich da eigentlich rede? Also, auf Hyperlinks brauchen Sie nur einmal mit der Maus zu klicken, um wie der Blitz zu einem anderen Office-Dokument, einer anderen Arbeitsmappe oder einem anderen Tabellenblatt zu wechseln. Die Sensation dabei ist, dass es völlig wurscht ist, wo sich diese Dokumente befinden – die können sich auf Ihrer Festplatte, auf einem Server in Ihrem LAN (Local Area Network), auf einem Webserver im Internet oder im Intranet Ihrer Firma tummeln. Ja, es ist sogar möglich, E-Mail-Hyperlinks einzufügen, über die Sie automatisch Nachrichten an Kollegen und Kolleginnen schicken können, mit denen Sie regelmäßig zu tun haben. Und an diese Nachrichten hängen Sie einfach Ihre Excel-Arbeitsmappen oder andere Office-Dokumente dran. Klingt nicht uninteressant, oder?

Und was hat es mit den Webseiten auf sich? Also, wenn Sie Tabellenblätter in Form von Webseiten speichern, können Sie allen, die über einen Internetzugang und einen Webbrowser verfügen (und das sind heutzutage quasi wirklich alle) Ihre Zahlen, Listen und Diagramme aufdrängen. Und dabei ist es völlig egal, mit welchem Computertyp die anderen arbeiten und ob diese Leute überhaupt Excel haben. In Excel 2002 haben Sie beim Speichern von Webseiten die Qual der Wahl: Wollen Sie nun Webseiten mit statischen oder mit interaktiven Daten?

Im Fall von statischen Webseiten sind Ihre geneigten Benutzer darauf beschränkt, Ihre Daten voll Entzücken zu betrachten. Änderungen sind nicht möglich. Wenn Sie aber Tabellenblätter als interaktive Webseiten speichern, können andere Leute (vorausgesetzt, sie arbeiten mit Microsoft Internet Explorer 4.0 oder höher) Ihre Daten nicht nur ansehen, sondern auch bestimmte Änderungen daran durchführen. Angenommen, Sie speichern ein Auftragsformular, in dem Zwischen- und Endsummen berechnet werden, als eine interaktive Webseite. Ein Benutzer dieser Webseite kann dann beispielsweise die bestellte Menge ändern und – man sehe und staune – die Webseite berechnet automatisch die entsprechenden Zwischen- und Endbeträge neu. Ein anderes Beispiel: Sie speichern eine Datenbankliste (so eine wie in Kapitel 9 beschrieben) als interaktive Webseite. Benutzer dieser Webseite können dann die Daten im Webbrowser nach Bedarf und Belieben neu sortieren und filtern, genauso, wie Sie das in Excel 2002 machen. Wow!

Tabellenblätter mit Hyperlinks schmücken

Damit das Ganze nicht zu einfach wird, gibt es gleich mehrere Hyperlink-Typen:

- ✔ Hypertext, der in der Regel in den Zellen als unterstrichener, blauer Text dargestellt wird
- ✔ ClipArts und Grafiken aus Dateien, die Sie in das Tabellenblatt eingefügt haben
- ✔ Grafiken, die Sie mit den Schaltflächen der Zeichnen-Symbolleiste fabriziert haben

Wenn Sie einen Hyperlink als Text oder grafisches Objekt einfügen, können Sie ihn mit einer anderen Excel-Arbeitsmappe, mit einer sonstigen Office-Datei, mit einer Webseitenadresse (das ist die URL (Uniform Resource Locator)-Adresse; Sie wissen schon, diese verwirrenden Einträge, die mit http:// beginnen), mit einem benannten Bereich im selben Tabellenblatt, ja sogar mit einer E-Mail-Adresse verknüpfen. Bei dem benannten Bereich kann es sich um einen Zellbezug oder einen benannten Zellbereich (mehr dazu in Kapitel 6) in einem bestimmten Tabellenblatt handeln.

Also, um die Textvariante des Hyperlinks einzufügen, tun Sie Folgendes:

1. **Markieren Sie die Zelle im Tabellenblatt der Arbeitsmappe, die die Ehre haben wird, den Hyperlink aufzunehmen.**
2. **Geben Sie den Text für den Hyperlink in die Zelle ein und klicken Sie in der Bearbeitungsleiste auf die Schaltfläche für Eingeben oder drücken Sie ⏎ .**

Um die Grafikvariante des Hyperlinks einzufügen, sind folgende zwei Schritte erforderlich:

1. **Wählen Sie im Menü E**INFÜGEN **den Befehl G**RAFIK **und danach entweder den Befehl** C**LIP**A**RT oder den Befehl** A**US** D**ATEI**. **Suchen Sie sich dann ein Bildchen für den Hyperlink aus.**

    Schwupp, wird die gewählte Grafik in das Tabellenblatt eingefügt. Sie ist auch gleich markiert. (Sie wissen noch? Die »eckigen« Ziehpunkte rund um das Objekt!)

2. **Ziehen Sie bei Bedarf einen der Ziehpunkte, mit denen die Größe verändert werden kann. Soll die Grafik an eine ganz andere Position, packen Sie sie am Kragen und ziehen sie dorthin, wo es Ihnen passt.**

So, Sie haben den Text bzw. das grafische Objekt. So weit, so gut. Jetzt fehlt noch der Hyperlink. Und den fügen Sie so ein:

1. **Markieren Sie die Zelle mit dem Text oder klicken Sie auf das grafische Objekt.**
2. **Wählen Sie im Menü EINFÜGEN den Befehl HYPERLINK oder klicken Sie auf die Schaltfläche für *Hyperlink* einfügen in der Standard-Symbolleiste (die mit der Kette vor dem Globus).**

   Das Dialogfeld HYPERLINK EINFÜGEN wird geöffnet (Abbildung 10.1). Dort müssen Sie sich für eine Datei, eine Webadresse (URL) oder einen benannten Bereich in der Arbeitsmappe entscheiden.

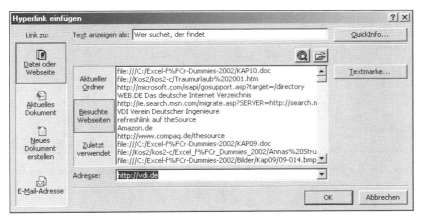

Abbildung 10.1: Verknüpfung zu einer Webseite im Dialogfeld HYPERLINK EINFÜGEN *herstellen*

3a. **Variante 1: Um eine Verbindung zu einem anderen Dokument, einer Webseite im Firmenintranet oder einer Website im Internet herzustellen, klicken Sie in der Umgebungsleiste ganz links im Dialogfeld auf die Schaltfläche DATEI ODER WEBSEITE, falls diese noch nicht aktiviert ist, und geben dann den Pfad zum entsprechenden Dokument im Textfeld ADRESSE ein.**

   Befindet sich das Dokument, zu dem Sie eine Verknüpfung herstellen möchten, auf Ihrer Festplatte oder auf einer Festplatte, auf die Sie zugreifen können, klicken Sie auf die Schaltfläche NACH DATEI SUCHEN (das ist der aufgeklappte Ordner über dem Listenfeld), markieren die gewünschte Datei einfach im Dialogfeld MIT DATEI VERKNÜPFEN (funktioniert wie das Dialogfeld zum Öffnen von Dateien, das Sie bereits aus Kapitel 2 kennen) und klicken auf OK. Wenn Sie das gewünschte Dokument erst vor kurzem geöffnet haben, dann klicken Sie im Listenfeld auf die Schaltfläche ZULETZT VERWENDET und wählen die gewünschte Datei aus.

Soll eine Verbindung zu einem Dokument auf einer Website hergestellt werden und sollten Sie die Webadresse zufällig auswendig wissen (so was wie http://www.vmi-Buch.de), dann schreiben Sie sie ganz tapfer in das Textfeld ADRESSE.

3b. **Variante 2: Wenn Sie eine Verknüpfung zu einer anderen Zelle oder einem Zellbereich in derselben Arbeitsmappe herstellen möchten, klicken Sie in der Umgebungsleiste ganz links im Dialogfeld auf die Schaltfläche AKTUELLES DOKUMENT. Geben Sie anschließend die Adresse der Zelle oder des Zellbereichs in das Textfeld GEBEN SIE DEN ZELLBEZUG EIN ein oder wählen Sie den benannten Bereich bzw. den Zellbezug im Listenfeld ODER WÄHLEN SIE EINE STELLE IM DOKUMENT (siehe Abbildung 10.2).**

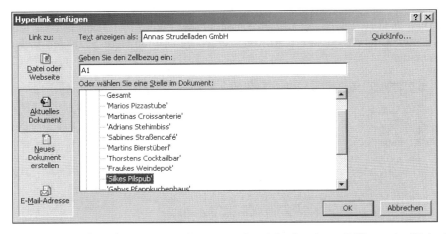

Abbildung 10.2: Verknüpfung zu einem benannten Bereich oder einem Zellbezug im Dialogfeld HYPERLINK EINFÜGEN herstellen

3c. **Variante 3: Wenn eine neue E-Mail-Nachricht im E-Mail-Programm geöffnet werden soll, die an einen bestimmten Empfänger adressiert ist, dann klicken Sie in der Umgebungsleiste ganz links im Dialogfeld auf die Schaltfläche E-MAIL-ADRESSE und geben anschließend die E-Mail-Adresse des Empfängers in das Textfeld E-MAIL-ADRESSE ein. (Inzwischen gänzlich Verwirrte werfen bitte einen Blick auf Abbildung 10.3.)**

Wenn Sie auf dem neuesten Stand sind, dann arbeiten Sie vielleicht mit Outlook Express des Internet Explorer 5.5. als E-Mail-Programm oder mit Outlook 2002 von Office XP. Wenn nicht, dann arbeiten Sie vielleicht mit dem Internet Explorer Version 5.0 oder 4.0 oder was weiß ich.

Sobald Sie mit der Eingabe beginnen, schiebt Excel schwuppdiwupp ein MAILTO vor was immer Sie gerade geschrieben haben. (Das ist das HTML-Tag – ja, ja –, das Excel anweist, Ihr E-Mail-Programm zu öffnen, sobald Sie auf den Hyperlink klicken.)

Soll beim Klicken auf den Hyperlink, was wiederum das Öffnen Ihres E-Mail-Programms bewirkt, auch gleich ein Betreff in die Betreffzeile der neuen Nachricht eingefügt werden (ich hoffe, Sie haben mich noch nicht völlig verloren), dann geben Sie den gewünschten Text im Textfeld BETREFF ein.

Und dann gibt es da noch das Listenfeld ZULETZT VERWENDETE E-MAIL-ADRESSEN. Sollte sich die gewünschte E-Mail-Adresse dort befinden, genügt ein Mausklick darauf, und schon wird die Adresse in das Textfeld E-MAIL-ADRESSE übernommen.

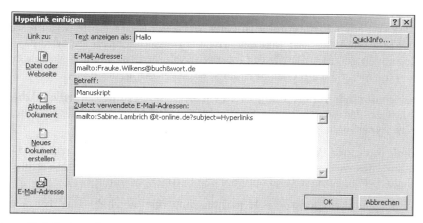

Abbildung 10.3: Verknüpfung zu einer E-Mail-Adresse im Dialogfeld HYPERLINK EINFÜGEN herstellen

4. (Optional) Um den Hyperlink-Text (das ist der unterstrichene, blaue) in der Zelle zu ändern oder Hyperlink-Text in eine leere Zelle einzufügen, geben Sie einfach den gewünschten Text in das Textfeld TEXT ANZEIGEN ALS ein.

5. (Optional – für Perfektionisten) Wenn jetzt auch noch ein erläuternder Text eingeblendet werden soll, wenn Sie mit der Maus auf den Hyperlink zeigen, dann klicken Sie auf die Schaltfläche QUICKINFO und geben im Textfeld QUICKINFO-TEXT den gewünschten Text ein. Das Ganze muss dann noch mit OK bestätigt werden.

6. Alles zur Zufriedenheit erledigt? Klicken Sie auf OK oder drücken Sie ⏎, um das Dialogfeld HYPERLINK EINFÜGEN endlich loszuwerden.

Den Hyperlinks auf der Spur

Nachdem Sie Hyperlinks in ein Tabellenblatt eingefügt haben, können Sie ihnen in ein externes Dokument, zu einer Webseite, zu einem Zellbereich in derselben Arbeitsmappe, bis ans Ende der Welt ... folgen. Zeigen Sie dazu mit dem Mauszeiger auf den unterstrichenen, blauen Text (wenn Sie sich für einen Hypertext entschieden haben) oder auf das grafische Objekt (wenn Sie für den Hyperlink etwas fürs Auge genommen haben). Der Mauszeiger wandelt sich in eine Hand mit erhobenem Zeigefinger um: Achtung! Hier ist ein Hyperlink! Klicken Sie beherzt auf den Text bzw. auf die Grafik und schon springt Excel wie der Blitz zur im Hyperlink »hinterlegten« Adresse, sprich zum externen Dokument, zur Webseite oder zum Zellbezug in der aktuellen Arbeitsmappe, zur E-Mail-Nachricht, ans Ende der Welt oder ... Was genau bei diesem Sprung passiert, das hängt vom Ziel des Hyperlinks ab. Folgende Varianten hätte ich zu bieten:

- ✔ **Hyperlink mit einer Verknüpfung zu einem externen Dokument:** Wenn das Programm, mit dem das Dokument erstellt wurde (z.B. Word oder PowerPoint), noch nicht gestartet ist, wird dies blitzschnell ausgeführt und das entsprechende Dokument geöffnet.

- ✔ **Hyperlink mit einer Verknüpfung zu einer Webseite:** Die Webseite wird im Webbrowser geöffnet. Sind Sie zum Zeitpunkt des »Hypersprungs« nicht online, wird das Dialogfeld zum Verbinden geöffnet. Wurde der Internet Explorer noch nicht gestartet, erledigt das Windows für Sie und dann endlich ist auch die Webseite an der Reihe.

- ✔ **Hyperlink mit einer Verknüpfung zu einem Zellbereich in der aktuellen Arbeitsmappe:** Excel aktiviert das entsprechende Tabellenblatt und markiert die Zelle bzw. die Zellen, so wie es im Hyperlink definiert ist.

- ✔ **Hyperlink mit einer Verknüpfung zu einer E-Mail-Adresse:** Excel ruft Ihr E-Mail-Programm auf, das wiederum eine neue Nachricht öffnet, die wiederum die im Hyperlink hinterlegte E-Mail-Adresse (und optional den Betreff) übernimmt.

Wenn Sie einmal die Verfolgung eines Hyperlinks aufgenommen haben, wird er nicht mehr in Blau, sondern in Lila angezeigt, unterstrichen bleibt er allemal. Daran erkennen Sie, dass der Hyperlink verwendet worden ist. (Bei grafischen Objekten werden Sie lange drauf gucken können. Da ändert sich nichts.) Sobald Sie die Arbeitsmappe das nächste Mal öffnen, kehrt der Hyperlink zum erfrischenden, nicht verfolgten Blau zurück.

Bei der Verfolgungsjagd von Hyperlinks kann Ihnen die Web-Symbolleiste behilflich sein. Um sie anzuzeigen, wählen Sie den Befehl SYMBOLLEISTEN im Menü ANSICHT und klicken dann im Untermenü auf den Befehl WEB. (In Abbildung 10.4 ist sie zu sehen.)

Mit den Schaltflächen für *Zurück* und für *Vorwärts* springen Sie munter zwischen der Zelle mit dem Hyperlink und seinem Ziel hin und her. Nachdem Sie auf den Hyperlink geklickt haben und dieser brav zu seinem Ziel gewechselt ist, können Sie mit der Schaltfläche ZURÜCK zur Hyperlink-Zelle zurückgehen. Sie haben es sich anders überlegt und wollen wieder zum Ziel. Kein Problem! Einmal auf die Schaltfläche VORWÄRTS klicken und schon sind Sie dort.

Abbildung 10.4: Die Web-Symbolleiste unterstützt Sie bei der Verfolgung von Hyperlinks.

In den Abbildungen 10.5 bis 10.7 will ich versuchen, Ihnen zu zeigen, wie Sie mithilfe von Hyperlinks von einem Teil der Arbeitsmappe zu einem anderen hüpfen können. Also, in Abbildung 10.5 sehen Sie das Tabellenblatt INHALT, das eine interaktive Tabelle enthält, über die Sie alle anderen Tabellenblätter und Diagramme in der Arbeitsmappe erreichen können. Eine komfortable Sache! Jeder Eintrag (B5 bis B15) ist mit einem Hyperlink versehen, der wiederum auf das entsprechende Tabellenblatt bzw. den entsprechenden Zellbereich verweist.

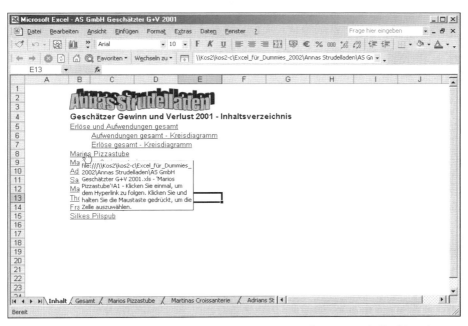

Abbildung 10.5: Vom interaktiven Inhaltsverzeichnis zur Zelle A1 im Tabellenblatt GESAMT

Abbildung 10.6 zeigt, was passiert, wenn ich auf den Hyperlink Erlöse und Aufwendungen gesamt (aus Abbildung 10.5) klicke. Dieser Hyperlink nimmt mich auf der Stelle mit zur Zelle A1 des Tabellenblatts GESAMT. In diesem Tabellenblatt finden Sie rechts oben ein nettes kleines Häuschen. Dieses Häuschen enthält wiederum einen Hyperlink, der mich zurück zur Zelle A1 im Tabellenblatt INHALT trägt. (Das ist dann wieder das Blatt in Abbildung 10.5.)

In Abbildung 10.7 können Sie mit etwas Fantasie nachvollziehen, was passiert, wenn ich im Tabellenblatt INHALT auf den Hyperlink Aufwendungen gesamt - Kreisdiagramm klicke (am besten mal kurz mit Abbildung 10.5 vergleichen). Dieser Hyperlink ist mit dem benannten Bereich GESCHÄTZE_AUSGABEN im Tabellenblatt GESAMT verknüpft. Das sind die Zellen A27 bis B41. Das sind genau die Zellen, die unter dem Kreisdiagramm liegen, in dem die Ausgaben dargestellt werden. Es gibt leider keine Möglichkeit, mit einem Hyperlink direkt auf ein grafisches Objekt zu verweisen. Daher müssen Sie den Umweg über die darunter liegenden Zellen nehmen.

Abbildung 10.6: Aus dem Tabellenblatt GESAMT gibt's einen Weg zurück in das Tabellenblatt INHALT.

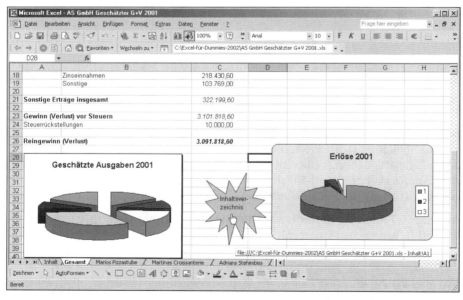

Abbildung 10.7: Vom interaktiven Inhaltsverzeichnis zum Bereich A27:B41 im Tabellenblatt GESAMT

Rechts neben dem Kreisdiagramm sehen Sie im Tabellenblatt GESAMT ein graues Sternchen. (Das habe ich mithilfe der Zeichnen-Symbolleiste kreiert – mit der Schaltfläche AUTOFORMEN. Nicht schlecht, oder?) Der Stern enthält denselben Hyperlink wie das nette Häuschen (Abbildung 10.6) rechts oben im Tabellenblatt GESAMT. Das heißt, Sie hüpfen zur Zelle A1 im Tabellenblatt INHALT zurück, wenn Sie auf den Stern klicken.

Hyperlinks der Variante »Text« bearbeiten und formatieren

Zellen, die Hyperlinks enthalten, sind in Abhängigkeit von zwei in Excel integrierten Formatvorlagen formatiert: HYPERLINK und BESUCHTER HYPERLINK. Die Formatvorlage HYPERLINK wird jedem neuen Hypertext zugewiesen. Die Formatvorlage BESUCHTER HYPERLINK ist für all diejenigen Hyperlinks vorgesehen, die bereits einmal aktiviert wurden. Wenn Ihnen die Darstellung von HYPERLINK und BESUCHTER HYPERLINK überhaupt nicht zusagt, dann können Sie die beiden Formatvorlagen ändern. Mehr zu diesem Thema erfahren Sie in Kapitel 3, im Abschnitt *Jetzt wird's formatvorlagig!*

Wenn Sie das Bedürfnis haben, den Inhalt einer Hyperlink-Zelle zu bearbeiten, und ganz unbefangen auf die entsprechende Zelle klicken – raten Sie mal, was dann passiert? Genau! Sie hüpfen zum entsprechenden Verknüpfungselement. Und das wollten Sie doch wirklich nicht. Was also tun? Am besten gehen Sie folgendermaßen vor:

1. **Klicken Sie mit der rechten Maustaste auf einen Hyperlink.**
2. **Wählen Sie im Kontextmenü den Befehl HYPERLINK BEARBEITEN.**

    (Dieses Dialogfeld sieht eigentlich genauso aus, wie das Dialogfeld HYPERLINK EINFÜGEN in Abbildung 10.1.)

3. **Schreiben Sie im Dialogfeld HYPERLINK BEARBEITEN im Textfeld TEXT ANZEIGEN ALS, das was in der Zelle angezeigt werden soll, und bestätigen Sie mit OK.**

Anderes Beispiel: Sie wollen das Ziel eines Hyperlinks ändern? (Ich spreche also nicht von seinem Inhalt, sondern von dem Pfad der Verknüpfung.) Dann klicken Sie ebenfalls mit der rechten Maustaste auf die Hyperlink-Zelle und wählen im Kontextmenü den Befehl HYPERLINK BEARBEITEN. Damit wird das Dialogfeld HYPERLINK BEARBEITEN geöffnet. Hier können Sie dann die Verknüpfung nach Lust und Laune neu definieren.

Das Thema »Löschen« fehlt noch. Wenn Sie den Hyperlink zwar loswerden, den Zelltext aber behalten möchten, klicken Sie mit der rechten Maustaste auf die Hyperlink-Zelle und wählen im Kontextmenü den Befehl HYPERLINK ENTFERNEN. Wenn Sie den Zellinhalt und den Hyperlink in einer Zelle löschen möchten, dann entscheiden Sie sich doch bitte im Menü BEARBEITEN für die Befehlsfolge LÖSCHEN/ALLES.

Hyperlinks der Variante »grafisches Objekt« bearbeiten und formatieren

Sie wollen ein grafisches Objekt bearbeiten, das einen Hyperlink enthält? Am besten klicken Sie mit der rechten Maustaste auf das Bildchen und wählen dann im Kontextmenü den Befehl GRAFIKSYMBOLLEISTE ANZEIGEN. Danach können Sie den markierten grafischen Hyperlink nach Belieben bearbeiten – Farbe, Kontrast, Helligkeit ändern, Grafik zuschneiden und bestimmen, wie sich das Objekt verhalten soll, wenn Sie die darunter liegenden Zellen bearbeiten. Sie können stattdessen auch im Kontextmenü den Befehl GRAFIK FORMATIEREN wählen oder Strg + 1 drücken. Egal, für welche Methode Sie sich entscheiden, es stehen in beiden Fällen erschreckend viele Möglichkeiten zum Bearbeiten des grafischen Objekts zur Verfügung. Eine Reihe von Eigenschaften, z.B. Helligkeit und Kontrast, können Sie auch über die Grafik-Symbolleiste einstellen.

Wenn Sie die Größe des grafischen Objekts von Hand ändern oder das Objekt an eine andere Position verschieben wollen, dann Strg +klicken Sie auf das grafische Objekt und ziehen entweder einen der Ziehpunkte oder verschieben das gesamte Objekt (dazu muss der Mauszeiger sich aber in einen Vierfachpfeil umwandeln), bis es Ihren Vorstellungen entspricht.

Um ein grafisches Objekt zusammen mit seinem Hyperlink zu kopieren, klicken Sie zunächst – wie gehabt – mit gedrückter Strg -Taste auf das Objekt. Jetzt halten Sie aber Strg gedrückt und ziehen mit einer Kopie des grafischen Objekts von dannen. Diese können Sie an einer beliebigen Stelle in der Arbeitsmappe ablegen. Eine ganz nette Angelegenheit. Sie können aber das grafische Objekt auch mit dem Befehl KOPIEREN im Kontextmenü in die Zwischenablage kopieren und von dort mit dem Befehl EINFÜGEN (im Menü BEARBEITEN) an einer x-beliebigen Stelle wieder einfügen. (Wenn Sie es sich merken können, können Sie für das Einfügen auch Strg + V drücken. Wer noch mehr Möglichkeiten braucht, kann auch die Schaltfläche für Einfügen in der Standard-Symbolleiste nehmen.)

Wer das grafische Objekt samt Hyperlink loswerden will, der Strg +klickt auf das Objekt und drückt dann Entf . Schwupp! Alles futsch! Um den Hyperlink zu eliminieren, ohne dabei die Grafik zu löschen, klicke man mit der rechten Maustaste auf die Grafik und wähle im Kontextmenü den Befehl HYPERLINK ENTFERNEN.

Und für alle, die das Hyperlink-Ziel ändern möchten: Klicken Sie mit der rechten Maustaste auf das Objekt und wählen Sie im Kontextmenü den Befehl HYPERLINK BEARBEITEN. Danach können Sie im Dialogfeld HYPERLINK BEARBEITEN das Ziel ändern.

Tabellenblätter weltweit

Das Konzept, Excel-Tabellendaten im World Wide Web zu veröffentlichen, macht wirklich Sinn – sowohl was das tabellarische Layout als auch was die berechneten Inhalte betrifft. Alle, die schon mal versucht haben, eine HTML-Tabelle manuell zu erstellen, können ein Lied davon singen. Das ist wohl die blödeste Arbeit, die man sich vorstellen kann. Auch die einfachste

Tabelle wird zur Qual, weil Sie für alles und jedes so genannte Tags brauchen (das ist so 'ne Art Code) – für die Definition von Spaltenbeschriftungen, Zeilen, Spalten, Spaltenbreiten und, und, und ... Dann wissen Sie aber immer noch nicht, welche Daten in welche Zellen kommen. Klingt eher abschreckend, oder?

Tja, und dann kommt Excel 2002 daher und lässt Ihnen sogar die Wahl, ob Sie Ihre Daten in statischer, schauen-ja-anfassen-nein-Form oder in interaktiver, schauen und anfassen erwünscht-Form in Webseiten präsentieren möchten. Webseiten mit statischen Daten können von Benutzern zwar in einem Webbrowser angezeigt und bewundert, nicht aber bearbeitet werden. In Webseiten mit interaktiven Daten können Benutzer voller Eifer herumwerkeln und formatieren. Abhängig davon, was in der Tabelle dargestellt wird, können sogar Berechnungen durchgeführt und, im Fall von Datenlisten, Daten sortiert und gefiltert werden.

Ja um Gottes Willen! Wie um alles in der Welt speichere ich denn meine Tabellenblätter als Webseiten? Nichts leichter als das. Man wähle im Menü DATEI den Befehl ALS WEBSEITE SPEICHERN. Excel 2002 öffnet daraufhin das Dialogfeld SPEICHERN UNTER, das Sie in Abbildung 10.8 sehen können. Die Webseitenversion dieses Dialogfelds unterscheidet sich in einigen Elementen von dem herkömmlichen Dialogfeld zum Speichern von Arbeitsmappen. Dazu gehören die folgenden Elemente:

- ✔ **GESAMTE ARBEITSMAPPE oder AUSWAHL: TABELLE:** Wenn Sie im Menü DATEI den Befehl ALS WEBSEITE SPEICHERN wählen, können Sie entscheiden, ob Sie alle Daten aller Tabellenblätter (Optionsfeld GESAMTE ARBEITSMAPPE, das standardmäßig aktiviert ist) oder nur die markierten Daten im aktuellen Tabellenblatt (AUSWAHL:) speichern möchten. Übrigens: Wenn nicht gerade ein bestimmtes Diagramm oder ein bestimmter Zellbereich im aktuellen Tabellenblatt markiert ist, heißt das Optionsfeld AUSWAHL: TABELLE. Und wenn Sie genau dieses Optionsfeld aktivieren, dann werden alle Daten des aktuellen Tabellenblatts in die neue Webseite gestopft. Haben Sie ein Diagramm markiert, trägt das Optionsfeld den Namen AUSWAHL: DIAGRAMM; haben Sie einen Zellbereich markiert, nennt sich das Optionsfeld AUSWAHL: plus die Zellbereichsadresse.

- ✔ **VERÖFFENTLICHEN:** Durch Klicken auf diese Schaltfläche wird das Dialogfeld ALS WEBSEITE VERÖFFENTLICHEN geöffnet (zu sehen in Abbildung 10.9). Dort können Sie eine Reihe von Veröffentlichungsoptionen festlegen, unter anderem:
    - Die Elemente festlegen, die in die Webseite gepackt werden sollen
    - falls Interaktivität gewünscht, den Interaktivitätstyp auswählen
    - den Dateinamen der neuen Webseite bearbeiten
    - Webseite vor dem Veröffentlichen im Webbrowser öffnen oder nicht

- ✔ **INTERAKTIVITÄT HINZUFÜGEN:** Aktivieren Sie dieses Kontrollkästchen, wenn Sie möchten, dass Benutzer Ihrer Webseite Tabellendaten bearbeiten und neu berechnen oder, im Fall von Datenbanklisten, Datensätze sortieren und/oder filtern können. Wenn Sie eine ganze Arbeitsmappe in eine neue Webseite packen möchten, kann dieses Kontrollkästchen nicht aktiviert werden.

✔ **Titel ändern:** Durch Klicken auf diese Schaltfläche wird das Dialogfeld Seitentitel festlegen geöffnet, in dem Sie die neue Webseite mit einem Seitentitel versehen können. Dieser Titel wird dann stets in der Titelleiste des Webbrowsers angezeigt. Sobald Sie einen Seitentitel eingegeben und mit OK bestätigt haben, wird dieser im Dialogfeld Speichern unter neben dem Feld Seitentitel angezeigt.

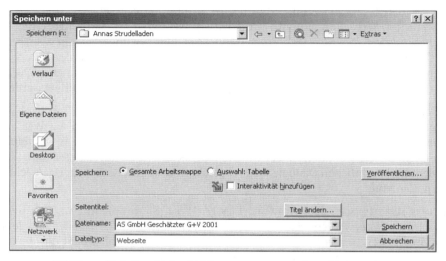

Abbildung 10.8: *Das Dialogfeld* Speichern unter *nach Wahl des Befehls* Als Webseite speichern *im Menü* Datei

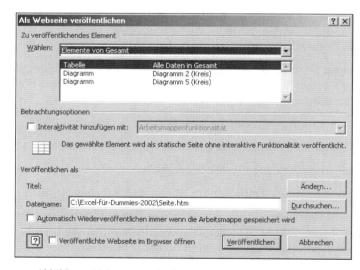

Abbildung 10.9: *Das Dialogfeld* Als Webseite veröffentlichen

Rühr-mich-nicht-an-Webseiten speichern

Benutzer können die Daten einer statischen Webseite zwar anzeigen, aber keinerlei Änderungen darin vornehmen. Folgendes gibt's zu tun:

1. **Öffnen Sie die Arbeitsmappe, die die Daten enthält, die Sie als Webseite speichern möchten.**

2. **(Optional) Soll nicht die gesamte Arbeitsmappe und auch nicht das gesamte aktuelle Tabellenblatt gespeichert werden, markieren Sie die gewünschten Zellen. Im Fall eines Diagramms markieren Sie das Diagramm, im Fall eines Zellbereichs den entsprechenden Bereich.**

   Wie bereits weiter oben erwähnt, wird durch die Markierung der Wortlaut des Optionsfelds AUSWAHL: im Dialogfeld SPEICHERN UNTER (siehe den folgenden Schritt) bestimmt: Markiertes Diagramm – AUSWAHL: DIAGRAMM, markierter Zellbereich – AUSWAHL: zelladresse, keine Markierung – AUSWAHL: TABELLE.

3. **Wählen Sie im Menü DATEI den Befehl ALS WEBSEITE SPEICHERN, um das Dialogfeld SPEICHERN UNTER zu öffnen (siehe Abbildung 10.8).**

4. **Legen Sie fest, welcher Teil der Arbeitsmappe als neue Webseite gespeichert werden soll.**

   Wenn die gesamte Arbeitsmappe rein soll, muss das Optionsfeld GESAMTE ARBEITSMAPPE aktiviert sein. Soll's nur das aktuelle Tabellenblatt sein, ist das Optionsfeld AUSWAHL: TABELLE zuständig.

   Wollen Sie nicht den Inhalt des aktuellen Tabellenblatts, sondern den eines anderen speichern, klicken Sie auf die Schaltfläche VERÖFFENTLICHEN und wählen im DropDown-Listenfeld WÄHLEN das entsprechende Blatt (ELEMENTE VON TABELLE1, ELEMENTE VON TABELLE2 usw.) aus.

   Sie wollen ein Diagramm speichern und haben es vor dem Öffnen des Dialogfelds SPEICHERN UNTER nicht markiert? Kein Problem! Klicken Sie auch in diesem Fall auf die Schaltfläche VERÖFFENTLICHEN und wählen Sie dann das Diagramm im DropDown-Listenfeld WÄHLEN aus.

   Und jetzt wollen Sie auch noch einen Zellbereich speichern, den Sie zuvor nicht markiert haben? Dreimal dürfen Sie raten, wie es geht. Richtig! Sie klicken auf die Schaltfläche VERÖFFENTLICHEN, markieren im DropDown-Listenfeld WÄHLEN den Eintrag ZELLBEREICH und geben dann den Zellbereich direkt darunter ein bzw. markieren ihn im Tabellenblatt.

5. **Vergeben Sie für die neue Webseite einen Dateinamen.**

   Geben Sie im Textfeld DATEINAME den Namen für die neue Webseite ein. Wenn Windows so eingestellt ist, dass Dateinamenserweiterungen angezeigt werden, können Sie sehen, dass Excel automatisch die Dateiendung .HTM vergibt (steht für HyperText Markup und bedeutet, dass es sich um eine HTML-Datei handelt).

6. **Legen Sie fest, wo die Webseite gespeichert werden soll.**

   Wie beim Speichern einer herkömmlichen Excel-Datei müssen Sie auch beim Speichern einer Webseite ganz oben im Dialogfeld im DropDown-Listenfeld SPEICHERN IN festlegen, auf welchem Laufwerk und in welchem Ordner die Datei abgelegt werden soll. (Sie wissen es nicht mehr? Dann schnell zurück zu Kapitel 2.) Noch mal in aller Kürze:

   - Um die neue Webseite direkt auf einem Webserver im Internet oder Intranet zu speichern, klicken Sie in der Umgebungsleiste auf die Schaltfläche NETZWERK UMGEBUNG und öffnen den Ordner, in dem die Datei gespeichert werden soll.

   - Um die neue Webseite auf einer FTP (File Transfer Protocol)-Site abzulegen, die Ihr Webadministrator oder Lieblings-IT-Mensch eingerichtet hat, wählen Sie im Drop-Down-Listenfeld SPEICHERN IN den Eintrag FTP-ADRESSEN und öffnen den FTP-Ordner, in dem die Datei gespeichert werden soll.

   Beachten Sie, dass das in beiden Fällen nur funktioniert, wenn Sie (oder ein Webcrack) die Netzwerkumgebung oder FTP-Adressen bereits vor dem Speichern eingerichtet haben (hat).

7. **(Optional) Vergeben Sie für die Webseite einen Seitentitel.**

   Wenn Sie Lust haben, dann vergeben Sie für Ihre neue Webseite auch gleich noch einen Seitentitel, der in der Titelleiste des Browsers angezeigt wird. Klicken Sie dazu im Dialogfeld SPEICHERN UNTER auf die Schaltfläche TITEL ÄNDERN, geben Sie im Dialogfeld SEITENTITEL FESTLEGEN einen Titel ein und bestätigen Sie mit OK. Wenn Sie dann immer noch Lust haben, klicken Sie im Dialogfeld SPEICHERN UNTER auf die Schaltfläche VERÖFFENTLICHEN. Im Dialogfeld ALS WEBSEITE VERÖFFENTLICHEN können Sie noch einen Titel definieren, der dann zentriert über dem gewählten Datenbereich angezeigt wird.

8. **Speichern Sie die Webseite.**

   Sie haben echt Durchhaltevermögen, dass Sie so weit gekommen sind. Also, wenn alle Einstellungen definiert sind, klicken Sie im Dialogfeld SPEICHERN UNTER beherzt auf die Schaltfläche SPEICHERN. (Wer nicht mehr den totalen Überblick hat, sollte noch einmal einen Blick auf Abbildung 10.8 werfen.) Fast haben Sie es geschafft. Eine Sache noch: Wenn Sie Ihre Webseite voller Stolz noch vor dem Speichern bewundern möchten, klicken Sie auf die Schaltfläche VERÖFFENTLICHEN und dann im Dialogfeld ALS WEBSEITE VERÖFFENTLICHEN auf das Kontrollkästchen VERÖFFENTLICHTE WEBSEITE IM BROWSER ÖFFNEN. Noch ein Klick auf die Schaltfläche VERÖFFENTLICHEN oder ein kurzer Druck auf ⏎ – das war's!

Beachten Sie, dass Excel beim Speichern von Daten in einer neuen Webseite automatisch einen neuen Ordner mit demselben Namen wie die .HTM-Datei erstellt, der die so genannten Hilfsdateien enthält, z.B. Grafikdateien. Wenn Sie nun die Webseite irgendwan mal auf einen anderen Webserver verschieben, müssen Sie auch an den entsprechenden Ordner denken. Sonst fehlt den Benutzern Ihrer Webseite was.

Wenn Sie absolut nicht wollen, dass Excel einen separaten Ordner für die Hilfsdateien erstellt, dann ändern Sie das einfach. Wählen Sie im Menü EXTRAS den Befehl OPTIONEN, klicken Sie auf der Registerkarte ALLGEMEIN auf die Schaltfläche WEBOPTIONEN und deaktivieren Sie auf der Registerkarte DATEIEN das Kontrollkästchen HILFSDATEIEN IN EINEN ORDNER SPEICHERN.

Noch was! Wenn Sie eine gesamte Arbeitsmappe als Webseite speichern, die Tabellendaten und Diagramme in verschiedenen Blättern enthält, behält der Internet Explorer die ursprüngliche Blattanordnung von Excel bei, indem er unten im Internet Explorer in der statischen Webseite Blattregister einfügt. In Abbildung 10.10 kann man das ganz gut nachvollziehen.

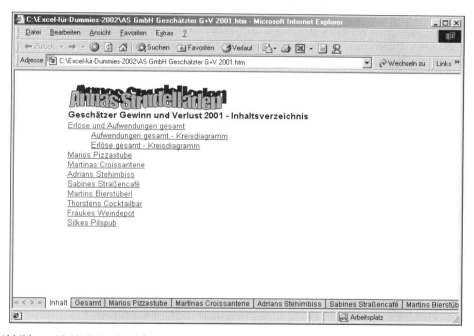

Abbildung 10.10: Beim Speichern einer gesamten Arbeitsmappe mit Daten und Diagrammen in verschiedenen Blättern kriegen Sie eine Webseite mit Blattregistern.

Rühr-mich-an-Webseiten speichern

Interaktive Webseiten sind eine der coolsten Webfunktionen in Excel 2002. Stellen Sie sich das einmal vor: Sie veröffentlichen eine Webseite und die Benutzer, die die Seite mit dem Internet Explorer 4 oder höher anzeigen, können darin herumwerkeln und Änderungen vornehmen, ohne dass Sie dafür auch nur eine Script- oder Programmierzeile schreiben müssen. Zu den Elementen, die Sie als Benutzer der Webseite nach Herzenslust bearbeiten können, gehören unter anderem:

✔ **Tabellendaten:** In interaktiven Tabellen können Sie Werte beliebig bearbeiten und Berechnungen in Formeln automatisch oder manuell aktualisieren. Auch vor dem Format von Daten brauchen Sie nicht Halt zu machen. Ja, Sie können sogar ändern, welche Bereiche in der Webseite angezeigt werden sollen. (Das Formatieren und Bearbeiten von Daten und Formeln wird bis zum Abwinken in den Kapiteln 3 und 4 besprochen.)

✔ **Datenbanklisten:** In interaktiven Datenbanklisten ist es möglich, die Datensätze so wie in einer Excel-Datenbank zu sortieren und zu filtern. (Datenbanklisten werden in Kapitel 9 durchgekaut.) Das Bearbeiten und Formatieren von Daten ist selbstverständlich auch kein Problem.

✔ **Diagramme:** In interaktiven Diagrammen können Sie einfach die dazugehörigen Daten ändern und schon wird das Diagramm automatisch neu gezeichnet. Auch die Diagrammelemente – Diagrammtyp, Beschriftungen etc. – können beliebig persönlichen Anforderungen angepasst werden.

Bei der Erstellung einer interaktiven Webseite gehen Sie genauso vor wie im Abschnitt *Rühr-mich-nicht-an-Webseiten speichern* beschrieben. (Ich erspare mir mit Ihrer freundlichen Erlaubnis diese langwierige Wiederholung.) Nur auf eines müssen Sie achten: Sie müssen im Dialogfeld SPEICHERN UNTER das Kontrollkästchen INTERAKTIVITÄT HINZUFÜGEN aktivieren, bevor Sie die neue Webseite speichern oder veröffentlichen. Sie erinnern sich? Sie sollten dieses Kontrollkästchen aber nur verwenden, wenn Sie sich für das Optionsfeld AUSWAHL: entschieden haben.

Interaktive Tabellendaten ausprobieren

In Abbildung 10.11 sehen Sie eine Webseite mit einer vollständig interaktiven Umsatztabelle für das erste Quartal von Annas Strudelladen. Genau so wird es im Internet Explorer 5.5 dargestellt. Und es ist überhaupt nicht kompliziert. Ich habe ganz einfach den Zellbereich A1:E12 markiert und danach mit dem Befehl ALS WEBSEITE SPEICHERN im Menü DATEI das Dialogfeld SPEICHERN UNTER geöffnet. Dort habe ich das Optionsfeld AUSWAHL:$A$1:$E$12 und das Kontrollkästchen INTERAKTIVITÄT HINZUFÜGEN aktiviert, den Dateinamen Umsatz 2001 - 1. Qu. vergeben und mutig auf die Schaltfläche SPEICHERN geklickt.

Und woher wissen Sie, ob Ihr Webbrowser eine statische oder eine interaktive Tabelle anzeigt? Ganz einfach. Über einer interaktiven Tabelle wird stets eine Symbolleiste angezeigt, mit deren Schaltflächen Sie die Daten der Tabelle bearbeiten und formatieren können.

Mithilfe der vertikalen und horizontalen Bildlaufleisten können Sie jeden beliebigen Tabellenbereich herbeiblättern. Sie können auch die Breite der Spalten oder die Höhe der Zeilen ändern, indem Sie auf den entsprechenden Rand zeigen und mit gedrückter Maustaste von dannen ziehen. Auch das Doppelklicken auf den rechten Rand – Sie wissen schon, um die Spaltenbreite an den Inhalt der breitesten Zelle anzupassen – funktioniert vorzüglich. (Wer's vergessen hat, der lese noch einmal Kapitel 3.)

10 ➤ *Von Hyperlinks und Webseiten*

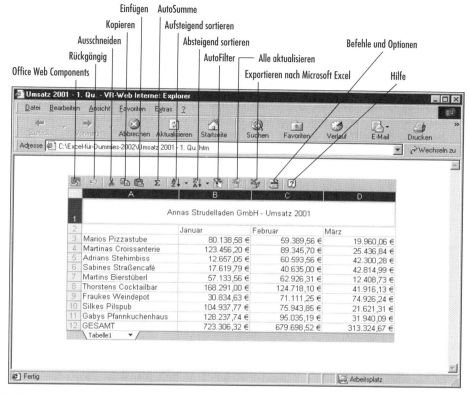

Abbildung 10.11: Eine interaktive Umsatztabelle für das erste Quartal in einer neuen Webseite – und das Ganze im Internet Explorer 5.5 angezeigt

Dateninhalte ändern

Um eine bestimmte Zelle einer Tabelle zu ändern, doppelklicken Sie darauf. Enthält die Zelle eine Beschriftung oder einen Wert, ist dieser Inhalt dann markiert, und Sie können ihn ganz einfach durch die Eingabe einer neuen Beschriftung oder eines neuen Wertes ersetzen. Enthält die Zelle eine Formel, wird das berechnete Ergebnis durch die Formel ersetzt, die Sie dann nach Herzenslust bearbeiten können.

 Natürlich haben Sie als Publisher von Webseiten (klingt schick und wichtig, oder?) die Möglichkeit, bestimmte Zellen vor Änderungen zu schützen. Das wäre ja noch schöner. Dazu schützen Sie einfach die Tabelle oder das Tabellenblatt, bevor Sie sie/es als Webseite speichern. Sollen die Benutzer Ihrer Webseite beispielsweise in der Lage sein, bestimmte Zellen zu bearbeiten (z.B. die Bestellmenge), andere aber wiederum nicht (z.B. Zellen mit Preisen oder Formeln), dann müssen Sie die Zellen, die die Benutzer ändern dürfen, »entsperren«, bevor Sie das Tabellenblatt schützen (was wiederum notwendig ist, damit die restlichen Zellen nicht bearbeitet werden können). Wenn Sie jetzt vollständig verwirrt sind, lesen Sie mehr zu diesem Thema in Kapitel 6.

Datendarstellung ändern

Das Dialogfeld BEFEHLE UND OPTIONEN ist der Schlüssel für die Änderung der Darstellung von Daten in interaktiven Webseiten. Um dieses Dialogfeld zu öffnen, klicken Sie einfach in der Symbolleiste über den Tabellendaten auf die Schaltfläche für Befehle und Optionen (die vorletzte Schaltfläche). Sollten Sie hier aus welchen Gründen auch immer keinen Erfolg haben, klicken Sie einfach mit der rechten Maustaste auf die Tabelle und wählen im Kontextmenü den Befehl BEFEHLE UND OPTIONEN.

In Abbildung 10.12 sehen Sie die bereits bekannte Umsatztabelle zusammen mit dem Dialogfeld BEFEHLE UND OPTIONEN. Es enthält vier Register, hinter denen sich eine Vielfalt von Optionen verbergen.

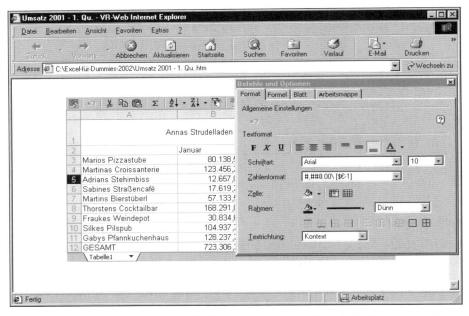

Abbildung 10.12: Interaktive Umsatztabelle in Begleitung des Dialogfelds BEFEHLE UND OPTIONEN

 Bevor Sie sich aber stundenlang hinsetzen, um eine solche Tabelle Ihrem persönlichen Geschmack anzupassen, noch eine kleine Warnung: Alle Änderungen sind temporär. Sie können sie nicht in der Webseite speichern. Wenn Sie etwas eitel sind, dann drucken Sie die bearbeitete Webseite mit dem Befehl DRUCKEN im Menü DATEI. Schwarz auf weiß ist besser als gar nichts. Falls Sie Excel auf Ihrem Rechner haben (was ja nicht unbedingt sein muss, da Sie die Webseite ja in Ihrem Webbrowser anzeigen und bearbeiten), können Sie in der Symbolleiste auf die Schaltfläche für Exportieren nach Microsoft Excel klicken, um die Webseite als schreibgeschützte Excel-Arbeitsmappe zu speichern. (Mehr dazu im Abschnitt *Interaktive Webseiten zurück nach Excel* weiter unten in diesem Kapitel.)

Abbildung 10.13 zeigt die Webseite mit der Umsatztabelle, nachdem ich die Zeilen- und Spaltenköpfe sowie die Gitternetzlinien habe verschwinden lassen (indem ich die entsprechenden Kontrollkästchen auf der Registerkarte BLATT im Bereich EINBLENDEN/AUSBLENDEN deaktiviert habe).

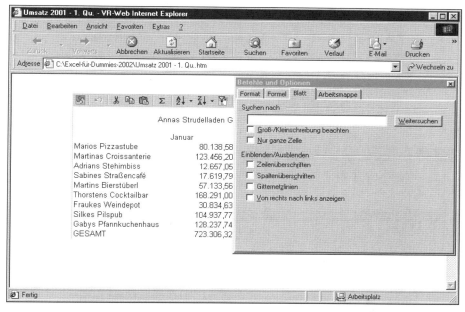

Abbildung 10.13: Die interaktive Umsatztabelle nach kosmetischer Behandlung

 In dem Bestellformular, das in Abbildung 10.14 und 10.15 zu sehen ist, habe ich dafür gesorgt, dass die Benutzer nur die schattierten Zellen ändern können. Ich lasse mir nämlich nicht gerne in meine Preise pfuschen. Das habe ich in Excel erledigt, bevor ich das Formular als Webseite gespeichert habe. Ich habe einfach die Sperrung für die schattierten Zellen aufgehoben und dann das Tabellenblatt geschützt. (Kapitel 6 weiß mehr zu diesem Thema.)

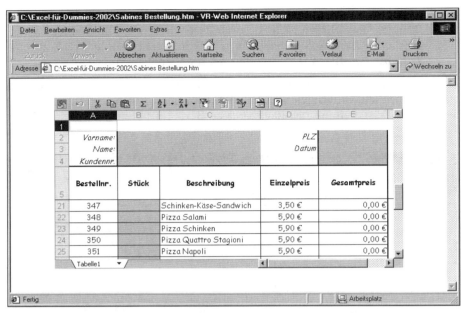

Abbildung 10.14: Webseite mit einem interaktiven, leeren Bestellformular

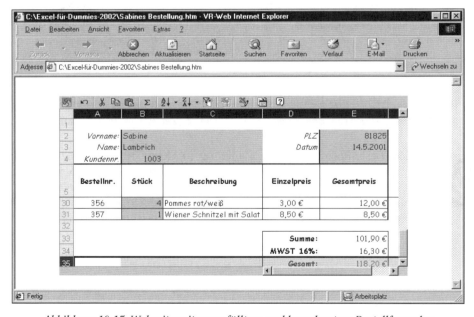

Abbildung 10.15: Webseite mit ausgefülltem und berechnetem Bestellformular

Interaktive Datenbanken ausprobieren

Webseiten mit interaktiven Datenlisten, die in Form einer Datenbank aufgebaut sind (siehe auch Kapitel 9) bieten dieselben Bearbeitungs- und Formatierungsmöglichkeiten wie Webseiten mit Tabellen. Zusätzlich können Sie die Datensätze solcher Listen nach Belieben sortieren. Und noch zusätzlicher gibt es eine Art AutoFilter, mit dem die gewünschten Datensätze aus der Liste herausgefischt werden können.

In den Abbildungen 10.16 und 10.17 können Sie sehen, wie so ein AutoFilter bei einer Webseite funktioniert, die eine interaktive Datenbank enthält. Abbildung 10.16 zeigt die Kundenliste von Annas Strudelladen in Form einer interaktiven Webseite.

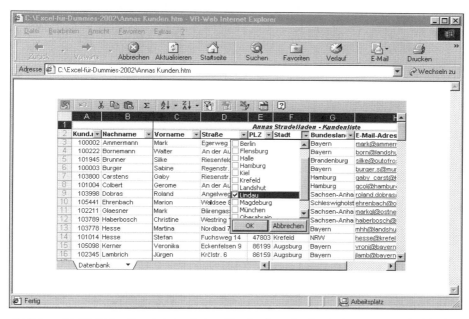

Abbildung 10.16: Webseite mit interaktiver Kundendatenbank mit AUTOFILTER-Schaltflächen

Damit Sie diese Datenbank im Webbrowser sortiert kriegen, führen Sie einen der folgenden Schritte aus:

✔ Klicken Sie auf das Feld (oder die Spalte), nach dem (der) die Datensätze sortiert werden sollen, und danach in der Symbolleiste auf die Schaltfläche AUFSTEIGEND SORTIEREN oder ABSTEIGEND SORTIEREN.

✔ Klicken Sie mit der rechten Maustaste auf die Datenbank und wählen Sie im Kontextmenü den Befehl AUFSTEIGEND SORTIEREN oder ABSTEIGEND SORTIEREN. Wählen Sie dann im Untermenü das Feld aus, nach dem die Datenbank sortiert werden soll.

Um die Datensätze einer interaktiven Datenbank zu filtern, klicken Sie in der Symbolleiste auf die Schaltfläche AUTOFILTER oder wählen im Kontextmenü den Befehl AUTOFILTER. Hiermit erreichen Sie, dass jeder Feldname der Datenbank mit einer AutoFilter-Popup-Schaltfläche versehen wird (für die etwas Blinderen unter uns: der nach unten zeigende Pfeil rechts neben dem Feldnamen). Danach können Sie nach Lust und Laune filtern: Auf den Pfeil neben dem Feldnamen klicken, nach dem gefiltert werden soll, und Eintrag wählen, das war's.

Abbildung 10.17 zeigt die Kundenliste, nachdem die Datensätze nach dem Feld STADT gefiltert wurden. Es werden nur die Datensätze mit dem Eintrag Lindau angezeigt. Dazu habe ich in der Popup-Liste einfach den Eintrag für Lindau aktiviert.

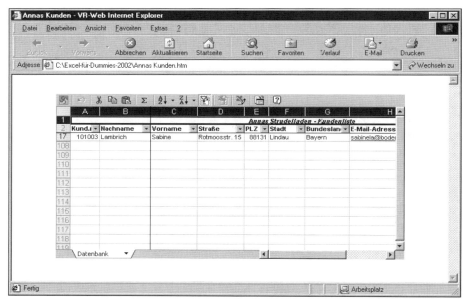

Abbildung 10.17: Die Webseite mit der Kundenliste von Annas Strudelladen – nur die Datensätze aus Lindau wurden herausgefischt.

 Wenn Sie nach dem Filtern einer Datenbank wieder alle Datensätze anzeigen möchten, klicken Sie einfach auf die AUTOFILTER-Schaltfläche des Feldes bzw. der Felder, das/die in die Filterung involviert ist/sind, und wählen in der Liste den Eintrag ALLE ANZEIGEN. So einfach können Dinge sein.

Interaktive Diagramme ausprobieren

Webseiten mit interaktiven Excel-Diagrammen enthalten sowohl das Diagramm als auch die dazugehörigen Daten. Sobald Sie die Daten ändern, auf denen das Diagramm basiert, wird das Diagramm automatisch neu aufgebaut. Natürlich können Sie auch das interaktive Diagramm selbst bearbeiten, z.B. Diagrammtyp, Beschriftungen etc. ändern.

In Abbildung 10.18 sehen Sie eine neue Webseite mit einem interaktiven Diagramm, das den Umsatz des ersten Quartals von Annas Strudelladen zeigt. Die dazugehörigen Daten werden zusammen mit der interaktiven Symbolleiste unter dem Diagramm angezeigt.

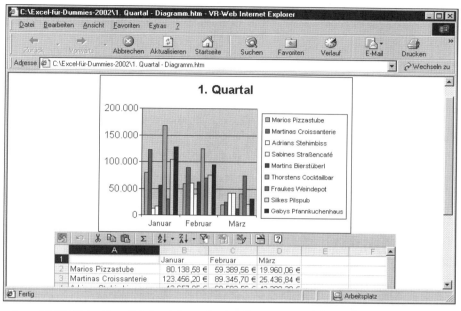

Abbildung 10.18: Webseite mit interaktivem Säulendiagramm und dazugehörigem Zahlenmaterial

Wenn Sie die Werte in den zum Diagramm gehörigen Tabellendaten ändern, wird das Diagramm automatisch aktualisiert. Abbildung 10.19 beweist das. Dort wurde der Wert B3 (Martinas Croissanterie) in der Tabelle verkleinert. Sehen Sie nur, wie klein der zweite Balken von links im Vergleich zu dem in Abbildung 10.18 geworden ist.

Eine Tabelle in eine bereits vorhandene Webseite unterbringen

Sie müssen Ihre Excel-Tabellen nicht immer in einer brandneuen Webseite speichern. Wenn mal was dazukommen soll, können Sie auch nachträglich Daten in eine bereits vorhandene Webseite einfügen. Excel hängt allerdings diese Daten stets unten an die Webseite dran. Wenn Sie sie ausgerechnet dort nicht gebrauchen können, müssen Sie die Webseite bearbeiten. Mehr dazu weiter unten im Abschnitt *Webseiten in Word bearbeiten*.

Um nun eine Excel-Tabelle unten an eine vorhandene Webseite dranzukleben, markieren Sie sie und gehen wie beim Speichern einer neuen Webseite vor. Nur geben Sie keinen neuen Dateinamen an, sondern blättern so lange in der Dateiliste, bis Sie den Namen der entsprechenden Datei gefunden haben, die die neuen Excel-Daten aufnehmen soll.

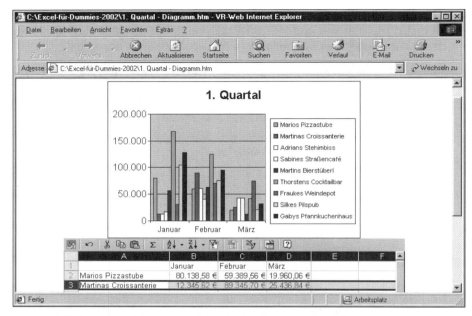

Abbildung 10.19: Das aktualisierte interaktive Säulendiagramm, nachdem ein Wert in der darunter liegenden Datentabelle geändert wurde

Wenn Sie den Namen der bereits vorhandenen Webseite gewählt haben, wird eine Warnung eingeblendet, die die folgenden drei Schaltflächen enthält: DATEI ERSETZEN, DER DATEI HINZUFÜGEN und ABBRECHEN. Es ist die DER DATEI HINZUFÜGEN-Schaltfläche, auf die Sie klicken müssen, und nicht die DATEI ERSETZEN-Schaltfläche. Falls Sie aus Versehen doch die DATEI ERSETZEN-Schaltfläche nehmen, erstellen Sie eine neue Webseite, die die markierten und nur die markierten Daten enthält.

Webseiten in Word bearbeiten

Aber was mache ich – so werden Sie sich jetzt sicherlich besorgt fragen –, wenn ich die zusätzliche Tabelle oder das zusätzliche Diagramm da ganz unten in der Webseite überhaupt nicht gebrauchen kann? Dann müssen Sie sich eben an die Arbeit machen und die Tabelle bzw. das Diagramm an die gewünschte Position in der Webseite verschieben.

Sie können sowohl die neuen Webseiten, die Sie in Excel erstellen, als auch bereits vorhandene Webseiten, die Sie mit weiteren Daten versehen wollen, bearbeiten. Und was braucht man dazu? Einen auf Windows basierenden Webseiten-Editor. Aha! Sollten Sie so was nicht haben oder nicht kennen, dann nehmen Sie doch einfach Word 2002, das in Office XP enthalten ist. (Es klappt ganz gut damit und Word ist ziemlich gut darin, Sie von abschreckenden HTML-Tags und seltsamen XML-Scripten fern zu halten.)

Beachten Sie noch Folgendes: Wenn Sie im Windows Explorer oder im Arbeitsplatz-Fenster auf ein Dateisymbol einer Webseite doppelklicken, wird die Webseite lediglich in Ihrem Standard-Webbrowser geöffnet. (Dort können Sie sie zwar ansehen, aber nicht bearbeiten.) Wenn Sie eine Webseite bearbeiten möchten, müssen Sie zuerst den entsprechenden Webeditor starten (z.B. Word 2002 oder in manchen Fällen auch Excel 2002). Anschließend wählen Sie im Editor im Menü DATEI den Befehl ÖFFNEN, um die gewünschte Webseite zur Bearbeitung zu öffnen.

Um eine Webseite zur Bearbeitung in Word 2002 zu öffnen, tun Sie Folgendes:

1. **Starten Sie Word.**

   Klicken Sie dazu in der Office Shortcut-Leiste auf die Schaltfläche für Microsoft Word oder wählen Sie im START-Menü den Befehl PROGRAMME und danach den Befehl MICROSOFT WORD.

2. **Wählen Sie in Word im Menü DATEI den Befehl ÖFFNEN oder klicken Sie in der Standard-Symbolleiste auf die Schaltfläche für Öffnen.**

   Damit öffnen Sie – na was wohl? – das Dialogfeld ÖFFNEN.

3. **Wechseln Sie im DropDown-Listenfeld SUCHEN IN zu dem Ordner, der die zu bearbeitende Webseite enthält, und wählen Sie im Listenfeld die gewünschte Datei aus.**

   Nachdem Sie die Webseite markiert haben, können Sie die Datei durch Klicken auf die Schaltfläche ÖFFNEN öffnen. Da sich Office aber ganz genau merkt, mit welchem Programm die Webseite erstellt wurde (über dem Webseitensymbol befindet sich auch noch das jeweilige Programmsymbol), kann es sein, dass Sie die Datei nur mit dem Befehl IN MICROSOFT WORD ÖFFNEN zu sehen kriegen.

4. **Wenn Sie also versuchen, eine Webseite zu öffnen, die in Excel erstellt wurde und noch nie zuvor Word gesehen hat, dann wählen Sie im PopUp-Menü ÖFFNEN den Befehl IN MICROSOFT WORD ÖFFNEN. Haben Sie die Datei bereits einmal in Word bearbeitet, genügt ein lapidares Klicken auf ÖFFNEN.**

Wenn es Ihnen dann gelungen ist, die Webseite in Word zu öffnen, können Sie nach Lust und Laune Änderungen am Inhalt und an der Formatierung vornehmen. Um beispielsweise eine Tabelle oder ein Diagramm, die/das ganz unten an die Webseite drangeklatscht wurde, an eine andere Stelle zu verschieben, markieren Sie einfach das gewünschte Element und bemühen dann entweder die gute alte Ausschneiden-Einfügen- oder die etwas modernere Ziehen-und-Ablegen-Methode. Beim Verschieben einer Excel-Tabelle sollten Sie auf folgende Punkte achten:

✔ Um eine Tabelle mit ihrem gesamten Inhalt zu markieren, positionieren Sie den Mauszeiger irgendwo oben in der Tabelle. Sobald der Mauszeiger die Form eines nach unten zeigenden Pfeils annimmt, klicken Sie beherzt und Word markiert alle Zellen der Tabelle.

✔ Um eine bereits markierte Tabelle mit Ziehen und Ablegen zu verschieben, zeigen Sie mit dem Mauszeiger auf das Viereck mit dem Vierfachpfeil in der oberen linken Ecke der Tabelle. Sobald der Mauszeiger selbst die Form eines Vierfachpfeils annimmt, ziehen Sie den Umriss der Tabelle an die gewünschte Position in der Webseite. Die erste Zeile der Tabelle muss sich an der gewünschten Tabellenanfangsposition befinden, dann können Sie die Maustaste aufatmend loslassen.

- ✔ Um eine bereits markierte Tabelle mithilfe der Ausschneiden-Einfügen-Methode zu verschieben, wählen Sie zunächst den Befehl AUSSCHNEIDEN (oder drücken [Strg]+[X]), um die Tabelle in der Zwischenablage verschwinden zu lassen. Anschließend setzen Sie die Einfügemarke genau dahin, wo die erste Zeile der Tabelle hin soll, und wählen dann den Befehl EINFÜGEN (bzw. drücken [Strg]+[V]).

Auch beim Verschieben eines Excel-Diagramms gibt es ähnliche Dinge zu beachten:

- ✔ Um ein Diagramm in Word zu markieren, klicken Sie einfach irgendwo auf das Diagramm, genau so, wie Sie es auch in Excel machen. Es kriegt dann seine Ziehpunkte rundherum und die Grafik-Symbolleiste wird eingeblendet.

- ✔ Um ein bereits markiertes Diagramm mit Ziehen und Ablegen zu verschieben, zeigen Sie mit dem Mauszeiger irgendwo auf das Diagramm. Sobald der Mauszeiger die Form eines Pfeils mit einem kleinen Kästchen daneben annimmt, ziehen Sie diesen Zeiger an die gewünschte Position in der Webseite. Der obere Teil des Diagramms muss sich an der gewünschten Anfangsposition befinden, dann können Sie die Maustaste erleichtert loslassen.

- ✔ Um ein bereits markiertes Diagramm mithilfe der Ausschneiden-Einfügen-Methode zu verschieben, wählen Sie zunächst den Befehl AUSSCHNEIDEN (oder drücken [Strg]+[X]), um das Diagramm vorübergehend in der Zwischenablage zu verstauen. Anschließend setzen Sie die Einfügemarke genau dahin, wo der Anfang des Diagramms sein soll, und wählen dann den Befehl EINFÜGEN (bzw. drücken [Strg]+[V]).

Webseiten in Excel bearbeiten

Es gibt kein Gesetz, das untersagt, Webseiten in Excel zu bearbeiten. Wenn Sie nämlich nur einige Zahlen in einer Tabelle ändern oder ein paar Datenbankeinträge korrigieren möchten, ist das durchaus die beste Methode. Und Sie befinden sich auf vertrautem Boden. Um nämlich eine Webseite in Excel zu öffnen, gehen Sie genau so vor wie beim Öffnen einer gewöhnlichen Excel-Arbeitsmappe. (Sollten Sie vergessen haben, wie es funktioniert, dann werfen Sie mal einen Blick in Kapitel 4.)

Sollte sich die Webseite, die Sie in Excel bearbeiten möchten, auf einem Webserver befinden, für den eine Verknüpfung erstellt wurde, dann klicken Sie im Dialogfeld ÖFFNEN ganz links in der Umgebungsleiste auf die Schaltfläche NETZWERK UMGEBUNG und doppelklicken anschließend in der Ordnerliste auf den Webordner, der die gewünschte Webseite enthält. Anschließend markieren Sie die Webseite und klicken auf ÖFFNEN (Doppelklicken auf das Dateisymbol tut es auch).

Wenn das Dateisymbol der Webseite kein XL oben auf der Seite mit dem Globus enthält (wäre der Fall, wenn Sie die Webseite in einem anderen Programm, z.B. Word 2002, bearbeitet und die Änderungen gespeichert hätten), dann tut sich gar nichts, wenn Sie in Excel im Dialogfeld ÖFFNEN auf die Schaltfläche ÖFFNEN klicken. Da müssen Sie dann auf den kleinen Pfeil daneben klicken. Sie sehen dann ein Menü, in dem Sie sich für den Befehl IN MICROSOFT EXCEL ÖFFNEN entscheiden sollten.

Nachdem es Ihnen gelungen ist, die Webseite in Excel zu öffnen, können Sie fröhlich in den Daten herumwühlen. Haben Sie alles auf den Kopf gestellt, wählen Sie im Menü DATEI den Befehl SPEICHERN. (Klicken auf die Schaltfläche SPEICHERN in der Standard-Symbolleiste oder Drücken von [Strg]+[S] funktionieren ebenfalls.) Befindet sich die bearbeitete Datei auf einem Webserver, öffnet Excel eine -Einwählverbindung zum Internet, damit Ihre Änderungen direkt zum Server rüberflutschen und dort gespeichert werden können.

Wenn's bei der Bearbeitung ans Eingemachte geht (Tabellen oder Diagramme verschieben, Webseitenhintergrund ändern, Objekte einfügen etc.), dann sollten Sie die Finger von Excel lassen und sich einem Webseiten-Editor (z.B. Word 2002) zuwenden. Es sei denn, Sie wollen sich das Leben so schwer wie nur möglich machen.

Wenn Sie ein Tabellenblatt regelmäßig überarbeiten und anschließend erneut veröffentlichen müssen, dann sollten Sie diese mühseligen Wiederholungsschritte doch besser Excel überlassen. Aktivieren Sie dazu im Dialogfeld ALS WEBSEITE VERÖFFENTLICHEN das Kontrollkästchen AUTOMATISCH WIEDERVERÖFFENTLICHEN IMMER WENN DIE ARBEITSMAPPE GESPEICHERT WIRD, wenn Sie das Tabellenblatt das erste Mal als Webseite veröffentlichen. Von nun an veröffentlicht Excel brav Ihr aktualisierte Webseite, sobald Sie die Änderungen in Ihrer Arbeitsmappe speichern.

Interaktive Webseiten zurück nach Excel

Wie bereits weiter vorne erwähnt, können Sie Änderungen, die Sie interaktiven Daten angetan haben, nicht im Webbrowser speichern. Wenn Sie es aber dennoch gerne tun möchten (weil Sie vielleicht mit verschiedenen Was-wäre-wenn-Szenarien herumexperimentiert haben), dann müssen Sie die Webseite nach Excel exportieren und die aktualisierten Daten entweder als Webseite oder als Excel-Arbeitsmappe speichern.

Also, um Änderungen in einer interaktiven Tabelle, in einer interaktiven Datenbankliste oder in den zu einem Diagramm gehörenden interaktiven Daten (Änderungen im Diagramm selbst sind leider überhaupt nicht zu speichern) zu speichern, klicken Sie einfach in der Symbolleiste über den Daten auf die Schaltfläche für *Exportieren nach Microsoft Excel*. (Das ist die Schaltfläche mit einem Stift unter einem grünen X.)

Dieser Klick startet Excel und öffnet dort die Webseite mit den bearbeiteten Daten. (Im Fall von interaktiven Diagrammen wird nur die Tabelle mit den geänderten Daten ohne das Diagramm angezeigt.) Wie Sie der Excel-Titelleiste entnehmen können, hat Ihre Datei einen ominösen temporären Namen erhalten (OWCSHEET78891 [Schreibgeschützt] oder etwas ähnlich

Furchterregendes; OWC steht übrigens für Office Web Components, also die Webkomponenten von Office).

Da Excel die Webseite im schreibgeschützten Modus öffnet, bleibt Ihnen nichts anders übrig, als im Menü DATEI den Befehl SPEICHERN UNTER zu wählen, um Ihre Änderungen in einer Datei mit einem anderen Namen endlich verewigen zu können. Sollten Sie aus Versehen den Befehl SPEICHERN wählen, wird Excel Sie in einer Meldung daran erinnern, dass es sich um eine schreibgeschützte Datei handelt. Wenn Sie die Meldung mit OK bestätigen, landen Sie auch im Dialogfeld SPEICHERN UNTER.

Standardmäßig speichert Excel die Webseite als XML-Kalkulationstabelle. Wollen Sie Ihre Änderungen als Excel-Arbeitsmappe speichern, ändern Sie einfach im Dialogfeld SPEICHERN UNTER den Dateityp von XML-KALKULATIONSTABELLE zu MICROSOFT EXCEL-ARBEITSMAPPE.

Und ab geht die (elektronische) Post

Nun noch zu einem letzten Highlight von Excel 2002: Sie können das aktuelle Blatt an einen oder mehrere E-Mail-Empfänger als E-Mail-Nachricht oder als Anlage zur Nachricht senden. KollegInnen und KundInnen sind so schnell mit den neuesten Zahlen, Listen und Diagrammen versorgt.

Sollen die Empfänger Ihre Daten nur lesen, dann schicken Sie sie als eigentliche E-Mail-Nachricht. Denken Sie aber dran, dass Sie persönliche Mitteilungen dann nur noch im Textfeld BETREFF oder EINLEITUNG von sich geben können.

Sollen die Empfänger wirklich etwas mit Ihren Daten anfangen können, z.B. aktualisieren, korrigieren etc., dann hängen Sie sie an Ihre Mail dran. Die E-Mail-Nachricht selbst wird dann von Ihnen verfasst und die eigentlichen Daten kommen als Datei rüber, die aber den Empfängern nur dann was nützen, wenn sie Excel 97, 2000 oder 2002 auf ihren Rechnern installiert haben (oder ein anderes Programm, das mit Excel 2002-Dateien was anfangen kann).

Um Daten als Nachrichtentext zu senden, tun Sie Folgendes:

1. **Öffnen Sie die Arbeitsmappe und markieren Sie das Blatt, dessen Daten per E-Mail gesendet werden sollen.**
2. **Klicken Sie in der Standard-Symbolleiste auf die Schaltfläche für E-Mail oder wählen Sie im Menü DATEI den Befehl SENDEN AN und anschließend E-MAIL-EMPFÄNGER.**

    Sollte der Office-Assistent noch nachfragen, ob das aktuelle Blatt wirklich als Textkörper der Nachricht gesendet werden soll, bestätigen Sie das. Excel fügt dann über dem aktuellen Blatt einen Mailkopf ein, der eine eigene Symbolleiste sowie die Felder VON, AN, CC, BETREFF und EINLEITUNG enthält (siehe Abbildung 10.20).

3. **Geben Sie die E-Mail-Adresse des Empfängers in das Textfeld AN ein oder klicken Sie auf die Schaltfläche AN und wählen Sie die Adressen in Ihrem Outlook- oder Outlook Express-Adressbuch aus.**

4. (Optional) Wenn Sie Kopien an weitere Empfänger senden möchten, geben Sie deren E-Mail-Adressen durch Semikolon voneinander getrennt in das Textfeld Cc ein oder klicken Sie auf die Schaltfläche Cc und wählen Sie die Adressen in Ihrem Outlook- oder Outlook Express-Adressbuch aus.

5. (Optional) Standardmäßig übernimmt Excel im Textfeld BETREFF den Namen der aktuellen Arbeitsmappe. Ändern Sie den Betreff, wenn er Ihnen nicht aussagekräftig genug oder zu unpersönlich erscheint.

6. Fromme Wünsche, herzliche Grüße – wenn Sie noch was sagen möchten, dann schreiben Sie es in das Feld EINLEITUNG.

7. Um die neue Nachricht endlich auf den Weg zu bringen, klicken Sie in der E-Mail-Symbolleiste auf die Schaltfläche für Dieses Blatt senden.

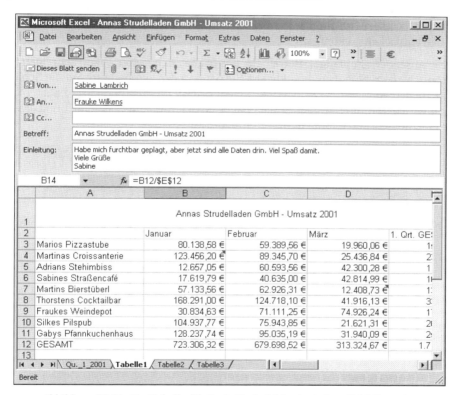

Abbildung 10.20: Ein Tabellenblatt als Nachrichtentext einer E-Mail senden

Sobald Sie auf die Schaltfläche DIESES BLATT senden klicken, stellt Excel bei Bedarf eine Verbindung zu Ihrem Internetprovider her und schickt die Mail los. Außerdem blendet das Programm die E-Mail-Symbolleiste und die drei E-Mail-Felder wieder aus.

Und wenn Sie ein Tabellenblatt als Nachrichtenanhang verschicken möchten, dann nehmen Sie im Menü DATEI den Befehl SENDEN AN (soweit nichts Neues) und dann den Befehl E-MAIL-EMPFÄNGER (ALS ANLAGE). Damit öffnen Sie u. U. das Dialogfeld PROFIL AUSWÄHLEN, in dem Sie wiederum den Namen Ihres Mailkontos auswählen müssen. Tun Sie dies und bestätigen Sie mit OK. Vielleicht wird Ihr Mailprogramm auch gleich gestartet. Ihr E-Mail-Programm wird mit Ihren Benutzereinstellungen geöffnet und ein neues E-Mail-Fenster steht für Sie bereit (mit allem, was man so braucht (AN, CC, BETREFF etc.) sowie jede Menge Platz für Ihre persönliche Botschaft (siehe Abbildung 10.21)). Und dann gibt es noch das Feld ANFÜGEN, das automatisch den Namen der aktuellen Arbeitsmappe sowie die Größe der Datei enthält.

 Wenn Sie sehr große Dateien verschicken wollen, kostet das Zeit und Geld – und zwar sowohl den Absender als auch den Empfänger. Es gibt aber auf dem Markt so nette, kleine Prögrammchen, mit denen Sie Ihre Riesendateien auf Winzlingspakete zusammenschnüren können, die dann schnell und problemlos gesendet werden. Aber: Der Empfänger braucht diese Software auch, um die Dateien wieder entpacken zu können.

Füllen Sie Absender, Empfänger, Betreff etc. aus (siehe auch weiter oben), schreiben Sie, was Sie persönlich zu sagen haben, und klicken Sie dann in der Symbolleiste auf die Schaltfläche SENDEN (Drücken von [Alt]+[S] oder der Befehl SENDEN im Menü DATEI sind auch okay). Die Nachricht wird daraufhin samt der Arbeitsmappe an den Empfänger gesendet und das E-Mail-Fenster geschlossen. Jetzt können Sie auf Antwort warten.

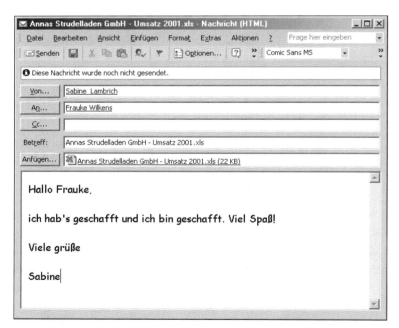

Abbildung 10.21: Eine Arbeitsmappe als Anlage zu einer Mail senden

Teil V
Der Top-Ten-Teil

»Meine Freundin hat mein Leben in einer Tabelle festgehalten und daraus dieses Diagramm erstellt. Das Einzige, was ich jetzt noch hoffen kann, ist, dass sie ihr Informatikstudium abbricht und stattdessen Sozialarbeit studiert.«

In diesem Teil ...

Hier lernen Sie auf einen Blick all das kennen, was Sie zum Leben mit Excel unbedingt brauchen. Es wimmelt hier nur so von Geboten und Verboten. Wenn Sie die alle durchgekaut haben, wissen Sie definitiv Bescheid: die neuesten Features, alles, was Anfänger wissen müssen, und die zehn Gebote dessen, was Sie nie, aber auch wirklich nie tun dürfen.

Die Top Ten der neuen Funktionen von Excel 2002

*W*enn Sie auf der Suche nach einem schnellen Überblick über die Neuheiten in Excel 2002 sind, dann sind Sie jetzt fündig geworden. Hier sind sie: die offiziellen Top Ten der nagelneuen Excel-Funktionen. Werfen Sie mal einen kurzen oder auch längeren Blick auf die Liste. Es ist ein bisschen aufgabenbereichslastig, aber auch bestimmt was Interessantes für Sie dabei.

Natürlich habe ich alle Top Ten auch noch mit Querverweisen auf die entsprechenden Kapitel in diesem Buch versehen. Damit Sie – wenn Sie zu den ganz Eifrigen gehören – gleich weiterlesen können.

10. **Mit dem Rechner sprechen (aber nur auf Englisch):** Für den Fall, dass Sie ab und zu mit einer englischen Version von Excel arbeiten (die chinesische oder die japanische tut's auch – wenn Sie sie gerade zur Hand haben), können Sie Excel zum Diktat bitten. Ihr Rechner sollte über Lautsprecher, einen schnellen Prozessor und ein sensitives Mikrofon verfügen. Dann können Sie die brandneue Spracherkennungsfunktion zur Eingabe von Daten und zum Erteilen von Anweisungen verwenden. Aber wie gesagt, es geht nur in der englischen, chinesischen und japanischen Version (komische Mischung!). Mehr hierzu werden Sie in diesem Buch leider nicht finden, da es ja die deutsche Variante behandelt. Ich wollte Ihnen dieses Feature aber auf keinen Fall vorenthalten. Es ist vielleicht ein Ausblick auf die nächste Excel-Version. Wer weiß. Übrigens, Ihr Rechner kann Ihnen dann auch vorlesen, was Sie gerade eingegeben haben. Wow!

9. **Ein Tabellenblatt automatisch erneut als Webseite veröffentlichen, sobald Änderungen in der Arbeitsmappe gespeichert werden:** Diese, vielleicht für manche etwas exotisch anmutende Funktion ist ganz schön praktisch. Wenn Sie nämlich Diagramme und Tabellenblätter als Webseiten veröffentlicht haben, die Daten aber leider regelmäßig aktualisieren oder ändern müssen, dann spart Ihnen das Kontrollkästchen AUTOMATISCH WIEDERVERÖFFENTLICHEN IMMER WENN DIE ARBEITSMAPPE GESPEICHERT WIRD viel Arbeit. Sie aktualisieren dann nämlich Ihre Daten in der Arbeitsmappe, speichern die Mappe und schwupp wird der aktuelle Stand automatisch wieder veröffentlicht. Mehr zu diesem hochinteressanten Thema finden Sie in Kapitel 10.

8. **Hilfe griffbereit – Fragen zu Excel direkt rechts in der Menüleiste in das Feld FRAGE HIER EINGEBEN reinschreiben:** Wenn Sie mal schnell eine Frage an das Hilfesystem von Microsoft Excel haben, geben Sie sie einfach direkt oben in der Menüleiste ganz rechts in das Feld FRAGE HIER EINGEBEN ein. Drücken Sie ↵ und harren Sie der Antworten, die da kom-

men. Ein Menü klappt dann nach unten auf, das alle relevanten Themen enthält, die Excel für Sie zu Ihrer Frage zusammengetragen hat. Die Wahl liegt dann bei Ihnen. Mehr Hilfe zur Hilfe finden Sie in Kapitel 1.

7. **Farbige Arbeitsblattregister:** Endlich kommt etwas Farbe in den grauen Registeralltag. Färben Sie die Register Ihrer Arbeitsmappe nach Belieben ein, um nicht nur verbal, sondern auch optisch etwas Aussagekraft in Ihre Arbeitsblattregister zu bringen – z.B. rote Register für Ausgaben, blaue Register für Einnahmen, lila Register für ungeprüfte Daten, gelbe Register für geprüfte Daten. Es liegt bei Ihnen. Mehr dazu finden Sie in Kapitel 7.

6. **Die Einfügeoptionen bestimmen, wenn Sie Daten mit dem Ausfüllkästchen kopiert oder ausgefüllt haben:** Wenn Sie Daten mithilfe des Ausfüllkästchens kopieren oder ausfüllen, dann können Sie ab jetzt bestimmen, was genau beim Einfügen der Daten passieren soll. Der Schlüssel dazu ist die Schaltfläche AUTO-AUSFÜLLOPTIONEN. Angenommen, Excel kopiert einen Wert in einen Zellbereich. Aber eigentlich wollten Sie gar keine Kopie, sondern eine Datenreihe erstellen. Was nun? Kein Problem. Sobald die Kopie erstellt ist, taucht die Schaltfläche AUTO-AUSFÜLLOPTIONEN auf, auf die Sie einfach klicken und dann in der Liste den Eintrag DATENREIHE AUSFÜLLEN wählen. Das war's bereits. Ach? Genau anders herum? Excel hat automatisch eine Datenreihe ausgefüllt, dabei wollten Sie doch Kopien? Nun, dann wählen Sie in der Liste den Eintrag ZELLEN KOPIEREN und schon ist alles erledigt. So eine ähnliche Schaltfläche gibt es auch, wenn Sie etwas in der Office-Zwischenablage ablegen und danach irgendwo einfügen. Diese Schaltfläche heißt dann EINFÜGEN-OPTIONEN und hilft Ihnen bei der Entscheidung, welches Format die eingefügten Daten erhalten sollen. Näheres zu diesen brandneuen Schaltflächen finden Sie in Kapitel 4.

5. **Im Aufgabenbereich SUCHEN nach einer Arbeitsmappe suchen:** Wo ist nur diese verflixte Arbeitsmappe? Da kann der Aufgabenbereich SUCHEN weiterhelfen. Ob einfache oder komplexe Suche – dort ist alles möglich. Wie das Ganze genau funktioniert, beschreibt Kapitel 4.

4. **Im Aufgabenbereich ZWISCHENABLAGE Daten der Office-Zwischenablage betrachten und von dort aus einfügen:** Sobald Sie zwei oder mehr Dinge in der Zwischenablage abgelegt haben, meldet sich der Aufgabenbereich ZWISCHENABLAGE freiwillig bei Ihnen. Er zeigt dann die bereits in der Office-Zwischenablage enthaltenen Elemente (bis zu 24 Stück) an, die Sie mit den Befehlen AUSSCHNEIDEN und KOPIEREN des Menüs EINFÜGEN in diese Ablage befördert haben. Wenn Sie ein ganz bestimmtes Element der Office-Zwischenablage an der aktuellen Cursorposition einfügen möchten, klicken Sie im Aufgabenbereich ZWISCHENABLAGE einfach darauf. Kapitel 4 weiß mehr zu diesem Thema.

3. **Im Aufgabenbereich CLIP ART EINFÜGEN nach ClipArts suchen und diese in Ihr Tabellenblatt einfügen:** Sobald Sie im Menü EINFÜGEN den Befehl GRAFIK und danach den Befehl CLIPART gewählt haben, ist der Aufgabenbereich CLIP ART EINFÜGEN zuständig. Dort können Sie mithilfe von Schlüsselwörtern nach ClipArts auf Ihrem Rechner oder in den Weiten des World Wide Web suchen. Die gefundenen ClipArts werden dann im Aufgabenbereich CLIP ARTS EINFÜGEN in Form von kleinen Bildchen angezeigt. Auf welches Sie klicken, um es an der aktuellen Cursorposition einzufügen, das entscheiden ganz allein Sie. Mehr zur Suche nach ClipArts gibt es in Kapitel 8.

2. **Über den Aufgabenbereich Neue Arbeitsmappe neue Arbeitsmappen erstellen oder vorhandene Arbeitsmappen öffnen:** Sobald Sie Excel starten, wird zusätzlich zu einer neuen Arbeitsmappe auch gleich der Aufgabenbereich Neue Arbeitsmappe rechts auf dem Bildschirm angezeigt. Nutzen Sie die Hyperlinks in diesem Bereich, um beispielsweise eine der vier zuletzt bearbeiteten Arbeitsmappen zu öffnen. Oder entscheiden Sie sich dafür, eine neue Mappe zu öffnen, die entweder auf einer bereits vorhandenen Arbeitsmappe oder auf einer Ihrer Vorlagen basiert. Sie haben die Qual der Wahl. Mehr dazu in den Kapiteln 1 und 4.

1. **Nach einem Rechnerabsturz nicht gesicherte Dateien mit der AutoWiederherstellen-Funktion wiederherzaubern:** Daten nicht gespeichert, Rechner und/oder Excel abgestürzt, Hilfe, Katastrophe! Denkste! Sobald Sie Ihren Rechner wiederbelebt und/oder Excel neu gestartet haben, überrascht Sie das Programm mit einem neuen Aufgabenbereich – dieses Mal auf der linken Seite –, in dem alle Dokumente, mit denen Sie vor dem Crash gearbeitet haben, zur Wiederherstellung angeboten werden. Schlagen Sie dieses großzügige Angebot nicht aus. Es kann allerdings sein, dass ein paar Änderungen doch flöten gegangen sind, weil Excel die Daten zur AutoWiederherstellung standardmäßig nur alle zehn Minuten sichert. (Einmal müssen Sie die Datei aber bereits selbst gespeichert haben.) Wie Sie dieses Zeitintervall ändern und wie Sie sicherstellen, dass dieses nicht ganz unwichtige neue Feature auch wirklich aktiv ist, das erfahren Sie in Kapitel 2.

Die Top Ten für Anfänger

Auch wenn die folgenden zehn Punkte das Einzige sein werden, was Sie je über Excel wissen, liegen Sie damit sicherlich noch über dem Durchschnitt. Denn nur diejenigen, die über diese Dinge Bescheid wissen, können erfolgreich mit Excel 2002 arbeiten.

10. **Um Excel über die Taskleiste von Windows zu starten,** klicken Sie auf die Schaltfläche START und wählen anschließend im aufklappenden Menü den Befehl PROGRAMME und danach MICROSOFT EXCEL.

9. **Sie können beim Starten von Excel auch gleich eine bereits vorhandene Arbeitsmappe öffnen.** Klappen Sie dazu im Windows Explorer oder im Arbeitsplatz-Fenster einfach den Ordner auf, der das gewünschte Dokument enthält, und doppelklicken Sie dann auf das entsprechende Dateisymbol. Excel und die Arbeitsmappe stehen daraufhin zur Verfügung.

8. **Da das Tabellenblatt größer ist als der Bildschirm,** können Sie mithilfe der beiden Bildlaufleisten bequem zu einem anderen Teil im Tabellenblatt blättern.

7. **Um eine brandneue Arbeitsmappe (die automatisch drei Tabellenblätter enthält) aus dem Boden zu stampfen,** klicken Sie in der Standard-Symbolleiste auf die Schaltfläche NEU oder drücken [Strg]+[N]. (Ganz Umständliche gehen über den Befehl NEU im Menü DATEI und danach über den Aufgabenbereich NEUE ARBEITSMAPPE.) Sollten Sie nachträglich bemerken, dass Sie mehr als drei Tabellenblätter brauchen, können Sie jederzeit ein neues Blatt einfügen. Wählen Sie dazu entweder im Menü EINFÜGEN den Befehl TABELLENBLATT oder drücken Sie [⇧]+[F11].

6. **Etwas zur Navigation innerhalb mehrerer geöffneter Arbeitsmappen und in den Arbeitsmappen selbst:** Um eine geöffnete Mappe zu aktivieren und sie ganz oben über allen anderen Mappen anzuzeigen, öffnen Sie das Menü FENSTER und wählen dort den entsprechenden Mappennamen bzw. die Mappennummer aus. Um in der aktuellen Mappe wiederum ein ganz bestimmtes Tabellenblatt zu aktivieren (falls Sie ein paar neue Blätter eingefügt haben), klicken Sie unten im Arbeitsmappenfenster auf das betreffende Blattregister. Sollte das Blatt, das Sie brauchen, dort nicht angezeigt werden, können Sie mit den Registerlaufpfeilen nach links und nach rechts blättern.

5. **Damit Sie irgendetwas in Ihr Tabellenblatt eingeben können,** markieren Sie eine Zelle und tippen drauflos. Wenn Sie fertig sind, klicken Sie in der Bearbeitungsleiste auf die Schaltfläche EINGEBEN (das ist die mit dem Häkchen) oder drücken Sie [Tab], [↵] oder eine der Pfeiltasten.

4. **Um das Zeug zu überarbeiten, das Sie voller Begeisterung in eine Zelle eingegeben haben,** doppelklicken Sie auf die Zelle oder setzen Sie den Cursor auf die Zelle und drücken `F2`. Excel stellt dann die Einfügemarke ganz brav an das Ende des Zelleintrags und Sie können korrigieren. Ist die Zelle überarbeitet, klicken Sie in der Bearbeitungsleiste auf die Schaltfläche für Eingeben oder drücken Sie `Tab`, `↵` oder eine der Pfeiltasten.

3. **Um einen der vielen Befehle in den Menüs zu wählen,** klicken Sie auf die Menübezeichnung (in der Menüleiste), sodass das Menü aufklappt. Klicken Sie anschließend auf den gewünschten Befehl im aufgeklappten Menü. Und da gibt es dann auch noch die Kontextmenüs mit ihren Befehlen. Um einen Befehl in einem Kontextmenü zu wählen, klicken Sie mit der rechten Maustaste auf das Element (dessen Kontextmenü Sie aufklappen möchten – Zelle, Register, Symbolleiste, Diagramm etc.). Zack, das Menü klappt Ihnen entgegen. Jetzt wählen Sie wie gewohnt den gewünschten Befehl mit der linken Maustaste aus.

2. **Sie haben jede Menge Daten eingegeben und wollen das Ganze nun zum allerersten Mal speichern.** Wählen Sie im Menü DATEI den Befehl SPEICHERN oder SPEICHERN UNTER. Suchen Sie sich im daraufhin angezeigten Dialogfeld SPEICHERN UNTER ein Laufwerk und einen Ordner aus und ersetzen Sie den aktuellen Dateinamen MAPPE1 durch einen Namen Ihrer Wahl. (Wer will, der schwelge in ellenlangen Namen bis zu 223 Zeichen; auch Leerzeichen sind erlaubt.) Wann immer Sie in dieser Mappe spätere Änderungen speichern möchten, klicken Sie in der Standard-Symbolleiste auf die Schaltfläche SPEICHERN, wählen im Menü DATEI den Befehl SPEICHERN oder drücken `Strg`+`S`.

1. **Nach getaner Arbeit beenden Sie Excel,** indem Sie im Menü DATEI den Befehl BEENDEN wählen, auf das Systemmenüfeld des Anwendungsfensters doppelklicken, rechts in der Menüleiste auf das Symbol SCHLIESSEN klicken (das mit dem x) oder `Alt`+`F4` drücken. Wenn dann noch Mappen geöffnet sind, deren Änderungen Sie noch nicht gespeichert haben, wird sicherheitshalber nachgefragt, ob Sie sie speichern möchten, bevor Sie Excel schließen und zu Windows zurückkehren. Bevor Sie Ihren Rechner ausschalten, sollten Sie unbedingt im Startmenü den Befehl BEENDEN und anschließend HERUNTERFAHREN oder eine andere »Ruheoption« wählen. Windows und Ihr Rechner werden es Ihnen danken.

Die Top Ten für alle

13

Beim Arbeiten mit Excel werden Sie feststellen, dass es für eine Reihe von Dingen Regeln gibt. Und wenn Sie diese Regeln befolgen, dann klappt es auch (jedenfalls meistens). Also, halten Sie sich an folgende Gebote und Sie werden ein glückliches und erfülltes Leben führen.

10. Du sollst das regelmäßige Speichern nicht vergessen.

Speichern Sie Ihre Meisterwerke regelmäßig auf einen Datenträger (Diskette oder Festplatte oder was sonst auch immer). Nehmen Sie dazu im Menü DATEI den Befehl SPEICHERN oder drücken Sie [Strg]+[S]. Sollten Sie nach einer Weile zugeben müssen, dass Sie eher zur Sorte der faulen Antispeichertypen gehören, dann sorgen Sie wenigstens dafür, dass die AutoWiederherstellen-Funktion aktiv ist. Wenn Sie schon nicht sichern wollen, dann soll's doch wenigstens Excel tun. Wählen Sie dazu im Menü EXTRAS den Befehl OPTIONEN und aktivieren Sie dann auf der Registerkarte SPEICHERN das Kontrollkästchen AUTOWIEDERHERSTELLEN-INFO SPEICHERN ALLE. Stellen Sie dort gleich noch das Zeitintervall und den Speicherort nach Ihren Wünschen ein – wenn Sie schon gerade dabei sind.

9. Du sollst deine Arbeitsmappe beim allerersten Speichern mit einem klangvollen Namen mit bis zu 223 Zeichen versehen und in den Ordner deiner Wahl ablegen.

Auch Leerzeichen und sonstige geheimnisvolle Symbole sind erlaubt. Achten Sie darauf, dass Sie den gewünschten Ordner beim Speichern auch wirklich erwischen. Ansonsten suchen Sie später verzweifelt nach Ihrer Datei.

8. Du sollst die Daten in deinen Tabellenblättern eng zusammenhalten.

Lassen Sie in Ihren Tabellenblättern keine Zeilen oder Spalten leer. Das zieht das Blatt unnötig in die Länge bzw. in die Breite und frisst kostbaren Speicherplatz.

7. Du sollst alle Formeln mit einem Gleichheitszeichen beginnen.

Ohne das Gleichheitszeichen (=) hat Excel überhaupt keine Ahnung davon, dass Sie eine Formel eingeben möchten. Denken Sie dran! Wenn Sie aber zum alten Stamm der 1-2-3-Benutzer gehören, dann bleibt Ihnen selbstverständlich weiterhin die Alternative, Formeln mit dem Pluszeichen oder mit dem Klammeraffen (@) zu beginnen. Da ist Excel ziemlich tolerant.

6. **Du sollst deine Zellen markieren, bevor du sie bearbeitest.**

   Nur markierte Zellen können irgendwie bearbeitet werden. Also, bevor Sie einen Befehl wählen oder unüberlegt in einer der Symbolleisten herumklicken, markieren Sie zuerst die Zellen, mit denen Sie etwas anstellen möchten.

5. **Du sollst ohne zu zögern auf den Befehl RÜCKGÄNGIG zurückgreifen, wenn du einen Fehler gemacht hast.**

   Diesen Befehl müssen Sie sich einfach merken! Er befindet sich im Menü BEARBEITEN. Drücken von [Strg]+[Z] führt zum selben Ergebnis. Das funktioniert aber nur, wenn Sie diese Notbremse sofort ziehen, sobald Sie einen Arbeitsschritt ausgeführt haben. Später geht nichts mehr, es sei denn, Sie machen über die Schaltfläche RÜCKGÄNGIG gleich mehrere Arbeitsschritte auf einmal rückgängig.

4. **Du sollst keine Zeilen und Spalten im Tabellenblatt einfügen oder löschen, ohne zuvor ausführlich zu prüfen, ob damit nicht großes Unheil angerichtet wird.**

   Tun Sie beides nur, wenn Sie absolut sicher sind, dass Sie damit keine lebenswichtigen Daten überschreiben oder eliminieren.

3. **Du sollst kein Tabellenblatt drucken, bevor du es nicht in der Seitenansicht geprüft hast.**

   Denken Sie an die Wälder und prüfen Sie vor jedem Ausdruck Ihre Meisterwerke in der Seitenansicht. Wählen Sie dazu im Menü DATEI den Befehl SEITENANSICHT. Wenn dort alles okay aussieht, kann's losgehen.

2. **Du sollst die Berechnung deiner Mappen von AUTOMATISCH auf MANUELL umstellen, wenn deine Mappen so riesig sind, dass Excel ganz schlapp wird.**

   Wie und wo geht das denn überhaupt? Im Menü EXTRAS den Befehl OPTIONEN wählen, Registerkarte BERECHNEN anzeigen, Optionsfeld MANUELL auswählen. Also, wenn Sie merken, dass Excel immer mehr das Tempo einer Weinbergschnecke annimmt, dann sollten Sie Gegenmaßnahmen ergreifen. Es wäre hier auch zu empfehlen, das Kontrollkästchen VOR DEM SPEICHERN NEU BERECHNEN zu deaktivieren. Oder ignorieren Sie die Aufforderung zur Neuberechnung in der Statusleiste und weigern Sie sich einfach, [F9] zu drücken.

1. **Du sollst deine Arbeitsmappen mit all ihren Tabellenblättern vor dem Zugriff anderer schützen.**

   Wählen Sie im Menü EXTRAS den Befehl SCHUTZ. Ein Untermenü klappt auf, in dem Sie u. a. die Wahl zwischen BLATT SCHÜTZEN und ARBEITSMAPPE SCHÜTZEN haben. Und wenn Sie sich zutrauen, ein Kennwort zu definieren, dann sollten Sie dies auch tun. Sicher ist sicher. Wenn Sie das Kennwort allerdings vergessen sollten, ist der Ofen aus.

Stichwortverzeichnis

Symbole

#BEZUG! 83
#DIV/0! 83
#NAME? 83
#NULL! 83
#WERT! 83
#ZAHL! 83
$-Zeichen 174
(Num)-Taste 76

A

A1-Bezugsart 27
Absolute Zellbezüge 173
Anlagen senden 336
Anordnen von Fenstern 249
Antwort-Assistent 62
   animierte Version 64
   Fragen eingeben 62
   Karl Klammer 64
Arbeitsmappen 28
   als Webseiten
     speichern 317
   arbeiten mit 239
   automatisch speichern 106
   Größe 26, 29
   öffnen 154
   schützen 235
Arbeitsmappenfenster 43
   blättern in 50
   verschieben 45
Argumente 96
Assistenten
   Antwort 62
   Diagramm 264
Aufgabenbereiche 48
   anzeigen 49
   Clip Art einfügen 49, 278
   Neue Arbeitsmappe 48
   schließen 49
   Suchen 49, 161
   Zwischenablage 48, 180

Ausblenden
   Spalten 135
   Zeilen 136
Ausfüllkästchen 89
Ausrichtung 144
   beim Drucken 196
   horizontal 139
   vertikal 141
   zusammenführen und
     zentrieren 139
Ausschneiden 176
Ausschnitte 216
   fixieren 219
Auto-Ausfülloptionen 89
AutoAusfüllen 89
   Datenreihen erstellen 91
   eigene Datenreihen
     erstellen 92
   Formeln kopieren 171
   kopieren 92
AutoBerechnung 47
AutoFilter
   benutzerdefinierte 304
   erstellen 302
   Operatoren 305
   Top Ten 303
AutoFormen 280
AutoKorrektur 84
AutoMarkieren
   Maus 114
   Tastatur 117
AutoVervollständigen 87
AutoWiederherstellen 105

B

Bearbeitungsleiste 42
Beenden
   Excel 65
Befehle
   ... (drei Punkte) 55
   abgeblendete 55
   Als Webseite speichern 317

Ausschneiden 176
AutoFormat 119
Beenden 65
Blatt löschen 243, 244
Blatt verschieben/
   kopieren 254
ClipArt 278
Druckbereich 194
Druckbereich aufheben/
   festlegen 194
Drucken 192
Einfügen 177
Ersetzen 232
Fenster anordnen 249
Fixieren 219
Fixierung aufheben 221
Gehe zu 53, 118, 226
Grafik 278
Gruppierung aufheben 244
Hyperlink 308
Inhalte einfügen 179
Kommentar 222, 223
Kopieren 177
Löschen 182
Mailempfänger 334
Mailempfänger
   (als Anlage) 336
Maske 288
Neues Fenster 249
Öffnen 154
Optimale Breite
   festlegen 134
Optionen 71
Rückgängig 166
Schutz 235, 236
Seite einrichten 194
Seitenansicht 188
Seitenumbruchvorschau 209
Senden an 334
Sortieren 299
Spalte 134
Speichern 103
Speichern unter 105

Suchen 229
Tabellenblatt 244
Teilen 218
Teilung aufheben 219
Umbenennen 245
Verschieben/kopieren 254
Zeile 135
Zeilenhöhe 135
Zellen 125, 132
Zellen einfügen 183
Zellen löschen 182
Zoom 214
Befehlsbuchstaben 55
Benutzerdefinierte Listen 93
Benutzerwörterbücher 185
Berechnen
   manuell 234
Berechnete Felder 292
Besuchte Hyperlinks 312
Bildlauffelder 51
Bildlaufleisten 44, 50
Bildlaufpfeile 50
Bildschirmelemente 35
Blattregister 44, 241
   kopieren 253
   markieren 243
   neu anordnen 247
   umbenennen 245
   verschieben 253
   verschieben/kopieren 247
Browser
   Dateien öffnen in 165

C

ClipArts
   einfügen 278
   im Web 278

D

Dateieigenschaften
   anzeigen 163
Dateien
   als Kopie öffnen 165
   Eigenschaften anzeigen 163
   in Browser öffnen 165

in Favoriten ablegen 157
öffnen 155
reparieren 165
schreibgeschützt öffnen 165
suchen 156, 158
Vorschau anzeigen 164
Daten
   für Diagramm
      markieren 265
   in Arbeitsmappe
      eingeben 68
   in Zellbereich eingeben 95
   in Zellen eingeben 69
   schützen 235
   sortieren 298
   suchen 229
   verstecken 135
Datenbanken
   berechnete Felder 292
   blättern in 294
   Datenmasken 288
   Datensätze 287
   E-Mail-Adressen
      hinzufügen 292
   Felder 287
   Feldnamen 287
   filtern 302
   interaktive 327
   sortieren 298
   Suchkriterien 295
   Webadressen
      hinzufügen 292
Datenmasken 288
Datenreihen 266
Datensätze 287
   bearbeiten 293
   einfügen 289
   löschen 294
   suchen 295
Datentabellen 271
Datentypen 71
   Formeln 71, 79
   Text 71
   Zahlen 73
Datumsangaben 77
   im 21. Jahrhundert 78
Datumsformate 78

Datumssysteme 78
Dezimalstellen
   feste 74
   hinzufügen 130
   löschen 130
Dezimalzahlen 74
   als Bruch 74
Diagramm-Assistent 264
Diagrammblätter
   erstellen 268
Diagramme 263
   Achsen formatieren 276
   Datentabelle 271
   drucken 286
   erstellen 264
   im Tabellenblatt
      bearbeiten 272
   interaktive 328
   Kontextmenü 273
   mit der Symbolleiste
      bearbeiten 270
   nicht zugeordneter
      Text 274
   Optionen 273
   Pfeile einfügen 276
   Position/Größe ändern 269
   Symbolleiste 269, 270
   Textfelder einfügen 275
   Titel 273
   Werte im Tabellenblatt
      ändern 277
Dialogfelder
   Elemente in 59
   schließen 61
Dokumente
   öffnen 154
   suchen 156
   wiederherstellen 105
Dokumentfenster teilen 216
Doppelklicken 33
Drag & Drop 168
Drehfelder 60
Dropdown-Listenfelder 60
Druckaufträge löschen 191
Druckbereiche 194, 204
Drucken 187
   auf eine Seite 196

Dialogfeld 193
Fehlerwerte 206
Formeln 210
Gitternetzlinien 205
grafische Objekte 286
Kopf-/Fußzeilen 199
Orientierung 196
Ränder 197
Seitenreihenfolge 206
Zeilen- und Spalten-
  überschriften 205
Druckerfenster 191
Drucktitel 205, 206
Druckwarteschlange 191

E

E-Mail-Adressen in Daten-
  banken einfügen 292
E-Mails 334
Eigenschaften 163
Einblenden
  Spalten 135
  Zeilen 136
Einfügen 176
  Formate 179
  Formeln 179
  Formeln und Zahlen-
    formate 179
  Gültigkeit 179
  Kommentare 179, 222
  Leerzellen über-
    springen 180
  ohne Rahmen 179
  Operationen 179
  Optionen 177
  Spaltenbreite 179
  transponieren 180
  Verknüpfung 180
  Werte 179
  Zahlenformate 179
  Zellen 183
  Zellinhalte 178
Eingabefehler korrigieren 85
Einzug
  vergrößern 141
  verkleinern 141

Elektronische Post 334
Entwurfsqualität 205
Ersetzen 232
Erweiterungsmodus 116
Euro-Format 127
Excel
  neue Funktionen in 339
  über das Windows-Start-
    menü starten 32
  über die Office Shortcut-
    Leiste starten 31
  Webseiten bearbeiten
    in 332

F

Favoriten 157
Fehlersuche 84
Fehlerwerte 83
  drucken 206
Felder 287
Feldnamen 287
Fenster
  anordnen 249
  Anordnung speichern 253
  Größe ändern 36
  mehrere anzeigen 249
  schließen 36
Fettdruck 138
Filtern, Datensätze 302
Format-Symbolleiste 38, 122
Formate
  kopieren 150
  suchen 230
  übertragen 150
Formatvorlagen
  für Hyperlinks 315
Formeln 71, 79
  bearbeiten 100
  drucken 210
  eingeben 80
  kopieren mit
    AutoAusfüllen 171
  mit Namen definieren 227
  neu berechnen 235
Funktionen 96
  auswählen 97

einfügen 97
suchen 97
Funktionsargumente 96
Fußzeilen
  benutzerdefinierte 201
  erstellen 199

G

Gitternetzlinien
  drucken 205
  entfernen 146
Grafische Objekte
  als Hyperlinks
    definieren 308
  aus anderen Anwendungen
    einfügen 280
  ausblenden 285
  ClipArts 278
  drucken 286
  gruppieren 285
  Gruppierung aufheben 285
  in Kopf-/Fußzeile
    einfügen 203
  Organigramme 283
  überlagern 284
  WordArt 281
Gruppieren 285

H

Hilfe 62
  ?-Schaltfläche 64
  Direkthilfe 64
Hilfefenster 62
Hochformat 196
Hotkeys 55
Hyperlinks
  aktivieren 311
  auf E-Mail-Adresse 310
  auf Webseite 309
  auf Zelle/Zellbereich 310
  bearbeiten 315
  besuchte 312
  Definition 307
  einfügen 308
  formatieren 315

grafische bearbeiten 316
grafische Objekte 308
Hypertext 308
　löschen 315
　Ziel ändern 315
Hypertext 308
　bearbeiten 315
　formatieren 315
　löschen 315
　Ziel ändern 315

I

Inhalte einfügen 178
Interaktive Datenbanken 327
　filtern 328
　sortieren 327
Interaktive Diagramme 328
Interaktive Tabellen 322
Interaktive Webseiten 317, 321
　Befehle und Optionen 324
　Darstellung 322
　Datendarstellung ändern 324
　Dateninhalte ändern 323
　mit Datenbank 327
　mit Diagramm 328
　mit Tabellendaten 322
　nach Excel exportieren 333

K

Klammersetzung 83
Klicken 33
　rechte Maustaste 33
Kommentare
　anzeigen 223
　ausblenden 224
　bearbeiten 224
　drucken 205, 225
　erstellen 221
　löschen 225
　verschieben 224
Konsolidieren 257
Konstanten
　Namen zuweisen 228
Kontextmenüs
　Definition 54

Symbolleisten 57
Zellen 58
Kontrollkästchen 60
Kopfzeilen
　benutzerdefinierte 201
　erstellen 199
Kopieren 177
　AutoAusfüllen 92, 171
Kursivdruck 138

L

Laufrahmen 101
Laufwerke wechseln 156
Legenden 266
Listenfelder 60
Löschen 182
　Inhalte 182
　Spalten 183
　Zeilen 183
　Zellen 182

M

Mails 334
Markieren
　Gehe zu 118
　Maus 112
　Tastatur 116
Maus
　Mehrfachauswahl 113
　Zellen markieren 112
Maustechniken 33
Mauszeiger 34
Mehrfachauswahl
　Maus 113
　Tastatur 117
Menübefehle 54
Menüleiste 37
Menüs 54
　Kurzversion 56
　personalisierte 56
　Vollversion 56
Microsoft Excel
　neue Funktionen in 339
　Webseiten bearbeiten
　　in 332

Microsoft Office Shortcut-
　Leiste 31
Microsoft Word
　Webseiten bearbeiten in 330
Muster 149

N

Nachrichten senden 334
Namen
　für Zelle vergeben 226
　in Formeln 227
　Konstanten zuweisen 228
　Zellen zuweisen 225
Neue Funktionen in Excel 339

O

Office Shortcut-Leiste 31
Operatoren 79
　AutoFilter 305
Optionen zum Einfügen 178
Optionsfelder 60
Ordner
　Favoriten 157
　in Favoriten ablegen 157
　suchen 156
Organigramm-Symbol-
　leiste 284
Organigramme 283
OWCSHEET 333

P

Papierformate 195
Personalisierte Menüs 56
Personalisierte Symbol-
　leisten 42
Platzhalterzeichen 231
Primärschlüssel 299
Prozentformat 129
PullDown-Menüs 54

Q

Querformat 196
QuickInfo 38

Stichwortverzeichnis

R

Rahmen 146
    entfernen 148
    zeichnen 147
Randeinstellungen 197
Rechenoperationen 82
Rechtschreibprüfung 184
Register 241
    Farben zuweisen 246
    kopieren 253
    markieren 243
    umbenennen 245
    verschieben 253
Registerkarten 60
Registerlaufpfeile 44, 241
Registerleiste 241
Registerteilungsfeld 217, 242
Relative Zellbezüge 173
Reparieren von Dateien 165

S

Schaltflächen 60
    AutoSumme 100
    Dezimalstelle hinzufügen 130
    Dezimalstelle löschen 130
    Euro 126
    Format übertragen 150
    für Abbrechen 42
    für Eingeben 42
    für Funktion einfügen 42, 100
    für Maximieren 36
    für Minimieren 36
    für Wiederherstellen 36
    in der Standard-Symbolleiste 39
    Prozentformat 129, 130
    Währung 126
Schematische Darstellungen 283
Schlüsselfelder 298
Schnelle Suche
    installieren 163
Schreibweisen in diesem Buch 20

Schrift 138
Schriftarten
    Standard in Arbeitsmappen 137
Schwarzweißdruck 205
Seite einrichten
    Registerkarte Kopfzeile/Fusszeile 200
    Registerkarte Papierformat 195
    Registerkarte Ränder 198
    Registerkarte Tabelle 204
Seitenansicht 188
    Ränder 197
Seitenumbruch 191
    automatischer 187
    manueller 208
Seitenumbruchvorschau 208
Shortcut-Leiste 31
Sonderformate 133
Sortieren
    Datenbanken 298
    Sortierfolge 299, 300
Sortierschlüssel 298
Spalten
    einblenden/ausblenden 135
    löschen 183
    markieren 114
Spaltenbezeichnungen 29
Spaltenbreiten
    anpassen 133
    optimale Breite 133
Speichern 103
Standard-Symbolleiste 38
Statische Webseiten 317, 319
Statusleiste 46
Stellvertreterzeichen 231
Stilarten 138
Suchen 229
    anhalten 161
    Aufgabenbereich 161
    Datensätze 295
    einfache Suche 161
    erweiterte Suche 159
    Formate 230
    grundlegende Suche 159
    in allen Tabellenblättern 232

schnelle Suche 163
Suchergebnisse 161
Suchkriterien 159
    weitere Suchoptionen 161
Suchkriterien 158, 295
    Operatoren 297
Symbolleisten
    Diagramm 269, 270
    Format 38
    frei schwebend 122
    Kontextmenü 57
    nebeneinander anordnen 38
    Organigramm 284
    personalisierte 42
    Rahmenlinien 147
    Standard 38
    Überarbeiten 223
    untereinander anordnen 38
    unverankert 122
    verankern 124
    Web 313
    WordArt 282
    Zeichnen 275, 280
Systemmenüfeld 36

T

Tabellen
    als Webseiten speichern 317
    im World Wide Web veröffentlichen 316
    interaktive 322
Tabellenblätter
    als Webseiten speichern 317
    Anzahl 239
    einfügen 244
    gleichzeitig bearbeiten 243
    Gruppierung aufheben 244
    im World Wide Web publizieren 316
    in mehreren Fenstern 249
    kopieren 253
    löschen 244
    neu anordnen 247
    schützen 235
    Standardanzahl ändern 245
    vergrößern 214

verkleinern 214
verschieben 253
verschieben/kopieren 247
zusammenfassen 256
Tastatur
   Mehrauswahl 117
   Zellen markieren 116
Tastaturbefehle 55
Tausendertrennzeichen 128
Teilen
   horizontal 216
   vertikal 217
Teilungsfeld 216
Text 71
Textfelder 60, 275
Titelleiste 35

U

Uhrzeitformate 78
Umgebungsleiste
   Schaltflächen 157
URL 308

W

Währungsformat 126
Web
   ClipArts suchen in 278
Web-Symbolleiste 313
Webadressen
   in Datenbanken einfügen 292
Webseiten
   Daten hinzufügen 329
   Definition 307
   Hyperlink auf 308
   in Excel bearbeiten 332
   in Word bearbeiten 330
   interaktive 317, 321
   interaktive nach Excel
      exportieren 333
   mit interaktivem
      Diagramm 328
   mit interaktiven
      Tabellendaten 322

   mit interaktiver
      Datenbank 327
   Seitentitel festlegen 318
   speichern 317
   statische 317, 319
   veröffentlichen 317
Webseiten-Editor 330
Wiederherstellen
   Dokumente 105
Word
   Webseiten bearbeiten in 330
WordArt 281
   Symbolleiste 282
World Wide Web 316

X

x-Achsen 263
   formatieren 276

Y

y-Achsen 263
   formatieren 276

Z

Z1S1-Bezugsart 29
Zahlen 73
Zahlenformate 125, 132
   1.000-er-Trennzeichen 128
   Euro 127
   Genauigkeit 132
   Prozent 129
   Sonderformate 133
   Standard 125
   Währung 126
Zehnertastatur 48
Zeichnen, Symbolleiste 275, 280
Zeilen
   einblenden/ausblenden 136
   löschen 183
   markieren 114
Zeilen- und Spaltenköpfe
   drucken 205

Zeilenhöhen 135
   anpassen 135
   optimale Höhe 135
Zeilenumbruch 141, 143
Zeitangaben 77
Zelladressen 27
Zellauswahl 112
   Gehe zu 118
   Maus 112
   Tastatur 116
Zellbereiche
   einfügen 170
   kopieren 170
   markieren 112
   Namen zuweisen 225
   verschieben 168
   Zellcursor verschieben 95
Zellbezüge
   absolute 173
   anpassen 173
   markieren 82
   relative 173
Zellcursor
   in Zellbereichen 95
   verschieben 51, 52, 71, 116
Zelleinträge bearbeiten 86
Zellen 26
   Farbe zuweisen 149
   Kontextmenü 57
   löschen 182
   Muster zuweisen 149
   Namen zuweisen 225
   Rahmen zuweisen 146
   schützen 235
Ziehen 33
Ziehen und Ablegen 168
   Zellbereiche einfügen 170
   Zellbereiche kopieren 170
   Zellbereiche verschieben 168
Ziehpunkte 268
Zoom 214
   Seitenansicht 188
Zugriffstasten 55
Zwischenablage 176
   Aufgabenbereich 180